本书编委会

主　编

解　刚

副主编

梁伟荣　里　曼　胡正方　王德虎

执行主编

卢迪欣

成　员

邓炜欣　朱建芬　张杜静　兰　盼

编　辑

邱佳成　卢舒婷　蒋题航　孙　羽

广州律师业务研究丛书

LAWYER

广州律师强制执行法律实务汇要

广州市律师协会　编

中国法制出版社
CHINA LEGAL PUBLISHING HOUSE

《广州律师业务研究丛书》编印说明

广州市律师协会（以下简称广州律协）创立于1988年，是依照《中华人民共和国律师法》成立的社会团体。广州律协依法实施自律管理，作为行业的自律性组织，规划发展战略，提供会员服务，促进行业发展。在广州改革开放和现代化建设的大潮中，广州律协坚持不断完善广州律师行业各项自律机制，做好内部建设，目前已形成专门工作委员会和专业（事务）委员会并驾齐驱，服务行业的局面。

广州律协一直致力于提升广州律师行业的专业化、品牌化、规模化发展。自1979年恢复律师制度以来，广州律师行业从无到有，形成了一支专业领域多元化、业务能力过硬、后备力量充沛的律师队伍。截至2020年5月，广州有近750家律师事务所，超过15000名执业律师，行业规模在全国省会城市中居首位。律师业务领域越趋宽广，已逐步由刑事、民事领域的传统业务向知识产权、金融证券、电子商务、企业并购重组、高新科技、基础能源建设等新兴业务延伸。广州律师在维护社会公平正义、推进广州新型城市化发展等方面发挥着重要作用，业务能力和专业优势日益凸显。

党的十八大、十九大以来，随着全面深化改革、推进依法治国各项重大举措的实施，广州律师迎来了全新的机遇与挑战。在全面推进依法治国的时代背景下，政治、经济、社会、文化等各领域的改革发展都为律师创造了转型的契机。这也对广大律师发挥职能、履行使命提出了更高更艰巨的要求。站立在改革潮头的广州律师，迅速抓住发展机遇，广泛探索，深入钻研，将律师业务整体水平提升到更高的位置，做时代的弄潮儿。

《广州律师业务研究丛书》正是广州律协为提升广州律师理论及实务研究水平、促进多元化的交流、鼓励律师业务向更高层次发展而组织编著的。该丛书自2014年起组织撰写，旨在充分发挥广州律协各专业（事务）委员会的科研水平，总结广州律师业近年来在各领域的实务经验，展示业务成果和理论水平。

《广州律师业务研究丛书》作为为广州律师业提供专业、深度的案例分析和理论参考的书籍，具有以下特点：

其一，编审专业权威。丛书由广州律协有关领导组成的总编辑委员会审定选题，由资深律师、知名专家撰写研究性案例或论文，由相关专业（事务）委员会甄选及编辑，强调专业性，保持高水准。

其二，内容丰富多样。丛书内容覆盖面广，针对性强，有的是涉及新类型案件的，有的是分析疑难问题的，有的是源于现行法律尚未明确规定的或者在实践中存在分歧的。

其三，评析客观全面。丛书坚持以事实和法理为依据，对选取的案例进行客观全面的剖析和点评，务求使读者在全面了解案情、厘清法律应用逻辑之基础上，亦可作出自己的深入思考和客观判断。

其四，经验可供借鉴。基于广州律师业务拓展较快、专业化服务领域对实务水平要求较高的形势，丛书注重总结成功的业务经验，在实用性内容上加以延伸，为法律实务工作者提供业务策略和操作技巧上的参考。

《广州律师业务研究丛书》汇集了广州律师的业务成果，总结了广州律师的执业经验，反映了广州律师的理论水平、实务能力和职业风采。这是广州律协业务研究工作的最新尝试，必将推动律师业务总结和经验交流，推进法制进步和社会文明。

广州市律师协会

2021 年 1 月 25 日

序　言

自从中华人民共和国于1978年正式恢复律师制度直至今日，律师在中国现代化法治发展进程中发挥了重大作用。在广东省内，律师的业务随着广东经济的发展，在广度和深度上均在大踏步向前进，已经从以往传统印象中的诉讼代理和文书代写业务发展至今日的诉讼和非诉讼业务齐头并进，各种新型业务模式也开拓出百花齐放的繁荣局面。广东律师业务取得的成绩离不开法律的规范细化以及律师群体自身不断总结经验教训，强制执行业务在近年的飞速前进就是很好的例子。

长久以来，我国的强制执行工作均面临着种种困境，执行难已经成为影响我国司法系统效率和形象的重要因素。对此最高人民法院于2016年5月11日印发《关于落实“用两到三年时间基本解决执行难问题”的工作纲要》的通知，加快落实强制执行相关司法解释的制定工作以及强化强制执行的相关具体实施工作，在上述工作纲要印发以来，最高人民法院已经陆续出台、修订了多部强制执行司法解释、规范性文件，广东省司法机关也因地制宜地制定了相关的实务细则并发布了一批典型执行案例，以上这些司法解释和案例填补了法律空白并给予社会相对明确的指引，为律师和群众申请强制执行提供了极大的帮助。学习领会强制执行方面的最新相关法律规则和相关案例是做好强制执行工作的关键要领。

广州市律师协会第九届强制执行专业委员会一直致力于研究强制执行法律和案例，通过搜集分析近年来本地区具有指导性的案例从而总结出各类典型强制执行实务中的要点和关键诀窍。本书案例的作者和编者均具有丰富的强制执行实务经验，对相关问题具有较为深入的研究，相信本书能够对广大法律工作者的强制执行实务工作有所帮助。

广州市律师协会会长　黄山

目　　录

一、执行实施部分

（一）执行程序

（二）执行参与人

（三）执行标的

（四）执行依据

（五）执行分配

（六）行为执行

（七）执行与破产

二、执行审查部分

（一）租赁审查

（二）抵押

（三）案外人异议

（四）执行行为异议

三、综合应用

一、执行实施部分

（一）执行程序

浅谈优先债权面临首封法院怠于处分抵押财产问题的意见

许一峰*

一、当事人及案由

（一）当事人

申请执行人：A 银行，

被执行人：B 公司、C 个人。

（二）案由

金融借款合同纠纷执行。

二、案情简介

A 银行向 B 公司发放 1500 万元贷款，C 个人为上述提供个人连带保证担保，并提供其所有的位于广州市天河区珠江新城某住宅（以下简称抵押房产）作为上述借款的抵押担保，并依法办理了抵押登记。广州某法院经过审理，判决 B 公司向 A 银行偿还贷款 1500 万元及相应的利息，并且 A 银行对处置 C 个人名下的抵押房产所得价款享有优先受偿权，C 个人对 B 公司的债务承担连带清偿责任。

在判决生效后，B 公司未向 A 银行履行判定的还款义务，A 银行向 D 法院申请

* 许一峰，广东南国德赛律师事务所律师。

强制执行，要求对C公司名下的抵押房产进行拍卖、变卖以实现A银行的抵押债权。但涉案抵押房产已被E法院以另案（外省）查封在先，查封顺位为首封，执行案件对应的债权为普通债权。D法院虽然对抵押物也进行了查封，但处于轮候查封的次序。

现E法院迟迟不对其首封的抵押房产采取拍卖、变卖或其他执行措施，严重损害了A银行作为抵押权人对抵押房产享有的合法权益。

三、争议焦点

1. 首封法院迟迟不对涉案查封物进行评拍处置是否存在怠于执行，侵害优先债权人A银行的合法权益的问题？

2. 在执行案件中，优先债权执行法院商请首封法院移送执行，若首封法院拒不配合移送的，是否有更有效的救济途径？

四、各方意见

（一）A银行

抵押担保的债权已经由生效法律文书进行确认，所涉案件已经进入执行阶段，而E法院却迟迟不启动对抵押物的评估拍卖工作，存在故意拖延处置抵押房产的嫌疑，这无疑是严重损害了抵押权人的合法权益，造成了国有资产的流失。

（二）E法院

作为抵押财产的首封法院，依法对于涉案财产有优先处分权（事实上，D法院已多次给E法院执行局去函，但均无法联系具体经办执行人，因E法院地处外地，暂无法进行当面协调工作）。

五、执行现状

D法院已基于年底结案率的原因，将优先债权执行案件裁定终结本次执行，理由是正在协调首封法院进行移送执行，A银行也配合完成执行笔录进行确认。由于E法院在外地，暂时无法进行当面沟通，寄送的公函或者有A银行以自己名字寄送的函件，均没有任何回应，A银行基于案件在短期内无法处置抵押物（抵押物价值足额清偿本金和利息），拟对外进行债权转让。A银行经办人员也因为有抵押物的执行案件无法推进处分资产变现，而受到上级主管部门的内务调查而面临处分。

六、案例评析

最高人民法院于 2016 年 4 月 14 日颁布实施的《最高人民法院关于首先查封法院与优先债权执行法院处分查封财产有关问题的批复》（以下简称《批复》）共有四个条文：

其中第一条规定，执行过程中，应当由首先查封、扣押、冻结（以下简称查封）法院负责处分查封财产。但已进入其他法院执行程序的债权对查封财产有顺位在先的担保物权、优先权（该债权以下简称优先债权），自首先查封之日起已超过 60 日，且首先查封法院就该查封财产尚未发布拍卖公告或者进入变卖程序的，优先债权执行法院可以要求将该查封财产移送执行。该条是优先债权执行法院要求首先查封法院将查封财产移送执行的条件，是《批复》的核心条款。第二条规定，优先债权执行法院要求首先查封法院将查封财产移送执行的，应当出具商请移送执行函，并附确认优先债权的生效法律文书及案件情况说明。首先查封法院应当在收到优先债权执行法院商请移送执行函之日起 15 日内出具移送执行函，将查封财产移送优先债权执行法院执行，并告知当事人。移送执行函应当载明将查封财产移送执行及首先查封债权的相关情况等内容。该条是查封财产移送执行的程序性事项。第三条规定，财产移送执行后，优先债权执行法院在处分或继续查封该财产时，可以持首先查封法院移送执行函办理相关手续。优先债权执行法院对移送的财产变价后，应当按照法律规定的清偿顺序分配，并将相关情况告知首先查封法院。首先查封债权尚未经生效法律文书确认的，应当按照首先查封债权的清偿顺位，预留相应份额。该条规定了优先债权执行法院对移送执行财产的处分与分配。第四条规定，首先查封法院与优先债权执行法院就移送查封财产发生争议的，可以逐级报请双方共同的上级法院指定该财产的执行法院。共同的上级法院根据首先查封债权所处的诉讼阶段、查封财产的种类及所在地、各债权数额与查封财产价值之间的关系等案件具体情况，认为由首先查封法院执行更为妥当的，也可以决定由首先查封法院继续执行，但应当督促其在指定期限内处分查封财产。该条规定了法院之间争议的协调解决程序。

上述《批复》发布的背景原因是在执行案件司法实务中，时常出现首封法院迟延处分抵押财产，损害优先债权人的合法权益（此文主要突出银行等金融机构基于发放贷款而形成的金融债权对应的抵押担保优先权），而首封法院迟延处分查封财产的原因较为复杂，有制度不协调的因素，也有地方保护主义的因素。本文就上述《批复》在执行实操中可能存在的问题谈以下看法及意见。

（1）优先债权执行法院商请移送执行案件的条件较为严苛，不利于保护银行等金融机构的抵押优先权的实现

首先查封法院向优先债权执行法院移送财产处分的具体条件有四个：首先是优先债权为生效法律文书所确认；其次是优先债权执行法院进入了执行程序；再次是自首先查封之日起已经超过了60日；最后是首先查封法院尚未就该查封财产发布拍卖公告或者进入变卖程序。需要注意的是，只有同时符合了上述四个条件，优先债权执行法院才能申请要求首封法院移送。

而在实践中，银行等金融机构基于其向个人或其他企业提供的贷款，基本都要求借款人提供足值抵押物，并办理抵押登记，同时取得相应的他项权利登记凭证（这里主要针对的抵押物是指依据《物权法》第一百八十条第一款第一项和第二项指向的可以作为抵押的“建筑物和其他土地附着物、建设用地使用权”①）。而依据《物权法》第一百八十七条“以本法第一百八十条第一款第一项至第三项规定的财产或者第五项规定的正在建造的建筑物抵押的，应当办理抵押登记。抵押权自登记时设立”② 的规定，基于上述抵押物所设定的抵押权“自登记时设立”，故银行等金融机构取得的上述抵押权应当是自抵押登记之时合法有效设立并应当得到法律的保护。

在诉讼实务中，部分商业银行以及国有资产管理公司（包括部分大型国有银行）并没有在诉前或诉讼过程中提出对抵押物的诉讼保全申请，没有及时申请对抵押物进行保全的强制执行措施，究其原因有两方面：一方面，这其中存在银行自身审批流程复杂和缓慢以及分级审批权限的问题，导致具体发放贷款的经办银行怠于对抵押房产申请诉讼保全，由于银行作为金融机构，可以直接出具担保函作为诉讼保全的担保，这较其他非金融机构申请诉讼保全较为方便；另一方面，由于我国《民事诉讼法》第一百条规定：“人民法院对于可能因当事人一方的行为或者其他原因，使判决难以执行或者造成当事人其他损害的案件，根据对方当事人的申请，可以裁定对其财产进行保全、责令其作出一定行为或者禁止其作出一定行为；当事人没有提出申请的，人民法院在必要时也可以裁定采取保全措施。人民法院采取保

① 《民法典》第三百九十五条：债务人或者第三人有权处分的下列财产可以抵押：（一）建筑物和其他土地附着物；（二）建设用地使用权……

② 《民法典》第四百零二条：以本法第三百九十五条第一款第一项至第三项规定的财产或者第五项规定的正在建造的建筑物抵押的，应当办理抵押登记。抵押权自登记时设立。

全措施，可以责令申请人提供担保，申请人不提供担保的，裁定驳回申请。人民法院接受申请后，对情况紧急的，必须在四十八小时内作出裁定；裁定采取保全措施的，应当立即开始执行。”第一百零一条规定：“利害关系人因情况紧急，不立即申请保全将会使其合法权益受到难以弥补的损害的，可以在提起诉讼或者申请仲裁前向被保全财产所在地、被申请人住所地或者对案件有管辖权的人民法院申请采取保全措施。申请人应当提供担保，不提供担保的，裁定驳回申请。人民法院接受申请后，必须在四十八小时内作出裁定；裁定采取保全措施的，应当立即开始执行。申请人在人民法院采取保全措施后三十日内不依法提起诉讼或者申请仲裁的，人民法院应当解除保全。”在笔者代理的案件中，不乏管辖法院以并非属于紧急情况为由，不予同意当事人提起的诉讼保全申请。管辖法院一般认为银行金融合同纠纷中涉及的抵押房产均已办理抵押登记，抵押权合同已签订并办理公证，已取得相应的他项权利登记证明书，依据我国现行《物权法》的规定，债务人不能轻易转移财产，因此不属于前述规定中诉前保全的“紧急情况”的情形。至于如何解释或者理解“紧急情况”，我国《最高人民法院关于适用〈中华人民共和国民事诉讼法〉的解释》以及《最高人民法院关于人民法院办理财产保全案件若干问题的规定》（以下简称《财产保全规定》）同样没有作出明确解释，笔者认为，即便在抵押权已办理抵押登记的前提下，银行等金融机构提出诉前保全的申请仍属于“紧急情况”，原因如下：第一，如果没有及时申请抵押物的财产保全（这里主要是指抵押物的首封），一旦被另案取得首封地位，则可能拖延处置抵押物的时间，严重影响实现债权的效率，导致国有资产的流失，因为银行等金融机构在其合法合规的前提下，要求对不良贷款提起诉讼以及执行处置抵押物，是有一定时间限制的，如果在限定时间内无法实现债权的回收，该金融不良债权资产就会通过债权转让的方式“打折”出售；第二，债务人很可能在银行等金融机构起诉前通过恶意诉讼的手段对抵押物进行保全，为处置抵押物设置障碍，如果银行等金融机构无法及时保全抵押物，这明显有悖于诉讼保全是为了使判决可以顺利执行的立法本意。《财产保全规定》第八条规定，金融监管部门批准设立的金融机构以独立保函形式为财产保全提供担保的，人民法院应当依法准许，这一点笔者认为是首次明确了金融机构保函作为诉讼保全担保的效力。而由于各地法院对此认知存在差异，笔者建议为避免诉前财产保全被管辖法院驳回而浪费宝贵的诉讼时间成本，可以在起诉时同时提交诉讼保全的申请，做好和管辖法院立案庭、审判庭经办人和诉讼保全小组的沟通，尽快办理诉讼保全强制措施。笔者在此仍建议各银行及时对抵押房产申请诉讼保全或诉前保全申请，掌握处置抵押房产的主动权，因为按照诉讼保全制度的性质而言，笔者认为诉讼财产保全措施是为了更好地执行已生效法律文书确定的判定义务，更好地保护债权人的合法权益，在金融借款合同纠纷案件中，银行等金融机构作为原告在案件事实清楚、证据充分的前提下，基本可以确定原告胜诉概率较大，而为了控制被告的财产，防止其恶意转移财产，防止国有资产的进一步流失，实现金融债权的尽快回收。据了解，现在部分法院已设立金融审判庭，专门审理金融合同纠纷案件，笔者认为各级法院在审查该类案件诉前保全申请的过程中，可以考虑到其特殊性，因而受理银行等金融机构提出诉前保全申请。另外，大部分金融借款合同纠纷案件很可能存在需要对部分被告进行公告送达（部分被告下落不明的情况），一旦进入公告程序，取得确定生效法律文书的时间将被大大延长。

笔者认为《批复》所规定的优先债权必须取得生效法律文书进行确认这一移送执行条件，并不利于金融借款合同纠纷对所应的银行等金融机构的抵押担保指向的债权的保护。而《批复》也并没有明确“生效法律文书”是否包括按照《民事诉讼法》第一百九十六条、第一百九十七条的规定（第一百九十六条：申请实现担保物权，由担保物权人以及其他有权请求实现担保特权的人依照物权法等法律，向担保财产所在地或者担保物权登记地基层人民法院提出。第一百九十七条：人民法院受理申请后，经审查，符合法律规定的，裁定拍卖、变卖担保财产，当事人依据该裁定可以向人民法院申请执行；不符合法律规定的，裁定驳回申请，当事人可以向人民法院提起诉讼），属于“实现担保物权案件”特别程序中由人民法院出具的“裁定”，如果“生效法律文书”没有涵盖上述裁定范围，笔者认为这同样不利于银行等金融机构抵押担保的优先债权的有效实现，仍然会导致首封法院以各种理由怠于处分抵押财产，损害优先债权人的合法权益。

（2）首封法院和优先债权执行法院对于是否移送执行有争议时，层报共同上级解决争议的程序时间不明确

依据《批复》规定，如果首封法院和优先债权执行法院对于是否移送执行存在争议，可以层报共同上级进行指定执行，但并没有明确层报上级法院的具体时间以及上级法院确定指定执行的具体时间，笔者认为这并不利于保护优先债权的实现。《批复》的本意就是为了解决首封法院拖延处分抵押财产的问题，由此可以预见首封法院即便在符合法律规定的移送条件的情形下，仍会以各种理由拒不配合移送，甚至拒不报请上级指定执行。如果没有更为明确、细致的解决移送纠纷的制度或指引，笔者建议可以对以下方面进行补充并指引：1. 首封法院在收到“商请移送”多少天内不作回复或不移送案件的，视为不同意移送执行，优先债权执行法院有权单方面向上级法院申请指定移送；2. 应当规定共同上级作出指定执行决定的时间；

3. 如果首封法院属于外地中级人民法院，优先债权执行法院属于本地基层法院的，其共同上级应该是最高人民法院，原因是如果存在法院级别差异，解决移送执行纠纷将受到更大阻力。

【点评】

最高人民法院于 2016 年 4 月 14 日颁布实施的《最高人民法院关于首先查封法院与优先债权执行法院处分查封财产有关问题的批复》，是针对首封法院与优先债权执行法院就是否移送执行而作出的规定，但在司法实践中仍然会出现移送难的问题，尤其是遇到不在同一个地区的法院时通常会出现移送时间不确定甚至是较长时间的情况。对于银行、不良资产管理公司等对回收时间要求较高的抵押权人来说，移送的时间越长，损失越大，等待移送的时间非常难熬。如果能从快捷执行的角度出台进一步的具体指引，许可抵押权的执行法院先行委托评估，在等待移送的时间先行办理委托评估，则抵押权的法院在收到首封法院移送的案件后，就能直接进入拍卖阶段，如此则有利于快速执行，也能有效解决执行难的问题，更加推进和谐法治建设。

点评人：广东南国德赛律师事务所律师　梁伟荣

关于首封与优先权执行冲突的问题简析

肖守华*

一、当事人、代理人及案由

（一）当事人、代理人

原告：G银行。

代理人：肖守华，男，北京德恒（广州）律师事务所律师。

被告：L公司、Y公司、K公司、李某、罗某、杨某、张某。

（二）案由

金融借款合同纠纷。

二、案情简介

2014年1月15日，G银行与L公司签订了一份《网贷通循环借款合同》，循环借款额度为2000000元，期限自合同生效之日起至2015年1月15日，借款利率为提款日与该笔贷款借款期限相对应档次的中国人民银行借款基准利率上浮13%，3个月为一期，罚息利率在原借款利率基础上加收30%。2014年1月21日，G银行向L公司发放贷款2000000元。2014年5月16日，G银行与L公司签订《网贷通循环借款合同》，额度为5100000元，使用期限自合同生效之日起至2015年4月20日，借款利率为提款日与该笔贷款借款期限相对应档次的中国人民银行借款基准利率上浮13%，3个月为一期，罚息利率在原借款利率基础上加收30%。2014年5月16日，G银行发放贷款5100000元给L公司，到期日为2015年5月15日。2014年6月27日，G银行与L公司签订《网贷通循环借款合同》，额度为4000000元，使

* 肖守华，北京德恒（广州）律师事务所律师。

用期限自合同生效之日起至2015年6月29日，借款利率为提款日与该笔贷款借款期限相对应档次的中国人民银行借款基准利率上浮13%，3个月为一期，罚息利率在原借款利率基础上加收30%确定。2014年6月30日，G银行向L公司发放4000000元，到期日为2015年6月28日。2014年7月22日，G银行与L公司签订了《网贷通循环借款合同》，额度为15000000元，使用期限自合同生效之日起至2015年7月21日，借款利率为提款日与该笔贷款借款期限相对应档次的中国人民银行借款基准利率上浮13%，3个月为一期，罚息利率在原借款利率基础上加收30%确定。2014年7月22日发放5000000元，2014年7月23日发放5000000元，2014年7月25日发放5000000元，到期日均为2015年7月21日。2014年11月13日，G银行与L公司签订《小企业借款合同》，借款额度为2600000元，借款利率为提款日与该笔贷款借款期限相对应档次的中国人民银行借款基准利率上浮50%，3个月为一期，罚息利率在原借款利率基础上加收30%确定。2014年11月13日发放2600000元，到期日为2015年11月12日。

2013年12月18日，G银行与L公司签订《最高额抵押合同》，L公司以国有土地清新国用（2013）第00707×××号、清新国用（2013）第00707×××号土地及位于清远市某大道边东座房屋（厂房、宿舍等）担保自2013年12月17日至2033年12月17日，在90000000元的最高额以内，G银行依据与L公司、Y公司签订的借款合同而享有的债权。同时，G银行与K公司、Y公司、廖某、黄某、张某签订《最高额保证合同》，约定在35000000元额度以内为上述债权提供最高额保证担保。

L公司生产经营恶化，拖欠工人工资和供应商货款，已于2014年11月全面停产，因涉及银行融资及民间借贷，法院查封其土地和厂房。G银行遂向法院提起诉讼。

L公司辩称：L公司确实向G银行借款，但是L公司向G银行具体的借款金额和时间，以及还款付息的情况，不应根据G银行提交部分证据予以确认，鉴于原告是银行，G银行有L公司还款账户的详细清单，应当由G银行向法院提交来确认L公司实际的借款、还款、付息的实际金额，以免造成错误的认定。

被告K公司、Y公司、廖某、黄某、张某共同答辩称：1. G银行提交的七被告的保证合同是无效的，保证合同非上述被告的真实意思表示，在被告L公司向原告的借款中，一直都是由被告L公司的土地和房产抵押给原告，无任何其他单位和个人的担保，之所以会有七被告的保证合同，是因为被告L公司抵押给原告的两块土地在2013年10月到2013年11月变更了土地用途，由工业用地变更为住宅用地，在变更期间该土地及房产需暂时解除抵押状态，所以才签署了保证合同，以保证变更土地用途性质期间的保证，在土地性质变更后，保证人的保证自行解除，不承担保证责任，被告L公司再行将土地及房产抵押给原告后，原告却利用各被告对其的信任，未经各保证人的同意将保证合同擅自用在之后被告某纺织服装有限公司的借款中作为保证人，不是保证人的真实意思表示，七被告也没有确认，所以保证合同是无效的；2. 根据担保法的相关规定，同一个债权既有物的担保又有人的担保，保证人对物以外的担保承担保证责任，退一步说，即使各被告应当承担保证责任，也是在物的担保之后再承担担保责任，不是全额承担连带担保责任，在本案中原告对抵押物的价值估值为90000000元，远远高于本案的债权总额，因此各保证人无须承担保证责任。综上所述，希望法庭要求原告提交被告某纺织服装有限公司还款账户中的详细清单，查明具体借款金额，同时判决保证人无须承担保证责任。

Q法院认为，原告G银行与被告L公司签订的《网贷通循环借款合同》《小企业借款合同》和《最高额抵押合同》，以及被告K公司、Y公司、廖某、黄某、张某分别与原告G银行签订的《最高额保证合同》，均是当事人的真实意思表示，主体适格，内容合法，因此合同依法成立并生效，双方已依法办理了抵押登记，故贷款人对抵押土地和房屋享有抵押权。原告已依约履行了给付贷款的义务，但借款到期后被告没有按照约定归还欠款本金及利息。现原告要求被告L公司归还所欠借款本金28700000元及利息，事实与法律依据充分，本院予以支持。截至2016年7月29日的利息（包括罚息和复利）为3589045.01元，之后的利息按照合同约定计算至还清之日止。对于原告要求计算罚息的请求，没有违反相关法律法规的规定，本院予以支持。

因抵押权已依法设立，原告在上述借款本息范围内，对被告L公司提供抵押的房屋和土地享有优先受偿权。因被告K公司、Y公司、廖某、黄某、张某分别与原告签订保证合同，为被告L公司的借款提供35000000元的最高额保证，故被告K公司、Y公司、廖某、黄某、张某应对上述欠款本金及利息承担连带清偿责任。被告抗辩认为其提供担保不是真实意思表示，但未举证证明，本院不予采信。另外，被告抗辩认为债权存在物的担保和人的保证，保证人应当在抵押物价值不足清偿的债务范围内承担清偿责任。而被告与原告在保证合同中约定，债权存在物的担保的，不论该物的担保是由债务人提供的还是由第三人提供，原告有权要求保证人先承担保证责任，依据该约定，债权人可以要求保证人在借款本息范围内承担保证责任，故被告的抗辩理由不成立，本院不予采纳。2015年6月24日，Q法院判决如下：被告L公司于本判决生效之日起10日内向原告G银行归还借款本金28700000元及利息（包括罚息和复利）；原告G银行对被告L公司位于清远市的土地：清新国用（2013）第00707×××号、清新国用（2013）第00707×××号及位于清远市某大道边东座房屋（厂房、宿舍等）在上述判决第一项确定的欠款本金、利息范围内享有优先受偿权；被告K公司、Y公司、廖某、黄某、张某庭对上述判决第一项确定的欠款本金、利息承担连带清偿责任。①

因上述被执行人拒不履行生效判决，G银行向Q法院申请强制执行。

执行过程中核实，本案抵押物清远市清新国用（2013）第00707×××号、清新国用（2013）第00707×××号及位于清远市某大道边东座房屋（厂房、宿舍等）被深圳市福田区人民法院首封，G银行对抵押物进行了轮候查封。②

三、争议焦点

首先查封法院与优先债权执行法院发生冲突的处理，优先债权法院能否对轮候查封抵押物进行处置。

四、各方意见

（一）被执行人

本案执行过程中，L公司、K公司、Y公司、廖某、黄某、张某未提出任何异议。

（二）申请人

我们认为，抵押物虽然被其他法院查封，但G银行享有优先受偿权，能否由Q法院主动进行执行，对于抵押物处置的款项，在G银行优先受偿后，余款可以截留在法院。

五、法院处理结果及理由

本案件进入执行程序后，Q法院向房管、车管、国土、银行等机构查询了被执行人的财产信息，查明本案的抵押物已经被F法院及清新区人民法院等多个法院查封，Q法院为轮候查封。Q法院召开听证会后，决定是否执行。

---

① （2015）清城民二初字第151号。

② （2016）粤1802执异40号。

法院召开听证会的过程中，我们提出，由于G银行享有抵押的抵押权，且已经申请财产保全，法院也予以轮候查封，虽然抵押物被其他法院查封，但首封法院也可以协调其他法院，主动要求予以处理，但Q法院最终未采纳我们的意见，于2015年12月裁定终结本次执行。

六、案例评析

对于优先受偿债权与首封债权的执行争议，由于抵押物存在多个查封，且法院考虑执行结案率，通常最为简洁的方式就是终结本次执行。在2015年12月，Q法院裁定终结本次执行符合法律规定。

优先受偿债权与首封债权执行争议，各地法院均进行了探索。《江苏省高级人民法院关于首查封普通债权法院与轮候查封优先债权执行法院之间处分查封房地产等相关问题的解答》指出，普通债权法院与优先债权法院均系江苏法院，应当由已经进入执行程序且享有优先债权的在先轮候执行法院负责查封房屋的处分。普通债权法院已经启动房地产评估或拍卖程序且处分房地产价值在扣除执行费用、优先债权后有剩余分配变价款的除外。优先债权法院向普通债权法院发请求移送函，并随附能够证明债权人享有抵押、质押、留置等优先债权的相关材料，普通债权法院应当在收到函件后15日内作出回函并将查封房地产移送优先债权法院处分；普通债权法院在15日内不予回函的视为不同意移送处分；普通债权法院在15日内回函不同意移送处分及不予回函的，优先债权法院在收到回函或15日届满后7日内与普通债权法院进行协商处理或逐级报请共同的上级法院协调处理，上级法院在收到请求协调函后15日内依据上述第一条规定处理。优先债权法院在取得房地产处分权后应当及时启动处分程序。

2016年3月3日，《广东省高级人民法院执行局关于执行案件法律适用疑难问题的解答意见》明确，原则上由首封法院对该财产进行处分，首封法院应及时依法处置查封财产。首封法院尚未进入执行程序，或首封法院案件依法暂缓执行或进入执行程序之日起二个月内没有启动处置程序的，应由优先受偿权执行法院处分查封财产，财产处分后各法院依法推进个案后续执行工作；经相关法院协商可依法委托一家法院统一执行。首封法院和优先受偿权法院按照以上原则对处分查封财产争议进行协调，不能达成一致意见的应逐级报请共同的上级法院协调处理。上级法院应当及时作出明确解决问题的协调意见。

为保障实体法上优先债权制度的实现，兼顾执行程序法上首先查封制度的价值，在协调实体法与程序法制度的基础上，“短、平、快”地解决实践中的首封与优先债权问题，尽快解决执行难，最高人民法院于2016年4月12日公布了《关于首先查封法院与优先债权执行法院处分查封财产有关问题的批复》（以下简称《批复》），明确提出执行过程中，应当由首先查封、扣押、冻结法院负责处分查封财产。但已进入其他法院执行程序的债权对查封财产有顺位在先的担保物权、优先权，自首先查封之日起已超过60日，且首先查封法院就该查封财产尚未发布拍卖公告或者进入变卖程序的，优先债权执行法院可以要求将该查封财产移送执行。该批复于2016年4月14日生效。

实践中，导致首先查封法院迟延处分查封财产的原因较为复杂，有制度不协调的因素，也有地方保护主义的因素。各地法院陆续制定了一些规范性文件来解决这个问题，但是由于司法解释层面的规则不清晰，地方法院的做法面临依据不足的困难。最高人民法院审判委员会针对福建省高级人民法院的请示，及时出台该批复，对于解决执行难问题具有很强的现实意义。

Q法院因为其不是首封法院而终结本次执行的处理方式符合当时的法律规定，虽有待商榷但也无可厚非。批复虽然已经解决了首封与优先权执行冲突的处理方式，但其中“优先债权执行法院可以要求将该查封财产移送执行”，并非强制优先债权执行法院“应当”或“必须”移送，因此，该批复的实际效果仍待检验，但有总胜于无，至少给出了具有优先权法院执行的依据。

同时，对于该批复生效后且案件已经终结执行的，债权人是否可以申请恢复执行且要求优先债权执行法院移送执行的问题值得继续讨论。

【点评】

执行实践中，同一被执行人在不同地区、不同审级法院经常出现同为被告或被执行人的情形，也就经常出现享有优先债权的债权人申请执行的法院与首先采取控制措施获得优先处分权的法院不一样的情形。而部分获得优先处分权的法院基于种种原因可能并不会或不能及时对所控制的被执行人财产进行处置，如无益拍卖或诉讼保全尚未进入执行阶段等，从而导致优先债权人的债权可能迟迟得不到清偿，被执行人债务不断增长。《批复》及时出台，是解决执行“堰塞湖”的又一武器，有很强的现实意义。

本案因Q法院并非首封法院，故裁定终结了案件本次执行，符合当时法律规定，但未能进行突破，实则有些遗憾！

点评人：广东南国德赛律师事务所律师　梁伟荣

首封法院未处置查封物能否移送优先债权执行法院处置

黄柳青*

一、当事人、代理人及案由

（一）当事人、代理人

申请执行人：A银行。

代理人：里曼，广东瀛杜律师事务所律师。

被执行人：B企业、C企业（C为个人独资企业）、D企业（D为个人独资企业）、3位抵押人E、5位质押权人F。

（二）案由

借款合同纠纷执行。

（三）异地案当事人

异地案一原告：a。

异地案一被告：C企业（即本案执行人二）、c（C企业投资人）。

异地案二原告：z。

异地案二被告：D企业（即本案执行人三）、d（D企业投资人）。

二、案情简介

（一）本案案情

2014年1月20日，A银行与B签订《借款合同》，约定合同项下借款额度为

* 黄柳青，广东瀛杜律师事务所律师。

7000 万元，借款期限自合同生效之日起至 2015 年 1 月 20 日止，具体借款期限以借款凭证记载的实际提款日起至约定还本日止。借款利率为同期同档国家基准利率上浮 30%。A 银行于 2014 年 1 月 24 日向 B 发放贷款 3500 万元，后于 2014 年 1 月 29 日收回 2000 万元，剩余 1500 万元；2014 年 1 月 26 日 A 银行向 B 发放贷款 2500 万元。2014 年 1 月 20 日，C 企业与 A 公司签订《最高额抵押合同》约定以其名下一块 35024 平方米的国有土地 X 对 B 自 2014 年 1 月 10 日起至 2015 年 1 月 10 日止所发生的债务在最高额本金 114000000 元及本金额度项下的所有债权余额提供最高额抵押担保，并于 2014 年 1 月 20 日办理延长抵押登记。2014 年 1 月 10 日，D 企业与 A 公司签订《最高额抵押合同》约定以其名下一块 51307 平方米国有土地 Y 对 B 自 2014 年 1 月 10 日起至 2015 年 1 月 10 日止所发生的债务在最高额本金 167000000 元及本金额度项下的所有债权余额提供最高额抵押担保，并于 2014 年 1 月 20 日办理延长抵押登记。2013 年 1 月 6 日，E 与 A 银行签订《最高额抵押合同》，约定以其名下的房产对 B 自 2013 年 1 月 6 日起至 2018 年 1 月 6 日止所发生的债务在最高额本金 10581400 元及本金额度下的所有债权余额提供最高额抵押担保，并于 2013 年 1 月 8 日办理相关的抵押登记。2013 年 1 月 14 日，F 与 A 银行签订《最高额质押合同》，约定以其拥有的某公司股权对 B 公司自 2013 年 1 月 14 日起至 2018 年 1 月 14 日止所发生的债务在最高额本金 46800000 元及本金额度项下的所有债权余额提供最高额质押担保，并于 2013 年 1 月 17 日依法办理质押登记。

后涉案 4000 万元贷款到期，B 未能如期按约还款，A 银行多次对 B、C、D、E、F 进行催收并告知逾期风险，无果。A 银行向 M 法院提起诉讼，要求 B 公司归还逾期贷款本息和赔偿损失，并主张对 C、D、E 提供的抵押物以及 F 的质押物享有优先受偿权。F 认为，其作为保证人并不清楚贷款以及汇票承兑的整个过程、贷款发放以及利息偿还等各个环节。本案复利以及罚息计算标准过高，加重了借款人的还款义务。诉讼同时 A 银行对抵押物、质押物进行财产保全，其中对 C、D 提供的抵押物 X、Y 查封系轮候异地 N 法院，N 法院查封开始日期为 2015 年 2 月 11 日。后 M 法院认为 A 银行与 B 公司签订的《借款合同》系双方当事人的真实意思表示，故 A 银行与 B 公司之间的借款合同关系成立有效，双方均应依约履行。合同签订后，A 银行依约分别于 2014 年 1 月 24 日、2014 年 1 月 26 日向 B 公司于 2014 年 1 月 29 日归还 2000 万元后，现 A 银行要求 B 偿还贷款本金及利息有理，应予以支持。关于《最高额抵押合同》，均是当事人真实的意思表示，故 A 银行与 C、D、E 之间抵押合同成立有效，各方均应依约履行。各抵押物均已办理抵押登记手续，A 银行作为抵押权人，在 B 公司未按约定还款情况下，主张对各抵押物享有优先受偿权有理，也应予以支持。关于《最高额质押合同》系各方当事人真实意思表示，故A银行与F之间质押保证合同关系成立有效，各方均应依约履行。F自愿以持有的股权为B自2013年1月14日起自2018年1月14日止向A银行的借款提供质押担保，且均已办理了最高额质押登记。A银行作为质押权人，在B未按约还款的情况下，主张对F股权在最高债权本金限额内享有受偿权有理，本院予以支持。最终M法院判决B依约偿还本金、利息，A银行对C、D、E的抵押物在约定的范围内享有优先受偿权以及A银行对F的质押物在约定的范围内享有优先受偿权，同时判决F承担责任后有权向B追偿并驳回A银行的其他诉讼请求。判决生效之后，经A银行申请，案件进入执行程序。

（二）异地案一案案情

2012年12月，a与c签订《财产交割付款协议》，约定a将C百分之百股权转让给c，并约定股权价格、分期付款方式及违约责任。后a与c办理了相关的工商变更登记手续，但c未能如约按期足额向a支付转让款项，导致a起诉至N法院要求c继续履行股权转让合同、支付股权转让款及违约金，同时要求C企业承担连带清偿责任。后N法院经审理，认为c构成违约，c应按协议约定支付违约金。最终N法院判决c在判决发生效力之日起十日内向a给付转让款及违约金，同时驳回a的其他诉讼请求。

（三）异地案二案案情

z与d于2012年12月27日签订《股权转让协议》，约定z将其持有的D公司100%股权转让70%给d，股权价格为135963550元，分五期付清。D公司作为目标公司，对d的相关债务提供担保。合同履行期间，z按照合同约定履行相关义务，但d违反合同约定，未能如约按期足额向z支付股权转让款，d已严重违约，z要求解除《股权转让协议》、没收已支付的股权费用，并要求d支付违约金。N法院经审理，认为d构成违约，z有权选择解除合同并没收违约金或支付违约金，两者二选一，z坚持履行合同并支付违约金的，就不能再要求解除合同并没收已付转让款。最终N法院判决d继续履行合同并支付违约金，同时驳回z的其他诉讼请求。

（四）执行程序

M法院受理执行案件后，表示其并非X、Y两块地的首封法院，故暂无权处理。但经A银行再三说明及申请，M法院同意要求首封法院移送X、Y地块至M法院，并就此向N法院寄送三次商请函。N法院先是收函未答复置之不理，后表示其院确是首封法院，但因判决书并未判决C、D公司承担债务，故其无权移送C、D公司的财产，且判决并未生效，其无权移送。后经A银行多次努力，N法院最终认同 A 银行的主张并将 X、Y 地块移送 M 法院处置。

三、争议焦点

1. N 法院将 X、Y 两块地移送 M 法院处置是否有法律依据（以下简称争议焦点一）。

2. N 法院以判决书并未判决 C、D 公司承担债务拒不移送 X、Y 地块是否有法律依据（以下简称争议焦点二）。

四、各方意见

（一）M 法院的意见

M 法院开始认为其并非 X、Y 两块土地的首封法院，暂无权处置。

（二）N 法院的意见

N 法院以判决书并未判决 C、D 企业承担债务为由拒不移送 C、D 企业所有的 X、Y 地块。

（三）A 银行的意见

A 银行认为 M 法院有权要求 N 法院将抵押物 X、Y 地块移送至 M 法院处置，理由如下：

1. 判决已然生效，X、Y 作为抵押物，在 N 法院作为首封法院并未及时处置 X、Y 地块的情况下，为了保障 A 银行的合法权益，根据 2016 年 4 月 14 日实施的《最高人民法院关于首先查封法院与优先债权执行法院处分查封财产有关问题的批复》第一条“执行过程中，应当由首先查封、扣押、冻结（以下简称查封）法院负责处分查封财产。但已进入其他法院执行程序的债权对查封财产有顺位在先的担保物权、优先权（该债权以下简称优先债权），自首先查封之日起已超过 60 日，且首先查封法院就该查封财产尚未发布拍卖公告或者进入变卖程序的，优先债权执行法院可以要求将该查封财产移送执行”以及第二条第二款“首先查封法院应当在收到优先债权执行法院商请移送执行函之日起 15 日内出具移送执行函，将查封财产移送优先债权执行法院执行，并告知当事人”之规定，A 银行请求 M 法院向 N 法院发出处置 X、Y 地块的商请函，请求 N 法院将上述抵押物 X、Y 地块处置权移交 M 法院。

2. M 法院有权并有利于处置 X、Y 抵押地块，因为尽管 N 法院作为首封法院，在案件进入执行程序后对X、Y地块依法享有处置权，但是其至今尚未对X、Y地块发布拍卖公告或者进入变卖程序，而A银行作为抵押权人，债权案件早在2017年1月就在M法院进入了执行程序，M法院对上述X、Y地块以及相连土地已完成评估程序，可立即进入拍卖程序，如果不能同时上拍，将严重影响拍卖价格和成交成功率，对债权人以及债务人均将产生不利影响。

3. N法院拒绝移送的理由是判决C、D公司不承担责任，该理由没有法律依据，N法院拒绝移送执行的行为明显违反法律规定。虽然N法院未判决C、D承担责任，但C、D为个人独资企业，根据《个人独资企业法》第二条“本法所称个人独资企业，是指依照本法在中国境内设立，由一个自然人投资，财产为投资人个人所有，投资人以其个人财产对企业债务承担无限责任的经营实体”及《个人独资企业法》第十七条“个人独资企业投资人对本企业的财产依法享有所有权，其有关权利可以依法进行转让或继承”之规定，C、D企业的财产应归属于投资者所有，判决确定投资者要承担责任，故N法院在执行程序中对投资者这一执行人的财产依法享有处置权，故M法院向N法院寄送商请移送该抵押物的商请函，无论在程序还是在实体上均符合法律规定，N法院应予以协助。

五、执行现状

经A银行多次努力，N法院最终将X、Y地块移送M法院执行，内容如下：鉴于M法院执行案债权人对查封X、Y土地享有在先顺位的抵押权，根据《最高人民法院关于首先查封法院与优先债权执行法院处分查封财产有关问题的批复》第一条、第二条以及M法院的来函要求，现将上述查封土地移送M法院执行，对该土地的续封、解封和变价、分配等后续工作，交由M法院办理，N法院不再负责，请M法院在后续执行程序中，对N法院债权人作为首先查封债权人所享有的各项权利依法予以保护，并将执行结果及时告知N法院。

六、案例评析

（一）关于争议焦点一

本案中，C、D已经将X、Y地块抵押给A银行为担保本金额度项下的所有债权余额提供最高额抵押担保，并依法办理抵押登记，即A银行对X、Y抵押物享有优先受偿权。诉讼阶段，A银行也依法申请M法院对X、Y两地块进行查封，为轮候异地 N 法院。

首先，M 法院具有处置 X、Y 地块的权利，依据是《最高人民法院关于人民法院执行工作若干问题的规定（试行）》第四十条的规定："人民法院对被执行人所有的其他人享有抵押权、质押权或留置权的财产，可以采取查封、扣押措施。财产拍卖、变卖后所得价款，应当在抵押权人、质押权人或留置权人优先受偿后，其余额部分用于清偿申请执行人的债权。"

其次，N 法院移送 X、Y 地块有法律依据。《最高人民法院关于首先查封法院与优先债权执行法院处分查封财产有关问题的批复》第一条规定："执行过程中，应当由首先查封、扣押、冻结（以下简称查封）法院负责处分查封财产。但已进入其他法院执行程序的债权对查封财产有顺位在先的担保物权、优先权，自首先查封之日起已超过 60 日，且首先查封法院就该查封财产尚未发布拍卖公告或者进入变卖程序的，优先债权执行法院可以要求将该查封财产移送执行。"本案中 N 法院系首先查封的法院，M 法院系对查封财产有顺位在先的担保物权、优先权法院，而且 N 法院距离查封日期 2015 年 2 月 11 日已近两年，故在时间上也符合上述规定的"60 日"。

最后，M 法院已按程序向 N 法院寄送商请函，根据《最高人民法院关于首先查封法院与优先债权执行法院处分查封财产有关问题的批复》第二条第二款"首先查封法院应当在收到优先债权执行法院商请移送执行函之日起 15 日内出具移送执行函，将查封财产移送优先债权执行法院执行，并告知当事人"的规定，N 法院移送程序手续亦完备，N 法院将查封的 X、Y 地块移送有法律依据。

综上，N 法院将 X、Y 两块地移送 M 法院处置有法律依据。

（二）关于争议焦点二

N 法院在收到 M 法院要求移送 C、D 企业所有的 X、Y 地块的商请函后，N 法院拒绝移送的唯一理由是未判决 X、Y 地块的所有人 C 企业和 D 企业承担责任，其不享有处置权，同时拒绝解封。我们认为这个理由是不成立的，原因如下：

其一，《最高人民法院关于人民法院执行工作若干问题的规定（试行）》第四十条规定："人民法院对被执行人所有的其他人享有抵押权、质押权或留置权的财产，可以采取查封、扣押措施。财产拍卖、变卖后所得价款，应当在抵押权人、质押权人或留置权人优先受偿后，其余额部分用于清偿申请执行人的债权。"M 法院具有处置 X、Y 抵押地块的权利。

其二，鉴于 C 企业为个人独资企业，根据《个人独资企业法》第二条"本法所称个人独资企业，是指依照本法在中国境内设立，由一个自然人投资，财产为投资人个人所有，投资人以其个人财产对企业债务承担无限责任的经营实体”及《个人独资企业法》第十七条“个人独资企业投资人对本企业的财产依法享有所有权，其有权利可以依法进行转让或继承”之规定，个人独资企业的财产为投资人个人所有，两者不分离，这是个人独资企业的一个基本法律特征。个人独资企业的这一法律特征不完全等同《合伙企业法》第二条规定的合伙企业，更有别于《公司法》第三条规定的公司，即由于个人独资企业独有的法律特征，决定了C、D企业的财产应分别属于投资者c、d所有，故在N法院确定投资者c、d承担责任时，N法院依法也有权处置分别属于投资者c、d所有的X、Y地块。

其三，换言之，即使N法院坚持认为C、D企业的财产不属于投资者c、d所有，在N法院判决书并未判决C、D企业承担债务时，也应对C、D企业的财产解除保全，依据是《最高人民法院关于适用〈中华人民共和国民事诉讼法〉的解释》第一百六十六条第一款第三项的规定：“裁定采取保全措施后，有下列情形之一的，人民法院应当作出解除保全裁定：……（三）申请人的起诉或者诉讼请求被生效裁判驳回的。”

综上所述，N法院应向M法院移送属于c、d所有的登记在C、D企业名下的X、Y地块或直接解封该X、Y地块以便M法院处置该抵押物。

【点评】

针对被执行人财产被首次查封、冻结后如何与其他法院协调处置权的问题，实务中一直存在较大争议，虽然最高人民法院对此作出了相关规定，但实践中仍存在较多不确定的问题，本案例为实践工作提供了一个可供参考的范本，值得借鉴。

点评人：广东瀛杜律师事务所律师　里曼

执行过程中首封债权与优先受偿债权冲突问题的研究

薄文君*

一、当事人、代理人及案由

（一）当事人、代理人

申请执行人：彭某，女，系与张某商品房预售合同纠纷的申请执行人。

代理人：薄文君，广东高睿律师事务所律师。

申请执行人：某民生银行，系与张某仲裁一案的申请执行人。

被执行人：张某，男。

（二）案由

商品房预售合同纠纷执行。

二、案情简介

彭某与张某商品房预售合同纠纷一案，经法院判决：张某应返还彭某已付款1550000元，支付彭某违约金505000元，该债权为普通债权。该案诉讼期间，经彭某申请，T法院查封了被执行人张某所有的位于佛山市三水区的房产（以下简称涉案房产），对上述房产进行了财产保全。判决生效后，彭某向T法院申请执行。① T法院为涉案房产的首先查封法院（以下简称首封法院）。

某民生银行对上述涉案房产享有抵押权，并经仲裁取得（2015）穗仲案字第4565号生效仲裁裁决。后该民生银行依据上述仲裁裁决向F中院申请强制执行张

* 薄文君，广东高睿律师事务所律师。

①（2016）粤0106执8997号。

某名下的涉案房产，F 中院已立案受理。F 中院为涉案房产的优先债权执行法院（以下简称优先权法院）。

根据法律规定，T 法院作为涉案房产的首封法院，本应由其主持进行涉案房产的评估拍卖及分配，但在案件的执行过程中，T 法院收到了 F 中院的《商请移送执行函》，F 中院要求 T 法院将涉案房产移送到 F 中院，由 F 中院主持涉案房产的评估拍卖及分配程序。

三、争议焦点

1. F 中院是否有权要求 T 法院将涉案房产移送到本院执行？
2. T 法院是否应当将涉案房产移送 F 中院执行？
3. 移送执行的程序是怎样的？
4. 执行财产应如何分配？

四、各方意见

彭某认为，根据《最高人民法院关于人民法院执行工作若干问题的规定（试行）》（以下简称《执行规定》）第九十一条第一款的规定，对参与被执行人财产的具体分配，应当由首封、扣押或冻结的法院主持进行。T 法院作为首封法院，应当由其主持进行涉案房产的评估拍卖及分配程序。

某民生银行认为，其对涉案房产享有优先受偿权，F 中院为涉案房产所在地的管辖法院，由 F 中院对涉案房产进行处理更为适宜。

张某下落不明，未发表相关意见。

五、执行现状

T 法院经与 F 中院协商后，作出裁定，将涉案财产移送 F 中院执行，由 F 中院对涉案房产进行价值评估。彭某向 F 中院提交《参与执行分配申请书》，申请对涉案房产拍卖款项参与分配。

随后，F 中院作出《网络拍卖告知书》[①]，拍卖被执行人张某所有的涉案房产。

---

① （2016）粤执 300 号。

该涉案房产已通过淘宝网司法拍卖网站拍卖成功，成交价款为5883555.5元，买受人已付清全部拍卖价款。

涉案房产的拍卖价款支付执行费用后，优先偿还抵押债权，彭某取得了剩余部分款项。

六、案例评析

（一）F中院是否有权要求T法院将涉案房产移送到本院执行

《最高人民法院关于首先查封法院与优先债权执行法院处分查封财产有关问题的批复》（以下简称《批复》）第一条规定："……已进入其他法院执行程序的债权对查封财产有顺位在先的担保物权、优先权（该债权以下简称优先债权），自首先查封之日起已超过60日，且首先查封法院就该查封财产尚未发布拍卖公告或者进入变卖程序的，优先债权执行法院可以要求将该查封财产移送执行。"

T法院作为涉案财产的首封法院，查封涉案财产已超过60天，但目前尚未就涉案财产发布拍卖公告或者进入变卖程序。某民生银行对张某的涉案房产具有优先债权，因此F中院作为优先权法院有权要求T法院将涉案房产移送到本院执行。

（二）T法院是否应当将涉案房产移送到F中院执行

根据《批复》第二条"首先查封法院应当在收到优先债权执行法院商请移送执行函之日起15日内出具移送执行函，将查封财产移送优先债权执行法院执行，并告知当事人"的规定，T法院在接到F中院出具的《商请移送执行函》时，经审查如符合《批复》第一条规定的情形时，应当在收到《商请移送执行函》之日起十五日内出具《移送执行函》，将查封财产移送优先债权执行法院执行，并告知当事人。

七、实务经验

（一）优先权法院与首封法院移送执行问题的总结

1. 当查封财产的首封法院与优先权法院并非同一法院时应由哪一法院执行？

根据《执行规定》第九十一条的规定，对参与被执行人财产的具体分配，应当由首封、扣押或冻结的法院主持进行。也就是说，一般情况下应由首封法院直接进入执行程序。

但在司法实践中，首封法院经常因为各种原因，迟延处分查封财产，影响该查封财产优先债权人，如担保物权人、优先权保障的债权人的利益，导致优先债权制度的目的无法实现。因此，最高人民法院在 2016 年 4 月 12 日作出《批复》：原则上由首封法院处分被执行财产，但同时符合以下五个条件时，优先权法院可要求将该财产移送至本院执行：（1）首封法院与优先权法院涉及的都是金钱债权；（2）优先权法院涉及的金钱债权已经进入执行程序；（3）首封已过六十日；（4）首封法院尚未公布拍卖公告或进入变价程序；（5）根据查封债权所处的诉讼阶段、查封财产的种类及所在地，各债权数额与首先查封财产之间的关系等案件具体情况，并非由首封法院执行更为妥当。

2. 移送执行的程序

根据《批复》的规定，优先权法院要求首封法院将查封财产移送执行的，应当出具《商请移送执行函》，并附确认优先债权的生效法律文书及案件情况说明。首封法院应当在收到优先权法院《商请移送执行函》之日起十五日内出具《移送执行函》，将查封财产移送优先权法院执行，并告知当事人。双方发生争议的，应当逐级报共同上级法院指定执行法院。《移送执行函》应当载明将查封财产移送执行及首封债权的相关情况等内容。

为了便于各位阅读，笔者整理了如下流程图，以供参考：

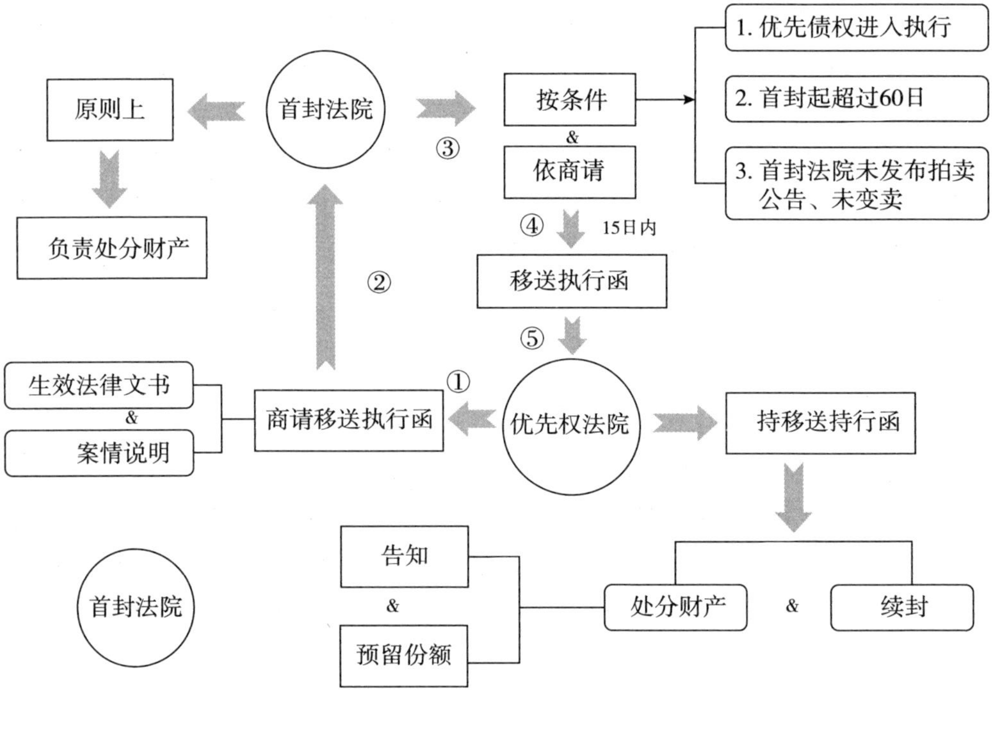

3.《批复》中关于优先债权的概念

优先债权是指"对查封财产有顺位在先的担保物权、优先权的债权"的简称。优先债权具体包括各种担保物权担保的债权及各类型优先权担保的债权。主要包括：抵押权担保的债权；《合同法》第二百八十六条规定的建设工程价款优先受偿权；其他担保物权担保的债权和其他优先权担保的债权，如质押权、留置权和船舶优先权。①

4."查封超过六十日"应当自保全查封时起算，还是自保全查封转为执行查封时起算？

首先，根据《最高人民法院关于人民法院办理财产保全案件若干问题的规定》（以下简称《保全规定》）第十七条的规定："利害关系人申请诉前财产保全，在人民法院采取保全措施后三十日内依法提起诉讼或者申请仲裁的，诉前财产保全措施自动转为诉讼或仲裁中的保全措施；进入执行程序后，保全措施自动转为执行中的查封、扣押、冻结措施。依前款规定，自动转为诉讼、仲裁中的保全措施或者执行中的查封、扣押、冻结措施的，期限连续计算，人民法院无需重新制作裁定书。"也就是说，如果保全措施自动转为执行中的查封措施，查封期限本身就应自保全期间连续计算，因此如果被查封财产自保全阶段就被查封，那么《批复》中的"六十日"，也应自保全查封之日起算。其次，最高人民法院在中国工商银行股份有限公司海口新华支行申请执行协调一案②中适用《批复》进行查封财产移送执行协调时，也明确了"首先查封包括诉讼保全过程中的查封"。综上所述，"查封超过六十日"应当自保全查封时起算。

如果首封债权查封超过六十日，但尚未进入执行阶段，优先权法院是否有权要求移送？答案是肯定的。同时《批复》第三条第三款规定："首先查封债权尚未经过生效法律文书确认的，应当按照首先查封债权的清偿顺位，预留相应份额。"从中也可看出，当优先债权执行法院商请移送时，如果首先查封为保全查封，首先查封法院应立即移送。

（二）关于首封债权在财产分配过程中是否具有优先受偿权的探讨

在上述案例中，某民生银行对涉案财产享有抵押权，因此可以优先受偿拍卖

① 《民法典》第八百零七条：发包人未按照约定支付价款的，承包人可以催告发包人在合理期限内支付价款。发包人逾期不支付的，除根据建设工程的性质不宜折价、拍卖外，承包人可以与发包人协议将该工程折价，也可以请求人民法院将该工程依法拍卖。建设工程的价款就该工程折价或者拍卖的价款优先受偿。

② （2016）最高法执协5号。

款，这是毋庸置疑的。但在多名普通债权人对同一财产申请分配的情况下，首封债权是否具有优先受偿权一直不甚明晰，且实务操作中各地法院的裁判观点亦不完全统一。因此，笔者结合现有的法规规定，进一步梳理并汇总与题述问题有关的内容，形成初步结论，以供参考。

1. 对于多名普通债权人对同一财产申请参与分配，且被执行人的财产足以清偿全部债务的，根据《执行规定》第八十八条第一款的规定，多份生效法律文书确定金钱给付内容的多个债权人分别对同一被执行人申请执行，各债权人对执行标的物均无担保物权的，按照执行法院采取执行措施的先后顺序受偿。也就是说，在这种情况下，按照采取执行措施的先后顺序受偿。

如果首封法院在采取查封措施后六十日内未进入执行程序，根据前文所述，优先权法院可以要求移送执行，但这并不影响首封法院优先受偿。《批复》第三条第三款规定："首先查封债权尚未经生效法律文书确认的，应当按照首先查封债权的清偿顺位，预留相应份额。"因此，即使是由优先权法院处置查封财产，但清偿时亦应按照清偿顺位为首封法院预留份额，以保障首封债权的利益。

此外，对于被执行人财产是否足以清偿所有债务并不明确的情况下，法院通常会参考《执行规定》第八十八条的规定，按照查封先后顺序分配被执行的财产。

2. 对于被执行人的财产不足以清偿全部债务，且申请执行人均为普通债权人的，需要区分两种情况：

第一，如果被执行人为公司，且尚未进入破产程序，根据《最高人民法院关于适用〈中华人民共和国民事诉讼法〉的解释》（以下简称《民诉解释》）第五百一十六条的规定，当事人不同意移送破产或者被执行人住所地人民法院不受理破产案件的，执行法院就执行变价所得财产，在扣除执行费用及清偿优先受偿的债权后，对于普通债权，按照财产保全和执行中查封、扣押、冻结财产的先后顺序清偿。因此，在此情况下，首封法院享有优先受偿权。

第二，如果被执行人为公司，且已进入破产程序，《企业破产法》规定，破产财产不足清偿同一顺序的清偿要求的，按照比例分配。

3. 对于被执行人的财产不足以清偿全部债务，且申请执行人均为普通债权人的，当被执行人为公民或其他组织时，由于无法向企业一样申请破产，《执行规定》及《民诉解释》确立了"参与分配"制度，即对于取得执行依据的普通债权人，其可以在执行程序开始后申请参与分配；对于优先债权人，其可以随时加入执行程序主张权利，而无须以取得生效法律文书为前提。关于各方参与分配后的清偿顺序，《民诉解释》第五百一十条规定为：执行费用、优先受偿债权、普通债权。如果普通债权中被执行人均为自然人，各债权人原则上按比例受偿。此时首封债权不享有优先受偿权。

（三）相关法律条文

1.《执行规定》

第八十八条：多份生效法律文书确定金钱给付内容的多个债权人分别对同一被执行人申请执行，各债权人对执行标的物均无担保物权的，按照执行法院采取执行措施的先后顺序受偿。

多个债权人的债权种类不同的，基于所有权和担保物权而享有的债权，优先于金钱债权受偿。有多个担保物权的，按照各担保物权成立的先后顺序清偿。

一份生效法律文书确定金钱给付内容的多个债权人对同一被执行人申请执行，执行的财产不足清偿全部债务的，各债权人对执行标的物均无担保物权的，按照各债权比例受偿。

第九十条：被执行人为公民或其他组织，其全部或主要财产已被一个人民法院因执行确定金钱给付的生效法律文书而查封、扣押或冻结，无其他财产可供执行或其他财产不足清偿全部债务的，在被执行人的财产被执行完毕前，对该被执行人已经取得金钱债权执行依据的其他债权人可以申请对该被执行人的财产参与分配。

第九十一条：对参与被执行人财产的具体分配，应当由首先查封、扣押或冻结的法院主持进行。

首先查封、扣押、冻结的法院所采取的执行措施如系为执行财产保全裁定，具体分配应当在该院案件审理终结后进行。

第九十四条：参与分配案件中可供执行的财产，在对享有优先权、担保权的债权人依照法律规定的顺序优先受偿后，按照各个案件债权额的比例进行分配。

第九十六条：被执行人为企业法人，未经清理或清算而撤销、注销或歇业，其财产不足清偿全部债务的，应当参照本规定九十条至九十五条的规定，对各债权人的债权按比例清偿。

2.《保全规定》

第十七条：利害关系人申请诉前财产保全，在人民法院采取保全措施后三十日内依法提起诉讼或者申请仲裁的，诉前财产保全措施自动转为诉讼或仲裁中的保全措施；进入执行程序后，保全措施自动转为执行中的查封、扣押、冻结措施。

依前款规定，自动转为诉讼、仲裁中的保全措施或者执行中的查封、扣押、冻结措施的，期限连续计算，人民法院无需重新制作裁定书。

3.《民诉解释》

第五百一十条：参与分配执行中，执行所得价款扣除执行费用，并清偿应当优先受偿的债权后，对于普通债权，原则上按照其占全部申请参与分配债权数额的比例受偿。清偿后的剩余债务，被执行人应当继续清偿。债权人发现被执行人有其他财产的，可以随时请求人民法院执行。

第五百一十六条：当事人不同意移送破产或者被执行人住所地人民法院不受理破产案件的，执行法院就执行变价所得财产，在扣除执行费用及清偿优先受偿的债权后，对于普通债权，按照财产保全和执行中查封、扣押、冻结财产的先后顺序清偿。

4.《企业破产法》

第一百一十三条：破产财产在优先清偿破产费用和共益债务后，依照下列顺序清偿：

（一）破产人所欠职工的工资和医疗、伤残补助、抚恤费用，所欠的应当划入职工个人账户的基本养老保险、基本医疗保险费用，以及法律、行政法规规定应当支付给职工的补偿金；

（二）破产人欠缴的除前项规定以外的社会保险费用和破产人所欠税款；

（三）普通破产债权。

破产财产不足以清偿同一顺序的清偿要求的，按照比例分配。

破产企业的董事、监事和高级管理人员的工资按照该企业职工的平均工资计算。

【点评】

尽管《批复》对首封法院的处置权进行了必要的限制，但一般情况下首封法院还是具有优先处置权。虽然《民诉解释》第五百一十条已明确规定“原则上按照其占全部申请参与分配债权数额的比例受偿”，但在一定条件下首封债权人具有优先受偿权。我们认为，在执行案件中，争取首封对于债权人仍具有十分重要的影响，建议债权人在诉讼程序中对财产保全予以重视。

同时，作为优先债权人，在适用《批复》并实施相关工作的过程中，可能会遇到如下风险点，需要提前做好应对预案：

根据《最高人民法院关于人民法院民事执行中拍卖、变卖财产的规定》，查封财产启动变卖程序，一般情况下是执行案件双方当事人同意变卖，特殊情况下法院也可以依职权决定变卖。而《批复》第一条关于查封财产进入变卖程序，是依据首先查封法院给双方当事人做的同意变卖笔录的时间，还是首先查封法院做出变卖决定的时间，抑或首先查封法院委托评估变卖财产的时间来判断是否进入了变卖程序？对标准的理解不同，直接关系到首先查封法院能否将查封财产顺利地移交给优先债权执行法院。

点评人：广东高睿律师事务所律师　薄文君

恢复终结执行案件的案例分析

赖冬敏*

一、当事人及案由

（一）当事人

申请执行人：A 银行。

被执行人：B 集团、C 供销社。

（二）案由

案由：恢复执行。

二、案情简介

2005 年 6 月 22 日，A 银行因与 B 集团及 C 供销社发生借款保证合同纠纷，A 银行遂向广东省佛山市中级人民法院提起诉讼。法院开庭审理前，A 银行与 B 集团及 C 供销社达成和解协议，法院因此出具（2005）佛中法民二初字第 1 × ×民事调解书。此后，B 集团和 C 供销社未按上述生效法律文书履行相关义务，因此，A 银行向广东省佛山市中级人民法院申请强制执行，但因被执行人无财产可供执行，且申请执行人亦未能提供被执行人的财产线索，法院于 2005 年 12 月 8 日以（2005）佛中法执字第 15 × ×号民事裁定终结执行（2005）佛中法民二初字第 1 × ×民事调解书。2013 年，A 银行发现两被执行人有可供执行的财产线索，据此向广东省佛山市中级人民法院申请恢复执行。2013 年 6 月 6 日，广东省佛山市中级人民法院以（2005）佛中法执字第 15 × ×号通知书，通知 A 银行不予准许其提出的恢复执行请求。A 银行对此向广东省佛山市中级人民法院提出执行异议，请求撤销（2005）佛

* 赖冬敏，广东正大方略律师事务所律师。

中法执字第15××号通知书，恢复佛中法执字第15××号案的执行。然而，广东省佛山市中级人民法院以（2013）佛中法执异字第1×号执行裁定书驳回了A银行的执行异议。A银行对此不服，于2013年9月向广东省高级人民法院申请复议。

三、争议焦点

终结执行的（2005）佛中法民二初字第1××民事调解书可否恢复执行。

四、各方意见

（一）广东省佛山市中级人民法院

本案于2005年12月8日作出终结执行裁定，依据的法律规定是1991年《民事诉讼法》第二百三十五条第六项，该“终结执行”非“终结本次执行”，因此不能恢复强制执行。另外，A银行作为金融机构，自行向法院申请终结执行，是其正式意思表示，执行法院作出终结执行裁定并无不当。《广东省高级人民法院关于中止执行案件恢复执行的规定（试行）》第六条规定：“适用本院粤高法发［1999］46号《裁定终结执行几类案件的暂行规定》而裁定终结执行的案件，申请人可以申请恢复执行，但金融机构等申请执行人自行申请终结或其债权已核销的除外。”也说明金融机构等申请执行人自行申请终结执行的案件，不能恢复强制执行。综上，A银行申请对本案恢复强制执行，无法律依据。执行法院作出的（2005）佛中法执字第15××号通知书、（2013）佛中法执异字第1×号执行裁定书正确，不应恢复强制执行。

（二）A银行

1. 司法实践已经确认了无财产可供执行的案件在终结执行后发现有可供执行的财产时可以恢复执行。本案系以被执行人无财产可供执行为由，依据1991年《民事诉讼法》第二百五十七条第六项规定的人民法院认为应当终结执行的其他情形而裁定终结执行。这和《中央政法委、最高人民法院关于规范集中清理执行积案结案标准的通知》（以下简称《通知》）规定的“终结本次执行程序”的理由相同，其中第三条第八款第三项规定：无财产可供执行的案件，执行程序在一定期间无法继续进行，申请执行人明确表示提供不出被执行人的财产或财产线索，并在人民法院穷尽财产调查措施之后对人民法院认定被执行人无财产可供执行书面表示认可的，经合议庭评议，可裁定终结本次执行程序后结案。第三条第十款第一项和第二项规定：裁定终结本次执行程序后，如发现被执行人有财产可供执行的，申请执行人可以再次提出执行申请。申请执行人再次提出执行申请不受申请执行期间的限制。申请执行人申请或者人民法院依职权恢复执行的，应当重新立案。由此可以看出，最高人民法院将无财产可供执行作为终结本次执行的依据，债权人待债务人具有履行能力时，可以恢复强制执行。被执行人仍负有继续履行的义务。程序终结是对不具备执行条件的案件在程序上终结执行，不是对执行依据的终结，不会损害申请执行人的债权和申请执行权。并且，在实践中，有大量以无财产可供执行为由裁定终结执行的案件在发现被执行人有可供执行的财产后恢复了强制执行程序。例如，2010 年 4 月 30 日，最高人民法院在审理上海某投资有限公司申请执行青岛某建设有限公司一案时，认为执行案件因被执行人无财产可供执行而终结执行的，如发现可供执行的财产随时可以恢复执行。此案申请执行人上海某投资有限公司（原申请执行人为中国工商银行青岛市某区第一支行）在终结执行后，发现被执行人有以其名义登记的土地使用权，青岛市市北区人民法院根据申请，恢复执行并无不当。

2. 广东省佛山市中级人民法院未穷尽执行措施，错误认定本案无财产可供执行。本案已发现被执行人有可供执行的财产。依据《通知》第二条的要求，“执行法院应依法穷尽财产调查措施，并将调查结果告知申请执行人。只有在积极采取法律赋予的调查手段、穷尽对被执行人财产状况的相关调查措施之后，才可以将有关案件认定为无财产可供执行的案件”。因此，在被执行人仍有可供执行财产的情况下，广东省佛山市中级人民法院错误认定本案无财产可供执行。

3. 广东省佛山市中级人民法院在 2009 年时亦认为当被执行人具有可供执行的财产时可以恢复本案的执行。2009 年 9 月 9 日，广东省佛山市中级人民法院向申请执行人发出（2005）中法执字第 15 × × 号执行告知书，告知：“经本院调查，亦未发现被执行人的财产线索，根据本次清理执行积案活动的有关通知，将维持结案状态。”对此可以理解为如果被执行人具有可供执行的财产时，可以恢复本案的执行。这和《通知》强调的“各地法院对清理积案活动以来已经报结的执行案件要重新进行核查，对不符合本通知要求的已结案件要抓紧整改”的要求相符。

4. 被执行人有可供执行的财产，裁定终结执行的事实依据已消除，如以该裁定认为申请执行人丧失了申请强制执行的依据显然不公平。申请执行人是国有金融机构，经营国有资产，在发现被执行人有可供执行的财产时如果不能恢复执行将导致国有资产流失，而债务人将无须偿还生效法律文书确定的还款义务，其可以通过法院的执行程序获得不当利益，这不符合法理，有违公平。

5.（2013）佛中法执异字第1×号执行裁定书错误适用《广东省法院裁定终结执行几类案件的暂行规定》。根据《关于不再适用〈广东省高级人民法院裁定终结执行几类案件的暂行规定〉的通知》，《广东省法院裁定终结执行几类案件的暂行规定》从2004年3月26日起不再适用。

综上所述，A银行认为（2005）佛中法执字第15××民事裁定书仅是程序上终结本案的执行，而非对执行依据的终结，申请执行人从未放弃过本案债权，当被执行人具备可供执行的财产时，应当依法恢复案件的执行。

五、复议结果

广东省高级人民法院经审查后认为：

《最高人民法院关于人民法院执行工作若干问题的规定（试行）》（1998年）第一百零二条第二款规定，被执行人确无财产可供执行的，应当裁定中止执行。广东省佛山市中级人民法院于2005年12月8日作出（2005）佛中法执字第15××号民事裁定，此时本案被执行人无财产可供执行，依照上述规定，执行法院应当裁定中止执行。而且，虽然申请执行人向执行法院申请终结对本案的执行，但并没有明确表示放弃债权或者撤销申请执行。因此，佛山中院（2005）佛中法执字第15××号民事裁定以被执行人“无财产可供执行，申请人亦未能向本院提供被执行人财产的线索”为由，适用1991年《民事诉讼法》第二百三十五条第六项规定裁定终结执行，属于适用法律错误，予以纠正。

另外，《关于不再适用〈广东省高级人民法院裁定终结执行几类案件的暂行规定〉的通知》已明确自2004年3月26日起不再适用（粤高法发〔1999〕46号）《广东省法院裁定终结执行几类案件的暂行规定》。因此，广东省佛山市中级人民法院（2013）佛中法执异字第15号执行裁定中参照《广东省高级人民法院关于中止执行案件恢复执行的规定（试行）》（粤高法发〔2007〕26号）第六条的规定处理不当，同样予以纠正。

综上，广东省佛山市中级人民法院在执行中以查无财产可供执行为由裁定本案终结执行，在发现有可供执行的财产后又以本案终结执行为由通知不予准许恢复执行显属不当，申请复议人A银行请求撤销佛山中院（2005）佛中法执字第15××号通知及（2013）佛中法执异字第15号执行裁定的复议理由成立。依照《民事诉讼法》第二百二十五条和《最高人民法院关于适用〈中华人民共和国民事诉讼法〉执行程序若干问题的解释》第八条、第九条的规定，裁定：一、撤销佛山中院

(2013）佛中法执异字第 1 × 号执行裁定；二、撤销佛山中院（2005）佛中法执字第 15 × × 号通知；三、发回佛山中院重新审查 A 银行关于恢复执行本案的申请。

六、案例评析

根据既判力理论，已经进入强制执行阶段的案件除在执行程序中得到保护外，无法再行通过诉讼等程序获得救济，为了保护申请执行人的权利，需要执行程序对其不遗余力地进行保护，换言之，强制执行的根本目的就是通过执行程序使得申请执行人的权利得到最大程度的保护。当事实发生变化，有实现债权的可能时，执行目的要求执行法院应当根据新发现的事实对执行作出调整，这也是实现执行程序价值的应有之义。而且，终结执行并不导致原执行依据失去强制执行的效力，只要申请执行人未明确在执行程序中表示放弃其权利，那么程序上的终结就不应当对其实体权利产生影响。在上述情形中，从保护债权人合法权利的角度出发，执行法院应随之配合调整执行的方式。

执行法院在审查案件是否应当恢复强制执行时，应当对案件停止执行的原因进行实质性审查，而不应当仅进行简单的形式性审查，以避免执行程序的重复烦琐和有关当事人的不必要的讼累。对于本应中止执行而不当适用终结执行的案件，执行法院应当在中止执行的情形消失后依照法律、司法解释的规定恢复执行。

【点评】

在申请强制执行实务中，经常会出现程序性中止事由以及实质性终止事由，我国《民事诉讼法》对此问题以中止执行程序、终止执行以及终结本次执行程序等方式分别作出了不同的规定，如果并非因终止执行情形停止执行实务，当事人完全可以根据案件实际情况以存在可供执行财产为由申请恢复执行，这是各位律师在实务工作中需要注意的。

点评人：广东瀛杜律师事务所律师　里曼

浅析强制执行中评估报告的送达事宜

刘谆誉*

一、当事人、代理人

申请执行人：A 资产管理公司。

代理人：梁伟荣、刘谆誉，均系广东南国德赛律师事务所律师。

第一被执行人：B 公司，系 C 公司全资子公司，已吊销。

第二被执行人：C 公司，国有独资企业，存续。

二、案情简介

申请执行人 A 公司申请强制执行被执行人 B 公司、C 公司借款合同纠纷一案，由广东省 Z 法院执行中。

本执行案的立案时间为 2000 年，B 公司因未依法参加年检，于 2002 年被工商行政管理部门吊销。在 B 公司被吊销之前，Z 法院通过直接送达的方式向 B 公司送达法律文书。无论在一审程序、二审程序，还是执行程序中，B 公司始终未向审判法院或执行法院提交送达地址确认书。诉讼法院所作出的判决书、裁定书等法律文书均载明了 B 公司的住所地位于“Z 市中 X 大厦 17 楼”，与工商登记的住所地一致。

2016 年，在执行过程中，Z 法院依法委托评估机构对 C 公司名下位于北京市的多套房产（以下简称涉案房产）进行评估并出具一份评估报告初稿。

评估报告初稿出具后，执行法院已向 A 公司、C 公司有效送达，因没有 B 公司法定代表人的联系方式，B 公司也未委托诉讼代理人，执行法院根据《最高人民法院关于以法院专递方式邮寄送达民事诉讼文书的若干规定》（以下简称《邮寄送达

---

* 刘谆誉，广东南国德赛律师事务所律师。

文书规定》）第二条“以法院专递方式邮寄送达民事诉讼文书的，其送达与人民法院送达具有同等法律效力”的规定，采取邮寄送达方式向B公司工商登记的住所地送达初稿。邮政公司在投递过程中，在B公司工商登记的住所地未能找到B公司，根据《邮寄送达文书规定》第六条“邮政机构按照当事人提供或者确认的送达地址送达的，应当在规定的日期内将回执退回人民法院。邮政机构按照当事人提供或确认的送达地址在五日内投送三次以上未能送达，通过电话或者其他联系方式又无法告知受送达人的，应当将邮件在规定的日期内退回人民法院，并说明退回的理由”的规定，邮政公司以“查无此公司”为由，将评估报告初稿退还给执行法院。

据前述，法院认为B公司下落不明，依法应通过登报方式向B公司公告送达评估报告初稿。

三、争议焦点

1. 依法是否必须向B公司送达评估报告初稿。
2. Z法院向B公司工商登记的住所地邮寄送达是否有效。
3. 法院向C公司有效送达是否也视为对B公司有效送达。
4. 公告送达评估报告初稿的期限问题。

四、各方意见

（一）A公司

1. 依法应送达评估报告初稿给B公司，但无须采取公告送达方式

《人民法院办理执行案件规范》第三百九十七条规定：“人民法院收到评估机构作出的评估报告后，应当在五日内将评估报告发送当事人及其他利害关系人。被执行人或者其他利害关系人下落不明，可以采取请被执行人的近亲属转交、张贴在被执行人所在的自然村或小区公共活动场所、邮寄至生效法律文书载明的被执行人住所地等适当方式送达，无须公告送达。”

上述规定的参考文件为《最高人民法院对山东高院关于案件执行中涉及有关财产评估、变卖等问题的请示的复函》（以下简称《复函》）。《复函》的主要内容为：“评估报告未送达给有关当事人，并不影响依据评估报告确定拍卖、变卖的价格。鉴于目前被执行人借逃避送达拖延执行的情况非常普遍，为了提高执行效率，维护

申请执行人的合法权益，对评估报告可以采取请被执行人的近亲属转交、张贴在被执行人所在的自然村或小区公共活动场所、邮寄至生效法律文书载明的被执行人住所地等方式送达，无须公告送达。”

根据上述内容，虽然执行法院Z法院不是位于山东省的法院，但是申请执行人代理人认为仍然可以参照使用该复函，以除公告送达方式向B公司送达评估报告，理由如下：(1) 本案执行案情与上述山东法院的类似，该《复函》所述案件与本案的相同之处均为被执行人或利害关系人“下落不明”，且该两案若采取公告方式送达评估报告，将导致拍卖延迟，不能依法及时维护申请执行人的合法权益。(2) 该复函符合现行法律规定。我国《民事诉讼法》第七章第二节为关于“送达”的规定，该规定载明，需送达的为“诉讼文书”，譬如第八十四条第一款规定：“送达诉讼文书必须有送达回证，由受送达人在送达回证上记明收到日期，签名或者盖章。”笔者认为，所谓民事诉讼文书是司法机关及当事人、律师等在解决诉讼、执行时使用的文书，也包括司法机关的非规范性文件。据前述，评估报告不属于诉讼文书，依法不应适用民事诉讼法关于送达的规定。(3)《复函》早在2002年由最高人民法院作出，颇有先见之明，完全符合当下需解决“执行难”的需求。若本案参照《复函》采取除公告送达外的方式送达，更能体现我国解决“执行难”的决心、更能体现法治的进步。

2. Z法院向B公司工商登记的住所地邮寄送达符合法律规定

根据《邮寄送达文书规定》第五条“当事人拒绝提供自己的送达地址，经人民法院告知后仍不提供的，自然人以其户籍登记中的住所地或者经常居住地为送达地址；法人或者其他组织以其工商登记或者其他依法登记、备案中的住所地为送达地址”的规定，作为法人的B公司拒绝提供自己的送达地址，经人民法院告知后仍不提供的，法人或其他组织以B公司工商登记或者其他依法登记、备案中的住所地为送达地址。

B公司在审判、执行程序均未书面确认送达地址，法院以直接送达方式送达诉讼、执行文书，但执行过程中，B公司被工商行政管理部门吊销，不实际开展生产经营活动，也没有办公场所，且已搬离工商登记住所地。

面对B公司“失联”“人去楼空”、未向法院书面确认新的送达方式的情况，笔者认为可以采取以下措施：首先，企业被吊销是基于B公司违反工商行政管理的法律法规被工商部门处以行政处罚，但其主体资格依然存在，B公司依法应向法院书面确认送达地址，否则法院可以向B公司的工商登记住所地送达，无法签收的法律后果由B公司自行承担；其次，B公司在“失联”之前，法院以直接送达的方式向其送达法律文书，但在本案中，B 公司作为案件的当事人，负有依法参加民事诉讼及执行的义务，如因经营状况的变化，进而导致人事及办公场所等变化，亦应及时办理变更登记，否则依法应承担相关法律责任。根据《邮寄送达文书规定》第四条第三款“当事人在第一审、第二审和执行终结前变更送达地址的，应当及时以书面方式告知人民法院”以及第十一条第一款“因受送达人自己提供或者确认的送达地址不准确、拒不提供送达地址、送达地址变更未及时告知人民法院、受送达人本人或者受送达人指定的代收人拒绝签收，导致诉讼文书未能被受送达人实际接收的，文书退回之日视为送达之日”的规定，应通过指定联系人、通知法院新的联系地址等方式配合法院后续的执行工作，因此，B 公司对其“下落不明”存在过错，执行法院因 B 公司的过错而选择公告送达，进而拖延 Z 法院的执行效率、影响 A 公司及时实现合法权益，该做法从保护无过错方、司法效率及优化社会资源配置的角度来说，均值得商榷。

3. Z 法院向 C 公司有效送达应视为向 B 公司有效送达

C 公司作为 B 公司的唯一股东及开办单位，在《最高人民法院关于企业法人营业执照被吊销后，其民事诉讼地位如何确定的复函》中，最高院向辽宁高院答复称“吊销企业法人营业执照，是工商行政管理机关依据国家工商行政法规对违法的企业法人作出的一种行政处罚。企业法人被吊销营业执照后，应当依法进行清算，清算程序结束并办理工商注销登记后，该企业法人才归于消灭。因此，企业法人被吊销营业执照后至被注销登记前，该企业法人仍应视为存续，可以自己的名义进行诉讼活动。如果该企业法人组成人员下落不明，无法通知参加诉讼，债权人以被吊销营业执照企业的开办单位为被告起诉的，人民法院也应予以准许……”既然作为开办单位的 C 公司都可以作为被告承担实体责任，则本案中的 C 公司已经作为被执行人，身份存在重合性，在承担保证责任的同时，也应该同时承担开办单位的法律责任。故申请执行人认为，执行法院应该参照适用该规定，对于 C 公司开办的 B 公司被吊销，无法向其送达诉讼、执行文书的，法院有权向其开办单位 C 公司送达。

此外，作为国有独资企业的全资子公司，B 公司具有行政化管理的色彩，B 公司的财务、人事由 C 公司安排、管理，B 公司吊销后，C 公司应妥善处理好人事等事宜，确定 B 公司的案件代理人，以配合法院执行工作。

鉴于前述，即便法院不采纳“向 C 公司有效送达即视为向 B 公司有效送达”的观点，退而求其次，申请执行人代理人也建议执行法院约谈 C 公司并作执行笔录，要求其指定并确认受送达人及送达地址，以便配合法院送达，而这一做法，能有效取得送达的地址及联系人的书面确认，完全符合法院对执行工作合法合规性的要求。

4. 公告送达报告初稿的期限为 7 日

《广东省高级人民法院关于人民法院委托评估、拍卖工作若干问题的暂行规定》（以下简称《广东法院委托评估、拍卖规定》）第十七条："委托法院对评估报告审查无误后，应将评估报告副本送达双方当事人。当事人对评估报告有异议的，应在收到评估报告后 7 日内向法院提交书面异议书，由法院转交评估机构……" 申请执行人据此认为报告初稿不属于执行文书，建议法院依据该规定公告 7 日。

（二）B 公司

"失联"，未发表任何意见。

（三）C 公司

未发表任何意见。

五、执行现状

Z 法院未采纳申请执行人的意见，坚持以登报公告的方式向 B 公司送达评估报告初稿，对此，申请执行人及其代理人表示遗憾。执行法院依据如下：

1. 根据《广东省高级人民法院关于司法委托评估工作细则》第二十二条"评估机构在出具正式报告前，应向委托法院司法委托管理部门提交报告初稿，司法委托管理部门应将报告初稿送达各方当事人并要求 15 日内回复书面意见"之规定，B 公司是案件当事人，应向其送达初稿。

2. 《广东法院委托评估、拍卖规定》第十七条规定："委托法院对评估报告审查无误后，应将评估报告副本送达双方当事人。当事人对评估报告有异议的，应在收到评估报告后 7 日内向法院提交书面异议书，由法院转交评估机构；评估机构应在十日内进行复核和解释。评估机构对评估报告作出修正的，委托法院应将修正后的评估报告送达双方当事人，可以不征求意见。被执行人下落不明的，委托法院应以公告形式送达评估报告。公告可限定被执行人提出异议的时间。"

3. B 公司下落不明，应按《民事诉讼法》第九十二条"受送达人下落不明，或者用本节规定的其他方式无法送达的，公告送达。自发出公告之日起，经过六十日，即视为送达。公告送达，应当在案卷中记明原因和经过"的规定向 B 公司公告送达，送达期限为 60 日。

六、案例评析

(一) 执行法院送达评估报告初稿，应以何种方式送达?

笔者认为，执行程序中，为提高执行效率，依据相关法律规定及司法解释，我们建议执行法院按如下顺序选择送达方式，向被吊销的受送达人送达执行文书:

1. 受送达人书面确认送达地址的，法院应向该地址送达

《最高人民法院关于以法院专递方式邮寄送达民事诉讼文书的若干规定》规定，执行中当事人应当向人民法院提供或者确认自己准确的送达地址，并填写送达地址确认书。当事人拒绝提供的，人民法院应当告知其拒不提供送达地址的不利后果，并记入笔录。

2. 审判程序送达地址在执行程序中的适用

参照《民事诉讼法》第一百三十七条的规定，当事人在提起上诉、申请再审、申请执行时未书面送达变更送达地址的，其在第一审程序中确认的送达地址可作为第二审程序、审判监督程序、执行程序的送达地址。据此可归纳为，除在执行程序中确认送达地址的情况外，当事人在审判程序中最后一次书面确认的地址，可作为执行程序的送达地址。

3. 经依法登记备案的地址，可作为送达地址

根据《邮寄送达文书规定》第五条的规定，当事人拒绝提供自己的送达地址，经人民法院告知后仍不提供的，法人或其他组织以其工商登记或者其他依法登记、备案中的住所地为送达地址。

4. 向法定代表人送达

参照《最高人民法院关于适用〈中华人民共和国民事诉讼法〉的解释》第一百三十条第一款的规定，向法人或者其他组织送达诉讼文书，应当由法人的法定代表人、该组织的主要负责人或者办公室、收发室、值班室等负责收件的人签收或者盖章，拒绝签收或者盖章的，适用留置送达。据此，向法定代表人送达符合法律规定。同时参照《邮寄送达文书规定》第五条的规定，法院可以向法定代表人户籍地址或住所送达法律文书。实践中，人民法院需征求公安机关配合确认受送达法定代表人的户籍地址及住所，因此，为提高司法效率，建立两个部门之间的工作协调机制确有必要。

5. 向对受送达人负有清算义务的主体送达

依据《公司法》第一百八十一条和第一百八十二条以及有关法律法规的规定，

笔者认为，负有清算义务的主体应是被吊销企业的股东或具有股东性质的开办单位、上级主管部门等。具体而言，国有企业的清算主体是其上级主管部门；集体企业的清算主体是其开办单位；联营企业的清算主体是其联营各方；有限责任公司的清算主体是其全体股东；股份有限公司的清算主体是其控股股东。

6. 公告送达

笔者首先认为，是否应该采取公告方式送达评估报告初稿，值得商榷（详见本文第四节，此不赘述）。若执行法院不参照适用《复函》，亦应将公告送达作为“兜底”的送达方式，应适用于穷尽其他方式后无法有效送达的情况，滥用公告送达将降低司法效率，损害当事人的合法权益。

（1）对于法院认定为“下落不明”的当事人，采取公告送达的方式，符合法律规定，是法院对于采用其他方式无法送达时惯用的方式，也是法院规避职业风险的较佳举措。但“一刀切”式地采用公告送达，有碍于提高执行效率，也与确切解决“执行难”精神相悖。

（2）对于采用其他方式无法实际送达，并不排除送达有效。对受送达人而言，因其过错导致无法送达的，应自行承担不利的法律后果；对法院而言，因综合考虑案件情况，采取合法、高效的方式送达，避免一遇到“下落不明”便公告的思想先入为主。

送达相关的法律规定及司法解释，还可能涉及实体法律（如被送达企业的工商登记状态等），当事人对送达方式提出意见或建议时，应提出相应的事实基础及明确的法律依据。

七、结语

最高人民法院于 2017 年 7 月 19 日出台了《关于进一步加强民事送达工作的若干意见》，其中第八条规定：“当事人拒绝确认送达地址或以拒绝应诉、拒接电话、避而不见送达人员、搬离原住所等躲避、规避送达，人民法院不能或无法要求其确认送达地址的，可以分别以下列情形处理：（一）当事人在诉讼所涉及的合同、往来函件中对送达地址有明确约定的，以约定的地址为送达地址；（二）没有约定的，以当事人在诉讼中提交的书面材料中载明的自己的地址为送达地址；（三）没有约定、当事人也未提交书面材料或者书面材料中未载明地址的，以一年内进行其他诉讼、仲裁案件中提供的地址为送达地址；（四）无以上情形的，以当事人一年内进行民事活动时经常使用的地址为送达地址。人民法院按照上述地址进行送达的，可以同时以电话、微信等方式通知受送达人。”第九条规定：“依第八条规定仍不能确认送达地址的，自然人以其户籍登记的住所或者在经常居住地登记的住址为送达地址，法人或者其他组织以其工商登记或其他依法登记、备案的住所地为送达地址。”上述规定肯定了法院向工商部门登记备案的地址送达的合法性和合理性。除此之外，该意见还规定法院在相关情形下，有权以以下地址作为送达地址：涉案合同、往来函件中载明的被送达人的地址作为送达地址；一年内其他诉讼、仲裁案件的送达地址；受送达人在诉讼中提交书面材料载明的自己的地址等。同时也对通过微信等方式送达作出相关规定，旨在维护受送达人诉权的同时，通过多种途径解决送达难的问题。

【点评】

在司法实践中，会存在不少案件的被执行人已经被吊销的情况，目前较多法院在处理被吊销企业的送达问题上，往往动辄采取公告送达的方式。如果不区分案件实际情况，均统一采取公告送达的做法，不但不利于提高司法效率，而且也对申请执行人不公平，不利于及时实现申请执行人的合法权益，而且也释放一个不好的信号给被执行人，导致越来越多的被执行人采取该种方式拖延或懈怠履行债务。如法院能根据各个案的不同情况，在执行中区分不同的情况，灵活采用符合法律规定的送达方式，则能减少因为公告送达而导致执行时间延长的情况，从而切实提高执行效率。

点评人：广东南国德赛律师事务所律师　梁伟荣

强制执行中查封、拍卖不得损害拆迁利益

许卫权*

一、当事人、代理人及案由

（一）当事人、代理人

申请执行人：某小贷公司。

代理人：李某，广东合邦律师事务所律师。

被执行人：陈某、罗某、黎某、廖某。

案外人：陈某某（系被执行人罗某的前妻）。

（二）案由

金融借款合同纠纷执行。

二、案情简介

2014年8月23日，某小贷公司（以下简称小贷公司）与借款人陈某签订《最高额贷款合同》，约定：小贷公司向陈某提供额度为500万元的最高额贷款，最高额贷款额度有效期为2个月，从2014年8月25日至2014年10月24日。贷款的月利率为1.8%。同日，小贷公司与担保人罗某、黎某、廖某签订《最高额保证担保合同》，约定：罗某、黎某、廖某为上述《最高额贷款合同》项下的贷款提供不可撤销的连带责任保证，保证范围为贷款合同项下债权本金、利息、罚息、违约金、赔偿金、其他款项（包括但不限于手续费、律师费、差旅费、执行费、拍卖费、评估费、公证费、送达费、公告费、过户费、查询费、鉴定费及其他费用）。2014年8月23日，小贷公司还与担保人黎某、廖某、罗某签订《最高额抵押担保合同》，

* 许卫权，广东合邦律师事务所律师。

约定以三位担保人共有的位于广州某地的房产为此笔贷款提供抵押担保，并办理了抵押登记手续。当日小贷公司发放了贷款。现此笔贷款已到期，借款人陈某无法归还贷款。故小贷公司根据合同规定向广州某区人民法院提起诉讼，请求借款人归还500万元本金及利息等其他费用，并且请求三位担保人承担连带责任。法院经审理后认为，该案属借款合同纠纷。原告与被告签订的《最高额贷款合同》《最高额抵押担保合同》《最高额保证担保合同》没有违反法律规定，是有效合同，各方均应遵照履行。因此，法院于2015年11月4日判决贷款人陈某承担债务责任，担保人黎某、廖某、罗某承担连带责任。现法院作出执行通知书并且查封、拍卖了担保人罗某、廖某、黎某某共有的位于广州某地的房产，并且查封了担保人罗某名下的位于广州市荔湾区的某房屋。

事实上，被执行人罗某与广州市某区旧城改造项目中心于2013年7月22日签署了《收购协议书》，将罗某位于广州市荔湾区的某房屋作为搬迁房安置补偿，但至今安置补偿工作尚未完成。罗某与案外人陈某某于2015年12月2日签署了《离婚协议书》，并在民政局登记离婚。该离婚协议书中约定广州市荔湾区的某房屋及拆迁款和安置房等归陈某某所有。现陈某某提出执行异议，要求对拆迁房解除查封，并返还给自己，以便获得拆迁利益。

三、争议焦点

1. 拆迁房是否可以查封、拍卖。
2. 夫妻共有的拆迁房是否可以被查封、拍卖。
3. 离婚协议约定拆迁房、拆迁利益归案外人所有是否能够对抗法院的查封、拍卖。

四、各方意见

（一）案外人陈某某的意见

1. 拆迁房不能查封、拍卖。因为拆迁房尽管有房产证，但是该房屋即将因拆迁行为而转化为安置房与安置款。查封、拍卖拆迁房不仅不利于拆迁户配合拆迁行为，而且还损害了参与拍卖人的利益。拍卖人拍卖的是拆迁房，但拆迁房早晚要转化为安置房、安置款，具有不确定性，并且查封、拍卖拆迁房侵犯了拆迁户的拆迁利益，使其安置权益、生存权、居住权得不到基本的保护。

2. 该拆迁房是罗某与陈某某婚后购买的房产，属于夫妻共同财产，但是陈某某不是被执行人，并不需要承担债务责任。而查封该房屋影响了陈某某的利益，因此不应当查封，更不应当拍卖。

3. 离婚协议约定该拆迁房归陈某某所有，但陈某某不是被执行人，是案外人，因此法院查封该房产是执行错误。至于离婚协议约定拆迁房归陈某所有，但没有办理过户手续的原因，是因为2013年签订拆迁协议后，罗某的房产证就被拆迁办收取，原件在拆迁办，所以无法过户到陈某某名下。因此事实上的房产所有者应为陈某某。陈某某承担执行责任，就不应查封、拍卖该争议房产。

（二）小贷公司的意见

1. 拆迁房是可以查封、拍卖的。本案的执行标的是罗某的合法财产，有相应的产权证明。该拆迁房尚未拆迁，仍然是有形的、有价值的财产。尽管该房产已经签订了拆迁协议，随着拆迁的进行，该房产可以转变为安置房、安置款等，但尚未拆迁前，该房产不仅可以查封，还可以拍卖。

2. 拆迁房为罗某与陈某某的共同财产，登记在罗某的名下。现罗某被法院判定承担担保责任，罗某名下的房产仍然可以查封和拍卖。只是将拍卖款项中属于陈某某的份额从拍卖款中支付给陈某某就可以了。

3. 尽管离婚协议约定拆迁房、拆迁利益归陈某某所有，但法院执行裁定中的被执行人为罗某某，而房产证上载明的权利人也是罗某某，并且该离婚协议签订的时间晚于法院的生效判决，且效力也弱于法院的生效判决，因此不能以该离婚协议的约定来对抗法院的判决、裁定。

五、执行情况

该房产已被查封。

六、案例评析

（一）涉及拆迁的房屋由于产权清晰，是有形的合法财产，可以查封拍卖，但是在查封与拍卖时要慎重考虑告知权和保护合法的拆迁利益

涉案房产是有形的财产，是真实存在的财产，并且有合法的房产证，因此理论上完全可以查封、拍卖。问题是该房产因为面临拆迁，在未来将转化为拆迁安置房或者其他拆迁利益，但这不能否定拆迁房作为个人财产可以成为强制执行的标的。针对拆迁房的查封安置，一般法院都是比较慎重的。首先，查封、拍卖时要考虑即将拆迁的时间，否则拆迁房一旦被拆除，就意味着对其查封、拍卖的裁定已经失效，还要对新的拆迁安置房重新进行查封或拍卖。其次，拍卖拆迁房必须对参与拍卖人进行提示，告知其拆迁的事实、拆迁产生的费用和拆迁安置的情况，以便让拍卖人知晓拍卖的真实情况，以体现公平与公正。最后，查封、拍卖拆迁房还要兼顾产权共有人的利益，不得损害共有人的合法利益。

（二）拆迁房属共有房产，应当保护共有人的合法利益，更要保护善意第三人的拆迁利益

涉案房屋尽管在罗某名下，但是属于罗某与陈某某的共有财产。罗某与陈某某协议离婚后，约定该房产归陈某某所有。根据法院的判决，罗某为陈某欠款承担连带担保责任。罗某并不是债务人，而是担保人。罗某所承担的担保责任与家庭生活无任何关系，也无任何证据证明陈某某对罗某的担保责任知情。因此，罗某的担保责任与陈某某无关。如果将涉案房屋作为罗某与陈某某的共有财产来理解，那么对该房屋的查封与拍卖确实影响到了陈某某的利益。首先，该房屋是陈某某的唯一住房，需保护其基本的生存权和居住权。其次，对于该房屋的查封影响到了陈某某的拆迁利益。陈某某是拆迁房屋的受益者，对该房屋进行查封会导致陈某某不能交纳拆迁款，进而不能实现拆迁合同承诺的拆迁安置，严重影响到陈某某的房产安全与房产利益。最后，罗某的拆迁收购协议签订的时间是 2013 年，早于担保责任的产生，更早于法院生效判决与执行裁定。因此拆迁收购协议是合法有效的，强制执行中的查封、拍卖不能影响案外人的利益，也不能否定拆迁收购协议的有效性，更不能阻碍拆迁收购协议的履行。现在法院既查封了即将拆迁的房屋，又要求拆迁办不能为拆迁房安置房屋，不再收取拆迁安置中的差额款，实际上违反了拆迁回购协议的约定，通过强制手段要求拆迁办不履约，这是将强制执行权凌驾于拆迁回购协议之上的行为。需要注意的是，在罗某为陈某的贷款提供担保之前，拆迁回购协议就已经成立生效了。从保护善意第三人的角度出发，拆迁回购协议也应当及时履行。因此，第三人陈某某的利益作为合法利益也应受到法律及时的保护。

（三）离婚协议约定的房屋所有权不能以拆迁过程中不能变更登记为由对抗房产证登记的效力；离婚协议约定拆迁利益的归属是当事人自由意思表示，如无违反法律强制性规定应受到法律保护

罗某与陈某某的协议离婚尽管发生在法院生效判决之后，但仍然是合法有效的，双方对财产及拆迁利益的约定没有违反国家的强制性规定也是合法有效的。因拆迁导致未能办理房产过户手续，而房产证上记载的权利人仍为罗某，并不能否认该房产为罗某与陈某某共有的客观法律事实。查封该房产须以是否会影响到陈某某的合法利益为出发点，并且应当考虑拍卖该房产是否会影响到陈某某的居住权的问题。至于离婚协议中关于拆迁利益归陈某某所有的约定，应得到法律的保护。因此拆迁安置房以及拆迁款的所有权应为陈某某所有，除非法院证明罗某与陈某某的离婚协议中关于拆迁利益归属的约定是无效的。

（四）拆迁合同是合法行政合同，强制执行不能违反拆迁合同中各方的善良本意

本案中离婚协议约定涉及拆迁房产和拆迁利益均归陈某某所有，但是事实上因罗某签订拆迁回购协议后，将房产证上交拆迁办，所以未能在离婚后办理过户手续。因此房产的约定不能对抗房产证登记的效力，也不能对抗善意的第三人，当然也不能对抗法院的查封、拍卖。但是法院的查封、拍卖还要考虑利害关系人陈某某的合法利益，因此在本案中，不宜查封、拍卖该房产。况且被执行人罗某并非唯一的担保人，其他担保人均是夫妻共同承担担保责任（根据法院的判决，其他担保人为夫妻共同担保，并且为共同被告），因此应考虑优先执行抵押财产，再执行其他担保人的财产。而不应既查封涉及拆迁的房产，又不顾案外人陈某某与罗某的离婚财产约定，不考虑陈某某的居住权和合法的拆迁利益。甚至不顾拆迁回购协议的行政合同性质，且其签订时间远远早于担保责任形成的事实，强行阻止回迁安置来实现案件的强制执行。笔者认为这不仅不合法，也无法理基础。

【点评】

本文以案例分析的形式阐述了当强制执行的标的涉及已签订拆迁回购协议的房产时，应照顾到合法的拆迁利益并保护善意第三人的利益。的确，从理论上讲，涉及拆迁的房产是完全可以查封、拍卖的，但是司法实践中多数法院采取慎重态度，这是因为查封不仅是为拍卖作准备，也是督促被执行人采取积极态度清偿债务、完成执行程序的有力手段。但是查封不能仅仅为了查封而进行。随着拆迁流程的推进，拆迁房转化为安置房、安置款。拆迁房的消失导致查封效力的消失，法院又不得不重新对安置房进行查封。因此在对即将拆迁的房产进行查封、拍卖时必须考虑到参与拍卖人知情权，从真实利益的角度出发，慎重对待涉及拆迁房产的查封、拍卖。

另外，本文还涉及第三人离婚协议在强制执行中的效力，既要保护拆迁合同的合法有效性，又要考虑到第三人善意性与意思自治。因此其核心思想是在强制执行中要兼顾合法性和合理适当性，从而使强制执行的作用更好、效果更佳。

综上所述，本文进行了一定的理论分析，对执行实务有一定的参考价值。

点评人：北京市盈科（广州）律师事务所律师　潘星辰

执行前财产保全措施的应用

钟炜*

一、当事人、代理人及案由

（一）当事人、代理人

申请人：赵某仁、赵某延。

代理人：钟炜、徐婉雯，均为北京大成（广州）律师事务所律师。

被申请人：朱某、陈某、D 文化城有限公司（以下简称 D 公司）。

（二）案由

执行前财产保全。

二、案情简介

1993 年 5 月 9 日，H 房地产开发公司出资设立 D 文化城开发公司。2008 年 5 月 26 日，该公司根据公司法规定进行规范化重组，名称变更为 D 公司，股东变更为赵某仁、赵某延，注册资本为 1000 万元，股东赵某仁出资 800 万元、持股 80%，股东赵某延出资 200 万元、持股 20%，法定代表人为赵某仁。2009 年 6 月 14 日，赵某仁、赵某延与朱某、陈某签订《股权转让协议书》，约定：一、赵某仁在 D 公司中持有的 80% 股权转让给朱某，赵某延在 D 公司中持有的 20% 股权中的 10% 转让给朱某，10% 转让给陈某。朱某、陈某受让上述股权后，对 D 公司拥有 100% 的股权。二、根据 D 公司资产状况，双方确定股权转让款为 1000 万元。三、双方可以根据实际需要签订补充协议，补充协议与该协议具有同等效力，如补充协议与该协议不一致的，以补充协议为准。2009 年 6 月 15 日，双方签订《股权转让补充协

---

* 钟炜，北京大成（广州）律师事务所律师。

议书》，说明D公司于1993年7月以出让方式取得位于××省××市××镇大角花约1198亩国有土地的使用权，已全额交清出让金和拆迁补偿费，领取相应的土地使用权证。由于该镇政府挪用村民拆迁补偿费，造成村民阻止该宗土地开发建设。2001年，某市政府通报收回该宗土地，后经交涉该府原则上同意D公司继续开发建设该宗土地。D公司更名后拟转移投资重心，决定转让公司100%的股权，并形成股东决议。朱某、陈某对D公司该宗土地使用权的状况、开发可能和前景进行调研后，自愿受让D公司的全部股权。补充协议约定如下：一、赵某仁持有D公司80%的股份，赵某延持有D公司20%的股份，两股东共同持有D公司100%的股份，全部转让给朱某、陈某，其中朱某受让90%，陈某受让10%。自股权转让变更登记完成之日，朱某、陈某享有D公司100%的股权。二、双方经协商确认D公司股权转让净价8500万元，因股权转让产生的相关税费由朱某、陈某承担。三、朱某、陈某应于该补充协议生效之日起五个工作日内向赵某仁、赵某延指定账户电汇履约保证金1000万元。四、自该补充协议签订之日起四十天内，赵某仁、赵某延承担全部费用，负责办理并获得某市政府同意由D公司对该宗1198亩土地实施开发建设的批准文件。赵某仁、赵某延逾期不能获得相关批准文件的，朱某、陈某可以选择解除该补充协议。五、经赵某仁、赵某延努力而获得上述政府批准文件，尽最大可能争取享受当地房地产开发优惠政策，降低开发的前期成本，如相关批准文件中附加的条件，导致增加每亩4万元以上的（土地出让金补缴、当地村民或渔民补偿金等）与土地有关的费用，或根据批准文件内容无法按原土地性质进行开发建设的，朱某、陈某可以选择解除本补充协议。朱某、陈某要求解除协议的，赵某仁、赵某延应自朱某、陈某解除通知到达之日起七个工作日内退还履约保证金。六、赵某仁、赵某延获得符合上述条件的相关批准文件并交付原件给朱某、陈某之日起七个工作日内，朱某、陈某支付3500万元转让款给赵某仁、赵某延。自双方依法办妥100%股权转让变更登记手续之日起七个工作日内，朱某、陈某除再支付3500万元转让款给赵某仁、赵某延外，朱某、陈某已经支付的履约保证金自动转为股权转让款。自股权转让变更登记完毕之日起三个月内，朱某、陈某一次性付清余款1500万元。七、赵某仁、赵某延收到朱某、陈某第一期3500万元股权转让款前三个工作日内，双方依据《移交清单》核对相关文件、证照，并在全部复印件上共同签字确认。赵某仁、赵某延应在工商变更登记手续办妥后七个工作日内将相关文件、证照交付给朱某、陈某。2009年6月17日，朱某向赵某仁指定的账户汇入800万元，向赵某延指定的账户汇入100万元，陈某向赵某延指定的账户汇入100万元，合计1000万元。

另外，D 公司的财产只有位于××省××市××镇大角花约 1198 亩国有土地使用权。某市政府于 2001 年 4 月 26 日在《××日报》上刊登公告拟收回该宗国有土地使用权，2009 年 6 月 3 日××市国土环境资源局下文对该宗土地将核发换地权益书。

2010 年 2 月 22 日，朱某向××省××市人民法院提起诉讼，请求：1. 确认朱某持有 D 公司 90% 的股权；2. 判令 D 公司向朱某签发出资证明书并将其记载于股东名册；3. 判令 D 公司及赵某仁为朱某办理股权变更的工商登记手续；4. 诉讼费用由 D 公司负担。2010 年 4 月 15 日，××省××市人民法院根据级别管辖的相关规定，作出（2010）×民初字第 173 号民事裁定，将本案移送××省高级人民法院审理。

××省高级人民法院一审认为，双方签订的《股权转让协议书》和《股权转让补充协议书》，从形式上看股权转让是双方的意思表示，没有违反我国公司法的相关规定，但股权转让补充协议中明确说明朱某、陈某对该宗土地的使用权状况进行调研了解后，自愿受让 D 公司的全部股权，同时该补充协议第四条约定办理该宗土地开发建设批文的期限，第五条也约定了尽可能享受土地开发优惠政策、降低成本的事宜，并赋予朱某、陈某未能办妥批文、享受优惠政策的情况下有解除协议的权利，第六条也约定在交付批文原件后才付首期转让款，而 D 公司的财产就只有涉案的该宗土地使用权。因此，双方是以股权转让为名，实为转让土地使用权。该宗土地的使用权是以出让方式取得的，根据我国《城市房地产管理法》第三十八条第一项"'以出让方式取得土地使用权的，不符合本法第三十九条规定的条件的'不得转让"和第三十九条第一款"以出让方式取得土地使用权的，转让房地产时，应当符合下列条件：（一）按照出让合同约定已经支付全部土地使用权出让金，并取得土地使用权证书；（二）按照出让合同约定进行投资开发，属于房屋建设工程的，完成开发投资总额的百分之二十五以上，属于成片开发土地的，形成工业用地或者其他建设用地条件"的规定，该宗土地目前既没有形成工业用地或者其他建设用地条件，所以转让并不符合法定的条件。因此，双方转让该宗土地的使用权违反法律强制性规定。另外，该宗土地因闲置二年以上，某市政府以核发换地权益书的形式收回国有土地使用权，双方当事人签订的股权转让协议和股权转让补充协议也已无法履行。根据《合同法》第五十二条第五项的规定，属于"违反法律、行政法规的强制性规定"① 的情形，合同无效。因此，双方于 2009 年 6 月 14 日、15 日分别签订的《股权转让协议书》和《股权转让补充协议书》为无效合同。朱某依无效

---

① 《民法典》第一百五十三条第一款：违反法律、行政法规的强制性规定的民事法律行为无效。但是，该强制性规定不导致该民事法律行为无效的除外。

合同主张其持有D公司90%的股权，请求该公司签发出资证明，将其记载于股东名册和为其办理股权工商变更登记，缺乏法律依据，不予支持。但赵某仁依无效合同取得朱某给付的800万元及取得期间所产生的利息，应当予以返还。2010年11月2日，××省高级人民法院依照《城市房地产管理法》第三十八条第一项、第三十九条第一款，《合同法》第五十二条第五项、第五十六条，《民法通则》第九十二条之规定，作出（2010）×民二初字第3号民事判决：一、朱某与赵某仁于2009年6月14日、15日分别签订的《股权转让协议书》和《股权转让补充协议书》为无效合同；二、赵某仁返还朱某800万元及其孳息（孳息的计算方法为：从2009年6月17日起至清偿日止，以800万元按中国人民银行同期同类贷款利息计付），限在本判决发生法律效力之日起5日内一次性支付；三、驳回朱某的其他诉讼请求。

宣判后，朱某不服，向最高人民法院提起上诉，请求依法撤销一审判决，并改判支持上诉人的一审诉讼请求。被上诉人D公司、一审第三人赵某仁共同作出了答辩。

在二审中，最高人民法院另查明：2010年8月10日，××市国土环境资源局作出《关于撤销×土环资［2009］297号文的通知》，称：经查阅有关档案资料，D公司于1993年取得位于××省××市××镇大花角13宗面积1198亩国有土地使用权，2001年4月20日，因D公司未按规定期限办理核发换地权益书手续，某市政府作出《关于同意依法收回J贸易实业有限公司等23个单位64宗国有土地使用权的批复》（其中包含D公司上述13宗土地），并于2001年4月26日在《××日报》予以公告。因D公司上述13宗国有土地使用权已经被××市政府无偿收回，故该局决定撤销2009年6月3日作出的《××市国土环境资源局关于办理核发换地权益书手续的通知》。D公司在收到该决定后，已依法向××省人民政府申请复议。

其后，经最高人民法院主持调解，股权出让方赵某仁、赵某延和股权受让方朱某、陈某以及D公司自愿达成如下调解协议：

一、赵某仁、赵某延与朱某、陈某签订于2009年6月14日签订的《股权转让协议书》及2009年6月15日签订的《股权转让补充协议书》继续履行，朱某和陈某已经支付的履约保证金1000万元转作股权转让价款。朱某、陈某于2011年7月12日之前向最高人民法院账户汇入7500万元，双方于签收调解书之日起十日内共同办理完毕D公司的工商登记变更和公司印章、资料交接手续。在前述手续办理完毕后，由最高人民法院直接将该款转付给赵某仁、赵某延。

二、如果D公司或朱某、陈某的关联公司最终获得本案地块的实际用地面积不低于500亩，则朱某、陈某应当向赵某仁、赵某延再行支付7500万元；如果实际用地面积在500亩以下不低于400亩，朱某、陈某应当向赵某仁、赵某延再行支付

4500万元；如果实际用地面积在400亩以下不低于300亩，朱某、陈某应当向赵某仁、赵某延再行支付2250万元；如果实际用地面积低于300亩，朱某、陈某无须再行向赵某仁、赵某延支付款项。上述款项，应当在政府部门同意其开发之日起7日内支付。实际用地面积是指规划红线范围内的土地面积，且不含退海岸线的土地面积。D公司通过与本案地块等值置换等方式取得土地的，朱某、陈某仍应按前述原则计付款项。

三、如果朱某、陈某在取得D公司股权后、在D公司获得开发权之前将股权部分或全部转让，朱某、陈某应在股权转让协议签订之日起7日内向赵某仁、赵某延再行支付7500万元。

……

对于上述协议，经最高人民法院核实，符合相关法律规定，故于2011年7月12日出具了（2011）民二终字第2号调解书对内容予以确认。

该调解书生效后，在2011年12月15日，××省第一中级人民法院作出了（2011）××一中行初字第121号行政判决书，判决某市政府于2001年4月20日作出的《关于同意收回J贸易实业有限公司等23个单位64宗国有土地使用权的批复》中无偿收回D公司的13宗共计79.859公顷土地国有土地使用权的决定无效。其后，因××市政府对该判决未上诉，上述判决已生效，D公司得以继续拥有位于××省××市××镇约1198亩土地的使用权。

其后，申请人赵某仁、赵某延于2012年3月29日，向××省高级人民法院申请了执行前的财产保全，要求查封D公司所有的位于××省××市××镇大角花约1198亩的国有土地使用权，冻结朱某持有的D公司90%的股权、陈某持有的D公司10%的股权。并于2013年7月11日向××省高级人民法院申请了强制执行。

三、争议焦点

执行条件尚未成就时，能否申请执行前的财产保全？

四、各方意见

（一）申请人

D公司何时能获得××省××市××镇涉案土地的开发权以及最后能获得多少面积土地的开发权无法确定，因此（2011）民二终字第2号民事调解书第二项确认的付款条件尚未成就，因此申请人赵某仁、赵某延何时能向法院申请执行也无法确定。

虽然最高人民法院的民事调解书已经生效，但由于本案的被申请人的付款义务是附条件的，该条件的成就具有不确定性，以及可能需要漫长的等待时间，如果不对本案的被申请人的财产进行保全，有可能因被申请人恶意转移财产或被申请人因其他债务而被司法查封处置等。为了保障申请人将来的债权得以实现，对被申请人的财产采取保全措施就显得尤为重要。因此，申请人向××省高级人民法院申请执行前的财产保全申请。

（二）被申请人

（2011）民二终字第2号民事调解书第二项确认的付款条件尚未成就，该案不能申请执行，故请求法院撤销该案。

五、执行现状

（一）（2012）×民保字第1号民事裁定书

赵某仁、赵某延的申请符合法律规定，依照《民事诉讼法》第九十二条、《最高人民法院关于人民法院民事执行中查封、扣押、冻结财产的规定》第三条的规定，裁定如下：

查封被申请人D公司所有的位于××省××市××镇大角花1198亩国有土地使用权。

冻结被申请人朱某持有的D公司90%的股权。

冻结被申请人陈某持有的D公司10%的股权。

（二）（2013）×执字第3号执行裁定书

依照《民事诉讼法》第一百五十四条第一款第十一项的规定，裁定如下：

驳回申请执行人赵某仁、赵某延的执行申请。

六、案例评析

本案最大的价值在于，法院虽然驳回了执行申请，却同意对涉案财产进行执行前的财产保全，明确了当执行条件尚未生效而无法申请执行时，申请人可以通过采取执行前的财产保全措施来保障自身权益的问题。

虽然对于执行前可以采取财产保全措施的问题，在《最高人民法院关于人民法院民事执行中查封、扣押、冻结财产的规定》第三条已经有明确的规定：作为执行依据的法律文书生效后至申请执行前，债权人可以向有执行管辖权的人民法院申请保全债务人的财产。人民法院可以参照《民事诉讼法》第九十二条的规定作出保全裁定，保全裁定应当立即执行。但是在司法实践中，应用该条款的案例非常少，大部分法院从来没有受理过该类案件，故对于何种情况下可以采取执行前的财产保全措施以及需要提供多少比例的财产作为担保一直不明确。而本案的执行过程中存在的两大风险，正是应该采取执行前的财产保全措施的典型情形。

本案的第一大风险是××市政府对涉案关键财产——“1198 亩国有用地使用权”一直有收回的意图。××市政府曾于 2001 年 4 月 20 日作出了《关于同意收回 J 贸易实业有限公司等 23 个单位 64 宗国有土地使用权的批复》，决定收回 D 公司 1198 亩国有用地使用权。后虽有行政诉讼判决政府的决定无效，使得 D 公司得以继续享有 1198 亩国有用地使用权，但是无法保证政府后续是否还会重新走程序收回该地块使用权，故通过执行前的财产保全，对该涉案的 1198 亩国有用地使用权进行查封，可以防止××市政府对该地块使用权的再次回收，以保障申请人的合法权益。

本案第二大风险是被申请人对涉案财产进行恶意转移或因其他债务纠纷被司法查封，从而使得申请人的债权得不到实际清偿。本案中，虽然行政判决已使得 D 公司得以继续拥有 1198 亩国有土地使用权，被申请人所需支付的款项已确定为 7500 万元，但根据×住建函（2012）92 号和×府函（2013）410 号两份回函，该地块所属区域尚未编制规划，还不具备开发条件，故款项的支付条件尚未达成。因此，对于申请人来讲，被申请人何时可以获得开发权是一个不确定的状态，对于款项的支付条件何时可以达成，申请人无从知晓。一旦被申请人获得开发权后，未告知申请人，反而对涉案地块的使用权进行转移，那么申请人的债权不能得到实际清偿的风险就会提高。而通过执行前的财产保全，查封涉案地块的使用权，则可以降低这种风险。

因此，在面临上述两大风险的情况下，为确保申请人的债权能得到实际清偿，代理人果断向法院申请了执行前的财产保全。最终，××省高级人民法院采纳了代理人的观点，作出了对涉案财产进行执行前的财产保全的裁定。同时，正是因为有了被保全的财产作为执行保障，故在法院驳回了申请人的执行申请的情况下，被申请人还主动向申请人履行了 7500 万元的债务。该案最终的执行结果来之不易，充分体现了执行案件的复杂性，也体现了代理人对执行过程中风险的精准把控及对申请人利益进行维护的不懈追求。正因如此，该案具有极高的学习价值。

【点评】

在司法实践中，应用执行前的财产保全措施的案例非常少，大部分法院从来没有受理过该类案件，故大部分律师也未实操过该种类型案件，因此，对于何种情况下可以采取执行前的财产保全措施以及需要提供多少比例的财产作为担保一直缺乏实务操作指引。

而本案是可以采取执行前的财产保全措施的典型情形。本案中，由于被申请人的付款义务是附条件的，D公司何时能获得××省××市××镇大角花涉案土地的开发权以及最后能获得多少面积土地的开发权无法确定，该条件的成就具有不确定性，以及可能需要漫长的等待时间，因此申请人赵某仁、赵某延何时能向法院申请执行也无法确定。故如果不对本案的被申请人的财产进行保全，有可能因被申请人恶意转移财产或被申请人因其他债务而被司法查封处置等。为了保障申请人将来的债权得以实现，对被申请人的财产采取保全措施便显得尤为重要。

因此，面对这种执行条件未成就，且条件成就时间无法的确定而又存在重大风险的执行案件，在实务操作上，笔者建议应该果断向执行法院阐明案件的风险，并申请执行前的财产保全，以保障申请人的合法权益。

点评人：北京大成（广州）律师事务所律师　钟炜

（二）执行参与人

强制执行开始前合法受让生效法律文书债权的第三方能否直接申请执行？

王德虎* 梁倩满**

一、当事人、代理人及案由

（一）当事人、代理人

申请执行人：某银行。

代理人：王德虎、梁倩满，均系北京市炜衡（广州）律师事务所律师。

被执行人：甲公司，乙公司，丙公司。

（二）案由

金融借款合同纠纷强制执行。

二、案情简介

某法院于2016年8月29日对某银行与甲公司、乙公司、丙公司金融借款合同纠纷一案作出一审民事判决，判令：甲公司于判决生效之日起清偿某银行本金及罚息；某银行对甲公司所有的某商场以折价或以拍卖、变卖所得的价款享有优先受偿权；乙公司、丙公司对判决第一项所确定的债务承担连带清偿责任。一审民事判决

* 王德虎，北京市炜衡（广州）律师事务所律师。

** 梁倩满，北京市炜衡（广州）律师事务所律师。

作出并送达某银行与甲公司、乙公司、丙公司后，某银行与甲公司、乙公司、丙公司在上诉期限内均未提出上诉。2016 年 11 月 30 日，该一审民事判决生效。而在该判决生效之前，2016 年 11 月 9 日，某银行与某合伙企业（有限合伙）签订了《债权转让协议》，约定某银行将其《借款合同》项下的贷款本金和利息及相关担保债权等全部权利依法转让给某合伙企业。该债权的转让已经通过报纸公告的方式通知债务人，某合伙企业是该借款合同的合法债权人。

三、争议焦点

1. 进入执行程序前，生效法律文书确定的权利人合法转让债权的，债权受让人能否作为申请执行人向法院直接申请执行？

2. 是否需要法院裁定变更申请执行主体？

四、各方意见

某银行认为，某银行在该判决生效之前已将债权合法转让给了某合伙企业，那么某合伙企业作为债权受让人可以直接申请执行。

广州市某区人民法院认为，因债权受让人某合伙企业并非金融资产管理公司，不能作为申请执行人直接申请执行；建议在这种特殊情况下，应先以原权利人某银行作为申请执行人，待本案进入执行阶段后某合伙企业再向法院申请变更执行主体，或者先由某合伙企业向法院提起确权之诉，再以生效法律文书确定的权利人作为申请执行人直接申请执行。

五、执行现状

原权利人某银行已向法院申请执行，目前某合伙企业已向执行法院提交相关资料申请变更执行主体。

六、案例评析

进入执行程序前，生效法律文书确定的权利人合法转让债权的，债权受让人可以作为申请执行人向法院直接申请执行；无须先以原权利人作为申请执行人，待案件进入执行阶段后债权受让人再向法院申请变更执行主体，由法院作出裁定变更执行主体或者先由债权受让人向法院提起确权之诉，再以生效法律文书确定的权利人作为申请执行人直接申请执行。

本案中，在该民事判决生效之前，某银行与某合伙企业签订了《债权转让协议》，约定某银行将其《借款合同》项下的贷款本金和利息及相关担保债权等全部权利依法转让给某合伙企业，且该债权的转让已通过报纸公告的方式通知债务人，某合伙企业是该借款合同的合法债权人。笔者认为，既然某合伙企业已经合法受让了某银行的债权，便属于权利承受人，以申请执行人的身份直接申请执行有充分的法律依据，无须先以原权利人某银行向执行法院申请执行，等到执行开始后由某合伙企业向执行法院提交相关资料申请变更执行主体，待执行法院审查后作出变更主体裁定。具体理由如下：

变更申请执行主体是在根据原申请执行人的申请已经开始了的执行程序中，变更新的权利人为申请执行人。《最高人民法院关于人民法院执行工作若干问题的规定（试行）》（以下简称《执行规定》）第十八条规定，人民法院受理执行案件应当符合下列条件：(1) 申请或移送执行的法律文书已经生效；(2) 申请执行人是生效法律文书确定的权利人或其继承人、权利承受人；(3) 申请执行人在法定期限内提出申请；(4) 申请执行的法律文书有给付内容，且执行标的和被执行人明确；(5) 义务人在生效法律文书确定的期限内未履行义务；(6) 属于受申请执行的人民法院管辖。人民法院对符合上述条件的申请，应当在七日内予以立案；不符合上述条件之一的，应当在七日内裁定不予受理。《执行规定》第二十条规定：申请执行，应向人民法院提交下列文件和证件：(1) 申请执行书。申请执行书中应当写明申请执行的理由、事项、执行标的，以及申请执行人所了解的被执行人的财产状况。申请执行人书写申请执行书确有困难的，可以口头提出申请。人民法院接待人员对口头申请应当制作笔录，由申请执行人签字或盖章。外国一方当事人申请执行的，应当提交中文申请执行书。当事人所在国与我国缔结或共同参加的司法协助条约有特别规定的，按照条约规定办理。(2) 生效法律文书副本。(3) 申请执行人的身份证明。公民个人申请的，应当出示居民身份证；法人申请的，应当提交法人营业执照副本和法定代表人身份证明；其他组织申请的，应当提交营业执照副本和主要负责人身份证明。(4) 继承人或权利承受人申请执行的，应当提交继承或承受权利的证明文件。(5) 其他应当提交的文件或证件。《最高人民法院关于判断确定的金融不良债权多次转让人民法院能否裁定变更执行主体请示的答复》（以下简称《答复》）指出，《执行规定》已经对申请执行人的资格予以明确。其中第十八条第一款规定：人民法院受理执行案件应当符合下列条件：（1）申请或移送执行的法律文书已经生效；（2）申请执行人是生效法律文书确定的权利人或其继承人、权利承受人；（3）申请执行人在法定期限内提出申请；（4）申请执行的法律文书有给付内容，且执行标的和被执行人明确；（5）义务人在生效法律文书确定的期限内未履行义务；（6）属于受申请执行的人民法院管辖。该条中的“权利承受人”，包含通过债权转让的方式承受债权的人。[①] 2010 年 8 月 4 日最高人民法院执行局在（2010）执监字第 57 号函中指出，《执行规定》第十八条第一款第二项明确规定，申请执行人是生效法律文书确定的权利人或其继承人、权利承受人。该条中的“权利承受人”，包含通过债权转让方式承受债权的人。

综上所述，根据《执行规定》第十八条、第二十条的规定，权利承受人有权以自己的名义申请执行，只要向人民法院提交承受权利的证明文件，证明自己是生效法律文书确定的权利承受人的，即符合受理执行案件的条件。这种情况不属于严格意义上的变更申请执行主体，但二者的法律基础相同，故也可以理解为广义上的申请执行主体变更，即在立案阶段解决主体变更问题。《答复》的意见是，《执行规定》第十八条可以作为变更申请执行主体的法律依据，并且认为债权受让人可以视为该条规定中的权利承受人。

七、实务经验

本案中，生效判决确定的原权利人某银行在判决生效之前就已经合法转让了债权，并没有作为申请执行人参加执行程序，权利承受人某合伙企业有充分的法律依据直接申请执行。然而，实践中，某些法院会要求先以原权利人作为申请执行人，待执行开始后再作出变更主体裁定。我们认为，鉴于进入执行程序前，生效法律文书确定的权利人合法转让债权的，债权受让人作为申请执行人直接申请执行已经有了充分的法律依据，属于通过立案阶段来解决主体变更问题，根本不再需要在执行阶段由债权受让人申请变更执行主体后再由法院裁定变更申请执行主体，否则会增加法院的工作量进而浪费国家司法资源。

【点评】

根据《执行规定》第十八条的规定，申请执行人因其申请已经法院立案受理，

① （2009）执他字第 1 号。

受理的方式不是通过裁定而是发出受理通知。本案中债权受让人已经成为申请执行人，故并不需要执行法院再作出变更主体的裁定，然后发出执行通知，而是应当直接发出执行通知。司法实践中，有的法院在这种特殊情况下会要求先以原权利人作为申请执行人，等到执行开始后再由法院作出变更主体裁定，这种做法只是增加了法院的工作量，而并没有任何实质性的影响，因此，这并不被认为是法律程序上存在问题。但是，也不能由此反过来认为没有作出变更主体裁定在法律程序上是错误的。进入执行程序前，生效法律文书确定的权利人合法转让债权的，债权受让人作为申请执行人直接申请执行已经有了充分的法律依据，属于通过立案阶段来解决主体变更问题，根本不再需要在执行阶段由债权受让人申请变更执行主体后再由法院裁定变更申请执行主体。

点评人：广东南国德赛律师事务所律师　梁伟荣

金融不良债权转让后执行主体之变更

袁伟*

一、当事人、代理人及案由

（一）当事人、代理人

申请执行人：Z 银行广州增城支行。

第三人：中国 H 资产管理股份有限公司广东省分公司。

被执行人：曹某、潘某。

申请复议人：中国 H 资产管理股份有限公司广东省分公司。

代理人：里曼、张昕。

（二）案由

执行异议。

二、案情简介

2014 年 8 月 29 日，原广东省增城市人民法院就 Z 银行股份有限公司广州增城支行（以下简称 Z 银行增城支行）诉曹某、潘某等借款合同纠纷一案，判决被告曹某、潘某等向原告 Z 银行增城支行偿还借款本金、利息、罚息、复息共 2 亿多元**。该判决作出后，双方当事人都没有提起上诉，该判决于 2015 年 2 月 10 日正式发生了法律效力。

2015 年 5 月 7 日，Z 银行增城支行向原审法院申请强制执行。在执行过程中，第三人 H 资产管理股份有限公司广东省分公司称其于 2014 年 5 月 26 日受让了上述

---

* 袁伟，广东瀛杜律师事务所律师。

** （2014）穗增法民二初字第 228 号。

判决确定的债权，申请变更其为本案的申请执行人，并提交2014年7月30日签订的《债权转让协议》、2014年8月1日公布的《Z银行股份有限公司广州分行资产通知暨中国H资产管理股份有限公司广东省分公司债权催收联合公告》，以及2015年1月22日《Z银行股份有限公司广州分行资产通知暨中国H资产管理股份有限公司广东省分公司债权催收联合公告（一)》等证据。

三、争议焦点

案件审理期间债权已经转让，本应在诉讼期间变更诉讼主体，但由于债权转让方和受让方并未告知一审法院该事实，导致法院仍以债权转让人为诉讼主体进行判决并已生效，执行法院能否直接在执行阶段变更执行主体?

四、各方意见

（一）第三人中国H资产管理股份有限公司广东省分公司

申请执行人Z银行增城支行签订《债权转让协议》，并以公告的方式通知债务人，已合法受让生效判决确定的债权。根据《最高人民法院关于审理涉及金融不良债权转让案件工作座谈会纪要》第十条的规定，法院应当根据其申请裁定变更执行主体。

（二）执行法院和复议法院

该债权是银行转让不良债权给金融资产管理公司，因转让行为发生在案件审理期间，而非执行阶段，故不属于执行阶段变更诉讼主体的审查范畴。故不得申请变更执行主体。

五、执行现状

执行法院裁定：驳回中国H资产管理股份有限公司广东省分公司变更为本案的申请执行人的申请。

复议法院裁定：驳回中国H资产管理股份有限公司广东省分公司的复议请求，维持广东省广州市增城区人民法院（2015）穗增法执字第×号之一执行裁定。

六、裁判理由

（一）执行法院

本案债权是银行转让不良债权给金融资产管理公司，因转让行为发生在（2014）穗增法民二初字第×号案件审理期间，而非执行阶段，故不属于执行阶段变更诉讼主体的审查范畴。现中国H资产管理股份有限公司广东省分公司要求在执行阶段变更其为本案的申请执行人不符合法律规定，不予支持。

（二）复议法院

根据《最高人民法院关于审理涉及金融资产管理公司收购、管理、处置国有银行不良贷款形成的资产的案件适用法律若干问题的规定》《最高人民法院对关于贯彻执行最高人民法院"十二条"司法解释有关问题的函的答复》《最高人民法院关于金融资产管理公司收购、处置银行不良资产有关问题的补充通知》，以及《最高人民法院关于审理涉及金融不良债权转让案件工作座谈会纪要》的规定，上述规定适用范围为审理涉及金融资产管理公司收购、管理、处置国有银行不良贷款形成的资产的有关案件，其中国有银行包括国有独资商业银行、国有控股商业银行以及国有政策性银行。本案中，申请执行人为Z银行增城支行，中国H资产管理股份有限公司广东省分公司是从Z银行增城支行处受让债权，不属于上述规定的金融资产管理公司受让国有银行债权的情形。

七、案例评析

本案是一则由诉讼期间金融不良债权转让引起的纠纷，在实务中较为常见，资产管理公司收购的银行不良债权如果正处在诉讼阶段，考虑到诉讼效率，资产管理公司往往不会在诉讼阶段申请变更诉讼主体，而是选择在执行阶段申请变更为执行主体，不同法院对此类申请的做法不一。关于金融不良债权转让及执行主体变更问题，笔者从以下几个方面展开论述。

（一）实践中执行法院的观点

1. 准许债权受让人变更为执行主体

大多数法院准许资产管理公司变更为执行主体。根据《合同法》第七十九条和第八十条的规定，除特殊情况外，债权人可以将合同的权利全部或者部分转让给第三人，债权人转让权利的，应当通知债务人。[①] 金融不良债权的转让符合合同法相关规定，在不改变不良债权内容的前提下，原债权人通过债权转让协议把不良债权全部或者部分转让给新债权人，新债权人支付对价的行为。

《最高人民法院关于审理涉及金融资产管理公司收购、管理、处置国有银行不良贷款形成的资产的案件适用法律若干问题的规定》第二条规定："金融资产管理公司受让国有银行债权后，人民法院对于债权转让前原债权银行已经提起诉讼尚未审结的案件，可以根据原债权银行或者金融资产管理公司的申请将诉讼主体变更为受让债权的金融资产管理公司。"《最高人民法院关于金融资产管理公司收购、处置银行不良资产有关问题的补充通知》第二条规定："国有商业银行（包括国有控股银行）向金融资产管理公司转让不良贷款，或者金融资产管理公司收购、处置不良贷款的，担保债权同时转让，无须征得担保人的同意，担保人仍应在原担保范围内对受让人继续承担担保责任。担保合同中关于合同变更需经担保人同意的约定，对债权人转让债权没有约束力。"《最高人民法院关于审理涉及金融不良债权转让案件工作座谈会纪要》第十条规定，关于诉讼或执行主体的变更"会议认为，金融资产管理公司转让已经涉及诉讼、执行或者破产等程序的不良债权的，人民法院应当根据债权转让合同以及受让人或者转让人的申请，裁定变更诉讼主体或者执行主体。在不良债权转让合同被认定无效后，金融资产管理公司请求变更受让人为金融资产管理公司以通过诉讼继续追索国有企业债务人的，人民法院应予支持"。根据上述规定，金融资产管理公司转让已经涉及诉讼、执行或者破产等程序的不良债权的，人民法院应当根据债权转让合同以及受让人或者转让人的申请，裁定变更诉讼主体或者执行主体。因此，法院准许资产管理公司变更为执行主体具有法律依据。

2. 驳回变更申请，但准许以原债权人作为执行主体申请执行

实践中，有部分法院不同意变更申请执行人，理由是债权转让行为发生在诉讼阶段，主体变更申请应当在诉讼阶段提出，而非执行阶段，但仍准许以生效判决确定的债权人（债权转让人）的名义申请执行。本案就属于这种情况，执行法院认为中国 H 资产管理股份有限公司广东省分公司要求在执行阶段变更其为本案的申请执行人不符合法律规定，应继续以原债权人作为执行主体申请执行，最终由原债权

---

① 《民法典》第五百四十五条：债权人可以将债权的全部或者部分转让给第三人，但是有下列情形之一的除外：（一）根据债权性质不得转让；（二）按照当事人约定不得转让；（三）依照法律规定不得转让。当事人约定非金钱债权不得转让的，不得对抗善意第三人。当事人约定金钱债权不得转让的，不得对抗第三人。第五百四十六条：债权人转让债权，未通知债务人的，该转让对债务人不发生效力。债权转让的通知不得撤销，但是经受让人同意的除外。

人Z银行增城支行执行完毕后支付给中国H资产管理股份有限公司广东省分公司，最终实现了其诉讼和执行目的。

本案的争议在于，案件审理期间债权已经转让，本应在诉讼期间变更诉讼主体，但由于债权转让方和受让方并未告知一审法院该事实，导致法院仍以债权转让人为诉讼主体进行判决并已生效，那么，执行法院能否直接在执行阶段变更执行主体？笔者认为答案是肯定的。一方面，本案一审之所以未能明确债权转让事实，主要原因在于债权转让方和受让方未能及时举证和告知，但这并不能否定债权转让行为的合法性，变更前后的债权主体均为合法的债权人，两者是债权承继关系，并不存在权利瑕疵。另一方面，变更执行主体并不会影响本案真正权利主体和债务人的实体权利的实现和保护。对于债权受让人而言，尽管生效判决认定债权转让人为债权主体，仍由其向债务人主张权利，但无论名义上的债权人为谁，债权受让人均可以依据债权转让协议享有实体权利。对于债务人而言，无论债权人为转让前的主体还是转让后的主体，其均有义务依法清偿债务，法院在执行阶段变更执行主体也不会损害债务人的利益。

（二）执行过程中存在的法律风险

如前文所述，实践中对金融资产管理公司变更执行主体的申请，大部分法院是支持的，即使不支持变更执行主体，因涉及金融债权，法院也会准许以原债权人的名义继续执行，不会影响案件执行效果。但严格意义上讲，法院除了以上两种做法之外，可能会出现第三种情形，即执行法院既不支持变更执行主体，也不准许原债权人申请执行，此时，无论是债权受让人还是债权转让人都将面临执行不能的法律风险。造成这种执行僵局的原因有以下几点：

1. 作为执行依据的生效判决存在瑕疵

金融不良债权转让发生在诉讼期间，受让人未申请变更为诉讼主体，生效判决确认的债权人仍为原不良债权转让人。如果仍以原债权人的名义申请执行，被执行人一旦提出异议，主张债权已经发生转让，被执行人对原债权人不再负有债务，执行程序面临被终结的风险。

2. 债权受让人对生效判决无法申请再审

当生效判决确认的债权人与事实情况不符，错列债权人形成实体审判错误，而作为实际债权人的受让人对此能否申请再审？答案是否定的。

根据《最高人民法院关于判决生效后当事人将判决确认的债权转让债权受让人对该判决不服提出再审申请人民法院是否受理问题的批复》的规定，判决生效后当事人将判决确认的债权转让，债权受让人对该判决不服提出再审申请的，因其不具有申请再审人主体资格，人民法院应依法不予受理。据此，金融不良债权的受让人在诉讼期间未向法院申请变更诉讼主体的，判决生效后，债权受让人无权申请再审。最高院的理由：一是保护了债务人的诉讼信赖利益。当事人之间的诉讼系基于一定的法律关系，双方当事人在原审诉讼中的诉讼主张和请求、攻击防御方法为双方所知晓，如果更换他人为当事人再行诉讼，将使得法律关系变得不确定，从而损害债务人的诉讼利益。二是不损害债权转让人、受让人的正当利益。如果作为原审一方当事人的债权让与人对生效裁判不服，其应当先行对该裁判申请再审，待再审裁判作出后再行转让。

就本案而言，债权转让行为发生在案件诉讼阶段，中国H资产管理股份有限公司广东省分公司并未申请将诉讼主体变更为自己，而该案判决一经生效后，中国H资产管理股份有限公司广东省分公司无权向上级法院申请再审，不能再审也就意味着无法变更生效判决的错误内容及根据再审判决申请执行。

3. 债权受让人不能提起确权之诉

生效判决确定的债权转让后，受让人如何实现自己的债权，是否需要另行提起诉讼？金融不良债权的转让，在债权受让人与债务人之间形成新的债权债务关系，但该债权所指向的具体内容并未发生改变，根据既判力制度理论，法院一旦作出正当的终局判决，当事人不得再对同一诉权纠缠不休，而债权受让人对债务人另行提起诉讼的请求权基础仍为原债权，实质内容并无区别，不符合既判力制度理论，更会造成司法资源的浪费。

债权受让人收购金融不良债权目的是执行生效判决，从而获得经济利益，其可以通过变更申请执行人来实现这一目的。根据《最高人民法院关于人民法院执行工作若干问题的规定（试行）》第十八条第一款的规定，申请执行人是生效法律文书确定的权利人或其继承人、权利承受人，关于该规定所说的“权利承受人”既包括因主体消亡或组织形式发生变更而承继其权利的主体，也包括因债权转让而受让其债权的主体。

另外，根据《最高人民法院关于审理涉及金融不良债权转让案件工作座谈会纪要》第十条的规定，金融资产管理公司转让已经涉及诉讼、执行或者破产等程序的不良债权的，人民法院应当根据债权转让合同以及受让人或者转让人的申请，裁定变更诉讼主体或者执行主体。因此，债权受让人可以通过申请执行或者变更执行主体的方式主张自己的权利，没有必要再另行起诉。

（三）关于变更执行主体的建议

在诉讼阶段受让金融不良债权，生效判决仍将债权转让人列为债权人，债权受让人无法通过申请再审的方式去改变生效判决，进而将自己变更为申请执行人，也无须另行起诉来确认自己为债权人的事实。为避免执行不能的僵局出现，笔者提出以下建议：

1. 诉讼期间受让债权的，债权受让人应当及时变更为诉讼主体

根据《最高人民法院关于审理涉及金融资产管理公司收购、管理、处置国有银行不良贷款形成的资产的案件适用法律若干问题的规定》第二条规定，金融资产管理公司受让国有银行债权后，人民法院对于债权转让前原债权银行已经提起诉讼尚未审结的案件，可以根据原债权银行或者金融资产管理公司的申请将诉讼主体变更为受让债权的金融资产管理公司。

金融不良债权转让发生在诉讼期间的，受让人应及时变更为诉讼主体，使生效判决确认的债权人与事实情况一致，以便进入执行程序时申请执行主体为债权受让人。

2. 诉讼期间无法变更主体的，应当授权原债权人代为申请诉讼与执行

根据《最高人民法院关于人民法院执行工作若干问题的规定（试行）》第二十二条第一款的规定，申请执行人可以委托代理人代为申请执行。委托代理的，应当向人民法院提交经委托人签字或盖章的授权委托书，写明委托事项和代理人的权限。

就本案而言，执行法院认为银行转让不良债权给金融资产管理公司，因转让行为发生在案件审理期间，而非执行阶段，故不属于执行阶段变更诉讼主体的审查范畴，对中国H资产管理股份有限公司广东省分公司变更为本案申请执行人的申请不予支持。笔者认为，当执行法院在金融不良债权转让后不准许债权受让人变更为申请执行人时，应当提交债权受让人委托原债权人代为诉讼及执行的授权文件，由债权受让人出具授权委托书，委托原债权人代为向法院申请强制执行、代为向被执行人收取执行款，此种情况下，即使受让人无法变更为执行主体也可以通过委托原债权人执行的方式实现债权。

综上，本案涉及执行主体变更申请的时间选择问题，金融不良债权转让发生在诉讼期间的，我们建议金融资产管理公司应当首先在诉讼期间变更为诉讼主体，这样可以有效避免执行阶段再行变更主体时程序上的瑕疵；如为方便诉讼，不在诉讼阶段变更主体的，则应当补充签订授权文件，委托原债权人代为诉讼与执行。

【点评】

尽管央行、银监会、最高院近年来对银行向非金融机构转让债权都做出了肯定

的倾向性意见。但同时我们也发现，在部分法院特别是基层法院的案件实际办案过程中，还存在着不希望由债权受让人介入诉讼程序及执行程序过程中的现象。究其原因，在于法院只愿意将执行款项先划至银行，而对债权转让的效力及相关利息问题不予处理以避免麻烦，更重要的是在法院层面上认为对生效文书确定债权的不得随意转让，以避免与执行法官存在亲密关系的人员买受判决确定的债权，导致执行队伍中出现不廉洁、执行过度不规范的现象。所以，银行及受让人在处理银行债权转让时，应签订详备的债权转让协议，而债权转让的价格应通过公开拍卖等形式确定，体现债权转让的公开、公正以及透明性。同时，相关的债权转让方案及协议应及时报备当地的银监局，接受其检查监督，确保债权转让的有效性以及避免遭受银监会的相应处罚。而在案件的后续执行过程中，在理论上可以变更受让人为申请执行人的基础上，还需要向具体的管辖法院进行沟通协商，以确保受让人能够及时介入相关案件的执行程序中，尽快解决债务纠纷。

点评人：广东瀛杜律师事务所律师　杜称华

执行中公司注销后如何追加股东责任

罗林[*] 易丽萍[**]

一、当事人、代理人及案由

(一) 当事人、代理人

申请执行人：广州某资产经营管理有限公司（以下简称资产管理公司）。

代理人：罗林，广东金桥百信律师事务所律师。

被执行人：广州某日用品有限公司（以下简称日用品公司）、易某某、冯某。

(二) 案由

租赁合同纠纷执行、损害公司债权人利益责任纠纷。

二、案情简介

2014 年 10 月，资产管理公司因与日用品公司就租赁合同发生纠纷，经广州仲裁委员会申请仲裁。广州仲裁委员会受理后，最终裁决：日用品公司向资产管理公司支付拖欠租金、推广费、管理费、电费、律师见证费、商铺使用费、物业管理费、违约金等。2015 年 11 月，资产管理公司向人民法院申请强制执行仲裁裁决。因未能发现日用品公司有可供执行的财产，执行法院在 2016 年 12 月裁定终结本次执行。

在执行期间，日用品公司的股东易某某、冯某于 2016 年 1 月作出决议解散日用品公司，由其二人组成的清算组通过的《清算报告》载明：已对公司所有债权、债务清理完毕；如再发生任何债权债务问题，由全体股东按出资比例承担。工商登

---

* 罗林，广东金桥百信律师事务所律师。
** 易丽萍，广东金桥百信律师事务所实习律师。

记机关于 2016 年准予注销日用品公司。

2017 年 1 月，代理人根据《最高人民法院关于适用〈中华人民共和国公司法〉若干问题的规定（二）》（以下简称《公司法规定二》）第十九条的规定，代理资产管理公司向人民法院提起诉讼，要求易某某、冯某对仲裁裁决书确定的未获清偿的债务承担连带赔偿责任。

三、争议焦点

易某某、冯某作为日用品公司股东是否应对日用品公司的债权人承担连带赔偿责任。

四、各方意见

（一）资产管理公司

易某某、冯某作为日用品公司的股东，在公司解散后，虚假清算，在未依法向资产管理公司清偿债务的情况下，申请注销了日用品公司，根据《公司法规定二》第十九条的规定，应对资产管理公司承担连带赔偿责任。

（二）易某某、冯某

未出庭，未发表相关意见。

五、案件现状

受诉法院支持了资产管理公司的诉讼请求，判决易某某、冯某应清偿原广州翠然日用品有限公司对资产管理公司所负债务。现资产管理公司拟申请强制执行易某某、冯某。

六、案例评析

（一）本案中，股东是否存在虚假清算?

根据《公司法》第一百八十四条的规定，清算组在清算期间应通知、公告债权人，清理债权、债务。而本案中，易某某、冯某组成的清算组在清算期间未通知资产管理公司，未清理该债务，而由其二人通过的《清算报告》中载明“已对公司所有债权、债务清理完毕”与事实严重不符，其二人的行为构成虚假清算。

（二）股东是否应对公司的债权人承担赔偿责任？

因股东提供了虚假的清算报告，骗取公司登记机关办理法人注销登记，严重侵害了债权人的合法权益，根据《公司法规定二》第十九条的规定，易某某、冯某应对债权人资产管理公司承担赔偿责任。

七、实务经验

在民商事司法实践中，因我国《公司法》确立了“股东有限责任”制度，公司债务通常与股东无涉，即股东仅以认缴出资额为限对外承担责任，从而极少会在执行阶段因公司债务被追加为共同被执行人。如果在执行期间，被执行人股东存在滥用股东权利，侵害债权人合法权益的情形，债权人可通过提起股东损害公司债权人利益责任诉讼，要求股东向债权人承担赔偿责任，或追加股东为共同被执行人，增加债务承担的主体，从而达到实现债权清收的目的。同时，该案也提醒债权人一方要密切注意被执行人的动向，全面调查被执行人的资产、经营状况，及时发现有利于执行的线索，为债权的实现提供更多的可能性。

【点评】

在民商事司法实践中，因我国《公司法》确立了“股东有限责任”制度，公司债务通常与股东无涉，即股东仅以认缴出资额为限对外承担责任，从而极少会在执行阶段因公司债务被追加为共同被执行人。如果在执行期间，被执行人股东存在滥用股东权利，侵害债权人合法权益的情形，债权人可通过提起股东损害公司债权人利益责任诉讼，要求股东向债权人承担赔偿责任，或追加股东为共同被执行人，增加债务承担的主体，从而达到实现债权清收的目的。同时，该案也提醒债权人一方要密切注意被执行人的动向，全面调查被执行人的资产、经营状况，及时发现有利于执行的线索，为债权的实现提供更多的可能性。

点评人：广东粤广律师事务所律师　解刚

执行期间关于申请执行人注销主体资格相关问题的探讨

林衡*

一、当事人及案由

（一）当事人

申请执行人（仲裁申请人）：广州某化妆品公司。

被执行人（仲裁被申请人）：广州某母婴用品公司。

（二）案由

承揽合同纠纷执行。

二、案情简介

2011年6月30日，广州某母婴用品公司与广州某化妆品公司签订了《承揽加工合同》，双方约定广州某化妆品公司为广州某母婴用品公司加工润肤霜、润肤乳、洗发水等产品。2014年1月14日，广州某化妆品公司根据双方签订的《承揽加工合同》中约定的仲裁条款向××仲裁委员会提出仲裁申请，请求：1. 裁决广州某母婴用品公司向广州某化妆品公司支付拖欠的款项255874.09元；2. 裁决广州某母婴用品公司向广州某化妆品公司支付违约金（自2012年1月1日起计至实际支付之日止，暂计至2013年12月31日为39225.5元）；3. 裁决广州某母婴用品公司向广州某化妆品公司支付律师费15000元；4. 裁决广州某母婴用品公司承担本案仲裁费用。广州某母婴用品公司于2014年1月27日向××仲裁委员会提出反请求，请

---

* 林衡，广东润科律师事务所律师。

求：1. 裁决广州某化妆品公司向广州某母婴用品公司归还广州某母婴用品公司多支付的货物预付款 223825.96 元；2. 裁决广州某化妆品公司向广州某母婴用品公司退还违法生产的洗发水加工货款 132102.1 元，赔偿广州某母婴用品公司因上述违法生产的洗发水而配置的包装材料损耗 69445.75 元；3. 裁决广州某化妆品公司向广州某母婴用品公司退还产品质量不合格而无法使用的货物货款 186935.55 元；4. 裁决广州某化妆品公司承担本案仲裁费用。

××仲裁委经审理查明后认为，双方签订的《承揽加工合同》中“广州某化妆品公司为广州某母婴用品公司加工洗发水”，但广州某化妆品公司申请的全国工业产品生产许可证上载明其并不具备生产发用类膏霜乳液化妆品如洗发水的资质，因此，该部分合同内容因违反我国《合同法》第五十二条第五项的规定而无效①。合同中的其他条款属于双方在协商一致的基础上订立，是双方的真实意思表示，未违反法律、行政法规的强制性规定、合法有效，对双方当事人均具有法律约束力。

同时，根据双方的合同约定及广州某母婴用品公司在庭审时关于交易流程的陈述，广州某化妆品公司根据双方的结算开具 998071.26 元的增值税专用发票，要求广州某母婴用品公司支付相应的款项，广州某母婴用品公司对此在长达两年的时间内未提出异议，且其未提供证据证明上述增值税专用发票属于虚开、代开的情形，应视为广州某化妆品公司已履行交货义务。关于广州某母婴用品公司支付的货款，仲裁庭认为，在加工承揽合同的履行过程中，一方当事人先开具增值税专用发票，另一方当事人再支付货款的情况大量存在。仲裁庭采信广州某化妆品公司提交的《银行交易回单》，认定广州某母婴用品公司已支付的货款数额为 746907.17 元。综上，仲裁庭作出终局裁决：1. 广州某母婴用品公司向广州某化妆品公司支付货款 251164.09 元；2. 广州某母婴用品公司向广州某化妆品公司支付违约金（违约金以 215273.59 元为基数，按照中国人民银行同期贷款利率，从 2012 年 1 月 1 日起计至实际付清之日止）；3. 广州某母婴用品公司补偿广州某化妆品公司因办理本案支出的律师费 15000 元；4. 广州某化妆品公司向广州某母婴用品公司退还货款及赔偿包装材料损失共 51156.45 元；5. 对广州某母婴用品公司的其他仲裁反请求不予支持。

本案仲裁裁决生效后，广州某母婴用品公司未履行义务，广州某化妆品公司向××中级人民法院申请强制执行，后××中级人民法院交由××法院执行，××法院向广州某母婴用品公司发出执行通知书。广州某母婴用品公司向××中级人民法

① 《民法典》第一百五十三条第一款：违反法律、行政法规的强制性规定的民事法律行为无效。但是，该强制性规定不导致该民事法律行为无效的除外。

院提交了《不予执行申请书》，2015 年 8 月 7 日，××中级人民法院决定受理广州某母婴用品公司不予执行仲裁裁决一案。

2015 年 7 月 29 日，广州某母婴用品公司的代理律师经调查发现，广州某化妆品公司已于 2015 年 3 月 4 日办理了注销工商登记。2014 年 4 月 3 日，广州某化妆品公司的唯一股东（香港某兴有限责任公司）出具《股东会决议》，决议内容为："广州某化妆品公司将进入清算阶段，现同意将所有往来（应收账款、其他应收款、应付账款）转给某辉实业（深圳）有限公司。"广州某化妆品公司持《股东会决议》要求××法院将执行款扣划给某辉实业（深圳）有限公司，××法院根据《股东会决议》，将执行款扣划给某辉实业（深圳）有限公司。被执行人在查实申请执行人被注销后，于 2015 年 7 月 29 日向××法院递交了《关于立即终止执行的代理意见》，主张申请执行人已办理注销登记，主体资格丧失，应当终止案件执行。基于申请执行人已被注销，2017 年 5 月，××中级人民法院要求被执行人撤销不予执行的仲裁裁决申请，后被执行人递交了撤回不予执行的申请，2017 年 5 月 8 日，××中级人民法院作出《民事裁定书》，允许广州某母婴用品公司撤销不予执行仲裁裁决的申请。

三、争议焦点

1. 本案在执行期间，关于某辉实业（深圳）有限公司是否有权依《股东会决议》取得执行款项？××法院直接扣划执行款给某辉实业（深圳）有限公司是否有法律依据（以下简称争议焦点一）？

2. 本案申请执行人主体资格注销，执行程序应如何处理（以下简称争议焦点二）？

四、各方意见

针对法院直接扣划执行款给某辉实业（深圳）有限公司，广州某母婴用品公司认为某辉实业（深圳）有限公司直接取得执行款没有事实和法律依据，××法院的执行程序违法。而某辉实业（深圳）有限公司认为其依据广州某化妆品公司《股东会决议》，受让广州某化妆品公司的债权，其有权取得执行款，××法院依据广州某化妆品公司《股东会决议》直接办理了扣划的程序是合法的。

针对主体资格，广州某母婴用品公司坚持认为广州某化妆品公司已经注销，主体资格丧失，某辉实业（深圳）有限公司既不是申请执行人，也不是债权人，未经相关的法律程序确定其权利不得为执行案件的一方，不得受让执行款，××法院将执行款划扣给某辉实业（深圳）有限公司没有法律依据，属执行程序违法。

五、裁判结果

法院暂定裁定中止执行。

六、案例评析

（一）关于争议焦点一

2016 年 12 月 1 日起施行的《最高人民法院关于民事执行中变更、追加当事人若干问题的规定》（以下简称《变更、追加当事人规定》）第四条规定："作为申请执行人的法人或其他组织终止，因该法人或其他组织终止依法承受生效法律文书确定权利的主体，申请变更、追加其为申请执行人的，人民法院应予支持。"第七条规定："作为申请执行人的法人或其他组织清算或破产时，生效法律文书确定的权利依法分配给第三人，该第三人申请变更、追加其为申请执行人的，人民法院应予支持。"第九条规定："申请执行人将生效法律文书确定的债权依法转让给第三人，且书面认可第三人取得该债权，该第三人申请变更、追加其为申请执行人的，人民法院应予支持。"

笔者认为，根据上述规定，无论申请执行人是否终止，其权利承受人若要取得执行款，都需要通过申请变更、追加的形式成为申请执行人。本案中，某辉实业（深圳）有限公司未经申请变更、追加成为申请执行人即取得执行款，不符合相关规定。另外，《股东会决议》也不是据以取得执行款的法律文书，某辉实业（深圳）有限公司仅凭《股东会决议》不能取得执行款。因此，申请人在注销前于 2014 年 4 月 3 日通过其唯一股东出具《股东会决议》，凭该份《股东会决议》向××法院申请要求将执行款项划付给与本案没有任何关联的第三人某辉实业（深圳）有限公司，不应得到支持。理由是：1. 此时申请执行人的主体资格还没有注销（注销时间为 2015 年 3 月 4 日），申请执行人仍是生效裁决文书的权利人，有权作为以其主体身份行使权利，其代理人也有能力行使代理权限。2.《变更、追加当事人规定》第九条对于申请执行人转让债权有明确的要求，即申请执行人有申请执行的生效法律文书，并且申请执行人需要书面认可受让人取得该债权。在本案中，《股东会决议》是在仲裁期间形成的，当时仲裁裁决并未作出，不存在法律规定的生效法律文书。而且在执行期间，申请执行人从未书面认可受让人取得该债权，而仅是向××法院提交了《股东会决议》。3. 申请执行人唯一股东出具的《股东会决议》只能对抗内部股东，不能对抗第三方。《股东会决议》只是一般债权转让的意思表示，而非执行期间债权转让的意思表示。某辉实业（深圳）有限公司若要取得本案的执行款，只能通过诉讼的救济途径确认其权利后，并通过申请变更、追加申请执行人才有可能取得本案的执行款，而不能仅凭《股东会决议》直接取得执行款。综上，某辉实业（深圳）有限公司直接取得执行款项没有法律依据，《股东会决议》不能作为其取得执行款的合法依据，××法院直接将执行款划扣给某辉实业（深圳）有限公司违反法律规定，属执行程序违法。

（二）关于争议焦点二

1. 申请执行人主体资格注销，案件执行是否应中止或终止

我国《民事诉讼法》第二百五十六条规定："有下列情形之一的，人民法院应当裁定中止执行：（一）申请人表示可以延期执行的；（二）案外人对执行标的提出确有理由的异议的；（三）作为一方当事人的公民死亡，需要等待继承人继承权利或者承担义务的；（四）作为一方当事人的法人或者其他组织终止，尚未确定权利义务承受人的；（五）人民法院认为应当中止执行的其他情形……"第二百五十七条规定："有下列情形之一的，人民法院裁定终结执行：（一）申请人撤销申请的；（二）据以执行的法律文书被撤销的；（三）作为被执行人的公民死亡，无遗产可供执行，又无义务承担人的；（四）追索赡养费、扶养费、抚育费案件的权利人死亡的；（五）作为被执行人的公民因生活困难无力偿还借款，无收入来源，又丧失劳动能力的；（六）人民法院认为应当终结执行的其他情形。"

本案中，被执行人以申请执行人已注销、不具备主体资格为由向××法院申请终结执行。笔者认为，××法院执行宜按照《民事诉讼法》第二百五十六条第四项的规定，对该案先行采取中止执行措施，待申请执行人的权利承受人依法向法院主张权利后再恢复执行，如果没有权利承受人或权利承受人放弃权利，则应根据《民事诉讼法》第二百五十七条第六项的规定终结执行。

2. 申请执行人被注销后，其原股东是否有权申请变更为申请执行人

对于被执行人公司被注销后，其原股东是否应成为执行主体的问题，《变更、追加当事人规定》以及《最高人民法院关于人民法院执行工作若干问题的规定（试行）》等均作了明确规定。至于申请执行人注销后其原股东是否有权成为执行主体的法律依据，只有《变更、追加当事人规定》第四条"作为申请执行人的法

人或其他组织终止，因该法人或其他组织终止依法承受生效法律文书确定权利的主体，申请变更、追加其为申请执行人的，人民法院应予支持”的规定可引用，但该条款也只是概括性的规定，并没有对原股东申请执行的权利作出明确规定。笔者认为，根据该规定和相关法律理论，在申请执行人公司被注销后，公司原股东是可以作为公司权利承受人为由申请变更为执行主体的。理由是：虽然公司注销后，其法人人格已经消灭，但公司未处理的遗留的债权不因其主体的消灭而灭失。对于公司被注销后遗留的债权，公司原股东可根据民法权利继承原则，公司原股东成为遗留债权的权利主体。因此，原股东可以以申请执行人的身份主张权利。具体到本案，申请执行人在执行期间被注销，其原股东香港某兴有限责任公司可以以权利承受人的身份申请变更申请执行人，获得申请执行人地位。如果香港某兴有限责任公司不申请变更或放弃承受该债权，则本案应终结执行。

3. 某辉实业（深圳）有限公司通过何种途径才能取得执行款

第一，如前所述，香港某兴有限责任公司需通过诉讼的救济途径确认其是申请执行人的权利承受人后，再通过申请变更、追加的方式成为申请执行人而取得执行款。第二，在执行期间，作为申请执行人的广州某化妆品有限公司依据《股东会决议》，将生效的仲裁裁决书确定的债权转让给某辉实业（深圳）有限公司，并书面认可某辉实业（深圳）有限公司为受让人，某辉实业（深圳）有限公司据此可向××法院申请变更、追加为申请执行人，从而取得执行款。第三，在香港某兴有限责任公司成为申请执行人的情况下，香港某兴有限责任公司可将生效的仲裁裁决书确定的债权转让给某辉实业（深圳）有限公司，并书面认可某辉实业（深圳）有限公司为受让人，某辉实业（深圳）有限公司据此可向××法院申请变更、追加为申请执行人，从而取得执行款。

【点评】

根据《变更、追加当事人规定》第四条以及第九条，如申请执行人在执行过程中终止，依法承受生效法律文书确定权利的主体可以申请变更其为申请执行人，但上述司法解释中并未对依法承受生效法律文书权利的方式作出严格限制，仅作出了依法转让且转让方书面认可两项原则性规定，其实质是尊重原债权人的真实意思表示，实践中可能出现很多的债权转让方式，需要司法机关根据具体案情进行审查。本案提供了一个新颖视角，考察生效法律文书确定权利的转让方式需要注意的问题，可以为各位律师提供实务方面的参考。

点评人：广东广信君达律师事务所律师　卢迪欣

执行过程中追加公司股东为被执行人的案例分析

——广州S建设有限公司股东侵害债权人利益责任纠纷案

谢小毅*

一、当事人、代理人及案由

(一) 当事人、代理人

原告(申请执行人):宋某。

代理人:谢小毅,广东法制盛邦律师事务所律师。

被告:梁某(拟追加为被执行人)、郭某(拟追加为被执行人)。

第三人(被执行人):广州S建设有限公司(以下简称S公司)。

(二) 案由

股东侵害债权人利益责任纠纷。

二、案情简介

宋某因S公司拖欠建筑工程材料款,将其起诉至法院,法院判令被告S公司于判决生效之日起十日内向原告宋某支付材料款175万元及逾期付款违约金。判决生效后,宋某向法院申请强制执行,法院立案执行并向银行、国土房管局以及车辆管理所查询,得到的答复是S公司没有财产可供执行,且营业执照已被吊销,S公司下落不明,故法院裁定终结本次执行程序。法院作出终结执行裁定后,原告的代理人经过调查,发现S公司的股东梁某、郭某存在抽逃注册资金的行为:S公司于

* 谢小毅,广东法制盛邦律师事务所律师。

2006年6月15日股东会决议增资950万元，其中股东梁某增加出资860万元，郭某增加出资90万元，两人于2006年6月26日将增资缴存完成验资后次日即将增加的出资950万元全部抽走；2008年5月28日S公司再次决议增资1000万元，全部由梁某增加出资，与前一次增资如出一辙，梁某于2008年5月27日将增资缴存完成验资后次日将增加的出资1000万元全部抽走。于是，原告宋某向法院提起诉讼，请求法院判令两被告在抽逃出资范围内承担补充赔偿责任。

三、争议焦点

1. S公司的行为是否构成抽逃出资。
2. S公司的股东梁某、郭某是否需要承担股东赔偿责任，如何承担?

四、各方意见

（一）原告

根据S公司的工商登记资料以及银行的资金记录和转账凭证，两被告于2006年6月26日将新增注册资本合计950万元缴存入银行账户内，完成验资后，于次日即将全部资金抽走；2008年5月27日两被告将新增注册资本合计1000万元缴存入银行账户内，完成验资后，再次于次日将全部资金抽走。同样的手法，实际上不存在任何正常的交易，没有证据证明其转移资金的合法性，两被告的行为构成抽逃出资，根据《公司法》及相关司法解释，两被告应当承担在其抽逃注册资金的范围内承担补充赔偿责任。

（二）梁某、郭某

首先，原告所主张的两被告于2006年6月27日与2008年5月28日两次在增资次日转走的款项实质上均为S公司的公司行为，收款的第三方公司与两被告之间不存在任何关联关系，即S公司与第三方公司之间的交易属于正常合法交易往来。其次，S公司与第三方公司之间的交易相关资料属于公司所有的经营管理、财务资料，依法应当由S公司保管而非由股东保管，而S公司早在2012年就被工商局吊销了工商营业执照，即S公司已经不存在了，所以两被告无法取得法院要求提供的交易资料，因此，关于该交易的相关资料应由S公司提交，而不应当由被告承担举证责任。最后，两被告认为，“抽逃出资”的法律依据是《最高人民法院关于适用〈中华人民共和国公司法〉若干问题的规定（三）》（以下简称《公司法司法解释三》)，但该司法解释于2011年2月16日才施行，而S公司增资并抽走出资的行为发生在2006年6月26日和2008年5月28日，根据“法不溯及既往”的原则，不应当再追究两被告的“抽逃出资”的法律责任。

据此，两被告认为其不属于抽逃注册资金，故无须承担赔偿责任。

五、执行现状

法院审理后认为，梁某、郭某前后两次对S公司增加注册资本1950万元（梁某增加出资1860万元，郭某增加出资90万元）并经会计师事务所验资，但在验资后两天内将所增注册资本转出，就此原告已完成其应负的举证证明责任。而梁某、郭某和S公司均未能就S公司转出1980万元提供相关的经营交易证明，S公司现股东也未能就此作出说明，故梁某、郭某和S公司应对此承担举证不能的不利后果，根据2011年《公司法司法解释三》第十二条第一项的规定，认定梁某、郭某的行为已构成抽逃出资，应承担相应的法律责任。原告依据法院生效判决申请对S公司强制执行，但执行程序因S公司无可供执行的财产而被裁定终结，现因梁某、郭某抽逃出资，原告请求梁某、郭某对S公司在724号、791号民事判决书中的债务及迟延履行利息承担补充赔偿责任，依法有据，本院予以支持。法院判决如下：（一）被告梁某在抽逃出资1860万元本息范围内对第三人S公司对所欠原告宋某的债务及迟延履行利息承担补充赔偿责任；（二）被告郭某在抽逃出资90万元本息范围内对第三人S公司对所欠原告宋某的债务及迟延履行利息承担补充赔偿责任。

法院判决生效后，原告（申请执行人）向法院申请对被告梁某、郭某强制执行，案件已执行完毕。

六、案例评析

（一）原告提供了S公司增加注册资金后次日全部转出的证据，而被告及S公司均不能举证证明该笔款项的转出属于正常的交易行为，足以认定被告抽逃出资的事实

《公司法》第二十条对公司股东滥用公司法人地位和股东有限责任作出了规定：“公司股东应当遵守法律、行政法规和公司章程，依法行使股东权利，不得滥用股东权利损害公司或者其他股东的利益；不得滥用公司法人独立地位和股东有限责任损害公司债权人的利益。公司股东滥用股东权利给公司或者其他股东造成损失

的，应当依法承担赔偿责任。公司股东滥用公司法人独立地位和股东有限责任，逃避债务，严重损害公司债权人利益的，应当对公司债务承担连带责任。”

《公司法司法解释三》第十二条规定：“公司成立后，公司、股东或者公司债权人以相关股东的行为符合下列情形之一且损害公司权益为由，请求认定该股东抽逃出资的，人民法院应予支持：（一）制作虚假财务会计报表虚增利润进行分配；（二）通过虚构债权债务关系将其出资转出；（三）利用关联交易将出资转出；（四）其他未经法定程序将出资抽回的行为。”第十四条规定：“股东抽逃出资，公司或者其他股东请求其向公司返还出资本息、协助抽逃出资的其他股东、董事、高级管理人员或者实际控制人对此承担连带责任的，人民法院应予支持。公司债权人请求抽逃出资的股东在抽逃出资本息范围内对公司债务不能清偿的部分承担补充赔偿责任、协助抽逃出资的其他股东、董事、高级管理人员或者实际控制人对此承担连带责任的，人民法院应予支持；抽逃出资的股东已经承担上述责任，其他债权人提出相同请求的，人民法院不予支持。”由此可见，对于具有抽逃出资行为的股东，债权人可以以损害其利益为由，要求抽逃出资的股东在其抽逃出资的本息范围内对公司债务不能清偿部分承担补充赔偿责任，对于协助抽逃出资的其他股东、董事、高级管理人员或者实际控制人对此承担连带责任。

在本案中，原告提交了S公司的工商登记档案资料、验资报告、付款凭证、民事判决书、受理通知书等证据，证实S公司在2006年6月26日及2008年5月28日增加注册资金后次日均将增资全部转走的行为，对此，原告的举证责任已经履行完毕，现被告主张其行为不足以构成抽逃出资，应由被告提交反证予以证明：其出资款被转出是基于正常的交易行为，且交易方已支付了合理的对价，但被告未提交相应的证据予以证明，应当承担举证不能的后果。《最高人民法院关于适用〈中华人民共和国民事诉讼法〉的解释》第九十条第一款规定，当事人对自己提出的诉讼请求所依据的事实或者反驳对方诉讼请求所依据的事实，应当提供证据加以证明，但法律另有规定的除外。在作出判决前，当事人未能提供证据或者证据不足以证明其事实主张的，由负有举证证明责任的当事人承担不利的后果。据此，法院认定两被告及第三人S公司对此承担举证不能的不利后果，举证责任分配是恰当的。

（二）被告对抽逃出资应承担补充清偿责任

在公司设立中，股东将出资款项存入公司账户，在经过法定验资机构验资后又将出资款转出的行为，视为股东抽逃出资，这属于股东滥用公司法人独立地位和股东有限责任，损害了公司债权人的利益，依法应承担赔偿责任，但广州S公司股东抽逃出资的行为并未导致S公司实有资本低于法定最低限额，因此，债权人有权要求股东在抽逃资金的范围内对公司债务承担补充赔偿责任。假如是因股东的出资不足或者抽逃出资导致公司的注册资本低于法定的最低标准而使公司未能成立时，则该股东应对公司债务承担无限连带责任。

（三）关于法律适用问题

我国《公司法》第二十条第一款和第三款规定："公司股东应当遵守法律、行政法规和公司章程，依法行使股东权利，不得滥用股东权利损害公司或者其他股东的利益；不得滥用公司法人独立地位和股东有限责任损害公司债权人的利益。""公司股东滥用公司法人独立地位和股东有限责任，逃避债务，严重损害公司债权人利益的，应当对公司债务承担连带责任。"

上述规定对公司股东滥用公司法人地位和股东有限责任作出了规定，确立了公司人格否认制度，该制度是在承认公司具有法人人格的前提下，在特定的法律关系中对公司的法人人格及股东有限责任加以否定，以制止股东滥用公司法人人格及股东有限责任，保护公司债权人的合法权益。《公司法司法解释三》正是依据《公司法》中关于公司法人人格否认制度对具体的法律适用问题作出进一步的明确和细化，不存在违反"法不溯及既往"原则的情况。

七、实务经验

在司法实践中，案件经法院判决生效后进入执行程序，却经常会遇到一些人去楼空的"空壳公司""僵尸企业"，找不到办公场所、查不到公司财产的问题，导致法院的生效判决根本得不到执行，由于公司法人的独立地位，股东仅以其出资额为限对公司承担有限责任，法院也很无奈，只能终结本次执行，即使案件转入破产程序，申请人的债权也未必能得到有效保障。在这种情况下，找到公司股东抽逃资金的证据，证明公司股东滥用公司法人地位，让公司股东对公司的债务承担责任，才是解决这类执行案件的思路。除了公司法及其司法解释以外，最高人民法院和各地法院都出台过相关的文件和通知，对追加公司股东为被执行人做出明确的规定。

最高人民法院1998年公布的《最高人民法院关于人民法院执行工作若干问题的规定（试行）》第八十条规定："被执行人无财产清偿债务，如果其开办单位对其开办时投入的注册资金不实或抽逃注册资金，可以裁定变更或追加其开办单位为被执行人，在注册资金不实或抽逃注册资金的范围内，对申请执行人承担责任。"广东省高级人民法院2009年发布的《广东省高级人民法院关于办理执行程序中追加、变更被执行人案件的暂行规定》第二条规定："执行法院立案庭应当在收到追加、变更被执行人的申请材料之日起7日内作出是否立案的审查决定。经审查决定立案的，应于作出立案决定之日起3日内将立案情况书面通知各当事人，并根据不同申请事由，按下列情况分别将有关卷宗材料移送执行机构或相关民事审判庭审查：……（二）当事人、利害关系人以下列事由提出追加、变更被执行人申请的，由相关民事审判庭负责审查：1. 因债务人个人财产不足清偿债务，申请追加其家庭成员为被执行人的；2. 因作为债务人的企业法人未经清算即注销，申请变更清算人或负有清算义务的人为被执行人的；3. 因作为债务人的企业法人分立，申请追加或变更分立后企业法人为被执行人的；4. 因被执行人的财产被其上级机关或其他组织无偿调拨给其他企业或个人，申请追加取得资产的企业或个人为被执行人的；5. 因投资人注册资金不实或抽逃注册资金，申请追加投资人为被执行人的。”2016年最高人民法院公布的《最高人民法院关于民事执行中变更、追加当事人若干问题的规定》第十七条规定：“作为被执行人的企业法人，财产不足以清偿生效法律文书确定的债务，申请执行人申请变更、追加未缴纳或未足额缴纳出资的股东、出资人或依公司法规定对该出资承担连带责任的发起人为被执行人，在尚未缴纳出资的范围内依法承担责任的，人民法院应予支持。”第十八条规定：“作为被执行人的企业法人，财产不足以清偿生效法律文书确定的债务，申请执行人申请变更、追加抽逃出资的股东、出资人为被执行人，在抽逃出资的范围内承担责任的，人民法院应予支持。”

那么在实务中，如何认定公司股东抽逃出资的行为呢？通常来讲，如果在公司验资成立后，股东没有正常的业务往来和正当的理由，而将该资金转移、挪作他用或者非法占有，抑或公司为了完成验资，向第三方借款作为验资款项，在公司验资完成后，即将该款项直接退还给出借方，这些行为都是常见的抽逃注册资金的情形。股东抽逃出资的表现形式主要有以下几种：一是公司注册资本验资后控股股东利用其强势地位，强行将注册资金的货币出资的一部分或者全部抽走；二是股东通过其控制的其他民事主体与公司之间的关联交易，增加交易成本，变相获得公司财产，或者伪造虚假的交易关系，双方签订虚假的买卖合同，而实际上没有实物交易，以此将公司的注册资金转移到该股东所控制的关联公司；三是通过虚构债权债务关系将其出资转出；四是违反公司法的规定未提取法定公积金和法定公益金或者制作虚假财务会计报表虚增利润，在短期内以分配利润名义抽走出资；五是公司回购股东的股权但未办理减资手续；六是通过对股东提供抵押担保而变相抽回出资等。

除了抽逃出资公司股东需要对公司债务承担赔偿责任之外，还有一种情形可以将公司股东变更、追加为被执行人，那就是公司清算事由出现以后，公司股东怠于履行义务，没有依法对公司进行清算的，公司股东也要对公司债务承担法律责任。

《公司法》第一百八十三条规定：“公司因本法第一百八十条第（一）项、第（二）项、第（四）项、第（五）项规定而解散的，应当在解散事由出现之日起十五日内成立清算组，开始清算。有限责任公司的清算组由股东组成，股份有限公司的清算组由董事或者股东大会确定的人员组成……”《最高人民法院关于适用〈中华人民共和国公司法〉若干问题的规定（二）》第十八条规定：“有限责任公司的股东、股份有限公司的董事和控股股东未在法定期限内成立清算组开始清算，导致公司财产贬值、流失、毁损或者灭失，债权人主张其在造成损失范围内对公司债务承担赔偿责任的，人民法院应依法予以支持。有限责任公司的股东、股份有限公司的董事和控股股东因怠于履行义务，导致公司主要财产、账册、重要文件等灭失，无法进行清算，债权人主张其对公司债务承担连带清偿责任的，人民法院应依法予以支持。上述情形系实际控制人原因造成，债权人主张实际控制人对公司债务承担相应民事责任的，人民法院应依法予以支持。”

综上所述，在办理执行案件过程中，如果发现被执行人公司已经成为空壳，没有正常经营，甚至已被吊销营业执照时，可以尝试从抽逃资金或者怠于清算的角度出发，将公司股东变更、追加为被执行人，让公司股东对公司债务承担相应的法律责任。

【点评】

本案是在执行过程中因被执行人公司没有可供执行的财产，法院终结本次执行以后，申请执行人通过诉讼将抽逃公司注册资金的股东变更、追加为被执行人的典型案例。目前我国设立公司的门槛比较低，有些人利用公司法人有限责任的特点，在公司欠下债务无法偿还的情况下，公司股东、控制人弃之而去，人去楼空，债权人即使打赢了官司也很难得到执行，在这种情况下，可以根据《公司法》以及相关司法解释的规定，将符合条件的公司股东变更、追加为被执行人，对其股东个人进行强制执行，往往会收到意想不到的效果。

点评人：广东法制盛邦律师事务所律师　谢小毅

执行过程中追加被执行人的配偶为被执行人的案例分析

——广东S羊毛衫织造厂股东对公司债务承担连带责任担保之民间借贷纠纷案

杨娟*

一、当事人、代理人及案由

（一）当事人、代理人

申请执行人：谭某。

代理人：杨娟，广东法制盛邦律师事务所律师。

被执行人：广东S羊毛衫织造厂（以下简称S公司）。

被执行人：段某（系S公司的法定代表人、股东）。

被申请追加人：朱某（拟追加为被执行人，系段某的配偶）。

（二）案由

民间借贷纠纷。

二、案情简介

S公司因资金周转需要向谭某借款人民币155万元，段某系S公司的股东兼法定代表人，在借款明细表上签名确认"本人担保工厂还清借款"。后因S公司尚欠105万元一直拖着不还，谭某起诉到法院，法院判决S公司于判决生效之日起三日内向谭某归还借款105万元及利息；段某对S公司的给付义务负连带责任。判决生

* 杨娟，广东法制盛邦律师事务所律师。

效后，谭某向法院申请强制执行，法院立案执行并向银行、国土房管局以及车辆管理所查询，得到的答复是S公司没有财产可供执行，该公司已歇业；段某名下也无财产可供执行，故法院裁定终结本次执行程序。法院作出终结执行裁定后，原告的代理人经过调查，发现段某的配偶朱某在广州市达道路有一套房屋，房屋虽然登记在朱某的名下，应是朱某与段某的夫妻共同财产。因此，谭某向法院申请追加朱某为本案的被执行人，要求朱某对配偶段某的债务承担连带清偿责任，并向法院申请保全朱某名下的房屋。

三、争议焦点

1. 担保之债是否属于夫妻共同债务？

2. 执行程序中能否追加配偶为被执行人？

四、各方意见

（一）申请人谭某

1. 关于段某在本案的担保之债可否认定为夫妻共同债务的问题。担保之债是否属于夫妻共同债务重点要考量该债务是否与夫妻共同生活密切相关。由于设立公司经营相关业务，虽因公司人格的独立性使公司财产独立于股东个人财产，但投资行为仍是《婚姻法》第四十一条规定的“夫妻共同生活”① 的范畴，将因此所负的担保债务认定为夫妻共同债务具有合理性。股权投资、公司经营，为此产生的担保之债是与夫妻共同生活密切相关的。本案中段某是S公司大股东及法定代表人，在没有相反证据证明的情况下，应推定S公司盈利用于夫妻共同生活。也就是说，S公司经营状况直接影响大股东段某个人获利的多少，也会与段某和朱某婚姻关系存续期间夫妻共同财产的多少有直接关系，段某为S公司提供担保是为了公司的经营，也是为了个人利益，个人获益又用于夫妻共同生活。因此，段某因担保涉案借款形成的个人债务，应认定为其与配偶朱某的夫妻共同债务。

2. 《最高人民法院关于适用〈中华人民共和国婚姻法〉若干问题的解释（二）》（以下简称《婚姻法解释二》）第二十四条第一款规定：“债权人就婚姻关系存续期

---

① 《民法典》第一千零八十九条：离婚时，夫妻共同债务应当共同偿还。共同财产不足清偿或者财产归各自所有的，由双方协议清偿；协议不成的，由人民法院判决。

间夫妻一方以个人名义所负债务主张权利的，应当按夫妻共同债务处理。但夫妻一方能够证明债权人与债务人明确约定为个人债务，或者能够证明属于婚姻法第十九条第三款规定情形的除外。”《婚姻法》第十九条第三款规定：“夫妻对婚姻关系存续期间所得的财产约定归各自所有的，夫或妻一方对外所负的债务，第三人知道该约定的，以夫或妻一方所有的财产清偿。”① 实体法的规定以共同债务为原则，允许追加可以提高司法效率并防止债务人转移财产，有利于解决执行难的问题。所以在执行程序中可以直接追加被执行人的配偶为被执行人。因此，段某对S公司的债务发生于夫妻关系存续期间，涉案房产虽登记在被执行人段某的配偶朱某名下，但系婚后所得财产，属于夫妻共同所有，对于夫妻共同债务理应用夫妻共同财产偿还，故此法院应追加朱某为本案的被执行人，直接执行朱某名下的房产。

（二）被申请追加人朱某

1. 段某因担保涉案借款形成的债务是段某的个人债务，不是夫妻共同债务。朱某从未参与S公司的经营管理，对S公司的借款及段某的担保行为不知情，借款明细表上也没有朱某的签名；段某对S公司的担保行为是无偿的，朱某也未从该笔借款担保行为中获益。

2. 退一步讲，就算对外担保之债是夫妻共同债务，也不能在执行程序中直接追加被执行人的配偶为被执行人。追加被执行人必须遵循法定主义原则，即仅限于法律和司法解释明确规定的追加范围，既不能超出法定情形进行追加，也不能直接引用有关实体裁判规则进行追加。现行法律和司法解释，并无关于在执行程序中可以追加被执行人的配偶或原配偶为被执行人的规定。因此，法院不能以执代审，直接追加朱某为本案被执行人。

五、执行现状

法院在召开听证会后认为：对于段某对S公司的担保之债是否属于夫妻共同债务，须由申请人谭某另行诉讼确定债务性质，本院不予处理。生效的法律文书没有确定朱某为被执行人，《婚姻法解释二》第二十四条虽然直接规定了夫妻一方所负债务按夫妻共同债务处理，但该规定属于人民法院解决当事人民事争议确定民事责任所依据的裁判规则，不属于执行权的授权性规定。依照《最高人民法院关于人民

---

① 《民法典》第一千零六十五条第三款：夫妻对婚姻关系存续期间所得的财产约定归各自所有，夫或者妻一方对外所负的债务，相对人知道该约定的，以夫或者妻一方的个人财产清偿。

法院执行工作若干问题的规定（试行）》第八十三条“依照民事诉讼法第二百一十三条、最高人民法院关于适用民事诉讼法若干问题的意见第271条至第274条及本规定裁定变更或追加被执行主体的，由执行法院的执行机构办理”的规定，前述《婚姻法解释二》第二十四条规定的情形显然不属依法应由“执行法院的执行机构办理”的可以追加被执行人的情形，故不可以直接追加被执行人的配偶朱某为被执行人，驳回谭某的追加请求。

六、案例评析

（一）关于担保之债是否属于夫妻共同债务性质认定问题

担保之债是否属于夫妻共同债务不能一概而论，要看该担保之债是否与夫妻共同生活密切相关。最高人民法院在2015年给福建省高院的一个复函中，就福建省高院来函咨询的个案做了认定[①]。此后，很多媒体断章取义，把最高院的复函简单解读为夫妻一方对外担保之债不属于夫妻共同债务，这其实是一种误读。最高人民法院最新公布的（2016）最高法民申2908号判例明确载明“李大红主张二审判决违背本院民一庭答复和复函的认定，但相关答复和复函仅是针对个案相关情况作出的处理意见，不具有普遍约束力。对于夫妻共同债务，仍应依照《最高人民法院关于适用〈中华人民共和国婚姻法〉若干问题的解释（二）》第二十四条的规定，并结合案件具体情况予以认定。也即就个案处理而言，并非夫妻一方对外担保之债一概不能认定为夫妻共同债务，重点还应考量该担保之债与夫妻共同生活、共同生产经营是否密切相关。本案中，担保人寇淮系债务人方欣公司的法定代表人和股东，而寇淮又是方欣公司另一股东北京华易腾投资管理有限公司的法定代表人、股东，方欣公司的经营状况直接影响到寇淮的个人收益，与寇淮和李大红婚姻关系存续期间夫妻共同财产的多少也有直接关系。李大红主张寇淮因担保而形成的债务并非用于夫妻共同生活，对此，李大红负有举证责任，而李大红并未提供充分证据证明寇淮未将方欣公司的经营收益用于夫妻共同生活。因此，二审判决将本案所涉债务认定为夫妻共同债务，在事实认定和法律适用上均无不当。李大红关于本案所涉债务为寇淮个人债务的申请理由，不能成立”。

关于夫妻共同债务，《婚姻法》第四十一条规定为：“离婚时，原为夫妻共同生活所负的债务，应当共同偿还。共同财产不足清偿的，或财产归各自所有的，由

---

① 《最高人民法院民一庭关于夫妻一方对外担保之债能否认定为夫妻共同债务的复函》。

双方协议清偿；协议不成时，由人民法院判决。”《婚姻法解释（二）》第二十四条规定：“债权人就婚姻关系存续期间夫妻一方以个人名义所负债务主张权利的，应当按夫妻共同债务处理。但夫妻一方能够证明债权人与债务人明确约定为个人债务，或者能够证明属于婚姻法第十九条第三款规定情形的除外。”《婚姻法》第十九条第三款规定：“夫妻对婚姻关系存续期间所得的财产约定归各自所有的，夫或妻一方对外所负的债务，第三人知道该约定的，以夫或妻一方所有的财产清偿。”我们从上述规定可以得知：以个人名义所负的债务应当首先推定为个人债务，若债权人或者以自己名义负债的夫或妻想要认定该债务为夫妻共同债务，应当对其主张负举证责任。若不能举证证明该债务是夫妻共同债务，应认定该债务为个人债务，由负债的夫或妻以其个人财产对债务承担清偿责任。

最高人民法院于 2018 年 1 月 17 日发布了《关于审理涉及夫妻债务纠纷案件适用法律有关问题的解释》，明确规定“夫妻双方共同签字或者夫妻一方事后追认等共同意思表示所负的债务，应当认定为夫妻共同债务。夫妻一方在婚姻关系存续期间以个人名义为家庭日常生活需要所负的债务，债权人以属于夫妻共同债务为由主张权利的，人民法院应予支持。夫妻一方在婚姻关系存续期间以个人名义超出家庭日常生活需要所负的债务，债权人以属于夫妻共同债务为由主张权利的，人民法院不予支持，但债权人能够证明该债务用于夫妻共同生活、共同生产经营或者基于夫妻双方共同意思表示的除外”。

上述规定将共同举债、夫妻合意作为认定夫妻共同债务的一般标准，超出家庭日常生活需要所负的债务，由债权人举证证明该债务用于夫妻共同生活、共同生产经营或者基于夫妻双方共同意思表示。相较于《婚姻法解释二》第二十四条，显然是一大进步。夫妻举债的举证责任重点是举债事实的真实性和关联性的证明责任，但《婚姻法司法解释二》第二十四条是以“排除事由”来替代举债真实性和关联性举证责任，将举债事实的真实性和关联性的举证责任转嫁给非举债方，这实质上是违背了“谁主张谁举证”的根本原则，债权人主张夫妻共同债务，仅仅证明在婚姻存续期间举债是远远不够的。而夫妻非举债方要去证明“自己不知情”“没有用于共同生活”“不是共同生产经营”等事实是特别困难的，消极事实的证明责任显然是高过积极事实的证明责任，无形之间加重了夫妻非举债一方的举证责任，导致大量衍生借虚假债务而逃避夫妻共同财产分割。《关于审理涉及夫妻债务纠纷案件适用法律有关问题的解释》则通过举证证明责任的合理分配等方式，取得债权人利益保护与夫妻非举债一方利益保护之间的“最大公约数”，平衡保护了各方利益。

具体到本案中，由于当时还未公布《关于审理涉及夫妻债务纠纷案件适用法律有关问题的解释》，只能适用《婚姻法解释二》第二十四条的规定。段某是S公司大股东及法定代表人，为S公司经营提供连带担保，在没有相反证据证明的情况下，应推定S公司盈利用于夫妻共同生活。段某为S公司提供担保是为了公司的经营，也是为了个人利益，个人获益又用于夫妻共同生活。因此，段某因担保涉案借款形成的个人债务，应认定为其与配偶朱某的夫妻共同债务。至于通过何种途径来确认该担保之债的性质，是要另案诉讼还是在执行程序中直接确认，在目前的司法实践中尚存争议。

（二）关于执行程序中能否追加配偶为被执行人

在司法实践中存在着两种截然不同的意见，第一种意见认为，在执行程序中，人民法院可以依照实体法的有关规定进行实体审查，并直接作出是否追加的决定。第二种意见认为，在执行程序中，人民法院不宜直接作出是否追加的决定，而应通过审判程序认定相关问题。笔者虽然是为了委托人利益，向法院申请追加了被执行人的配偶，但笔者内心是倾向于第二种意见的，在执行程序中，人民法院不宜直接作出是否追加的决定，而应通过审判程序认定相关问题。理由如下：

第一，人民法院应充分尊重当事人的诉讼权利。在执行程序中，如果人民法院追加被执行人，这意味着生效法律文书确定的被执行人以外的人将承担责任，这无疑是剥夺了被追加人的一审、二审和再审的权利，虽然当事人可以根据《民事诉讼法》第二百二十五条或第二百二十七条的规定提出书面异议、复议和执行异议之诉，但这和被追加人参加一审、二审和再审的权利有着本质的区别。

第二，人民法院不能“以执代审”。在民事诉讼中，审判是审判，执行是执行，二者是相分离的，人民法院不能“以执代审”。此外，民事执行带有强烈的公权力色彩，应对其进行严格的限制。

第三，追加被执行人应当遵循法定主义原则。若法律和司法解释无明确的规定，则人民法院不能超出法定情形追加被执行人。

七、实务经验

对于夫妻共同债务的认定，最高人民法院已经颁布了相关司法解释。而对于能否在执行程序中追加被执行人的配偶，在司法实践中还是“乱花渐欲迷人眼”，有的法院进行追加，有的法院不予追加。

北京市高级人民法院印发的《北京市法院执行工作规范》第五百三十九条第一款规定：“执行依据确定的债务人为夫妻一方的，根据现行法律和司法解释的规定，不得裁定追加被执行人的配偶为被执行人。申请执行人主张执行依据确定的债务为夫妻共同债务，申请追加被执行人的配偶为被执行人的，告知其通过其他程序另行主张。”据此可以看出，北京市高级人民法院倾向于第二种意见。

浙江省高级人民法院印发的《关于执行生效法律文书确定夫妻一方为债务人案件的相关法律问题解答》规定：“三、债务性质经判断为夫妻共同债务的，执行程序应当如何进行？答：执行机构可直接作出裁定查封、扣押、冻结、变价夫妻共同财产或者非被执行人的夫妻另一方名下的财产，而无需裁定追加夫妻另一方为被执行人。执行裁定书主文部分应当写明执行的具体财产。”据此可以看出，浙江省高级人民法院倾向于第一种意见，无须裁定追加夫妻另一方为被执行人。

上海市高级人民法院印发的《上海市高级人民法院关于执行夫妻个人债务及共同债务案件法律适用若干问题的解答》规定：“问题 2：执行机构如何判断债务性质？答：执行中，对所涉债务是个人债务还是夫妻共同债务，执行机构首先应依执行依据中的认定作出判断。执行依据中没有对债务性质作出明确认定，申请执行人未申请追加被执行人配偶（包括原配偶，下同）为被执行人的，按被执行人个人债务处理。执行依据中没有对债务性质作出明确认定，申请执行人主张按被执行人夫妻共同债务处理，并申请追加被执行人配偶为被执行人的，执行机构应当进行听证审查，并根据下列情形分别作出处理：（一）应当认定为被执行人个人债务的，作出不予追加决定；（二）须另行诉讼确定债务性质的，作出不予处理决定；（三）除应当认定为个人债务和执行中不直接判断债务性质的情形外，可以认定为夫妻共同债务，裁定追加被执行人配偶为被执行人。”上海市高级人民法院倾向于根据不同情形分别处理。

《最高人民法院关于民事执行中变更、追加当事人若干问题的规定》中对能否以夫妻共同债务为由直接追加被执行人的配偶为被执行人无明确规定，但最高院于 2016 年 4 月 6 日在中国裁判文书网发布（2015）执申字第 111 号执行裁定书，明确表明了申请执行人不得以被执行人所负债务属夫妻共同债务为由，请求追加被执行人的配偶为被执行人的立场：“执行程序中追加被执行人，意味着直接通过执行程序确定由生效法律文书列明的被执行人以外的人承担实体责任，对各方当事人的实体和程序权利将产生极大影响。因此，追加被执行人必须遵循法定主义原则，即应当限于法律和司法解释明确规定的追加范围，既不能超出法定情形进行追加，也不能直接引用有关实体裁判规则进行追加。从现行法律和司法解释的规定看，并无关于在执行程序中可以追加被执行人的配偶或原配偶为共同被执行人的规定，申请执行人根据婚姻法及婚姻法司法解释等实体裁判规则，以王宝军前妻吴金霞应当承担其二人婚姻关系存续期间之共同债务为由，请求追加吴金霞为被执行人，甘肃高院因现行法律或司法解释并未明确规定而裁定不予追加，并无不当，申请执行人的申诉请求应予驳回。但是，本院驳回申请执行人的追加请求，并非对王宝军所负债务是否属于夫妻共同债务或者吴金霞是否应承担该项债务进行认定，申请执行人仍可以通过其他法定程序进行救济。”

【点评】

本案是公司股东对公司债务承担连带责任担保，在执行过程中因被执行人公司及股东均没有可供执行的财产，法院终结本次执行以后，申请执行人欲追加股东的配偶为被执行人的典型案例。司法实践中存在着大量这样的案例，债权人在执行时，常常要求执行法官追加配偶为被执行人。但对此目前我国还没有明确的立法或司法解释，我国法律制度在形式上属于成文法，因此判例不作为法律渊源。最高人民法院公布的案例对各级人民法院只具有参考和指导作用，不能在判案的时候直接当作法律依据适用，因此，建议最高人民法院尽快针对执行程序中追加被执行人的配偶问题出台专门的司法解释，以统一执法尺度和裁判标准，避免“同案不同判”的现象。

点评人：广东法制盛邦律师事务所律师　谢小毅

未及时履行公司清算义务情形时的股东连带清偿责任

解刚 * 张扬 **

一、公司欠债无法执行的，债权人可以向法院起诉要求公司清算，如果公司无法顺利清算的，公司股东就要对债务承担连带责任

（一）案情简介

杜某、双某公司是鸿某公司的股东，鸿某公司于2006年6月19日经工商注册登记成立，注册资本50万元。

鸿某公司在与天某公司的一次合作中拖欠了天某公司26万元的货款而被天某公司起诉，鸿某公司在败诉后无财产可供法院执行。2008年，鸿某公司被工商局吊销营业执照，于是天某公司起诉要求鸿某公司强制清算。在强制清算过程中，因为鸿某公司人员、账册、重要文件下落不明，无法查明其财产状况，最终导致无法清算。

随后，天某公司向法院起诉杜某和双某公司，认为鸿某公司无法清算是因为杜某和双某公司怠于履行股东义务，要求法院判决杜某和双某公司对鸿某公司所拖欠的其中一笔货款承担连带清偿责任。杜某和双某公司认为自己已经足额缴纳认缴的出资额，已尽股东义务，无须承担连带清偿责任。

（二）各方意见

1. 天某公司认为：

（1）在清算过程中，鸿某公司的股东杜某、双某公司未履行相应职责，怠于履行义务，导致公司主要财产、账册、重要文件等灭失，无法进行清算，其行为已经侵害天某公司作为鸿某公司债权人的合法权益。

---

* 解刚，广东粤广律师事务所律师。
** 张扬，广东粤广律师事务所律师。

（2）杜某、双某公司作为鸿某公司股东，滥用公司法人独立地位和股东有限责任，逃避债务，严重损害了鸿某公司债权人天某公司的利益，应当对鸿某公司债务承担连带责任。

（3）鸿某公司作为有限责任公司，其全体股东在法律上应共同成为公司的清算义务人。对于双某公司而言，无论双某公司在鸿某公司所占的股份为多少，是否从公司分过红，双某公司和被告杜某在鸿某公司被吊销营业执照后，都有义务在法定期限内依法对鸿某公司进行清算。但双某公司和杜某均未在法定期限内对鸿某公司进行清算，导致鸿某公司的财务账册、经营地址及财产均下落不明，鸿某公司在北京市某中院的执行案件中也因无可供执行的财产而被中止执行。杜某和双某公司作为鸿某公司的股东，对外应当共同承担连带清偿责任。

2. 双某公司认为：

（1）双某公司已履行出资义务，作为股东应以认缴出资额为限对公司承担责任，法院不能随意突破股东有限责任。

（2）天某公司发起针对鸿某公司的强制清算时，没有通知双某公司参加清算，法院裁定终结清算程序，双某公司没有过错。

（3）本案中终结清算裁定并未认定公司主要财产、账册、重要文件灭失，而只是表述为无法查明。

（4）双某公司对于强制清算不知情，对于天某公司与鸿某公司发生债务的情况也不知情。

3. 杜某未发表相关意见。

（三）法院判决

股东承担连带清偿责任的条件有：1. 股东怠于履行义务；2. 股东怠于履行义务的行为导致公司主要财产、账册、重要文件等灭失；3. 股东怠于履行义务的行为导致公司无法进行清算。

本案中，鸿某公司2008年被吊销营业执照后，杜某、双某公司未组成清算组进行清算，显属怠于履行清算义务。鸿某公司存在无法进行清算的情形……无法进行清算的原因系鸿某公司人员、账册、重要文件下落不明，无法查明其财产状况。

杜某、双某公司作为股东负有妥善保管公司财产、账册、重要文件的义务，其未妥善履行相关义务，导致不能清算的客观结果。杜某、双某公司怠于履行义务的行为直接导致鸿某公司人员、账册、重要文件下落不明与公司无法清算的结果具有因果关系，可认定杜某、双某公司怠于履行义务的行为导致鸿某公司无法进行清算。因此，杜某、双某公司应当对鸿某公司对天某公司的债务承担连带清偿责任。

双某公司主张应以股东认缴的出资额为限对公司承担责任以及其对强制清算无任何过错，天某公司遭受的损失与其无关的上诉意见，缺乏事实及法律依据，本院不予支持。①

（四）实务经验

债权人提起强制执行程序，如果法院经过调查发现公司没有可供执行的财产的，会向债权人发出终止本次执行程序裁定书终结本次的执行。既然通过执行程序无法执行公司财产，则债权人可以凭借终止本次执行裁定书向法院再次起诉欠债公司，要求法院对公司进行清算。因为公司无法偿债，所以法院在查明事实后，以无法清算或无法全面清算为由裁定终结强制清算程序。此时债权人可以以法院出具的终结清算程序的《民事裁定书》为证据，根据《最高人民法院关于适用〈中华人民共和国公司法〉若干问题的规定（二）》第十八条的规定，要求欠债公司的股东、董事、实际控制人等清算义务人对其债务承担偿还责任。

二、欠债公司因为被吊销营业执照无法顺利执行的，债权人可以以欠债公司股东不积极履行清算义务导致其利益受损为理由要求股东承担连带清偿责任

（一）案情简介

存某贸易公司（以下简称存某公司）向拓某机械设备公司（以下简称拓某公司）供应钢材，拓某公司在尚欠存某公司1395228.6元货款的情况下，因不参加年检而被工商局吊销营业执照，之后一直没有组织清算。

房某、蒋某和王某是拓某公司的股东，存某公司向法院起诉，认为三位股东怠于履行清算义务导致公司财产流失、灭失从而导致存某公司的债权得不到保护，因此请求法院判决三位股东承担连带责任。诉讼中，蒋某和王某辩称自己并未参与公司的实际经营，无须承担连带责任。

（二）各方意见

1. 蒋某、王某认为：

（1）蒋某和王某只是拓某公司的股东，并未参与公司的实际经营管理，两人另有其他工作和其他经营的业务。

（2）两人曾委托律师对拓某公司进行清算并注销，但由于账册遗失而未能进行清算，两上诉人并未怠于履行清算义务。

（3）经法院裁定，在拓某公司营业执照吊销之前，公司由于经营管理不善，已经没有任何财产。

---

①（2016）京03民终10445号。

2. 存某公司认为：

（1）蒋某与王某虽然有其他工作和其他经营的业务，但并不妨碍两人对拓某公司行使股东权利。

（2）股东会决议中，蒋某担任拓某公司的监事；蒋某与王某为了公司经营的需要，对外签署了租赁协议。这些都证明两人均参与了拓某公司的实际经营管理。

（三）法院判决

存某公司按约供货后，拓某公司未能按约付清货款，应当承担相应的付款责任及违约责任。

房某、蒋某和王某作为拓某公司的股东，应在拓某公司被吊销营业执照后及时组织清算。因房某、蒋某和王某怠于履行清算义务，导致拓某公司的主要财产、账册等均已灭失，无法进行清算，房某、蒋某和王某违反了《公司法》及其司法解释的相关规定，应当对拓某公司的债务承担连带清偿责任。

拓某公司作为有限责任公司，其全体股东在法律上应共同成为公司的清算义务人。《公司法》及其相关司法解释并未规定蒋某、王某所辩称的例外条款，因此无论蒋某、王某在拓某公司中所占的股份为多少，是否实际参与了公司的经营管理，两人在拓某公司被吊销营业执照后，都有义务在法定期限内依法对拓某公司进行清算。①

（四）实务经验

一些公司拖欠债务后，股东若不想还钱，便会一走了之，不再管公司的任何事务，也不再参加每年度的工商局年检，公司因为不参加年检导致营业执照被吊销。在这种情况下，债权人即使通过诉讼打赢了官司，在执行阶段也会因为公司被吊销而无法通过执行程序顺利获得救济。

若欠债公司被吊销，公司股东不履行清算义务的，则债权人一方可以向法院提起诉讼，要求股东承担连带责任。

【点评】

《公司法》第三条规定："公司是企业法人，有独立的法人财产，享有法人财产权。公司以其全部财产对公司的债务承担责任。有限责任公司的股东以其认缴的出资额为限对公司承担责任；股份有限公司的股东以其认购的股份为限对公司承担责任。"公司法人的独立人格，是公司法的重要原则和精神，债权人不能直接要求

---

① （2010）沪一中民四（商）终字第1302号。

股东对公司的债务承担责任，而是由公司对其债务，以自己的全部财产来承担。在许多执行案件中，因为债务人是公司，公司没有存款和资产，则导致法院无法顺利完成执行，债权人也因此会存在赢了官司却无法执行的困境。

公司的这一独立人格制度有助于市场经济的发展，股东以其认缴出资额承担法律责任，避免个人的其他财产因公司债务而受到追偿。但是，有限责任制度并不能绝对或者无条件地适用，当超出一定的界限时，就会受到法律的限制适用。《公司法》第二十条第三款规定："公司股东滥用公司法人独立地位和股东有限责任，逃避债务，严重损害公司债权人利益的，应当对公司债务承担连带责任。"该法律条款的制定就是为了防止前述关于公司欠债无法执行的情况，在特定的条件下债权人可以追究股东责任以避免股东利用公司法的这一个天然的制度优势来损害债权人的合法权利的情况发生。

点评人：北京市炜衡（广州）律师事务所律师　王德虎

关于追加第三人为被执行人的执行案例分析

王冰[*] 张君凤[**]

一、当事人、代理人及案由

（一）当事人、代理人

申请执行人：陈某。

代理人：王冰、张君凤，均系广东法盛律师事务所律师。

原申请人：中国工商银行广州××支行（以下简称工行某支行）。

被执行人：广州市××外经贸集团有限公司（以下简称甲公司）。

被执行人：广州××码头有限公司。

第三人：广州市××房地产开发有限公司（以下简称乙公司）。

（二）案由

追加被执行人。

二、案情简介

工行某支行依据已发生法律效力的（2000）穗黄证字第××号《强制执行公证书》向××中院申请执行甲公司、广州××码头有限公司，××中院于2000年12月1日以（2001）穗中法执字第××号案立案执行，执行标的为贷款本金人民币1400万元及相应利息。

2001年3月23日，广州市××区国有资产管理办公室出具《关于解决甲公司所欠贷款本金6500万元的意见的函》，函件内容为，为推进甲公司属下各企业改

* 王冰，广东法盛律师事务所律师。

** 张君凤，广东法盛律师事务所律师。

制，按照双方协商结果，现将解决甲公司欠工行某支行贷款本金 6500 万元的意见函告如下：一、500 万元贷款本金由甲公司用现金 500 万元归还；二、2000 万元贷款本金用改制后的广州市 × × 汽车股份有限公司的出租车经营权继续抵押，由甲公司化解转由改制后的广州市 × × 汽车股份有限公司承担；三、590 万元贷款本金用改制后的广州市 × × 外经贸集团汇通有限公司用其物业抵押，由甲公司化解转由改制后的广州市 × × 外经贸集团汇通有限公司承担；四、余下的 3410 万元贷款本金用甲公司在广州 × × 码头有限公司 30% 的股权作抵押由甲公司承担；五、承诺上述 3410 万元贷款本金在化解甲公司 650 万元贷款本金的相应转贷手续办理完成后的一年内归还；六、承诺按期付清上述 3410 万元贷款本金的利息。

2001 年 9 月 5 日，广州市 × × 外经贸集团汇通有限公司向工行某支行出具《还款计划》，承诺第一个月还款 90 万元，当年十一月底前还款 230 万元，当年 12 月至次年 5 月底前每月还款 45 万元，上述归还款项共计 590 万元。

2001 年 11 月 29 日，工行某支行、广州市 × × 外经贸集团汇通有限公司在 × × 中院主持下达成和解，广州市 × × 外经贸集团汇通有限公司自愿将其在广州市 × × 雅苑房产开发有限公司投资及收益款人民币 590 万元存入工行某支行监管。相关和解内容记载于 × × 中院《谈话笔录》。

2002 年 9 月 17 日，× × 中院作出（2001）穗中法执字第 × × 号《民事裁定书》，确认执行双方当事人达成协议：一、将 590 万元债务转由广州市 × × 外经贸集团汇通有限公司承接，并提供抵押担保，按时还本付息；二、本案债务余款由被申请人广州 × × 码头有限公司 30% 股权作抵押，一年内归还贷款本息。× × 中院同时根据工行某支行暂缓执行的申请，裁定（2000）穗黄证字第 × × 号《强制执行公证书》中止执行。

2002 年 10 月 25 日，广州市 × × 外经贸集团汇通有限公司经工商局核准变更名称为“广州市 × × 房地产开发有限公司”（以下统称乙公司）。

2005 年 7 月 20 日，工行某支行将本案债权转让给中国 × × 资产管理公司广州办事处，并依法刊登了《债权转让通知暨债务催收联合公告》。2013 年 7 月 25 日，中国 × × 资产管理公司广州办事处将本案债权转让给中国 × × 资产管理股份有限公司广东省分公司签订，并依法刊登了《债权转让公告》。2015 年 11 月 30 日，中国 × × 资产管理股份有限公司广东省分公司将本案债权转让给申请执行人陈某，并将债权转让事宜依法通知了甲公司。2016 年 6 月，× × 中院根据申请依法裁定变更陈某为（2001）穗中法执字第 × × 号案的申请执行人。

2017 年 2 月 23 日，笔者代理申请执行人向 × × 中院申请追加乙公司为（2001）

穗中法执字第××号案的被执行人，××中院认为申请执行人提出的申请已超出相关法律规定的可以追加被执行主体的范围，申请执行人要求乙公司承担债务必须先经实体审判程序审理确定，故作出（2017）粤01执异××号《执行裁定书》，裁定驳回申请执行人的申请。具体驳回理由详见下文。

裁定作出后，笔者代理申请执行人向××高院申请复议，请求××高院撤销（2017）粤01执异××号《执行裁定书》，依法裁定追加乙公司为被执行人。具体复议申请的理由详见下文。

××高院经审查作出（2017）粤执复××号《执行裁定书》，裁定撤销（2017）粤01执异××号《执行裁定书》，发回××中院重新审查。根据该裁定，××高院认为："在执行程序中追加被执行主体，应当依据《最高人民法院关于民事执行中变更、追加当事人若干问题的规定》的相关规定审查处理。如符合上述法律规定可以变更、追加被执行主体情形的，人民法院应当依法裁定变更、追加被执行主体，无须要求当事人另行通过实体审理确定。本案中，申请执行人在异议审查期间向××中院提交了更名前的乙公司的《还款计划》，该《还款计划》显示乙公司承诺归还所欠工行某支行的590万元。申请执行人还提交了××中院作出的（2001）穗中法执字第××号民事裁定……××中院应当对上述乙公司承诺还款事实是否存在予以确认、该事实是否适用《最高人民法院关于民事执行中变更、追加当事人若干问题的规定》第二十四条的规定予以审查。"

××中院经重新审查，于2017年11月作出（2017）粤01执异××号《执行裁定书》，裁定追加乙公司为本案被执行人。根据该裁定，××中院认为："本案中，更名前的乙公司向工行某支行出具《还款计划》，承诺向工行某支行还款590万元。本案作出的（2001）穗中法执字第××号民事裁定亦确认，根据广州市××区国有资产管理办公室向工行某支行出具的《关于解决甲公司所欠贷款本金6500万元的意见的函》，对工行某支行的590万元债务转由改制后的乙公司承接。上述事实应视为乙公司自愿在590万元的范围内代执行人甲公司履行义务，且该承诺经本院予以确认，符合《最高人民法院关于民事执行中变更、追加当事人若干问题的规定》第二十四条的规定，申请执行人要求追加乙公司为（2001）穗中法执字第××号案被执行人的申请，于法有据，本院予以支持。"

三、争议焦点

申请执行人提出的追加乙公司为本案被执行人的申请是否符合《最高人民法院

关于民事执行中变更、追加当事人若干问题的规定》第二十四条的规定，是否应当通过实体审理确定？

四、各方意见

（一）××中院

笔者代理申请执行人向××中院申请追加乙公司为（2001）穗中法执字第××号案的被执行人后，××中院于2017年5月5日作出（2017）粤01执异××号《执行裁定书》，裁定驳回了申请执行人的申请。具体驳回理由如下：

“在执行程序中，生效法律文书是人民法院强制执行的依据。被执行人的追加，是作为执行依据的生效法律文书效力扩张的结果，其实质是既判力和执行力主观范围的扩张，即生效法律文书的既判力和执行力扩张至未被该生效法律文书明确记载的其他民事主体。这种扩张将对被追加主体的程序权利和实体权利产生重大影响，因此必须严格依照法律规定的范围追加被执行人。《最高人民法院关于适用〈中华人民共和国民事诉讼法〉的解释》第四百七十二条至第四百七十五条、《最高人民法院关于民事执行中变更、追加当事人若干问题的规定》、《最高人民法院关于人民法院执行工作若干问题的规定（试行）》第七十六至第八十三条专门对被执行主体的变更和追加进行了规定。执行阶段追加被执行主体，应在上述规定的范围内进行。对于超出上述范围以外的，要求新的民事主体承担责任必须通过实体审判程序进行，以充分保障当事人的诉讼权利和实体权利。本案中，陈某提出的追加乙公司为被执行人的请求和理由均涉及乙公司承担债务的实体认定，须经实体审理确定。”

（二）申请执行人

××中院于2017年5月5日作出（2017）粤01执异××号《执行裁定书》，裁定驳回申请执行人关于追加乙公司为被执行人的申请后，笔者代理申请执行人向××高院申请复议，并提出如下观点：

××中院（2017）粤01执异××号《执行裁定书》认定事实不清，未正确适用法律。乙公司已于2001年11月29日在执行和解中向××中院承诺代甲公司履行本金590万元债务，并经生效的（2001）穗中法执字第××号《民事裁定书》确认，根据《最高人民法院关于民事执行中变更、追加当事人若干问题的规定》第二十四条关于“执行过程中，第三人向执行法院书面承诺自愿代被执行人履行生效法律文书确定的债务，申请执行人申请变更、追加该第三人为被执行人，在承诺范围内承担责任的，人民法院应予支持”的规定，××中院应当依法追加乙公司为

（2001）穗中法执字第××号案件的被执行人。

1. 乙公司与工行某支行于2001年11月29日在××中院的主持下达成执行和解，乙公司承诺代甲公司履行本金590万元债务，相关内容记载于××中院的《谈话笔录》

××中院2001年11月29日的《谈话笔录》第1页显示：有关工行某支行申请执行甲公司一案，××中院查封了乙公司在广州市××雅苑房产开发有限公司投资及收益人民币590万元，现工行某支行与乙公司达成了执行和解，乙公司同意将该款存入工行某支行监管。该笔录第2页显示：工行某支行称，工行某支行的案件标的为590万元再加上利息、执行费等共29万元；乙公司称，乙公司在广州市××雅苑房产开发有限公司的权益尚余653万元，可将该权益与工行某支行的债权一并解决。同时，乙公司对尚欠工行某支行的590万元本金予以确认，并同意将从广州市××雅苑房产开发有限公司收回的款项存入工行某支行指定账户，再与工行某支行细算具体的利息数额。上述执行和解是在××中院的主持下进行的，××中院制作的《谈话笔录》也已清楚记载乙公司同意代甲公司向工行某支行偿还本金590万元及相应利息的债务。因此，该《谈话笔录》即可视为乙公司向××中院作出的代甲公司偿还本金590万元及相应利息债务的书面承诺。

2. ××中院作出的（2001）穗中法执字第××号生效《民事裁定书》确认，甲公司欠工行某支行本金590万元的债务转由乙公司承接

××中院于2002年9月17日作出的（2001）穗中法执字第××号《民事裁定书》显示，双方当事人达成协议：一、将590万元债务转由改制后的乙公司承接，并提供抵押担保，按时还本付息；二、本案债务余款由被执行人以广州××码头有限公司30%股权作抵押，一年内归还贷款本息。现双方正积极办理有关手续，工行某支行向××中院申请暂缓强制执行，故××中院依申请裁定（2000）穗黄证字第4440号强制执行公证中止执行。广州中院作出的上述《民事裁定书》已生效，该《民事裁定书》确认甲公司欠工行某支行本金590万元的债务转由乙公司承接。

3. 广州市××区国有资产管理办公室出具的《关于解决甲公司所欠贷款本金6500万元的意见的函》及乙公司向工行某支行出具的《还款计划》与××中院2001年11月29日《谈话笔录》记载的乙公司同意代甲公司履行本金590万元债务的事实相印证，也与××中院（2001）穗中法执字第××号《民事裁定书》确认的双方当事人达成协议，由乙公司承接甲公司590万元债务的事实相印证

广州市××区国有资产管理办公室于2001年3月23日向工行某支行出具《关于解决甲公司所欠贷款本金6500万元的意见的函》，该函显示：为推进甲公司属下

各企业改制，按照 2001 年 2 月 21 日该办与工行某支行的协商结果，现将解决甲公司欠工行某支行贷款本金 6500 万元的意见函告如下：……三、590 万元贷款本金由改制后的乙公司用其物业抵押，由甲公司化解转由改制后的乙公司承担。乙公司于 2001 年 9 月 5 日向工行某支行出具《还款计划》，根据该计划，为落实乙公司所欠工行某支行 590 万元的债务，乙公司特作如下还款计划：第一个月，还款 90 万元；本年十一月底前还款 230 万元；本年十二月至明年五月底前每月还款 45 万元。上述两份文件与 × × 中院 2001 年 11 月 29 日《谈话笔录》记载的乙公司同意代甲公司履行本金 590 万元债务的事实相印证，也与 × × 中院（2001）穗中法执字第 × × 号《民事裁定书》确认的双方当事人达成协议，由乙公司承接甲公司 590 万元债务的事实相印证。

综上，申请执行人依据《最高人民法院关于民事执行中变更、追加当事人若干问题的规定》第二十四条的规定向人民法院申请追加乙公司为（2001）穗中法执字第 × × 号案件的被执行人事实清楚，法律依据充分，依法应予支持。

（三）乙公司

执行过程中，乙公司未提出相关主张和意见。

五、执行现状

× × 中院经重新审查，于 2017 年 11 月作出（2017）粤 01 执异 × × 号《执行裁定书》，裁定追加乙公司为本案被执行人后，笔者正代理申请执行人积极向 × × 中院申请查封、冻结乙公司名下可供执行的财产线索。

六、案例评析

本案中，× × 中院第一次审查认为申请执行人提出的追加乙公司为被执行人的申请已超出相关法律规定的可以追加被执行主体的范围，申请执行人要求乙公司承担债务必须先经实体审判程序审理确定，故裁定驳回了申请执行人的申请。笔者代理申请执行人申请复议，紧紧抓住《最高人民法院关于民事执行中变更、追加当事人若干问题的规定》第二十四条的规定，认为本案追加乙公司为被执行人符合该法条的规定，无须经过实体审判程序审理确定。

在实际引用法条关于追加被执行人的规定时，也需根据相关证据材料灵活适用法律规定。《最高人民法院关于民事执行中变更、追加当事人若干问题的规定》第二十四条规定："执行过程中，第三人向执行法院书面承诺自愿代被执行人履行生效法律文书确定的债务，申请执行人申请变更、追加该第三人为被执行人，在承诺范围内承担责任的，人民法院应予支持。"根据该规定向执行法院申请追加第三人为被执行人的前提条件是，第三人向执行法院书面承诺自愿代被执行人履行债务。本案中，第三人乙公司并未直接向执行法院书面承诺代被执行人甲公司履行债务，而是向原申请执行人工行某支行书面承诺代被执行人甲公司履行债务。但是，乙公司在执行法院的主持下与申请执行人达成了关于债务履行的和解，和解内容记载于执行法院的《谈话笔录》，执行法院作出的生效裁定也已确认甲公司欠申请执行人本金590万元的债务转由乙公司承接。据此可以认定，乙公司该项代甲公司履行债务的承诺已得到执行法院的确认，可以视为乙公司向执行法院书面承诺代甲公司履行债务。故申请追加乙公司为本案被执行人符合《最高人民法院关于民事执行中变更、追加当事人若干问题的规定》第二十四条的规定。最终，执行法院支持了笔者的观点。

【点评】

申请追加第三人为被执行人涉及第三人的程序权利及实体权利，必须严格依据相关法律法规关于追加被执行人的规定进行。在无相关规定的情况下，申请追加第三人为被执行人必须经过实体审判程序确认第三人负有偿还债务的义务。但通过实体审判程序确认第三人的债务不仅耗费大量人力、财力，较长的审判期限也使得申请执行人在执行程序中的权益无法得到充分保障。因此，律师在代理当事人申请追加第三人为被执行人时，应当尽量从现有法律条文中寻找追加被执行人的法律依据，以避免通过实体审判程序确认第三人的债务。

点评人：广东法盛律师事务所律师　王冰

在执行程序中银行作为案外人主张保证金优先权的程序和条件

里曼*

一、当事人、代理人及案由

（一）当事人、代理人

申请执行人：G银行。

代理人：里曼，广东瀛杜律师事务所律师。

被执行人：Q公司、Z担保公司。

执行异议人：A银行。

（二）案由

执行异议、执行异议之诉。

二、案情简介

G银行与Q公司签订《贷款合同》并实际发放贷款8000万元；Z担保公司就Q公司的借款向G银行提供承担连带清偿的保证。Q公司未按期还款，G银行依法提起诉讼要求Q公司立即清偿贷款，并要求Z担保公司对上述贷款承担连带清偿责任。法院支持了G银行的诉讼请求。在诉讼期间G银行申请法院冻结了Z担保公司在A银行的2000万元资金。案件进入执行程序后，执行法院对Z担保公司在A银行的2000万元资金进行划扣，并将执行案款扣除执行费用后划转给G银行。A银行随后提出执行异议，称上述Z担保公司在A银行的2000万元资金是Z担保公

* 里曼，广东瀛杜律师事务所律师。

司向 A 银行提交的保证金，A 银行认为其对上述资金享有优先权，要求执行法院返还划扣资金。资料显示：Z 担保公司是融资担保公司，A 银行与 Z 担保公司之间签订《担保合作协议》约定：Z 担保公司就（不特定）债务人向 A 银行将来一定期限内的借款，由 Z 担保公司提供担保，其中每笔借款按照一定比例缴存保证金，保证金随着（不特定）债务人整体敞口数额浮动。之后执行法院依法作出裁定驳回 A 银行的执行异议申请，A 银行又提出执行异议之诉，受理法院以 A 银行所提交证据不能证明其主张为由依法驳回 A 银行的诉讼请求。

三、争议焦点

1. A 银行作为案外人要求执行法院返还划扣资金的主张是否符合相关执行法律规定？

2. A 银行对案涉资金是否享有优先受偿权？

四、双方意见

（一）G 银行

在执行程序方面，G 银行认为，A 银行提出执行异议要求返还划扣资金不符合法律规定。执行法院作为首封法院有权冻结、划扣案涉资金，A 银行作为案外人认为对执行法院冻结的资金有优先权的可以申请参与分配程序，主张优先受偿权。A 公司提出执行异议程序，并要求返还资金缺乏事实和法律依据。

在执行异议实体方面，G 银行认为，根据“谁主张，谁举证”原则，A 银行有义务证明其对案涉资金享有优先受偿权。A 银行提交的《担保合作协议》只是一份框架式协议，不能证明双方存在保证金质押的意思表示；《担保合作协议》内容缺乏具体的债务人、债权等，且明确约定保证金随着债权金额的变化而上下浮动，因此 A 银行也不能证明该保证金账户已经特定化；A 银行所提交的保证金账户资料均为复印件，不具有证据效力；A 银行也不能证明其所主张的保证金所对应的债权仍然存在。故，A 银行的主张不符合法律规定，应当予以驳回。

（二）A 银行

在执行程序方面，A 银行认为，对应金融机构的保证金账户，执行法院只能冻结不能划扣，执行法院的划扣行为错误，故，A 银行要求执行法院将划扣资金返还至其保证金账户。

在实体方面，A 银行认为，其与被执行人 Z 担保公司签订《担保合作协议》，根据该协议约定，由 Z 担保公司向其融资客户提供贷款担保，担保方式为保证金质押（现金质押）及无限连带保证；协议同时约定 Z 担保公司应在 A 银行处开设保证金账户且该保证金账户直接接受其监管。根据《最高人民法院关于适用〈中华人民共和国担保法〉若干问题的解释》第八十五条的规定，债务人或者第三人将其金钱以特户、封金、保证金等形式特定化后，移交债权人占有作为债权的担保，债务人不履行债务时，债权人可以以该金钱优先受偿。该条是对金钱作为特殊动产为质权标的物并优先受偿的效力认定。并且根据中国人民银行财政部银会计［2000］096 号《关于修订城市商业银行会计科目的通知》的附件一“城市商业银行会计科”中，A 银行保证金一直在“251”科目名称即保证金科目。因此，A 银行认为，其保证金账户内存缴的资金为承担质押担保责任的质物，对该质物 A 银行依法享有优先受偿权。

五、裁判结果

1. 执行异议程序的裁定结果：裁定驳回了 A 银行的异议请求。
2. 执行异议之诉的判决结果：判决驳回了 A 银行的诉讼请求。

六、裁判理由

（一）执行异议的程序

法院认为，A 银行的异议是对执行标的物的异议，A 银行据以提出本案异议的理由是对其涉案存款享有质权及优先受偿权，A 银行提供的证据拟证明 Z 担保公司在 A 银行办理贷款业务的借款人提供保证金质押担保。但是，A 银行所述的 Z 担保公司与其存在质押担保关系的事实并未经过实体审理确认，质押关系是否合法亦未经过法定程序确认，故案外人 A 银行不能以此为由对抗其他债权人，也不能对抗法院的执行行为，故认为 A 银行的异议请求缺乏依据。

（二）在执行异议之诉的程序

法院认为，《最高人民法院关于适用〈中华人民共和国民事诉讼法〉的解释》第三百一十一条规定：“案外人或者申请执行人提起执行异议之诉的，案外人应当就其对执行标的享有足以排除强制执行的民事权益承担举证证明责任。”具体到本案，A 银行必须证实其对法院已经扣除的款项享有优先受偿权。A 银行提交的证据保证金账号的明细、保证金账户开户通知书、转账支票、进账单、担保公司保证金缴存确认函均为复印件，无法证实 Z 担保公司依约缴纳了用于担保的保证金、双方已经形成质押担保关系且原告 A 银行对 Z 担保公司缴纳的保证金享有质权。同时，由于 A 银行与案外人签订的借款合同履行期限均已届满，A 银行亦未对主债权至今仍存续举证。因此，根据“谁主张，谁举证”的原则，对 A 银行的主张不予支持。

七、案例评析

（一）程序方面

1. 案涉划扣资金的性质不属于法院不能划扣的特殊保证金

《担保法》第二条规定了五种法定担保形式：保证、抵押、质押、留置、定金。《最高人民法院关于适用〈中华人民共和国担保法〉若干问题的解释》（以下简称《担保法解释》）的第八十五条规定：“债务人或者第三人将其金钱以特户、封金、保证金等形式特定化后，移交债权人占有作为债权的担保，债务人不履行债务时，债权人可以以该金钱优先受偿。”可见，保证金是货币，属特殊动产，一般而言，保证金定性为债务人为履行合同而向债权人提供的一种货币性质动产质押担保。

根据现行的相关规定，保证金分为一般保证金和信用证、银行承兑汇票。

（1）对于信用证、银行承兑汇票这两种特殊保证金，最高人民法院及人民银行有明确规定，人民法院只能冻结不能划扣

《最高人民法院关于人民法院能否对信用证开证保证金采取冻结和扣划措施问题的规定》第一条规定，人民法院在审理或执行案件时，依法可以对信用证开证保证金采取冻结措施，但不得扣划。如果当事人认为人民法院冻结和扣划的某项资金属于信用证开证保证金的，应当提供有关证据予以证明。人民法院审查后，可按以下原则处理：对于确系信用证开证保证金的，不得采取扣划措施；如果开证银行履行了对外支付义务，根据该银行的申请，人民法院应当立即解除对信用证开证保证金相应部分的冻结措施；如果申请开证人提供的开证保证金是外汇，当事人又举证证明信用证的受益人提供的单据与信用证条款相符时，人民法院应当立即解除冻结措施。第二条规定，如果银行因信用证无效、过期，或者因单证不符而拒付信用证款项并且免除了对外支付义务，以及在正常付出了信用证款项并从信用证开证保证金中扣除相应款额后尚有剩余，即在信用证开证保证金账户存款已丧失保证金功能的情况下，人民法院可以依法采取扣划措施。《最高人民法院、中国人民银行关于依法规范人民法院执行和金融机构协助执行的通知》第九条规定，人民法院依法可

以对银行承兑汇票保证金采取冻结措施，但不得扣划。如果金融机构已对汇票承兑或者已对外付款，根据金融机构的申请，人民法院应当解除对银行承兑汇票保证金相应部分的冻结措施。银行承兑汇票保证金已丧失保证金功能时，人民法院可以依法采取扣划措施。

分析认为，之所以有此规定，是因为金融机构对此项业务操作程序有特殊规定，在办理信用证、银行承兑汇票这两种金融业务时，都要求债务人必须缴纳保证金，其保证金额度除外的部分才是金融机构对债务人的实际授信敞口额度，债务人还款时也只用偿还实际敞口数额。也就是说，该保证金有明确的对应性和排他性。因此，最高人民法院及人民银行也出台了相应的规定，对于信用证、银行承兑汇票这两种特殊保证金，人民法院只能冻结，不能划扣。而除此之外的一般保证金账户则与其他动产质押没有本质区别。

（2）执行法院作为首封法院，对案涉资金有冻结、划扣的权利

《最高人民法院关于人民法院执行工作若干问题的规定（试行）》第四十条规定："人民法院对被执行人所有的其他人享有抵押权、质押权或留置权的财产，可以采取查封、扣押措施。财产拍卖、变卖后所得价款，应当在抵押权人、质押权人或留置权人优先受偿后，其余额部分用于清偿申请执行人的债权。"

据此，案涉资金不属于上述的特殊保证金，假设该资金是A银行享有的普通贷款债权所对应的保证金且对该资金享有优先受偿权，则该资金也属于一般保证金，基于其本质是动产财产权利，不具有其他特殊性，依据法律规定人民法院有权冻结并划扣。

2. 在程序方面，A银行认为其对案涉资金享有优先权的，应当依法向执行法院申请参与分配，而不应该是要求执行法院返还划扣资金

《最高人民法院关于人民法院执行工作若干问题的规定（试行）》第九十一条规定："对参与被执行人财产的具体分配，应当由首先查封、扣押或冻结的法院主持进行。首先查封、扣押、冻结的法院所采取的执行措施如系为执行财产保全裁定，具体分配应当在该院案件审理终结后进行。"第九十三条规定："对人民法院查封、扣押或冻结的财产有优先权、担保物权的债权人，可以申请参与分配程序，主张优先受偿权。"

可见，本案执行法院划扣案涉资金的行为符合法律规定。A银行作为案外人认为对冻结财产有优先权的，可以在执行程序开始后，被执行人的财产执行终结前提出申请参加参与分配程序，并依据生效法律文书主张其优先受偿权。而本案中，A银行自始至终未依法向执行法院提出参与分配申请，而是一再要求执行法院返还划扣资金，A银行在程序方面所提出的主张不符合法律规定。

3. 在程序方面，A 银行的异议应当在执行财产执行终结前提出

《最高人民法院关于适用〈中华人民共和国民事诉讼法〉的解释》第五百零九条规定："申请参与分配，申请人应当提交申请书。申请书应当写明参与分配和被执行人不能清偿所有债权的事实、理由，并附有执行依据。参与分配申请应当在执行程序开始后，被执行人的财产执行终结前提出。"《最高人民法院关于人民法院执行工作若干问题的规定（试行）》第九十一条规定："对参与被执行人财产的具体分配，应当由首先查封、扣押或冻结的法院主持进行。首先查封、扣押、冻结的法院所采取的执行措施如系为执行财产保全裁定，具体分配应当在该院案件审理终结后进行。"第九十二条规定："债权人申请参与分配的，应当向其原申请执行法院提交参与分配申请书，写明参与分配的理由，并附有执行依据。该执行法院应将参与分配申请书转交给主持分配的法院，并说明执行情况。"第九十三条规定："对人民法院查封、扣押或冻结的财产有优先权、担保物权的债权人，可以申请参加参与分配程序，主张优先受偿权。"

本案中，案涉资金已经执行完毕，A 银行至今未提出参与分配，若之后再提出的，法院应当不予支持。执行工作中，程序非常重要，权利人主张权利应当严格依照法定程序进行，否则其权利可能将无法得到支持。广州市中级人民法院作为本案的首封法院，对案涉保证金有冻结、划扣的权利，A 银行作为案外人认为对冻结财产有优先权的，可以在执行程序开始后，被执行人的财产执行终结前提出申请参与分配程序，并主张优先受偿权。A 银行自始至终未提出参与分配申请，而是向执行法院申请要求返还划扣资金，其主张权利的程序及方法错误。

（二）实体方面

1. 对于保证金的理解

《担保法解释》第八十五条规定："债务人或者第三人将其金钱以特户、封金、保证金等形式特定化后，移交债权人占有作为债权的担保，债务人不履行债务时，债权人可以以该金钱优先受偿。"依据该条款的规定，构成保证金账户资金质押必须符合两个要件：一是保证金账户及资金特定化；二是作为债权的担保移交债权人占有。

分析认为，《担保法解释》第八十五条应当理解为对保证金可以成为质押物的规定，即保证金在特定化之后可以作为质押物进行质押，而对于质押的其他程序性规定仍应当依照法律规定操作。例如，应当有明确的保证金质押的意思表示（签订《保证金质押合同》），有明确的主债权，有担保范围，移交债权人占有等。《物权法》和《担保法》对于质押的成立要件有明确规定，保证金质押的认定也应当遵循相关规定。

2. 本案保证金质押不能成立的原因

（1）《担保合作协议》约定不明确，缺乏担保的法定成立要件

A 银行提交的核心证据《担保合作协议》，仅是一份合作框架协议，该协议有关担保的条款均是框架性的，缺乏具体的担保成立要件，不符合我国《物权法》关于质押的成立要件，亦不符合我国《担保法解释》关于保证金质押的成立要件。该担保合作协议缺乏担保的法定成立要件：

①没有对应的需要担保的具体债权的借款合同或借款人名称，也就是被担保债权的种类和数额不明确。

②虽然约定了保证金的交存比例，但由于借款合同不对应，也因此导致保证金数额不确定。

③《担保合作协议》中没有保证金账户的信息，说明保证金没有特定化，不符合《担保法司法解释》关于保证金质押的法律规定。

④该担保合作协议也不能证明保证金已移交债权人占有，依照法律规定质权不成立。

⑤《担保合作协议》与《借款合同》之间没有证据证明存在关联性。

（2）A 银行对于涉案划扣资金是不是保证金的问题，始终没有提交合法有效的证据

A 银行称涉案划扣款项是其享有质押优先权的保证金，却没有提交任何关于该账户的证据资料。庭审中只提交了部分复印件资料，由于 G 银行代理人对复印件不予质证，故，法院对 A 银行的复印件证据不得作为定案证据使用。因此，A 银行对此要承担举证不能的法律风险。

（3）A 银行不能证明保证金对应的债权是否存在，也不能证明涉案划扣资金与其所述的债权的关联性

异议之诉期间，A 银行所称的债权已到期，但 A 银行却始终没有提交相关证据证明该债权仍然存在，也没有提交相关裁判法律文书证明其就所称债权对案涉划扣证据享有优先受偿权。

【点评】

本案执行法院依法驳回 A 银行的异议申请及执行异议之诉，程序合法，认定事实清楚，适用法律正确。A 银行所提交的证据不能证明涉案划扣资金属于保证金质押的性质，亦不能证明其所主张的债权仍然存在，更无法证明案涉划扣证据与所称债权之间的对应性和关联性，因此，A 银行对涉案划扣资金享有优先权的观点无法成立。

点评人：广东瀛杜律师事务所律师　杜称华

（三）执行标的

对被执行人唯一住房的执行研究

郭语彤*

一、当事人、代理人及案由

（一）当事人、代理人

申请执行人：G银行。

代理人：邓炜欣，广东瀛杜律师事务所律师；张颜，广东瀛杜律师事务所实习律师。

被执行人：曹某某、S公司、熊某某。

执行异议人：曹某某。

（二）案由

金融借款合同纠纷执行。

二、案情简介

执行申请人A银行与被执行人S公司、曹某某、熊某某金融借款合同纠纷一案，广州仲裁委员会经审理，裁决S公司偿还A银行借款本金1200万元及利息、罚息、复利；G银行对曹某某所有的位于广州市天河区清风南街11号×××房的房产（以下简称涉案房产）拍卖、变卖所得价款在上述债权范围内优先受偿；曹某

* 郭语彤，广东瀛杜律师事务所律师。

某、熊某某对S公司上述债务承担连带清偿责任[①]。

因被执行人未履行裁决义务，G银行依法向法院申请强制执行，执行法院依法拍卖涉案房产，拍卖所得价款为1580万元。曹某某提起执行异议申请，认为涉案房产是其及其亲属的唯一住房，要求按照当地房屋租赁市场平均租金标准从拍卖款中扣除8年租金，或者按照当地廉租房保障面积标准为其提供一套住房方可执行拍卖款。

三、争议焦点

1. 如何界定执行房产为唯一住房。
2. 被执行人唯一住房是否可以执行及如何执行。
3. 如可执行被执行人唯一住房，则应如何保障其基本居住条件。

四、各方意见

（一）异议人

被执行人曹某某认为涉案房产是其与家人的唯一住房，要求申请执行人从涉案房产拍卖所得价款中扣除8年租金或按照当地廉租房保障面积标准为其提供居住房屋一套。

（二）G银行

申请执行人认为被执行人曹某某未提供证据证明涉案房产是其与家人的唯一住房，且被执行人曹某某身份证上的住址与申请书上的地址均不是涉案房产所在地址，可见被执行人曹某某有其他住房。另外，涉案房产在被执行拍卖前，被执行人曹某某已将其出租给案外人，可进一步证实涉案房产并非曹某某及其所扶养家属维持生活必需的居住房屋。被执行人曹某某申请扣除租金或提供按照当地廉租房保障面积标准的居住房屋一套不符合条件，无须从涉案房产拍卖所得价款中扣取8年租金或提供居住房屋一套。

（三）S公司、熊某某

未发表相关意见。

---

① （2015）穗仲案字第×号。

（四）执行法院

执行法院认为《最高人民法院关于人民法院办理执行异议和复议案件若干问题的规定》（以下简称《执行异议和复议规定》）第二十条是关于被执行人提出执行标的系其本人及所扶养家属维持生活必需住房的异议，虽然没有确实证据证实异议人曹某某或其父母名下另有其他登记的“权属明确的城镇房屋”，但是也无证据显示其及家人当下无处可住。并且根据涉案房产在拍卖前是出租给案外人居住的，可证实曹某某或其亲属并非居住在此，证明涉案房产并非曹某某及其所抚养家属的生活所必需的唯一住房，曹某某的异议申请没有事实依据。

五、执行现状

执行法院根据《执行异议和复议规定》第二十条第一款第一项的规定，驳回被执行人曹某某申请执行房产拍卖所得价款 8 年租金或按照当地廉租房保障面积标准为其与其所扶养家属提供居住房屋一套的申请。①

六、案例评析

本案是对被执行人名下唯一房产如何执行及被执行人以该房产为其及其所抚养家属的生活所必需的唯一住房为由阻碍执行的案例，在执行案件中较为常见。以往司法实务操作中实际执行存在不少障碍，“唯一住房”成为被执行人逃避债务的挡箭牌，阻碍法院执行，使得法院生效判决成为一纸空文，不仅严重损害了权利人的合法利益，也损害了法院生效判决的尊严。近年来实际执行不到位的情况有所好转，在保护债权人合法权益及保障被执行人的基本生活条件之间能得到平衡，“唯一住房”作为被执行人的避风港已是过去。对此，可以从以下几个方面展开探讨：

（一）“唯一住房”的概念

被执行人名下的唯一房产是否等同于唯一住房？答案是否定的。被执行人名下的唯一房产与唯一住房是明显不同的两个概念。根据《物权法》第九条第一款“不动产物权的设立、变更、转让和消灭，经依法登记，发生效力；未经登记，不

① （2015）穗天法执字第×号。

发生效力，但法律另有规定的除外”① 的规定，权利人名下的房产界定的是物权上的概念。根据《最高人民法院关于人民法院民事执行中查封、扣押、冻结财产的规定》（以下简称《查封、扣押、冻结规定》）第六条“对被执行人及其所扶养家属生活所必需的居住房屋，人民法院可以查封，但不得拍卖、变卖或者抵债”的规定，唯一房产的概念显而易见。首先，“唯一住房”的被执行人必须为自然人，因为自然人才有家属；第二，“唯一住房”的被执行人有需要扶养的家属，且该“唯一住房”为该被执行人与其所扶养的家属为生活所必需的住房，也就是该被执行人与其所扶养的家属除该“唯一住房”外，无其他住处。可见，“唯一住房”所界定的是自然人作为被执行人的居住权，只要作为被执行人的自然人无所需要扶养的家属，或有需要扶养的家属但有其他住处，住处可以是租用、宿舍或家属亲属名下的、租用的等房屋，被执行人名下的唯一房产非“唯一住房”，对该房产即可执行。被执行人如非自然人，则根本不存在是否为“唯一住房”的问题。

因此，“唯一住房”的概念，必须具备以下四方面，缺一不可：被执行人为自然人；被执行人名下只有唯一房产；被执行人有需要扶养的家属；该房产为被执行人及其所需要扶养的家属为生活所必需居住的。

（二）能否执行唯一住房与依据

1. 原则上可以执行，但缺少明确规定，实际执行中缺乏可操作性

唯一住房能否予以执行的问题，笔者认为是肯定的，但相关法律仅有原则性的规定，缺少操作指引，在实际中难以执行。

《查封、扣押、冻结规定》第六条规定：“对被执行人及其所扶养家属生活所必需的居住房屋，人民法院可以查封，但不得拍卖、变卖或者抵债。”由此可见对“被执行人及其所抚养家属生活所必需的居住房屋”仅能查封，但不能拍卖、变卖或者抵债，使得这样的查封并无实际意义，被执行人甚至以此来逃避债务。而该条中的“所扶养家属”的概念也没有明确规定，但按照通常理解，“所扶养家属”应当包括年迈而缺少收入来源的父母、兄弟姐妹、配偶及未成年子女等没有劳动力、缺少收入来源而必须由被执行人扶养的亲属。虽然该规定第七条规定“在保障被执行人及其所扶养家属最低生活标准所必需的居住房屋和普通生活必需品后，可予以执行”，但对于如何保障没有明确规定，“最低生活标准”也显得较为空泛，在实际执行中就显得缺乏可操作性，并未能落实执行案件的有效执行。

---

① 《民法典》第二百零九条第一款：不动产物权的设立、变更、转让和消灭，经依法登记，发生效力；未经登记，不发生效力，但是法律另有规定的除外。

值得注意且必须明确的是，《查封、扣押、冻结规定》第七条所称的“在保障被执行人及其所扶养家属最低生活标准所必需的居住房屋和普通生活必需品后”中的“居住房屋”的概念，在笔者看来，其含义是保障被执行人的房屋居住权，并且是最低生活标准的居住权，而非保障被执行人的房屋所有权，但以往被执行人强行曲解为“保障房屋所有权”，甚至出现以年迈的家属誓死护房的情况，使得执行无从入手。

2. 最高人民法院发布新规定，打破“唯一住房”难以执行的局面

2015 年 5 月 5 日施行的《执行异议和复议规定》打破了被执行人“唯一住房”难以执行甚至无法执行的僵局，可谓债权人及法院执行的福音。《执行异议和复议规定》第二十条第一款规定：“金钱债权执行中，符合下列情形之一，被执行人以执行标的系本人及所扶养家属维持生活必需的居住房屋为由提出异议的，人民法院不予支持：（一）对被执行人有扶养义务的人名下有其他能够维持生活必需的居住房屋的；（二）执行依据生效后，被执行人为逃避债务转让其名下其他房屋的；（三）申请执行人按照当地廉租住房保障面积标准为被执行人及所扶养家属提供居住房屋，或者同意参照当地房屋租赁市场平均租金标准从该房屋的变价款中扣除五至八年租金的。”该条是对《查封、扣押、冻结规定》第六条和第七条的补充及完善，对执行操作也有较为明确的指引，大大提高了执行“唯一房屋”的可操作性，为执行被执行人的唯一住房提供了方案与解决途径，可以平衡债权人的利益与保障被执行人的基本居住权。

第一，在被执行人并非居无定所的情况可执行。根据该条规定第一项“对被执行人有扶养义务的人名下有其他能够维持生活必需的居住房屋的”的规定，只要是对被执行人有扶养义务的人名下有可提供被执行人居住房屋，可进一步明确执行过程中保障的是被执行人的居住权，而非所有权，并且保障的是生活所必需的也就是最低的生活标准。“对被执行人有抚养义务的人”，笔者认为应当包含广义赡养、扶养以及抚养的人：包括有负担能力的孙子女、外孙子女对祖父母、外祖父母有赡养的义务，夫妻间有相互扶养义务，兄弟姐妹之间的扶养义务，父母、有负担能力的祖父母、外祖父母对于父母已经死亡或父母无力抚养的未成年的孙子女、外孙子女的抚养义务等。第二，“被执行人为逃避债务转让其名下其他房屋的”，这种情况需要一定调查即可证明，物权的变动以登记为准，如被执行人恶意转让名下财产，可以通过向法院调查取证，申请到当地不动产登记或房产登记中心查询，进行证实。第三，就是所谓的申请执行人以一定代价换取执行被执行人唯一房产的方案：申请执行人以小房换大房，向被执行人及所扶养家属提供居住房屋，该居住房屋应当是足以保障被执行人及所扶养家属的生存权，保障最低生活标准即可；或者在执行处

置被执行人唯一住房所得价款中扣取按照当地房屋租赁市场平均租金标准的 5 年到 8 年的租金予以被执行人。本项规定中，不管是上述哪一种方案，对被执行人的救助都是应急性临时性的救助，所谓救急不救穷。即便是以小房换大房的方案，申请执行人为被执行人提供保障性住房，也应当是临时的，在具体个案中确定时间限度，因为保障的是被执行人的生存权，而非所有权。

（三）关于如何执行被执行人“唯一房产”及如何平衡申请执行人权益与被执行人居住权的问题

笔者认为，执行“唯一房产”及保障被执行人基本生存权的问题，可以从以下几个方面进行探讨。

1. 双重申请原则

所谓双重申请原则，指以申请执行人的申请为原则，执行法院对被执行人的唯一房产采取拍卖、变卖等执行措施；为被执行人提供保障，亦应当以被执行人申请为原则，执行法院不应当主动要求申请执行人“以小房换大房”，或主动在房屋的变价款中扣除租金。《执行异议和复议规定》第二十条的规定，是为了保护申请执行人的利益，敦促被执行人履行生效判决的义务，并非为被执行人逃避债务提供条件，因此，对被执行人的基本保障应当以被执行人的申请为原则。保障是临时性与应急性的，如果被执行人逃避债务下落不明，则说明对被执行人没有保障的必要。

2. “唯一住房”举证责任问题

根据 2008 年《最高人民法院关于民事诉讼证据的若干规定》（以下简称《民事诉讼证据规定》）第二条“当事人对自己提出的诉讼请求所依据的事实或者反驳对方诉讼请求所依据的事实有责任提供证据加以证明。没有证据或者证据不足以证明当事人的事实主张的，由负有举证责任的当事人承担不利后果”的规定，当事人应当对自己的主张负有举证责任，因此，根据一般举证责任规则，被执行人应当对自己的“唯一住房”承担举证责任。但根据这个逻辑，几乎不能达到证明效果。因为被执行人如有意逃避债务，即便自己有其他相对固定的居住房屋，亦不会披露。申请执行人更难以证明被执行人或“对被执行人有扶养义务的人”名下有可供居住的房屋。因此，在实务中，举证是难点。

对此，笔者认为，“唯一房屋”的证明问题应当由被执行人先行举证，根据案件事实情况，如能达到证明是“唯一房屋”的盖然性，则可认定。以本案为例，本案中曹某某先前将涉案房产出租给他人，并且身份证明地址并非涉案房产地址，明显与“被执行人及其所扶养家属生活所必需的居住房屋”的概念不符。另外，根据

2008 年《民事诉讼证据规定》第七十二条第一款“一方当事人提出的证据，另一方当事人认可或者提出的相反证据不足以反驳的，人民法院可以确认其证明力”的规定，在被执行人提供相应的举证后，如申请执行人提供被执行人有其他居住房屋，可以达到拟处置房屋并非被执行人“唯一房屋”的证明效果，应当认定拟执行房产并非被执行人的“唯一住房”。

3. 保障被执行人居住权的标准

根据《执行异议和复议规定》第二十条第三项的规定，保障被执行人的居住权有两种方案，但不管哪一种方案都是临时性与应急性的。对此，在为被执行人提供保障性住房时，应当在具体个案中确定时间限度，参照扣取租金的规定，为被执行人提供保障性住房的时间最长不应超过 8 年，保障性住房应当以当地廉租房作为标准。而在从该房屋的变价款中扣除租金的方案中，租金的标准是参照当地房屋租赁市场平均租金，如广州市公共租赁房租是 25 元/m^2；补偿的时间标准是 5 年到 8 年，对此，可以根据被执行人的配合程度予以确定。

4. “唯一住房”拍卖或变卖后的交付及何时提供保障的问题

房屋交付问题可以说是房屋执行处置的最核心问题，在不少实例中，存在被执行人或被执行人家属誓死护房，不肯搬离，导致买受人即便办理了过户手续，也不能实际占用房屋的问题。而房屋的拍卖或变卖首先要经过评估、公告程序，进入拍卖程序后还可能出现流拍、进入变卖程序。《最高人民法院对外委托鉴定、评估、拍卖等工作管理规定》第三十四条规定：“专业机构一般应在接受委托后的 30 个工作日内完成工作，重大、疑难、复杂的案件在 60 个工作日内完成……”《最高人民法院关于人民法院网络司法拍卖若干问题的规定》第十二条第一款规定：“网络司法拍卖应当先期公告，拍卖公告除通过法定途径发布外，还应同时在网络司法拍卖平台发布。拍卖动产的，应当在拍卖十五日前公告；拍卖不动产或者其他财产权的，应当在拍卖三十日前公告。”由此可知，评估阶段需要一到两个月的时间，拍卖公告需要一个月的时间，还可能出现对评估报告异议，在进入拍卖程序前就需要两到三个月，甚至更长的时间。因此，应当在执行房产拍卖或变卖成功后，再通知被执行人限时搬离房屋。如申请执行人为被执行人提供保障性住房的，在房产交易成功后再通知被执行人搬离，亦可减少申请执行人的负担。而采取扣除租金方案的，如果在拍卖前就要申请执行人先行垫付将增加其的负担，在交易成功后再扣除相应的租金，则可避免该问题。因此，应当在房屋交易成功后，责令被执行人限时搬离，再为其提供保障性住房或交付相应的租金，对此亦可保障房屋能够顺利交付买受人。

【点评】

"唯一住房"与"唯一房产"是不同的概念。尽管以往被执行人常常将两个概念等同以逃避或对抗法院的执行。最高人民法院出台的新规定，可以有效推进并加强对"唯一住房"的执行。在提供相应的保障被执行人及其家属的基本生存条件下，即便是"唯一住房"亦可得到有效执行，这不仅能够维护债权人的合法权益，亦防止"老赖"穷尽手段躲避债务，并且切实维护法律的尊严。本案中的曹某某此前将房屋出租于他人，据此主张为"唯一住房"明显违反诚实信用原则，与事实明显不符。

点评人：广东瀛杜律师事务所律师　里曼

同日不同时间点查封被执行人的财产后应当一并清偿

范永志*

一、当事人、代理人及案由

（一）当事人、代理人

原告：B 科技有限公司。

代理人：范永志，北京市盈科（广州）律师事务所律师。

被告：C 销售有限公司。

代理人：李小红，广东华安联合律师事务所律师；陈某，被告 C 销售有限公司的职员。

被告：D 科技有限公司。

（二）案由

买卖合同纠纷。

二、案情简介

2016 年 5 月 11 日，原告 B 科技有限公司与被告 C 销售有限公司签订了买卖一台新能源汽车的《新能源汽车购销合作合同》（以下简称《购销合同》），其中第一条至第四条分别约定了合作范围、时间；金额、付款、发票及订货；车辆上牌和补贴领取以及车辆处理和特别约定（包含违约责任）等内容。《购销合同》签订之后，B 科技有限公司于2016 年 5 月 12 日按照约定向 C 销售有限公司支付了 15 万元

* 范永志，北京市盈科（广州）律师事务所律师。

购车款项，然后就开始准备上述车辆过户上牌、领取补贴等有关事宜。在此过程中，C 销售有限公司并没有按照《购销合同》约定的内容办妥购买车辆、交付车辆、上牌、办理补贴等事宜。B 科技有限公司多次通过电话、微信、QQ 等方式与 C 销售有限公司沟通协调，并反复催告其按照《购销合同》约定的内容履行购车、交付车辆、上牌、办理补贴等，但此时 C 销售有限公司却以各种理由拒绝履行《购销合同》，最后甚至对原告置之不理。B 科技有限公司无奈之下，只能要求 C 销售有限公司退回 15 万元购车款项，C 销售有限公司虽表示同意退款但故意开具无法兑现的支票，导致 B 科技有限公司无法办理退款手续，此后。B 科技有限公司也没有收到 C 销售有限公司退回的任何购车款项。

原告认为，其与被告 C 销售有限公司签订的上述《购销合同》真实合法有效，双方应当全面履行，原告已经全面履行了购销合同的义务，被告 C 销售有限公司却拒绝履行购销合同的义务，已经构成了违约，给原告造成严重的经济损失，故 C 销售有限公司应当按照购销合同第四条的约定向原告归还 15 万元本金和按照购车总额每月 2% 的标准进行赔偿等。另外，被告 D 科技有限公司和 C 销售有限公司为关联企业（从原告到工商局查询的两个被告的工商内档材料及上述购销合同可以反映），D 科技有限公司为 C 销售有限公司的上述债务提供担保，二者应当对上述债务承担连带责任。

为此，原告的诉讼请求为：1. 判决两被告连带向原告归还本金 15 万元。2. 判决两被告连带向原告按照购车总额每月 2% 的标准赔偿从 2016 年 8 月 10 日起至归还完 15 万元本金止。上述 1、2 项暂计为 16 万元。3. 两被告连带承担本案所有诉讼费用。

原告对 C 销售有限公司以及 D 科技有限公司以买卖合同纠纷起诉之后，C 销售有限公司在提交民事答辩状期间向法院提出管辖权异议申请，其认为：合同约定本案由合同签订地法院管辖，案涉合同不是在受理原告案件的该法院范围内签订的，本案不应该由受理原告案件的法院管辖。但是受理原告案件的法院经审核认为，在签订的《购车合同》中虽然约定了争议协商不成向合同签订地法院起诉，但是合同签订地并未明确，当事人对此也未提供证据，故合同纠纷案件应由被告住所地或合同履行地人民法院管辖，而两被告的住所地均在受理原告案件的法院范围内，于是法院以民事裁定书的形式裁定 C 销售有限公司的管辖权异议不成立。

原告在起诉的过程中，发现两被告是关联公司并且掌握了 C 销售有限公司的银行账户和 D 科技有限公司的车辆等财产，而且原告也发现上述两被告存在转移财产的行为，于是向法院申请查封了 C 销售有限公司的部分银行存款和 D 科技有限公司的部分车辆，法院以民事裁定书的形式冻结了C销售有限公司的银行存款人民币160000元和D科技有限公司的部分车辆，冻结C销售有限公司银行存款的期限为2016年12月7日至2017年12月6日，查封D科技有限公司车辆的期限为2016年12月7日至2018年12月6日。

在原告申请冻结C销售有限公司上述银行存款及查封D科技有限公司上述车辆时，另一当事人某科技有限公司也以买卖合同纠纷为由向法院起诉上述两被告并于同日申请冻结了上述银行存款和查封了上述车辆，经过核实，某科技有限公司申请冻结和查封财产的时间在前，原告在后，但冻结上述银行存款的期限和查封上述车辆的期限是一致的。

三、争议焦点

1. 被告C销售有限公司是否需要退回购车款项及支付违约金？
2. 被告D科技有限公司是否需要承担连带责任？
3. 同日不同时间点查封被执行人的财产后是否应当一并清偿？

四、双方意见

（一）原告意见

2016年5月11日，B科技有限公司（乙方）与C销售有限公司（甲方）签订了《购销合同》，约定：甲乙双方合作经销的系列汽车为扬子江新能源汽车；双方合作经销新能源汽车1台，每台25万元包出车辆登记证（此金额含净车价、运输费、上牌费、检测费、交强险等），其中甲方出资10万元、乙方出资15万元，共计25万元，合同签订完毕后乙方需付15万元给甲方。车辆上牌后由甲方辅助乙方向发改委递交资料、申请补贴。根据广州市财政补贴标准，目前广州市每台补贴标准为25万元，如遇广州市政府补贴调整的，双方按地方政府补贴最新文件执行；补贴款由乙方申领，补贴申请成功后三个工作日内乙方扣除每台15万元，其余补贴款全额支付给甲方。乙方购买该批车辆上牌递交补贴之日起在3个月至4个月内无法领取政府补贴的，有权提出赔偿要求，甲方将按照购车总额每月2%的标准进行赔偿并归还本金。争议协商不成向合同签订地法院起诉。

2016年5月12日，原告向C销售有限公司转账支付15万元购车款项。2016年8月30日，C销售有限公司向原告开具金额为15万元（退车款）的中国建设银行支票；2016 年 9 月 2 日，原告向银行兑付该支票却因密码错误被退回。

2016 年 9 月 12 日，原告人员莫某某签具《车辆物品交接单》，载明：有车牌号码 × × 的车辆登记证书和完税证明，客户为 B 科技有限公司，最终目的是：要求 D 科技有限公司退还购车款，在 D 科技有限公司没有退还购车款之前，暂时领用上述物品作为担保凭证；D 科技有限公司与汽车生产企业协商后第一时间告诉客户退还购车款的具体时间（2016 年 9 月 15 日之前）；客户收到退还的购车款后须及时将上述物品完好地归还给 D 科技有限公司。交接单位为 D 科技有限公司，领受单位为 B 科技有限公司，车牌号码 × × 的车辆车主为 D 科技有限公司。

另外，被告 C 销售有限公司提交的案外人某汽车销售服务有限公司于 2016 年 9 月 30 日出具的《收据》（复印件）一份，载明：收到 C 销售有限公司 15 万元，作为 B 科技有限公司的退车款。原告经过审核之后认为该收据系复印件，案外人又未出庭接受庭询，原告也未与该案外人存在任何法律关系并且原告从未向被告确认并委托其向案外人退款 15 万元。

（二）被告意见

1. C 销售有限公司

双方的合同已经解除终止，C 销售有限公司已经把购车款全部退回给原告，双方之间不再有任何的债权债务关系。因为生产厂家所提供的车辆存在质量问题以及存在违规违法的问题（广州市车辆管理部门已经发出了整顿的通知）导致涉案车辆在广州不可能上牌，而广州市政府的有关汽车补贴政策尚未出台，使得即使车辆能上牌也不可能取得车辆补贴，这些原因均不是 C 销售有限公司造成的，C 销售有限公司不存在任何的过错。而事实上原告也不存在损失的客观事实，所以请求法院依法驳回原告的诉讼请求。

另外，C 销售有限公司已经收到了原告委托的案外人某汽车销售服务有限公司于 2016 年 9 月 30 日出具的《收据》（复印件）一份，载明收到 C 销售有限公司 15 万元，作为原告的退车款。因此，C 销售有限公司已经将退车款返还原告，无须再向原告承担任何责任，请求法院判决驳回原告的诉讼请求。

2. 被告 D 科技有限公司

未出庭答辩。

五、裁判结果

根据《合同法》第六条、第六十条第一款、第一百零七条、第一百三十条，

《民事诉讼法》第六十四条第一款、第一百四十四条的规定，判决如下：

（一）被告C销售有限公司于本判决发生法律效力之日起十日内向原告B科技有限公司退款150000元。

（二）被告C销售有限公司于本判决发生法律效力之日起十日内向原告B科技有限公司支付违约金，违约金以15万元为基数，按每月2%的标准从2016年8月31日起计算至实际退款之日止。

（三）驳回原告B科技有限公司的其他诉讼请求。①

六、裁判理由

原告与被告C销售有限公司签订了《购销合同》，双方之间的买卖合同关系成立。依约原告已向C销售有限公司支付了15万元，但C销售有限公司并未按照约定的条件履行相关义务。原告已多次与被告C销售有限公司及被告D科技有限公司协商退款事项，被告C销售有限公司已向原告开具支票，但因故未能承兑退款。被告C销售有限公司虽主张已向原告指定的案外人退款并支付完毕，但原告不确认，被告C销售有限公司对此并未提供证据证明，法院对被告C销售有限公司的主张不予采纳。原告诉请被告C销售有限公司退款本金15万元合理，法院对此依法予以支持。《购销合同》约定原告购买该批车辆上牌递交补贴之日起在3个月至4个月内无法领取到政府补贴、原告有权提出赔偿要求，被告C销售有限公司将按照购车总额每月2%的标准进行赔偿并归还本金；原告诉请被告C销售有限公司按每月2%的标准赔偿计至还清之日止实为违约金诉请，合约合理，法院予以确认；原告要求按购车总额25万元从2016年8月10日起计算无事实依据，法院对此依法调整为以15万元为基数，从2016年8月31日（被告C销售有限公司开具退款支票次日）起计算。

原告虽然主张被告D科技有限公司为上述债务提供担保并提交《车辆物品交接单》等予以证明，但交接单并无被告D科技有限公司的签章确认，原告并无证据足以证明被告D科技有限公司作出担保相关意思表示，法院对原告主张不予采信。原告诉请被告D科技有限公司对上述债务承担连带责任并不成立，法院对此不予支持并依法予以驳回。

① （2016）粤0106民初17208号。

七、执行现状

上述一审民事判决书发生法律效力之后，原告在上述生效民事判决书履行期限内要求被告C销售有限公司履行民事判决书的内容，但是被告C销售有限公司却未能主动履行。于是，原告向法院申请强制执行，法院经过核实，发现被执行人C销售有限公司经营场所关闭，无法联系相关法定代表人或者负责人，也没有其他银行存款，名下也没有登记房产及车辆等其他财产。

于是，B科技有限公司申请分配已经被冻结的被执行人C销售有限公司的银行存款，同时向执行法院提出，由申请执行人与另外于同日但是不同时间冻结被执行人C销售有限公司上述银行存款的某科技有限公司平均分配该银行存款以偿还各自的债务。同时B科技有限公司已经与上述某科技有限公司初步达成了进行平均分配上述冻结的银行存款的方案，但遗憾的是法院当时并未同意，并且提出原则上按照强制执行的有关法律规定，在先申请冻结被执行人C销售有限公司的银行存款的某科技有限公司具有优先受偿权，受偿完毕之后若有剩余的才由B科技有限公司参与分配。

后来，B科技有限公司经过与执行法院法官的沟通以及与上述某科技有限公司的协商，最终达成了由B科技有限公司与某科技有限公司在扣除相关的执行费用等之后再按照各自的债权比例进行分配，这样B科技有限公司才得以抵销部分债务。目前，B科技有限公司的上述案件因未全额受偿，仍然处于强制执行中。

八、案例评析

我国《合同法》第一百零七条规定："当事人一方不履行合同义务或者履行合同义务不符合约定的，应当承担继续履行、采取补救措施或者赔偿损失等违约责任。"① 第一百一十四条规定："当事人可以约定一方违约时应当根据违约情况向对方支付一定数额的违约金，也可以约定因违约产生的损失赔偿额的计算方法。约定的违约金低于造成的损失的，当事人可以请求人民法院或者仲裁机构予以增加；约定的违约金过分高于造成的损失的，当事人可以请求人民法院或者仲裁机构予以适

① 《民法典》第五百七十七条：当事人一方不履行合同义务或者履行合同义务不符合约定的，应当承担继续履行、采取补救措施或者赔偿损失等违约责任。

当减少。当事人就迟延履行约定违约金的，违约方支付违约金后，还应当履行债务。”[①] 第一百三十条规定：“买卖合同是出卖人转移标的物的所有权于买受人，买受人支付价款的合同。”[②] 第一百三十八条规定：“出卖人应当按照约定的期限交付标的物。约定交付期间的，出卖人可以在该交付期间内的任何时间交付。”[③] 根据上述法律规定及司法实践，我们认为，在买卖合同中，买受人支付了购买标的物的价款给出卖人，出卖人就应当按照合同约定，如期交付合格的标的物给买受人并办理该标的物的所有权转移的手续。如果买卖合同当事人未能按照约定履行各自的义务时，则应当承担违约责任。在本案中，原告与被告C销售有限公司于2016年5月11日签订了《购销合同》（双方加盖了各自的公章，签约代表也签字确认），2016年5月12日，原告按照约定就被告C销售有限公司支付了购买车辆的价款15万元，此后，又向C销售有限公司提供了车辆上牌、车辆补贴等材料并配合准备到车辆登记部门进行车辆过户登记等，但是被告C销售有限公司以各种理由推搪，甚至躲避不见原告，而最终也未能按照上述买卖合同的约定将车辆交付给原告并办理登记手续，也更加未能向政府有关部门领取相关补贴款并支付给原告。因此被告C销售有限公司的上述行为明显违约，其应当退还15万元购车款给原告并承担违约责任。

在原告起诉被告C销售有限公司以及D科技有限公司买卖合同纠纷案时已经向法院申请冻结、查封了两被告的银行存款和部分车辆，法院也出具了冻结、查封的《民事裁定书》。在判决书发生法律效力之后，被告C销售有限公司未能主动履行判决书的内容，原告特向法院申请强制执行，但原告却被告知因为被告C销售有限公司在法院存在众多的诉讼案件并且在原告申请冻结被告C销售有限公司的部分银行存款时，另有某科技有限公司也在同一天申请法院对C销售有限公司采取同样的强制措施，而且时间点比原告要早。而问题是该部分银行存款不足以偿还原告与某科技有限公司的债务。按照强制执行的有关法律规定，对于普通债权，按照财产

---

① 《民法典》第五百八十五条：当事人可以约定一方违约时应当根据违约情况向对方支付一定数额的违约金，也可以约定因违约产生的损失赔偿额的计算方法。约定的违约金低于造成的损失的，人民法院或者仲裁机构可以根据当事人的请求予以增加；约定的违约金过分高于造成的损失的，人民法院或者仲裁机构可以根据当事人的请求予以适当减少。当事人就迟延履行约定违约金的，违约方支付违约金后，还应当履行债务。

② 《民法典》第五百九十五条：买卖合同是出卖人转移标的物的所有权于买受人，买受人支付价款的合同。

③ 《民法典》第六百零一条：出卖人应当按照约定的时间交付标的物。约定交付期限的，出卖人可以在该交付期限内的任何时间交付。

保全和执行中查封、扣押、冻结财产的先后顺序清偿。如此一来，法院可以认为某科技有限公司申请冻结被告 C 销售有限公司的部分银行存款先于原告，故原则上应当先清偿某科技有限公司的债务，之后剩余的财产才可以清偿原告的债务。原告却认为，其与某科技有限公司是在同一天申请冻结了被告 C 销售有限公司的部分银行存款的，故应当一并清偿。后来，经过原告与某科技有限公司以及法院多次协商，最终由原告与某科技有限公司在扣除相关的执行费用等之后再按照各自的债权比例进行分配。

【点评】

本案是由于买卖双方合作购买新能源车辆，然后再向政府申请补贴并按照约定支付购车款和分配补贴款项，但是由于出卖人未能将车辆交付和转移所有权给买受人，而出卖人未能成功取得补贴款项，于是拒绝退还买受人购车款而引发的诉讼。可以看出，出卖人未能按照约定履行合同的，应当退还购车款及支付违约金，不得以案外人向出卖人开具退还了买受人的购车款为由主张免除责任（实际上买受人并未收到退还的购车款，也未认可此种退款方式）。另外，同案被告将车辆登记证书和完税证明等交付给买受人，作为出卖人上述债务的担保而且也有相关证人证言证实，同时，本案的两个被告是关联企业，因此本案的两个被告应当承担连带责任，但是法院却未予采纳。

点评人：广东粤广律师事务所律师　解刚

财产保全时当事人与案外人财产的区分标准

邱德居*

一、当事人、代理人及案由

（一）当事人、代理人

原告：周某，女，1961 年 12 月 21 日出生，汉族，户籍地：湖南省隆回县某村，系广州市某服装有限公司前员工。

代理人：邱德居，广东人民时代律师事务所律师。

被告：广州市某服装有限公司。

（二）案由

财产保全。

二、案情简介

2014 年 8 月 15 日，周某与广州市某服装有限公司签订简单劳动合同，在广州市某服装有限公司包装部上班。2015 年 2 月 5 日早上 9 时许，周某在工作时，不幸左手手背受伤。因广州市某服装有限公司没有为周某购买社保，而为案外人被告广州市某服装有限公司管理人员康某购买了社保。为了节省费用，在周某救治及住院期间，广州市某服装有限公司使用康某的名字为周某挂号、办理住院手续及支付医药费。经医院诊断，周某左手活动已丧失大部分功能。周某出院后，积极与广州市某服装有限公司联系，以便协商解决赔偿事宜，但广州市某服装有限公司态度很强硬，只愿以少量赔偿了事。不得已，周某向广州市增城区劳动部门申请工伤认定，因周某已超过法定退休年龄，劳动部门不予受理工伤申请。周某不得已转向委托广

---

* 邱德居，广东人民时代律师事务律师。

东某司法鉴定所，该鉴定所按工伤标准，认定周某构成十级伤残。在周某与广州市某服装有限公司最终协商解决不成后，周某不得不诉至广州市增城区人民法院，请求广州市某服装有限公司支付医疗费、误工费、住院伙食补助费、护理费、营养费、鉴定费、残疾赔偿金、精神抚慰金等共计 100944 元。诉讼期间，原告周某向广州市增城区人民法院申请诉讼财产保全，请求立即查封、冻结被告广州市某服装有限公司广州农商银行存款人民币 11 万元（人民币大写：壹拾壹万元整）或查封、扣押被告广州市某服装有限公司相当于人民币 11 万元的其他财产。

广州市增城区人民法院认为原告周某的财产保全申请符合法律规定，应予准许，于是依照《民事诉讼法》第一百零一条、第一百零二条、第一百零三条第一款的规定，裁定查封、冻结被告广州市某服装有限公司机器设备及其法定代表人郭某名下的广州农商银行新塘支行存款合计 11 万元的财产。

广州市增城区人民法院一审判决被告广州市某服装有限公司在该判决发生法律效力之日起十五日内赔偿原告周某 91008.16 元，驳回原告周某的其他诉讼请求。如被告广州市某服装有限公司未按该判决指定的期间履行给付金钱义务，应当依照《民事诉讼法》第二百五十三条之规定，加倍支付迟延履行期间的债务利息。一审案件受理费 2320 元、诉讼保全费 1070 元（原告周某已预交），原告周某负担受理费 244 元，被告广州市某服装有限公司负担受理费 2076 元、诉讼保全费 1070 元。原告周某已预交的费用由广州市增城区人民法院退回。一审判决后，被告广州市某服装有限公司不服，上诉至广州市中级人民法院。广州市中级人民法院经开庭审理，变更广州市增城区人民法院民事判决第一项为：被告广州市某服装有限公司在该判决送达之日起十五日内赔偿原告周某 84643.14 元，维持广州市增城区人民法院民事判决第二项，一审案件受理费 2320 元、诉讼保全费 1070 元，被告广州市某服装有限公司负担受理费 2076 元、诉讼保全费 1070 元，原告周某负担受理费 244 元。二审案件受理费 2320 元，由被告广州市某服装有限公司负担 2158 元，原告周某负担 162 元。

二审广州市中级人民法院判决生效后，原告周某向广州市增城区人民法院申请执行。经广州市增城区人民法院执行局执行法官努力，促成本案执行和解。

三、争议焦点

1. 广州市增城区人民法院根据原告周某的财产保全申请，查封冻结了客观上属于被告广州市某服装有限公司法定代表人郭某名下广州农商银行的存款，是否符合法律的规定?

2. 原告周某应按城镇居民年人均可支配收入为标准计算，还是根据原告周某户籍按农村居民人均年纯收入为标准计算?

四、各方意见

(一) 原告周某

1. 广州市增城区人民法院查封被告广州市某服装有限公司唯一股东郭某个人账户，有确凿的事实根据和充分的法律依据

事实方面：第一，经原告周某查询广州市工商局企业商事登记信息资料，被告广州市某服装有限公司为一人有限责任公司，郭某系其法定代表人，亦系其唯一股东，在整个诉讼过程中，郭某没有提供任何证据证明其个人财产独立于被告广州市某服装有限公司财产；第二，原告周某每月工资均系通过郭某的个人账户发放，该账户对于原告周某，应视为被告广州市某服装有限公司的账户，起码被告广州市某服装有限公司对该账户存在实际控制，该账户的财产当然亦应属于被告广州市某服装有限公司的财产；第三，被告广州市某服装有限公司在收到查封裁定书后，没有向广州市增城区人民法院提出异议，也没有申请复议；第四，被告广州市某服装有限公司上述种种行为，充分证明了被告广州市某服装有限公司与其唯一股东郭某存在财产混同。

法律方面：《公司法》第六十三条规定："一人有限责任公司的股东不能证明公司财产独立于股东自己的财产的，应当对公司债务承担连带责任。"《民事诉讼法》第一百零二条规定："保全限于请求的范围，或者与本案有关的财物。"被告广州市某服装有限公司只有一个自然人股东即郭某，郭某被查封的广州市农商银行账户为被告广州市某服装有限公司给原告周某发放工资的账户，系与本案有关的财物，广州市增城区人民法院可以根据原告周某的申请，依法查封、冻结该账户。

2. 关于原告周某工资收入的计算标准

被告广州市某服装有限公司向广州市增城区人民法院提供了原告周某受伤以后的工资表，以证实原告周某受伤前 12 个月平均工资。原告周某认为此系被告广州市某服装有限公司为其发放的受伤之后的营养费补贴，并非原告周某劳动所得的真实工资，而且该工资表周某名字的签名也非原告周某亲笔所签，系被告广州市某服装有限公司指示的案外人代签。而且，该工资表显示的所谓工资仅为原告周某受伤后的工资，并非原告周某正常提供劳动的正常报酬，不能依据此所谓的工资表推算

原告周某前12个月工资水平，应参照《广东省2015年度道路交通事故人身损害赔偿计算标准》进行计算，方才合理合法。如按被告广州市某服装有限公司的主张，以原告周某的应得工资为标准计算，亦应以原告周某受伤以前的应得工资（实发工资+应扣工资）为标准，而不是以原告周某受伤后的工资为标准。实际上，被告广州市某服装有限公司在原告周某受伤后给原告周某发放的是营养费补贴，并非原告周某的工资。

3. 关于原告周某残疾赔偿金计算标准

原告周某已提供其在东莞购买的社保、增城工作的工厂食堂照片、食堂承包合同、承包人身份证及工作证明为证据，已组成证据链，足以证实原告周某一直在东莞或增城等城市工作和生活，其收入来源于城市。根据《最高人民法院民一庭关于经常居住地在城镇的农村居民因交通事故伤亡如何计算赔偿费用的复函》的精神，原告周某虽然是农村户口，但在城市经商、居住，其经常居住地和主要收入来源地均为城市，其残疾赔偿金当然应当根据当地城镇居民的相关标准来计算。

另外，原告周某实际共住院37天，其中2015年春节前还住院14天，因当时由被告广州市某服装有限公司送去治疗，原告周某病重无暇顾及，所有看病及治疗单据均由被告广州市某服装有限公司保管，且由于用的不是原告周某的名字看病住院，医院不能向原告周某出具复印件，导致原告周某无法举证，原告周某要求被告广州市某服装有限公司本着实事求是的态度，尊重事实，出示证据或承认原告周某还住院14天的客观事实，以便法院支持原告周某的诉讼请求。

（二）被告广州市某服装有限公司

第一，原告周某已超过退休年龄，根据《最高人民法院关于审理劳动争议案件适用法律若干问题的解释（三）》第七条规定："用人单位与其招用的已经依法享受养老保险待遇或领取退休金的人员发生用工争议，向人民法院提起诉讼的，人民法院应当按劳务关系处理。"显然，原告周某已60多岁，退休多年，与被告广州市某服装有限公司应为劳务关系，不属于工伤，原告周某单方向广东某司法鉴定所申请的司法鉴定，适用工伤鉴定标准，明显错误，应由法院通过摇号选择有资质的司法鉴定机构，参照交通事故人身伤害标准重新鉴定。

第二，郭某广州市农商银行账户系郭某的个人账户，属于私人财产，与郭某为被告广州市某服装有限公司法定代表人的身份无关。因被告广州市某服装有限公司资金周转困难，偶尔向郭某借款，并指示郭某向收款人账户转账，至于该款项系货款还是工人工资，郭某并不知情，亦与郭某无关。根据合同相对性，郭某与原告周某无任何关系，周某向广州市增城区人民法院申请查封郭某广州市农商银行账户，毫无法律和事实依据。郭某没有向广州市增城区人民法院提出查封异议，系由于郭某长期居住在香港，且该账户很少使用，没有留意；而被告广州市某服装有限公司认为查封郭某的账户与其无关，如果查封错误，也是郭某向原告周某主张赔偿，故没有向广州市增城区人民法院提出复议。希望法院本着有错必纠的态度，裁定解除郭某广州市农商银行账户的查封。

第三，原告周某误工费计算标准错误，应按被告广州市某服装有限公司举证证明的原告周某实际工资计算，且在原告周某整个治疗、住院及休息期间，被告广州市某服装有限公司一直向原告周某支付工资，原告周某一直没有异议。另外，原告周某残疾赔偿金计算标准错误，原告周某为农村户口，已达退休年龄，回农村养老，其提供的社保证据为退休前所购买，反而证明其有国家财政供养，其主要收入来源于社保，而不是城市收入。原告周某提供的食堂工作证明，没有工厂盖公章以证实，没有雇佣合同或其他证据印证，完全不具真实性。总之，原告周某不符合《最高人民法院关于经常居住地在城镇的农村居民因交通事故伤亡如何计算赔偿费的复函》中规定的条件，应按农村标准计算原告周某残疾赔偿金。

五、裁判结果

一审广州市增城区人民法院依据《侵权责任法》第二条、第十六条和《最高人民法院关于审理人身损害赔偿案件适用法律若干问题的解释》第十一条、第二十条、第二十五条，判决如下：一、广州市某服装有限公司在本判决发生法律效力之日起十五日内赔偿周某 91008.16 元。二、驳回周某的其他诉讼请求。如未按本判决指定的期间履行给付金钱义务，应当依照《民事诉讼法》第二百五十三条之规定，加倍支付迟延履行期间的债务利息。本案案件受理费 2320 元、诉讼保全费 1070 元（周某已预交），周某负担受理费 244 元，广州市某服装有限公司负担受理费 2076 元、诉讼保全费 1070 元。[①] 周某已预交费用由原审法院退回。

二审广州市中级人民法院依照《民事诉讼法》第一百七十条第一款第一项和第二项之规定，判决如下：一、维持广州市增城区人民法院（2015）穗增法民一初字第 1862 号民事判决第二项。二、变更广州市增城区人民法院（2015）穗增法民一初字第 1862 号民事判决第一项为：广州市某服装有限公司在本判决送达之日起十五日内赔偿周某 84643.14 元。一审案件受理费 2320 元、诉讼保全费 1070 元，广

① （2015）穗增法民一初字第 1862 号。

州市某服装有限公司负担受理费 2076 元、诉讼保全费 1070 元，周某负担受理费 244 元。二审案件受理费 2320 元，由广州市某服装有限公司负担 2158 元，周某负担 162 元。①

六、裁决理由

（一）关于广州市增城区人民法院是否程序违法的问题

广州市中级人民法院认为，广州市增城区人民法院根据周某的财产保全申请，查封冻结了广州市某服装有限公司法定代表人郭某名下的财产。经审查，广州市某服装有限公司是自然人独资公司，股东和法定代表人均为郭某，从周某的银行账户历史交易明细清单显示广州市某服装有限公司是通过郭某尾数为 3806 的银行账户发放工资。根据《公司法》第六十三条“一人有限责任公司的股东不能证明公司财产独立于股东自己的财产的，应当对公司债务承担连带责任”的规定，广州市增城区人民法院冻结郭某尾数为 3806 的银行账户存款 1443.8 元及查封制衣设备并未违反法律规定。另外，广州市某服装有限公司如不服广州市增城区人民法院的裁定，可以向广州市增城区人民法院申请复议，但广州市某服装有限公司在二审庭审中称未在规定的期限内申请复议，这是其对自身权利的处分。故此，本院对广州市某服装有限公司的请求不予支持。

（二）关于误工费的问题

广州市中级人民法院认为，广州市某服装有限公司在广州市增城区人民法院审理阶段仅提供了 2015 年 3 月至 2015 年 6 月包装部工资表，双方提交的证据均不能证明周某的工资收入，广州市增城区人民法院据此参照国有同行业在岗职工年平均工资服装行业 43187 元/年的标准并无不当。二审审理过程中，广州市某服装有限公司提交了 2014 年 8 月至 2015 年 1 月的工资表，结合周某的银行流水，经计算，周某受伤前 2014 年 9 月至 2015 年 1 月的月平均工资为 3670.64 元［（3313.39 元 + 3241.1 元 + 3217.14 元 + 4336.52 元 + 4245.07 元）÷5 个月］，而 2014 年 8 月并非全月在岗，2015 年 2 月至 6 月也非正常工作，均不应作为计算月平均工资的基数。故此，广州市某服装有限公司主张周某的月平均工资为 2259.36 元不成立，本院认可广州市增城区人民法院的认定。另外，关于是否扣除 2015 年 3 月至 6 月的款项问题，周某在广州市增城区人民法院庭审中确认广州市某服装有限公司已支付 2015

① （2016）粤 01 民终 14328 号。

年3月至6月的基本工资，二审庭审主张上述款项为受伤后的营养费并无依据，根据银行账户历史明细及工资表，误工费应剔除已支付的款项6365.02元（1081.72元+1867.31元+1634.29元+1781.7元），也就是误工费为8849.98元（15215元-6365.02元）。广州市增城区人民法院对此认定有误，本院予以改判。

（三）关于残疾赔偿金的标准问题

周某提交的参保凭证、养老保险个人账户对账单等证据可以证明其长期在城镇工作和生活，广州市增城区人民法院按照2014年广东省城镇居民人均可支配收入30192.9元/年为标准计算残疾赔偿金并无不当，本院予以维持。

七、案例评析

（一）诉讼财产保全案外人的财产适用条件

本案涉及诉讼财产保全案外人的财产的问题，也就是《民事诉讼法》第一百零二条“与本案有关的财物”的范围。人大法工委的释义为，所谓“与本案有关的财物”，是指本案的诉争标的，或者当事人在诉讼请求中没有直接涉及，但是与日后本案生效判决的强制执行相牵连的财物。在财产保全案件中，可能出现两种情形：一种情形是请求保全的标的可能就是本案诉争标的，毫无疑问，申请人可以直接申请对该财产申请保全，如双方当事人就房屋权属发生争议，为防止实际控制房屋的一方不当处置该房产，另一方当事人可以申请查封该房屋。另一种情形是诉讼请求是给付金钱，并不涉及特定财物，根据民法原理，债务是以债务人的全部财产作为担保的，为强制执行生效判决，债务人的所有财产都可以作为执行标的，因此，债权人可以申请对债务人所有财产中相当于诉讼请求的部分进行保全，以保证日后生效判决得以顺利执行。简言之，“与本案有关的财物”，限于诉争特定标的物本身以及诉争当事人本人的财产。

人大法工委的释义还说明，《民事诉讼法》第一百零二条中的“与本案有关的财物”是否可以包括案外人的财产，实践中曾产生争议。案外人并非本案的当事人，日后生效判决也不应执行案外人的财产，保全的效力不应及于该案外人。但案外人可能与案件当事人存在经济联系，如被申请人对案外人拥有到期或者远期债权，该债权应当作为被申请人的财产成为保全标的，但能否因此而直接对该案外人的财产采取保全措施。为明晰这一问题，有关司法解释规定，对于债务人的财产不能满足保全请求，但对案外人有到期债权的，人民法院可以依债权人的申请裁定该案外人不得对债务人清偿，该案外人对其到期债务没有异议并要求偿付的，由人民法院提存财物或价款，但人民法院不应对其财产采取保全措施。也就是说，人大法工委认为不能直接保全案外人的财产。

（二）案外人财产的范围及诉讼保全的条件

第一，根据《民事诉讼法》第二百二十七条“执行过程中，案外人对执行标的提出书面异议的，人民法院应当自收到书面异议之日起十五日内审查，理由成立的，裁定中止对该标的的执行；理由不成立的，裁定驳回。案外人、当事人对裁定不服，认为原判决、裁定错误的，依照审判监督程序办理；与原判决、裁定无关的，可以自裁定送达之日起十五日内向人民法院提起诉讼”的规定，以及人大法工委的释义，“案外人”指本案当事人之外的人。当事人，结合《民事诉讼法》第五十一条“原告可以放弃或者变更诉讼请求。被告可以承认或者反驳诉讼请求，有权提起反诉”及第五十六条“对当事人双方的诉讼标的，第三人认为有独立请求权的，有权提起诉讼”的规定，当事人仅指原告和被告，案外人即除原告和被告外的人。

第二，根据《公司法》第二十条“公司股东应当遵守法律、行政法规和公司章程，依法行使股东权利，不得滥用股东权利损害公司或者其他股东的利益；不得滥用公司法人独立地位和股东有限责任损害公司债权人的利益。公司股东滥用股东权利给公司或者其他股东造成损失的，应当依法承担赔偿责任。公司股东滥用公司法人独立地位和股东有限责任，逃避债务，严重损害公司债权人利益的，应当对公司债务承担连带责任”和第六十三条“一人有限责任公司的股东不能证明公司财产独立于股东自己的财产的，应当对公司债务承担连带责任”的规定，即使是有限责任公司，其唯一股东滥用公司法人独立地位，损害债权人利益时，亦应承担连带责任。

第三，根据《民事诉讼法》第四十八条“公民、法人和其他组织可以作为民事诉讼的当事人。法人由其法定代表人进行诉讼。其他组织由其主要负责人进行诉讼”和《最高人民法院关于适用〈中华人民共和国民事诉讼法〉的解释》第五十二条“民事诉讼法第四十八条规定的其他组织是指合法成立、有一定的组织机构和财产，但又不具备法人资格的组织，包括：（一）依法登记领取营业执照的个人独资企业；（二）依法登记领取营业执照的合伙企业；（三）依法登记领取我国营业执照的中外合作经营企业、外资企业；（四）依法成立的社会团体的分支机构、代表机构；（五）依法设立并领取营业执照的法人的分支机构；（六）依法设立并领取营业执照的商业银行、政策性银行和非银行金融机构的分支机构；（七）经依法登记领取营业执照的乡镇企业、街道企业；（八）其他符合本条规定条件的组织”

的规定立案时，由于上述法律规定及合同的相对性，原告起诉具有独立民事主体地位的法人或其他组织，只能列该法人或其他组织作为被告，不能列该法人或其他组织的股东作为被告。也就是说，法人和其他组织的股东系案外人。

综上所述，诉讼保全“案外人的财产”的适用，应同时满足以下条件：1. 该案外人系因法律规定不能作为案件当事人的案外人；2. 该案外人身份为唯一股东，且不能证明其财产独立于当事人；3. 该案外人股东财产为当事人所控制；4. 当事人在商业交往中经常使用其控制的该案外人的财产。

【点评】

本案虽是一起提供劳务者受害责任纠纷，但涉及诉讼保全案外人的财产问题。从一审及二审的判决来看，周某作为雇佣合同的一方，其雇主是广州市某服装有限公司为独立承担民事责任的法人，周某只能以广州市某服装有限公司作为被告。而郭某作为被告广州市某服装有限公司唯一股东，不能提供证据证明其财产独立于被告广州市某服装有限公司，且被告广州市某服装有限公司实际控制郭某广州农商银行账户，并经常使用郭某广州农商银行账户给原告周某发放工资，完全符合本文总结的适用“诉讼保全案外人财产”的条件。故，本案在诉讼保全时，法院有权保全案外人郭某的广州农商银行账户。

点评人：广东伯德律师事务所律师　胡方正

未缴清土地出让金的土地使用权能否作为被执行人财产予以执行分配

肖守华*

一、当事人、代理人及案由

（一）当事人、代理人

申请人：H 公司。

代理人：肖守华，北京德恒（广州）律师事务所律师。

申请执行人：G 银行。

被执行人：A 公司、孙某、郑某、Q 公司。

（二）案由

金融借款执行纠纷。

二、案情简介

2013 年 8 月 5 日，G 银行与 A 公司签订《流动资金借款合同》，借款用途为经营周转，借款金额为人民币 1400 万元，借款期限为自实际提款日起一年，利率为基准利率。2013 年 8 月 6 日，A 公司分 3 笔款项，金额分别为 300 万元、300 万元、800 万元，约定偿还日期均为 2014 年 7 月 21 日。A 公司于 2013 年 11 月 8 日偿还 300 万元，至 2014 年 5 月 26 日，该合同项下贷款余额 1100 万元，利息 66051.22 元。

2012 年 6 月 20 日，G 银行与孙某、郑某分别签订《最高额保证合同》，孙某、

* 肖守华，北京德恒（广州）律师事务所律师。

郑某担保自2012年6月20日至2017年12月31日，在人民币5000万元的最高余额内，G银行依据与A公司签订的主借款合同而享有的债权。2013年8月5日，G银行与A公司签订《最高额质押合同》，将A公司对被告Q公司享有的2500万元应收账款质押给G银行，担保自2013年7月23日至2014年12月30日，在2500万元的最高余额内，G银行依据与A公司签订的主借款合同而享有的债权，已办理质押登记手续。2014年3月3日，G银行与孙某、郑某签订《最高额质押合同》，郑某将其持有的A公司100%股权质押给G银行，担保自2013年1月1日至2016年1月1日，在2000万元的最高余额内，G银行依据与A公司签订的主借款合同而享有的债权，已办理质押登记手续。由于A公司的关联企业资金周转困难，孙某从A公司抽调资金，导致A公司无经营资金，已停止生产经营。为维护G银行权益，G银行宣布贷款提前到期，立即收回偿还款项，故起诉要求：请求判令A公司立即偿还借款本金1100万元及利息66051.22元（利息暂计至2014年5月26日，利率按基准利率执行，逾期罚息利率在原借款利率的基础上加收50%确定，计至借款本息还清之日止）；孙某、郑某对A公司的债务承担连带清偿责任；G银行对A公司对Q公司享有的2500万元应收账款享有质押权；G银行对孙某、郑某持有的A公司的股权享有质押权；被告承担本案的诉讼费用。

本案中，A公司、Q公司委托代理人到庭参与诉讼，孙某、郑某无正当理由拒不到庭参加诉讼，Q法院依法缺席审理。

Q法院经审理查明了上述事实，同时查明，对于G银行对A公司、Q公司享有的2500万元应收账款享有质押权的诉讼请求，由于该应收账款的质押合同未在中国人民银行征信中心办理应收账款质押登记，故本院对该项诉讼请求不予支持。G银行与郑某、孙某签订的《最高额质押合同》合法有效，G银行依法享有对被告郑某、孙某持有的A公司的股权的优先受偿权。

Q法院于2014年10月16日判决A公司向G银行清偿借款本金人民币1100万元及利息等，孙某、郑某承担连带保证责任，G银行对于孙某、郑某在A公司的股权享有优先受偿权，被告承担本案全部诉讼费用。①

因被执行人拒不履行生效民事判决书确定的义务，申请执行人G银行向Q法院申请强制执行②。Q法院查明，A公司有机器设备一批，查封被执行郑某房屋两间，已移送相关部门进行评估、拍卖。另查明，A公司的厂房及土地尚未交清土地

---

① （2014）清城法横字第293号、（2014）清城法横字第294号。

② （2015）青城法执变字第356号。

使用款，用地手续尚不完备，没有办理国有土地使用权证及房产权属登记，Q法院无法进行查封、拍卖。A公司在Q法院的诉讼案件达46件，受托执行案件3件，请求参与分配案件3件，诉讼、执行标的合计124644515.77元，除此之外，A公司无其他可供执行的财产。其中未缴清土地出让款及未办理国有土地使用权证的土地合计82.02亩。

2015年4月28日，G银行与H公司签订《资产转让合同》，将该案所涉债权及相关担保权益转让给了申请人H公司，并于2015年5月22日在南方日报上刊登了债权转让暨催收公告。

作为申请人H公司的代理律师，代理人主要的工作是协助H公司向A公司、孙某、郑某、Q公司等清收债权。

接受委托后，代理律师第一步是向Q法院申请将该案的申请执行人由G银行变更为H公司。第二步是代理人向法院提出A公司的厂房及土地虽然尚未交清土地使用款，用地手续尚不完备，没有办理国有土地使用权证及房产权属登记，但具有财产价值，应该作为被执行人的财产进行执行。

法院收到我们递交的变更执行主体的申请后很快作出变更执行主体的裁定，将该案申请执行人变更为H公司。①

三、争议焦点

1. 尚未交清土地使用款，用地手续尚不完备，没有办理国有土地使用权证及房产权属登记的土地、厂房能否进行查封？

2. 尚未交清土地使用款，用地手续尚不完备，没有办理国有土地使用权证及房产权属登记的土地、厂房能否作为被执行人财产予以执行处理？

四、各方意见

（一）被执行人

本案诉讼过程中，郑某、孙某无正当理由拒不到庭参加诉讼，法院依法缺席审理，执行过程中，也不配合法院执行，导致各种执行时间延长。

---

① （2015）青城法执变字第357号。

（二）申请执行人

对于上述两个争议焦点，申请执行人认为，尚未交清土地使用款，用地手续尚不完备，没有办理国有土地使用权证及房产权属登记的土地、厂房可以进行预查封且可以作为被执行人财产予以执行处理。

尚未交清土地使用款，用地手续尚不完备，没有办理国有土地使用权证及房产权属登记的土地、厂房能否进行查封？2004 年 2 月 10 日，最高人民法院、国土资源部、建设部发布《关于依法规范人民法院执行和国土资源房地产管理部门协助执行若干问题的通知》（以下简称《通知》），就规范人民法院执行和国土资源、房地产管理部门协助执行等事宜作出规定。该通知第十四条规定："被执行人部分缴纳土地使用权出让金但尚未办理土地使用权登记的，对可以分割的土地使用权，按已缴付的土地使用权出让金，由国土资源管理部门确认被执行人的土地使用权，人民法院可以对确认后的土地使用权裁定预查封。对不可以分割的土地使用权，可以全部进行预查封。被执行人在规定的期限内仍未全部缴纳土地出让金的，在人民政府收回土地使用权的同时，应当将被执行人缴纳的按照有关规定应当退还的土地出让金交由人民法院处理，预查封自动解除。"

对于本案中尚未交清土地使用款，用地手续尚不完备，没有办理国有土地使用权证及房产权属登记的土地、厂房，由于被执行人 A 公司已经缴纳部分土地出让金且兴建的厂房等实际已经固化了财产价值。根据上述规定，我们认为，人民法院对土地使用权、房屋实施查封或者进行实体处理前，应当向国土资源、房地产管理部门查询该土地、房屋的权属。土地使用权和房屋所有权归属同一权利人的，人民法院应当同时查封；土地使用权和房屋所有权归属不一致的，只能查封被执行人名下的土地使用权或者房屋。被执行人全部缴纳土地使用权出让金但尚未办理土地使用权登记的，人民法院可以对该土地使用权进行预查封。被执行人部分缴纳土地使用权出让金但尚未办理土地使用权登记的，对可以分割的土地使用权，按已缴付的土地使用权出让金，由国土资源管理部门确认被执行人的土地使用权，人民法院可以对确认后的土地使用权裁定预查封。对不可以分割的土地使用权，可以全部进行预查封。因此，对于上述土地及厂房，Q 法院应该进行预查封。

尚未交清土地使用款，用地手续尚不完备，没有办理国有土地使用权证及房产权属登记的土地、厂房能否作为被执行人财产进行处理？根据 2016 年 1 月 1 日施行的《不动产登记暂行条例实施细则》的规定，申请国有建设用地使用权变更登记的，应当提交国有建设用地使用权出让价款缴纳凭证，因此未交清土地出让金将导致不能顺利办理物权变动登记，最终不能实际获得土地使用权。而且根据上述规定，未交清土地出让金也不能进行土地使用权的首次登记，故土地受让方应当在签订土地使用权转让合同前向不动产登记部门申请查询拟受让土地使用权的相关信息，确保土地使用权转让方已办理不动产登记，已交清土地出让金。因此，根据国土部门的办事流程，申请国有建设用地使用权变更登记的，应当提交国有建设用地使用权出让价款缴纳凭证，未交清土地出让金将导致不能顺利办理物权变动登记，最终不能实际获得土地使用权。就本案而言，由于A公司未能缴清土地出让金等，故无法提供全额的缴款凭证，国土部门可以拒绝办理变更登记。

我国《城市房地产管理法》第三十八条规定，下列房地产，不得转让：以出让方式取得土地使用权的，不符合本法第三十九条规定的条件的；司法机关和行政机关依法裁定、决定查封或者以其他形式限制房地产权利的；依法收回土地使用权的；共有房地产，未经其他共有人书面同意的；权属有争议的；未依法登记领取权属证书的；法律、行政法规规定禁止转让的其他情形。本案中的土地由于“未依法登记领取权属证书的”，故通过二级市场自行转让是无法领取权属证书的。

但是，A公司是通过公开出让方式取得该地块的土地使用权的，与国土部门签订了《国有土地使用权出让合同》且支付了部分出让金。《城市房地产管理法》规定，出让土地使用权转让时应当按出让合同约定已经支付全部土地使用权出让金。那么如果未交清全部土地出让金是否会影响土地使用权转让合同的效力？

最高人民法院公布的案例中认为，土地出让金的交纳问题，属土地出让合同当事人之间的权利义务内容，其是否得到完全履行不影响对土地使用权转让合同效力的认定，以土地出让金未全部交清违反法律强制性规定应认定该合同无效的上述主张，本院不予支持。因此，尚未交清土地使用款，用地手续尚不完备，没有办理国有土地使用权证的土地具有财产价值，属于被执行人A公司的财产。同时，对于地块上的厂房，A公司也履行了部分报建手续，属A公司投资兴建。因此，结合案件实际情况，该土地及地上投资建设的厂房属于A公司财产，应作为A公司的执行财产。虽然未能办理土地使用权证及房产权属登记，但该要求是政府部门对登记进行规范的要求，不能据此否定A公司拥有的对土地及地上建筑物的财产权等权利。

五、法院处理结果及理由

经过申请执行人方与Q法院多次沟通协商，加上A公司在Q法院涉及众多诉讼、执行案件，涉及金额较大，处理不当，在当地可能会造成不良影响。因此，Q法院积极与当地国土部门联系，理顺土地及厂房的产权关系，同时，Q法院还寻找社会投资机构，促成社会投资机构与A公司达成资产收购协议，按照其委托的评估公司做出的评估结果，将被执行人A公司的土地资产作价19781280元，房屋资产作价11000000元，两项合计30781280元进行收购，并约定上述款项优先扣除被执行人拖欠的土地使用款4235328元及评估费用476500元，余款26069452元全部用于偿还被执行人在Q法院的46件案件的债务。

Q法院的上述处置行为，一方面认定了尚未交清土地使用款，用地手续尚不完备，没有办理国有土地使用权证的土地及办理房产证的房产具有财产价值，属于被执行人财产；另一方面通过理顺土地及房产的权属关系，消除权属上存在的瑕疵，最终成功寻得社会投资机构，且社会投资机构最终办妥了土地及房产的权属证书。

本案中，对于郑某、孙某持有的A公司100%的股权，法院已经判令申请执行人对其享有优先受偿权，但实际评估过程中，该股权没有实际价值，且46起案件涉及部分工人工资劳动案件，稍微处理不当，就会引发潜在的社会矛盾，不利于社会的和谐稳定。Q法院最终通过处理A公司存在瑕疵的土地和房产，优先支付了工人工资涉及的案件，化解了社会矛盾。同时，由于申请执行人H公司在Q法院共涉及两起同样类型执行案件，最终分得执行款项3075148元，合法权益得到了维护。

六、案例评析

对于被执行人A公司的土地和厂房，因其未交清土地使用款、用地手续不完善、没有办理国有土地及房屋的权属登记，导致Q法院在执行时遇到障碍：一是能否对未缴清土地出让金的土地进行查封，二是能否对未缴清土地出让金的土地进行处置。根据最高人民法院的司法解释等文件规定，我们认为，人民法院可以对未缴清土地出让金的土地进行预查封，且在补足土地出让金及税费的情形下，可以依法对土地及厂房进行拍卖或者处理。

就本案而言，Q法院根据本案件的特殊情况，主动适时引入案外人，对被执行人A公司的资产进行收购，进而使申请执行人的部分债权得以实现，最终一次性地解决了A公司在Q法院的46起诉讼、执行案件。本案中Q法院在执行案件中采取灵活措施主动执行，有效解决执行难问题，提高了执行效能，非常值得提倡，应给予点赞。

【点评】

关于当事人未交清出让金之前，登记机关不得登记发证的问题，我国有一系列的规定，如《土地登记办法》第二十七条明确规定：“依法以出让方式取得国有建设用地使用权的，当事人应当在付清全部国有土地出让价款后，持国有建设用地使用权出让合同和土地出让价款缴纳凭证等相关证明材料，申请出让国有建设用地使用权初始登记。”就本案而言，由于A公司名下土地未能交清全部土地出让金，故未能办理国有土地使用权证，不能通过二级市场进行转让，但A公司与国土部门已经签订《国有土地使用权出让合同》，虽然土地出让金未能交清，但不影响《国有土地使用权出让合同》的效力。因此，尚未交清土地使用款，用地手续尚不完备，没有办理国有土地使用权证的土地具有财产价值，属于被执行人财产，可以进行处置。Q法院积极通过引入案外人的方式理顺土地的权属关系，消除权属上存在的瑕疵，最终化解了一批案件，对于解决执行难，值得借鉴。

点评人：广东南国德赛律师事务所律师　梁伟荣

无证房地产执行案例解析

张颜*

一、当事人、代理人及案由

（一）当事人、代理人

申请执行人：G银行。

代理人：里曼，广东瀛杜律师事务所律师；张颜，广东瀛杜律师事务所实习律师。

被申请执行人：Q公司、Z担保公司、G公司、付某、傅某。

（二）案由

金融借款合同纠纷执行案。

二、案情简介

2012年12月31日，G银行与Q公司签订了《人民币资金借款合同》，约定G银行向Q公司发放贷款9500万元，Z担保公司、G公司、付某、傅某为Q公司提供连带责任保证，未提供其他形式担保。后因Q公司生产经营出现困难，尚有9300万元本金余款未能清偿，G银行宣布贷款提前到期并向法院提起诉讼，并且进行诉前保全。法院于2015年7月对该案作出一审判决，后G银行于2015年12月向法院申请执行，现已经进入执行阶段，对保全财产采取执行措施。

该案在保全程序中由法院预查封了Q公司占有使用的Q区96753.93平方米的土地使用权。该地块已经取得了《建设用地规划许可证》和《建设工程规划许可证》，取得了地块编号并签订了《国有土地使用权出让合同》，仅因小部分土地出

---

* 张颜，广东瀛杜律师事务所实习律师。

让金未缴纳完全而暂缓发证，致使该土地使用权的查封为预查封，并不是正式查封[①]，查封期限从预查封转为正式查封之日起两年，法院成为该土地使用权的首封法院；同时，该地块上由 Q 公司加盖厂房，未取得《房屋所有权证》，由其他法院进行了预查封，法院没有对地上厂房进行轮候查封。所以，该案的主要查封物为 96753.93 平方米的土地使用权。

三、争议焦点

1. 已经取得《建设用地规划许可证》和《建设工程规划许可证》并且办理登记，但因未缴清土地出让金导致未取得《国有土地使用权证》的土地使用权如何执行。

2. 国有土地使用权与地上建筑物分别查封的效力。

3. 执行款分配的问题。

四、各方意见

在本案的执行过程中，遇到了较多问题甚至阻碍。因本案涉及的债权人数量达 50 余人，从查封时间上来看，G 银行是土地的首封债权人，多个债权人就土地查封顺序及执行权利方面对 G 银行提出执行异议、争夺土地处置权，并且提议该案进入破产重整程序。土地执行过程中代理律师从维护 G 银行的利益出发，多次与法院、国土资源部门，争取达到一致的执行意见，以及同多个轮候债权人交涉，其间经历数个执行异议。在案件的推进过程中，各方意见如下：

（一）法院

首先，法院同意对该未取得使用权证的土地推进执行，同时发出协助执行通知函要求国土资源部门予以配合，并且多次前往询问、电话询问；其次，对于若国土资源部门不同意推拍，法院能否强行推拍的问题，法院认为存在一定的难度，因为从现实的角度来看，即使推拍成功，国土资源部门不给买受人予以登记发证，则会使买受人利益受损，间接影响各个债权人利益。

---

① 《最高人民法院、国土资源部、建设部关于依法规范人民法院执行和国土资源房地产管理部门协助执行若干问题的通知》第十八条对预查封及查封的效力问题作出了规定：“预查封的效力等同于正式查封。预查封期限届满之日，人民法院未办理预查封续封手续的，预查封的效力消灭。”

（二）国土资源部门

在土地事项上，国土资源部门的意见对案件产生较大影响。对于该案件，执行法官向国土资源发函之后国土资源部门不置可否，前往咨询亦为给予明确回复和表态。

（三）轮候债权人

轮候债权人其中有对地上房产查封，对于土地事项，其否认查封顺序。同时因为债务人企业存在部分小债权人自行接管运营的情况，其要求案件进入破产程序，从而能否打破分配顺序。

五、执行现状

因本案中预查封的土地使用权由于被执行人Q公司未就该土地向国土资源部门缴纳完全土地出让金，该地块在取得了《建设用地规划许可证》和《建设工程规划许可证》后，并未实际取得《国有土地使用权证》。在这种情形之下，法院执行推进土地及房产的拍卖存在一定的难度。

法官认为可以以土地权利现状来推动法院评估拍卖，在竞拍人竞得该地块后，补缴土地出让金，办理《国有土地使用权证》到竞得人名下，该执行方案的推进需要国土资源等部门配合，有待进一步对各方之态度和意见进行协调。法官已经向国土资源部门发出协助执行通知函，待其回复。

六、案例评析

虽然该案的推进存在一定的难度，但执行方案经与法院沟通较为明确，只是在操作过程中仍需要进一步的沟通和协调，以求维系各方权益之平衡。就该案的三个焦点问题，代理律师的观点如下：

（一）已经取得《建设用地规划许可证》《建设工程规划许可证》并且办理登记，但因未缴清土地出让金导致未取得《国有土地使用权证》的土地使用权如何执行

1. 就本案来看，仅未取得《国有土地使用权证》，但实际上已经取得了《建设用地规划许可证》和《建设工程规划许可证》，并且办理了土地使用权的登记，物权实际上已经有效设立。

我国的不动产物权确权以登记生效为准。《物权法》第十四条规定：“不动产

物权的设立、变更、转让和消灭，依照法律规定应当登记的，自记载于不动产登记簿时发生效力。”① 第十七条规定：“不动产权属证书是权利人享有该不动产物权的证明。不动产权属证书记载的事项，应当与不动产登记簿一致；记载不一致的，除有证据证明不动产登记簿确有错误外，以不动产登记簿为准。”② 由此可见，在我国《物权法》中，对不动产登记物权登记效力模式的选择，以登记生效主义模式为主。

本案的土地已经在国土资源部门完成了预查封，国土资源部门内部档案已经对土地权属情况作了相关登记，同时，该地块已经取得了《建设用地规划许可证》和《建设工程规划许可证》，取得了地块编号并签订了《国有土地使用权出让合同》，仅因小部分土地出让金未缴纳完全而暂缓发证。根据以上规定，没有取得《国有土地使用权证》不影响物权的成立。完成内部登记，当然取得不动产物权，被执行人已经实际取得该地块的国有土地使用权。并且，从事实层面讲，已经开工建设大量厂房，亦为国土资源部门所办证许可。

2. 仅未取得《国有土地使用权证》，但已经取得《建设用地规划许可证》和《建设工程规划许可证》并且办理了登记，不影响土地的转让、拍卖。

《城市房地产管理法》第三十八条对于土地转让的限制性条件作出了明确的规定：“下列房地产，不得转让：（一）以出让方式取得土地使用权的，不符合本法第三十九条规定的条件的；（二）司法机关和行政机关依法裁定、决定查封或者以其他形式限制房地产权利的；（三）依法收回土地使用权的；（四）共有房地产，未经其他共有人书面同意的；（五）权属有争议的；（六）未依法登记领取权属证书的；（七）法律、行政法规规定禁止转让的其他情形。”

就该案来看，因为该案土地完成了土地登记而暂未取得《国有土地使用权证》，实际上已经取得物权，权属事实明确未有争议，故不符合上述第五项规定的“权属有争议”；而针对第六项中规定的“未依法登记领取权属证书”，代理律师的观点是未依法登记并且未领取权属证书的，才不可以转让，而不是没有取得《国有土地使用权证》一项就直接导致不能转让，否则该项会单列“未依法领取权属证书”。本案土地有登记，已取得物权，仅证书取得暂缓，当然不影响土地的转让。

---

① 《民法典》第二百一十四条：不动产物权的设立、变更、转让和消灭，依照法律规定应当登记的，自记载于不动产登记簿时发生效力。

② 《民法典》第二百一十七条：不动产权属证书是权利人享有该不动产物权的证明。不动产权属证书记载的事项，应当与不动产登记簿一致；记载不一致的，除有证据证明不动产登记簿确有错误外，以不动产登记簿为准。

3. 关于国土资源部门在土地执行程序中协助执行的问题，不应因国土资源部门（或政府）的单方态度来决定土地的拍卖与否。

在案件的推进中，部分执行案件因与其他部门的沟通存在不顺畅的情况，对执行案件的有效推进、抵押物或查封物的快速执行造成了一定的阻碍，国土资源部门对于无证土地执行的态度不一，有时会产生障碍甚至使案件推进延后。代理律师认为：国土资源部门的单方态度无法决定或者改变土地的执行，并且执行案件的推进应以法院为主导，相关部门配合协助执行。依据如下：

最高人民法院、国土资源部、建设部联合发出的《关于依法规范人民法院和国土资源房地产管理部门协助执行若干问题的通知》第三条规定："对人民法院查封或者预查封的土地使用权、房屋，国土资源、房地产管理部门应当及时办理查封或者预查封登记。国土资源、房地产管理部门在协助人民法院执行土地使用权、房屋时，不对生效法律文书和协助执行通知书进行实体审查。国土资源、房地产管理部门认为人民法院查封、预查封或者处理的土地、房屋权属错误的，可以向人民法院提出审查建议，但不应当停止办理协助执行事项。"由此可见，国土资源部门在协助执行土地使用权事项时，是配合人民法院进行相关工作的，无权对生效法律文书和协助执行通知书进行实体审查，一般进行的是程序性的配合工作，即使认为存在权属上的争议，也仅可以以建议的形式向人民法院提出，而不应当以其他理由停止协助，甚至阻止执行。在执行案件之事务上，法院居于主导地位，而不应受到不必要的干扰。

本案推进土地评估拍卖的难点亦在于法院与国土资源部门的沟通环节，按照该通知，国土资源部门应当积极配合法院的推进评拍工作，从而维护债权人的合法权益，这也是促成土地资源合理有效利用的应有之义：多单位的有效协助及意见沟通是促进案件顺利进展的应备条件之一。

4. 拍卖成交后，受让人补缴未缴纳完全的土地出让金，从而取得《国有土地使用证》、成为合法的使用权人之相关规定或做法借鉴。

（1）未办理产权证房屋现状执行之借鉴

《最高人民法院关于转发〈住房和城乡建设部关于无证房产依据协助执行文书办理产权登记有关问题的函〉的通知》第二条规定："……不具备初始登记条件的，原则上进行'现状处置'，即处置前披露房屋不具备初始登记条件的现状，买受人或承受人按照房屋的权利现状取得房屋，后续的产权登记事项由买受人或承受人自行负责。"该文件现已失效，但实际工作中依旧参照该文件规定内容处理相关类似事务。

根据该规定，买受人对房产可以按照权利现状而取得产权，而后续的产权登记事项要自行负责。亦即，即使存在产权情况的瑕疵，但买受人可自行弥补并完善其无证现状，并将拍卖取得的房产过户到自己名下。以上规定针对的是房屋未取得产权证书的情况，对无证土地的执行有一定的借鉴意义，这也表明了最高人民法院对处理该类产权存在瑕疵的态度及意见倾向。对本案的处理有一定借鉴、推动意义。

（2）与土地相关的规定，补缴出让金可办理《国有土地使用权证》之借鉴

《划拨土地使用权管理暂行办法》第二十条规定："土地使用权转让后，受让人需要改变土地使用权出让合同规定内容的，应当征得所在地市、县人民政府土地管理部门同意，并按规定的审批权限经土地管理部门和城市规划部门批准，依照《条例》和本办法规定重新签订土地使用权出让合同，调整土地使用权出让金，并办理土地登记手续。"第二十四条第二款规定："因处分抵押财产而取得土地使用权的，土地使用者应当自权利取得之日起十五日内，到所在地市、县人民政府土地管理部门办理变更土地登记手续。"该办法已于 2019 年 8 月废止，但各省市依此制定的实施细则仍然有效，在未出台新规定之前，实践中仍参照处理。

由以上规定可知，对于划拨土地，在执行案件的程序中可在土地使用权转让之后调整、缴纳土地出让金，并可办理土地登记手续，确认使用权人。代理律师认为对于出让的土地，在使用性质上不需要改变，而只是参照该条规定，对所欠缴的土地出让金进行补缴，在操作上应当肯定。

综合以上讨论来看，对于没有取得《土地使用权证》的土地，我们首先肯定对它执行的可操作性，认为执行、转让是合法有效的，可以由买受人来承受该无证土地；并且，整个评估、拍卖的程序应该由人民法院来主导，国土资源部门配合法院工作；对于拍卖成交的土地，由买受人补缴被执行人未缴纳完成的土地出让金，并自行办理土地变更手续，取得完整的土地使用权。以上做法从案件执行的角度来说，由于权属欠缺，在网上进行拍卖之前应明确说明土地无证现状，使得买受人提前对情况予以知晓并做好相关补缴及办理的准备。一方面，在竞拍成功后提高转让效率，也加快了案件执行进程，应为合法；另一方面，从土地高效利用的角度来看，作为债务人的企业大多数是经营不善、土地无法高效利用的，通过执行进程由新的土地使用权人进入，弥补土地权证之不足，对土地资源进行有效的利用，也是合理之举。

（二）国有土地使用权与地上建筑物分别查封的效力

1. 本案中分别查封情况的产生

分别查封在执行案件的司法实践中经常会遇到。如在本案中，法院就仅预查封了土地使用权，而并未查封该土地上的厂房，而随后由另一家法院对厂房进行了预查封，成为厂房的首封法院，且该土地及厂房同为被执行人 Q 公司占有使用。在这

种情况下，便在该案中出现了国有土地使用权与地上建筑物分别查封的矛盾冲突。

就目前来看，就如何处理分别查封，根据相关规定，存在不同的意见。《最高人民法院关于人民法院民事执行中查封、扣押、冻结财产的规定》（以下简称《查封规定》）第二十三条第一款规定："查封地上建筑物的效力及于该地上建筑物使用范围内的土地使用权，查封土地使用权的效力及于地上建筑物，但土地使用权与地上建筑物的所有权分属被执行人与他人的除外。"该规定在法理上被称为"房地一体"原则。

根据该原则，查封效力是否可以互通，存在不同观点：

第一种意见认为，查封的效力可以及于建筑物占用的土地，土地上盖之建筑物也同样负担对土地的查封。这种一体化的实践价值不仅在于使得土地使用权和地上建筑物在司法执行交易环节中权属主体上的一体化，同时也代表受偿主体的一体化，即可以因为房地一体之原则使得土地查封的债权享有地上建筑的交易回报，地上建筑的查封对应之债权主体也可以享有土地使用权的交易回报，而交易回报是否可共同享有则直接涉及分配问题。同时，按照查封登记的时间顺位排序，后查封的法院属于轮候查封，在债权清偿顺序上后于前查封的法院。对于《查封规定》第二十三条第一款的适用存在一个前提条件，就是地上建筑物与土地使用权同属于被执行人所有，而且查封登记机关要求是同一机关，因为该条第二款还规定："地上建筑物和土地使用权的登记机关不是同一机关的，应当分别办理查封登记。"

第二种意见认为，目前建筑物与土地使用权的登记机关分别是不同的行政机构，查封效力各自独立。按照《查封规定》第二十三条第二款的规定，地上建筑物和土地使用权的登记机关不是同一机关的，应当分别办理查封登记。[①] 厂房的查封法院对于查封土地使用权并没有办理登记手续，不能当然视为查封建筑物的效力及于土地使用权，同样，对于土地使用权的查封法院来说，不能对厂房视作查封。那么既然不能视作对另物的查封，在受偿时也就当然不享有权利。

代理律师认同第一种观点，即查封顺序决定执行权限。若土地查封法院时间早于房产查封时间，则土地首封法院可一并对房地产进行执行。

（三）执行款分配的问题

1. 本案受偿矛盾问题的提出

就本案来看，应结合立法本意，解决分别查封受偿的矛盾。而分别查封问题解

---

① 对于该条款要求分别进行登记，但并未明确指出未分别办理登记的后果，同时最高法院倾向于认定未分别办理登记不影响查封效力，在福建某船务有限公司与泉州市某集装箱发展有限公司、泉州市某机械制造有限公司等借款合同纠纷案中，对查封效力作出了认定。该认定也是对《查封规定》第二十三条第二款的进一步深化理解。

决的落脚点也在于依据以上两种不同的观点，应当分别受偿还是由预查封在先的法院受偿。作者认为，债权的实现不仅要讲求效率，还应追求公平原则。应遵从房地一体的基本原则，采用建设用地使用权和地上建筑物不可分离的基本理论，虽然本案中不同的法院分别进行了预查封，但从理论上应视作一个查封，按照预查封的登记时间的先后顺位，由登记在先的法院享有一并执行权力。一并执行，追求的是执行案件司法程序的效率性。

2. 本案的分别查封受偿矛盾的解决

对于公平原则的体现，则体现在分配制度之中。由首封法院进行执行之后，则进行民事执行的参与分配。民事执行的参与分配制度是处理多个债权人对一个债务人申请执行情况的一种具体方式，适用于被执行人的财产不足以清偿全部债务，财产由一个债权人申请查封、扣押或者冻结，其他债权人申请参与分配，由法院按照一定的分配方式进行债权受偿分配的一种形式。这种分配一般由首封法院，即执行法院来进行主持分配。

《最高人民法院关于人民法院执行工作若干问题的规定（试行）》第八十八条关于变价所得分配的条款已经不再适用，因为2015年施行的《最高人民法院关于适用〈中华人民共和国民事诉讼法〉的解释》第五百一十条已经作出了规定：在参与分配执行程序中，执行所得价款扣除执行费用，并清偿应当优先受偿的债权后，对于普通债权，原则上按照其占全部申请参与分配债权数额的比例受偿。其中第五百一十六条还规定："当事人不同意移送破产或者被执行人住所地人民法院不受理破产案件的，执行法院就执行变价所得财产，在扣除执行费用及清偿优先受偿的债权后，对于普通债权，按照财产保全和执行中查封、扣押、冻结财产的先后顺序清偿。"

【点评】

可进入破产程序的主体（包括公司企业）的普通债权是按照查封、扣押、冻结的先后顺序清偿的，除此之外的主体，普通债权原则上按照申请参与分配债权数额的比例受偿。本案中，被执行人Q公司占有使用的土地及地上厂房的变价所得，因未办理抵押登记，预查封债权都属于普通债权，按照上述规定，应当按照预查封顺序进行分配。本案中，法院对土地使用权的预查封登记时间早于其他法院对地上厂房的查封时间，结合房地一体的原则，对于房地一并执行的变价所得，按照顺序由G银行第一顺位受偿土地使用权及厂房执行的变价所得。

点评人：广东瀛杜律师事务所律师　里曼

财产保全、执行过程中对标的物的策略性选择

董石荣[*] 朱建芬[**]

一、当事人、代理人及案由

（一）当事人、代理人

申请执行人：李某某，男。

代理人：董石荣、陈侃，均为广东海际明律师事务所律师。

被执行人：G公司、黎某（男，系被执行人G公司的法定代表人）。

（二）案由

民间借贷纠纷。

二、案情简介

李某某与黎某是朋友关系，与G公司之间也存在合作。2008年年初，黎某以运作G公司为由向李某某提出借款，李某某同意借款，双方口头约定月息为2分。2008年1月24日，李某某向黎某指定的账户（收款账户开户名为借款人黎某的女儿）转账95万元，另付现金5万元，同日借款人向李某出具一张盖章的欠条，载明："兹有G公司《黎某》借李某某现金人民币壹佰万元整（1000000元），借款人：G公司、黎某。"G公司、黎某均在该借条盖章及签名确认。2008年3月11日，黎某再次向李某某借款15万元，同时出具借条载明："兹有G公司借李某某人民币壹拾伍万元整，特此为据。"G公司在上述借条加盖公司财务专用章确认。

2010年年初，李某某与黎某联系还款事宜。黎某发短信给李某某承认借款115

---

* 董石荣，广东海际明律师事务所律师。

** 朱建芬，广东海际明律师事务所律师。

万元的事实，也在短信中确认借款利息为月息2分，但声称暂时没钱归还，请求延期1年。李某某表示同意。

2011年年初，李某某再次要求黎某还款，黎某通过银行转账给李某某10万元（未注明用途），并口头称先还10万元利息，其余本息请求再延期1年。同时，G公司出具一份盖章的承诺书。

2012年5月12日，双方再次就借款事实进行确认，借款人出具《证明》，载明："兹有G公司《黎某》于2008年1月24日借李某某人民币壹佰万元整，及2008年3月11日借李某某人民币壹拾伍万元整，合计共借李某某人民币壹佰壹拾伍万元整，其间本金利息未付。此本金及利息于2012年12月31日前全部归还"。G公司、黎某在上述证明上盖章及签名确认。

2013年6月，李某某催讨上述借款本息不得，将G公司及黎某作为共同被告起诉至Z法院。同时向该院申请财产保全，要求查封黎某名下的一块工业用地土地使用权以及冻结黎某名下的银行存款，李某某提供相应价值的担保。Z法院作出裁定，依法查封黎某名下的上述财产。

2014年9月，Z法院经审理作出判决，判令黎某、G公司共同向李某某偿还借款本金115万元及利息损失。黎某不服一审判决，认为自己并非借款人，而只是作为G公司的法定代表人在借条或证明上签名，不应该承担还款义务，遂向Z法院的上一级法院提起上诉。

2014年12月，二审法院驳回黎某的上诉，作出维持原判的判决。

2015年1月，李某某依生效判决向法院申请强制执行，被执行人黎某向法院申请以案外人的房产来置换担保，同时认为自己名下的工业用地土地使用权已作抵押处置，且属于超标的查封，查封不合法，请求解除对其名下工业用地土地使用权的查封。

三、争议焦点

1. 借款人是G公司，还是G公司和黎某（以下简称争议焦点一）？

2. 本案借款本金115万元，李某某申请财产保全查封黎某名下工业用地土地使用权是否合法（以下简称争议焦点二）？

3. 执行过程中，被执行人黎某要求另行提供他人名下房产置换担保，以解除对其名下工业用地土地使用权的查封，能否得到支持（以下简称争议焦点三）？

四、双方意见

（一）申请执行人意见

1. 关于争议焦点一，申请执行人认为是G公司和黎某共同借款。首先，沟通借款事宜及借款数额、利息等具体内容时，均是李某某与被执行人黎某商议，且具体款项的收取也是被执行人黎某；其次，在2013年6月出具的最后一份承诺书中，黎某与被执行人二的签名盖章是并列的，而不是将黎某作为被执行人二的法定代表人列上的，因此应综合认定黎某与被执行人G公司是共同借款。

2. 关于争议焦点二，申请执行人认为，按李某某起诉时的诉讼请求，借款本金115万元及利息（按双方口头约定月息2分计算）共计约300万元；为了保障胜诉后能切实收回借款本息，李某某起诉时即向法院申请财产保全，并向法院提供G公司及黎某的财产线索：（1）黎某名下有一块工业用地，价值最低为1800万元，但已抵押给银行办理了1500万元贷款。（2）G公司名下有一处商业用房（办公场地），价值约为200万元。（3）黎某名下持有另一家公司80%的股份，该公司的注册资本为100万元，公司经营情况良好，价值可能超过300万元。对于以上3条财产线索，Z法院审查后认为其价值总和远超过本案诉讼标的，要求李某某重新考虑并明确具体查封财产的内容。李某某的代理律师考虑到：第一，股权的价值很难判断，也不容易变现，且存在很多变数；第二，办公室虽然价值确定也能拍卖变现，但是其正在使用，如果届时要清空处置的话可能会引发严重冲突；第三，土地虽然有抵押，但全额冲抵银行贷款后的剩余价值与本案借款本息相当，不会造成超标的查封，也不会损害被执行人利益。因此，李某某认为查封黎某名下的土地使用权是恰当的，也是合法的，是较好的选择，可以给被执行人形成压力，促使被执行人主动履行义务。

3. 关于争议焦点三，申请执行人经代理律师深入调查权衡利弊，向法院述明不同意置换。过程概况：本案进入强制执行阶段后，两被执行人仍然拒绝主动履行生效判决确定的金钱给付义务，申请执行人李某某催请法院对黎某被查封的土地使用权进行拍卖。恰巧此时，黎某提出以亲戚的2套房产（附一份评估报告，显示该2套房产价值300万元）来置换上述土地。李某某的代理律师在知悉已有其他债权人起诉被执行人黎某（在审未判）的情况下，为了避免陷入届时其他债权人以生效判决来参与土地拍卖款分配的情况，考虑到如果上述2套房产确实价值足够且方便变现的话，则接受2套房产的置换。为此，李某某的代理律师没有直接拒绝置换，而是提出先查看该2套房产的具体情况，再决定是否接受置换。李某某的代理律师在实地查看后，发现该2套房产比较陈旧，且所处地段位置不佳，评估价值不足300万元；同时，该律师进一步获知，被执行人黎某之前的1500万元贷款即将到期，而他正打算拿这块土地继续申请抵押贷款。因此李某某的代理律师向法院明确述明拒绝置换，并请求法院加快对上述土地的委托拍卖进程。理由是：被执行人黎某有履行能力而拒不履行生效法律文书确定义务，若同意黎某土地使用权解封后，很有可能造成本案生效判决的久拖不决甚至难以执行。根据《最高人民法院关于人民法院民事执行中查封、扣押、冻结财产的规定》第三十一条第一款第五项①的明确规定，被执行人提供担保需经申请执行人同意，法院才可进行解封。申请执行人李某某明确表示不同意，那么该被查封的土地使用权依法不应解封。

（二）被执行人黎某意见

1. 关于争议焦点一，被执行人黎某认为，自己并非借款人，而只是作为G公司的法定代表人在借条或证明上签名，不应该承担还款义务。

2. 关于争议焦点二，被执行人黎某认为，查封财产尤其是土地使用权的价值已远超过本案诉讼标的，且已设置抵押担保，权利受到限制，不应当被支持。

3. 关于争议焦点三，被执行人黎某认为，第三人提供充分有效担保请求置换保全财产，法院应当裁定准许。

五、裁决结果及理由

一审法院认为，借条及证明均由G公司、黎某共同盖章、签名确认，并在各自的内容上均载明“G公司《黎某》”的字样，但并未出现黎某以G公司法定代表人身份确认G公司欠款事实的明确内容，故上述证据更直接体现G公司、黎某为共同借款人，而非被执行人黎某作为G公司法定代表人的内容。另，115万元的借款中有95万元是通过银行转账的方式支付至黎某指定的个人账户之中，而非G公司的账户，而黎某、G公司亦未能举证证实上述借款全部只用于G公司的经营，故在

---

① 《最高人民法院关于人民法院民事执行中查封、扣押、冻结财产的规定》第三十一条：有下列情形之一的，人民法院应当作出解除查封、扣押、冻结裁定，并送达申请执行人、被执行人或者案外人：（一）查封、扣押、冻结案外人财产的；（二）申请执行人撤回执行申请或者放弃债权的；（三）查封、扣押、冻结的财产流拍或者变卖不成，申请执行人和其他执行债权人又不同意接受抵债的；（四）债务已经清偿的；（五）被执行人提供担保且申请执行人同意解除查封、扣押、冻结的；（六）人民法院认为应当解除查封、扣押、冻结的其他情形。解除以登记方式实施的查封、扣押、冻结的，应当向登记机关发出协助执行通知书。

借款的具体使用上也无法反映是由G公司独自使用借款。基于上述事实，法院认为黎某为共同借款人，现须与G公司共同向李某某偿还借款本金115万元。同时，一审法院认定李某某自借款之日起至2013年12月21日的借款利息应按中国人民银行同期同类贷款利率计算。对于2013年12月21日之后借款利息，一审法院认为，2013年12月21日的证明中的“月息2分”是对借款利息的重新约定，故2013年12月22日起的借款利息应按2%的月利率计算。

对此，二审法院经审理认为一审法院相关认定和处理是恰当、准确的。同时认为，在本案有关借条、借款证明等书证中，除黎某本人的签名外，黎某的名字还被写在相应借条或借款证明的借款内容部分，这是判断黎某本人是否为借款人的一个重要依据。黎某的名字在语句结构中与G公司名称同处在借到款项文字之前的主语即借款人位置，并出现用书名号对黎某的名字进行圈括的情况，G公司与黎某的名字之间虽无表示并列关系的标点符号如顿号间隔，也没有表示并列关系的文字如“和”字，书名号的使用本身就是错用，但无法从标点符号错用本身或当事人的不同主张来判断其使用的意义，此处也没有任何关于公司法定代表人或投资人的文字来对黎某的身份予以标注，结合黎某在多张借条或借款证明中签名时均未标注过其系G公司法定代表人或投资人身份的情况，本院认为黎某名字在借条或借款证明借款语句结构中的出现，说明各方当事人签具借条时并未将黎某本人的借款人身份和还款义务排除，黎某在本案借条和借款证明中实已被列为借款人，因而应当认定黎某在借条或借款证明上签字是其作为借款人对借款关系的确认，黎某应当承担还款责任。虽然在2008年3月11日形成的借条中只有G公司的签章，没有黎某的签名，但经查四年后即2013年12月21日形成的借款证明已载明将2008年3月11日借款包含，并注明“以前欠条作废”，而该2013年12月21日形成的借款证明主文依然有黎某的名字，说明黎某已确认对2008年3月11日借条对应的借款也承担借款人义务。需要说明的是，黎某称借条、借款证明的文字及布局表明借款人只有一人、未预留第二个借款人的签名空间，本院认为从有关书证的形式看无法得出黎某所说的结论，而且出具时间最迟的2013年12月21日借款证明落款处打印有G公司名称和黎某的名字，二者分两行排列且左侧对齐，再由黎某签名，黎某签名时仍未注有其法人代表或负责人的身份，本院认为这恰恰反映出一种所谓预留第二个借款人签名空间的文书格式，黎某的相关上诉意见不能成立。二审法院驳回黎某的上诉，维持原判。

Z法院收到李某某关于财产保全的申请后，初步审查认为其价值总和已远超过本案诉讼标的，告知重新考虑并明确具体查封财产的内容。李某某在代理律师的建议下，选择查封黎某名下工业用地的使用权并提供相应担保。Z 法院接受李某某代理律师的意见，认为没有超标的查封，也不会损害被执行人利益，遂作出裁定查封黎某名下工业用地的使用权。①

关于置换担保的问题，Z 法院执行局合议庭分别于 2015 年 4 月 13 日传唤执行申请人李某某进行充分述明，4 月 22 日再次传唤执行申请人李某某和被执行人黎某进行当面协商，笔录记载：李某某称“在保障我的合法利益不受损害的情况下，我可以接受黎某提供的案外人的房产作为担保，同意贵院暂时解除对上述土地使用权的查封，以便黎某用该土地使用权去银行办理贷款，但是黎某必须同意，在贷款办妥的同时让贵院再度对该土地使用权进行查封，以此方式来确保我的合法利益”。但是黎某坚决不同意在贷款办妥的同时让 Z 法院再度查封该土地使用权。因此李某某明确表示不同意解除对该土地使用权的查封。由于申请执行人不同意解除黎某名下工业用地使用权的查封，Z 法院没有同意被执行人黎某置换担保解除对其土地使用权的查封的申请。李某某的上述意思表示，均是在代理律师的授意下，向 Z 法院执行局所作的陈述。事实上，Z 法院执行局的工作人员，在找李某某之前，已与李某某代理律师联系，暗示可以同意黎某的请求，但李某某代理律师以比较巧妙的方式予以了回绝。

六、案例评析

1. 本案中，李某某的代理律师充分发挥专业技能，完成了对共同借款人的确认以及借款本金和利息数额的主张和举证，最大程度维护了当事人的合法权益。首先，涉案借款事实发生在 2008 年，后续李某某多次要求借款人还款时，均按代理律师的提示让借款人书面确认借款事实，尤其是将黎某的名字写在相应借条或借款证明的借款内容部分，此举简约但不简单。这为后续民事案件的顺利进行确保了诉讼时效，且为法院认定 G 公司和黎某为共同借款人奠定了坚实的事实基础和有力证据。其次，在向法院主张举证借款利率方面，李某某的代理律师提出：虽然借款人 G 公司并没有书面确认借款利率，但是黎某作为共同借款人之一，同时作为另一借款人 G 公司的法定代理人（构成表见代理），黎某通过手机短信跟李某某确认借款利率为月息 2 分的行为，应当视同共同借款人的一致承诺并应依约履行。虽然法院判决最终没有认定李某某代理律师关于利率的全部主张，但其逻辑推理还是颇具说

---

① （2015）中二法执字第 1444 号。

服力的。

2. 李某某代理律师大胆提出查封黎某名下的土地使用权是本案亮点，并且说服法院作出裁定准予该查封请求，这是本案诉讼目的得以圆满实现的关键。一般来说，起诉前对被告方的财产线索进行全面系统的调查是大部分律师的着眼点，但是，在了解了被告方的财产线索后，策略性选择进行财产保全更为关键。本案中，被执行人名下有存款（数额不足），有办公楼，有股权，也有土地使用权。大部分律师可能会选择与执行标的价值相当的且没有权利限制的执行标的物[①]，如办公楼、存款或者股权，而不会考虑权利受到限制的土地使用权，更不会进一步深究该土地涉及的抵押贷款价值等。如此考虑的前提通常是：执行标的物应与执行标的的价值相当，当然也可能会顾虑查封土地最终变现的复杂性。李某某的代理律师则认为，查封不仅仅是一种临时性措施，变价也不是查封后必定采取的措施，只要该查封足以给被执行人形成压力，促使被执行人主动履行义务方为上策。本案中，银行存款也好，股权也好甚至办公楼也好，均不足以对被执行人形成足够的压力，唯有土地使用权会对被执行人构成重大影响，而查封该土地使用权可能造成的超标查封的质疑，也被李某某代理人合理化解：向法院证明黎某基于该土地抵押给银行的贷款价值余额与本案诉讼标的基本持平。后续案件进展的事实证明，该查封标的物的选择的确极具策略性，被执行人黎某权衡轻重，只能主动向申请执行人李某某一次性偿还全部借款本息300万元。

借此扩展开来，有法律界人士甚至也提出，超标的查封在执行案件中有强烈的现实意义。查封的主要目的是使被执行人更好地履行义务，而不是变价。查封和变价是两个不同程序，二者不能画等号，超标的查封并不等于超标的变价。在不对申请人和被执行人双方权益造成损害的前提下，采取超标的查封可以促使判决更好地得到执行，维护法律权威，解决判而不执或执而不果的现象。但该提议在实务中具有争议，有待进一步研究探讨。

3. 关于本案进入强制执行阶段后，被执行人黎某提出置换担保能否得到支持的法律问题，根据有关规定，被执行人申请置换担保需征得申请人同意。本案中，李某某的代理律师经过实地勘察评估拟置换的担保物，认为不足以实现本案债权，因此果断拒绝并向法院述明。虽然不是所有的置换担保都不利于申请执行人，但置

---

① 从学理上讲，查封的对象就是执行标的物。执行标的物不等于执行标的，执行标的是生效法律文书确定的被执行人应当给付的内容。在被执行人拒绝履行法定义务时，法院采取强制措施的对象就是执行标的物。

换担保在大多情况下都不被看好，毕竟被执行人不会主动陷自己于更加不利的境地。相反，申请执行人可借机进一步给被执行人施压，促使其尽快履行生效的法律文书所确定的义务。

【点评】

本案中，经办律师通过牢牢把握民间借贷的方式、过程要点，并进行了详尽透彻的法律分析推理论证，得以让法院支持了自己的绝大部分主张；而在财产保全和强制执行过程中，经办律师对于各种财产的现实情况进行综合考虑，策略性选择了合适的查封、执行标的物，最终促使本案圆满完结，实实在在地维护了当事人的合法利益。

点评人：广东粤广律师事务所律师　解刚

建设工程款结算纠纷执行案

胡正方*

一、当事人、代理人及案由

（一）当事人、代理人

申请执行人：A 建设集团有限公司（以下简称 A 建设公司）。

代理人：胡正方，广东佰德律师事务所律师。

被执行人：B 房地产开发有限公司（以下简称 B 房地产公司）。

（二）案由

建设工程施工合同纠纷。

二、案情简介

2010 年 8 月，A 建设公司（乙方）与 B 房地产公司（甲方）签订《汇景湾 A 塔第十层样板房装修工程施工合同》（以下简称《装修工程施工合同》），工程为汇景湾 A 塔第十层样板房装修工程，地点位于广州市沿江路 143 号，承包范围以甲方提供并审核确认的装修施工设计图纸为依据，结合本工程预算书所列工程项目内容及招标文件中乙方所有承诺。本工程按照甲方提供的装修设计图纸及确认的物料为准，由乙方提交上述工程预算书，经甲方审核书面确认后，乙方以审核价包工、包料、包安全、包工期、包税费、包质量等大包干的形式承包，确保工程质量达到优良。本工程合同总造价为 3108528.08 元，该造价为总包干价，工程变更额度在 ±3% 的范围内不作调整，超出 ±3% 的部分据实结算。合同总造价包括“综合管理费和税金及利润”“措施项目费”“其他项目费”和“规费”等完成本工程所需的一

---

* 胡正方，广东佰德律师事务所律师。

切费用。工程总工期为120日（具体以甲方发出的开工令的日期为准）。本工程包修期限定为24个月，自工程竣工验收合格之日起算。工程预算总造价为3108528.08元，本工程合同双方签订盖章后10日内，甲方支付预算总价的20%作为工程预付款（621705.62元），本工程从甲方第一次支付工程预付款之日的次月起，每月按现场工程进度支付一次工程进度款，工程进度款按当期实际完成工程进度额的85%支付，但须按20%比例相应扣除先前已支付的预付款直至预付款扣完为止；本工程全部完成时，工程款支付至预算总额的90%；本工程竣工验收合格后，经双方审核办理结算，工程款支付至结算总额的95%，余下结算总额的5%作为工程保质金，保质金从竣工验收合格之日起计，第一年支付2.5%，保修期满后再支付2.5%。工程竣工验收后，由乙方编制工程竣工资料和工程结算书送甲方审核，工程竣工资料和工程结算书应同时送达，甲方应在收到工程结算书后，30日内对结算书进行审核，对结算有异议之处，必须到现场复核，乙方必须配合，对工程项目、数量、单价等按实际发生情况双方确定、审核并回复。甲、乙双方应在甲方作出结算审核回复日计30天内完成互相确认结算审核，乙方逾期确认结算审核回复或者不答复，均视作对甲方提出的结算审核回复的认同，如果乙方对甲方作出的结算审核有异议，应在30天内向甲方作出复议请求（指出具体复核理由和内容），甲方接到乙方就结算审核复议请求后，应派专员与乙方共同协商结算再审核，直至结算再审核完成为止。当工程达到相应的现场实际进度时，乙方向甲方递交当期工程量完成报表及进度款申请表，甲方在10个日历天内复核审定完毕，双方确认核签后，甲方在10个日历天内将本期的进度款划入乙方的银行账号。乙方必须按甲方审核后的施工计划施工，如乙方未能按施工进度计划完成，甲方有权暂缓支付每期应付总款的10%的工程款，直至乙方按计划完成施工进度时，甲方再补齐该笔款项。进度款与质量挂钩，报送工程进度报表时附《分部分项工程机关键工序质量验收单》或甲方要求的其他质量证明文件，若所报工程质量达不到验收规范要求，甲方有权暂缓支付该部分工程款。甲方有权发出书面指令，要求工程变更，任何甲方书面指令的工程变更皆不会使本合同失效。甲方指派甄某生为甲方驻工地代表，负责合同履行，对工程质量、进度进行监督检查，办理验收、变更、登记手续和其他事宜，代表甲方行使权利和履行义务，签名后视为甲方的全面认可；乙方指派李某为乙方驻现场工地代表，负责合同履行，负责对甲方的一切确认手续，代表乙方行使权利和义务，签名后视为乙方的全面认可。当乙方认为工程具备竣工条件时并做好有关记录，并应于竣工验收前5个工作日内向甲方提交申请竣工验收报告，甲方收到报告后5个工作日内组织有关部门验收；验收时，如发现有轻微质量问题但并不影响甲方的正常使用，可视为保修项目处理（但此类情况乙方应制订出具体整改计划，经甲方审批后，乙方应当在规定时间内整改完毕，并达到合格，方可核定为保修项目处理），甲方不得因此而不验收或不办理移交手续；经验收符合国家质量标准，自验收通过之日起计3天内，乙方应向甲方移交场地，若甲方未按时接管导致已验收工程损坏造成的经济损失，由甲方承担；验收完毕，若乙方未在上述规定的时限内向甲方移交完毕，由此造成的经济损失，一概由乙方承担等。

2010年9月13日，B房地产公司向A建设公司发出《工程开工通知》，通知A建设公司与2010年9月13日正式开工，总工期为120个日历天，从2010年9月13日至2011年1月12日。

2012年5月5日，A建设公司向B房地产公司发出《工程联系函》，内容为：A塔第十层样板房已于2012年1月18日进行竣工验收，因电梯单位尺寸问题，现应贵方要求，A塔的第十层样板房客用电梯门套需拆除原有石线并重新安装，其产生的材料及人工费等一切费用均应由贵方以增加工程签证的形式付与我方。特此函达，恳请贵方书面确认其事实属增加工程签证之内。该函下方空白处有B房地产公司工作人员于2012年5月10日的手写回复："情况属实，请贵司尽快安排施工计划进场施工，并提供相关增加工程签证予我方审核。"

因B房地产公司迟迟不向A建设公司支付工程剩余款，A建设公司向广州市越秀区人民法院起诉，B房地产公司不服一审判决提起上诉，广州市中级人民法院判决驳回上诉，维持原判。A建设公司在二审判决作出后，向广州市越秀区人民法院申请执行，在执行过程中第一时间查得被执行人名下有十处车位尚处于销售状态，申请执行人立即将该财产线索提供给了越秀区人民法院执行局，随后法院实行了查封措施。在执行过程中，被执行人请求用另外设有抵押的其他车位来进行置换并对查封标的过高提出异议，均被越秀区人民法院驳回。后被申请执行人提出分期履行方案，申请执行人同意，双方最终在执行阶段达成执行和解协议。

三、争议焦点

1. 快速准确地查询并提供被执行人名下财产的必要性（以下简称争议焦点一）。

2. 在执行程序中被执行人提出财产置换，申请执行人如何准确判断置换风险（以下简称争议焦点二）。

四、各方意见

（一）A 建设公司的主要意见

2010 年 8 月 5 日，A 建设公司与 B 房地产公司签订《装修工程施工合同》，约定 A 建设公司承包 B 房地产公司汇景湾 A 塔第十层样板房装修工程，合同总价 3108528.08 元。签订合同后，A 建设公司应 B 房地产公司要求进场施工，工程于 2012 年 1 月 18 日竣工，现工程已超过 2 年保质期，B 房地产公司应当向 A 建设公司支付剩余工程款 957245.73 元。经 A 建设公司多次催收，B 房地产公司仍拒绝支付上述款项，根据施工合同之规定，本工程保修期限定为 24 个月，自工程竣工验收合格之日起计；本工程全部完成时，工程款支付至预算总额的 90%；本工程竣工、验收合格后，经双方审核办理结算，工程款支付至结算总额的 95%，余下结算总额的 5% 作为工程保质金，保质金从竣工验收合格之日起计，第一年支付 2.5%，保修期满后再支付 2.5%。A 建设公司已按合同约定全面履行义务，B 房地产公司违约至今未向 A 建设公司支付工程剩余款，严重损害 A 建设公司的合法权益，请求：判决 B 房地产公司支付 A 建设公司工程款项共计 957245.73 元，并支付从 2014 年 1 月 19 日起计至 B 房地产公司实际支付上述款项之日止的利息（按照中国人民银行发布的同期同类贷款利率计算）。

（二）B 房地产公司的主要意见

不同意 A 建设公司的诉讼请求，理由如下：

1. 2010 年 9 月 13 日，B 房地产公司向 A 建设公司发出开工通知，据此《装修工程施工合同》确定的开工日期为 2010 年 9 月 13 日，完工日期为 2011 年 1 月 12 日。根据 A 建设公司在起诉状中确认的事实，十层样板房装修工程已于 2012 年 1 月 18 日竣工，工程已过 2 年保质期。

2. A 建设公司起诉时确认已收到 B 房地产公司支付工程款的金额为 2151282.35 元（包括截至 2014 年 3 月 17 日支付的 7753.2 元）；经 B 房地产公司核实，B 房地产公司为本合同支付的工程款为人民币 2143529.15 元（截至 2016 年 6 月 23 日），因此，A 建设公司起诉时主张其于 2014 年 3 月 17 日收取的 7753.2 元工程款并非 B 房地产公司依照本合同支付的工程款。所以 B 房地产公司已支付的工程款应当是 2143529.15 元，并非 A 建设公司所称的 2151282.35 元。

3. A 建设公司存在逾期未完工的情形，应向 B 房地产公司支付违约金，B 房地产公司有权在工程款中抵扣其应付的违约金。A 建设公司主张完工时间应顺延 43

天，但并未提交相关的证据证明。A 建设公司施工的是室内工程，与亚运会大型户外装修停止的要求毫无关系。根据 A 建设公司在起诉状中确认的事实及其提交的证据确认的事实，A 建设公司承揽的十层样板房装修工程于 2012 年 1 月 18 日进行竣工验收。根据 B 房地产公司于 2010 年 9 月 13 日向 A 建设公司发出的开工通知，《装修工程施工合同》确定的开工日期为 2010 年 9 月 13 日，完工日期为 2011 年 1 月 12 日。由此可见，A 建设公司应当在 2011 年 1 月 12 日以前以审核价包工、包料、包安全、包质量等大包干的形式完成承包工程，确保工程质量达到优良并将十层样板房完成竣工验收后交付 B 房地产公司，鉴于 A 建设公司已自认十层样板房装修工程的竣工验收时间为 2012 年 1 月 18 日，因此，A 建设公司已逾期一年零六天，合计 371 天。《装修工程施工合同》第 14.2.3 条约定："如因乙方原因不能按合同工期竣工，从约定工期的次日起计，乙方应向甲方支付违约金，每延迟一天，按工程总造价的千分之二支付违约金给甲方或由甲方在工程款中抵扣。"据此计算，A 建设公司应向 B 房地产公司支付违约金人民币 2306527.8 元。因此，B 房地产公司有权在工程款中抵扣上述违约金，A 建设公司在其承认逾期完工的情况下向 B 房地产公司主张工程款显然不符合《装修工程施工合同》的上述相关约定，依法应予驳回。A 建设公司在履行涉案合同已经存在明显的逾期完工违约责任，应以合同的相关约定向 B 房地产公司支付违约金。故 A 建设公司向 B 房地产公司主张支付基于剩余工程款产生的利息的诉讼请求依法也应予以驳回。

五、裁判结果

一审法院依照《合同法》第八条、第六十条的规定，判决如下：（一）被告 B 房地产公司应在本判决发生法律效力之日起七天内，一次性向原告 A 建设公司支付欠付的工程款 967245.73 元及利息（按中国人民银行公布的同期同类型贷款利率标准支付，自 2012 年 1 月 19 日起至 2015 年 5 月 11 日止本金按 646392.92 元计，自 2015 年 5 月 12 日起至本判决确定支付之日止本金按 957245.73 元计）。（二）驳回 A 建设公司的其他诉讼请求。如未按本案判决指定的期间履行给付金钱义务，应当依照《民事诉讼法》第二百五十三条之规定，加倍支付迟延履行期间的债务利息。①

① （2015）穗越法民三初字第 1125 号。

二审法院判决驳回 B 房地产公司的上诉请求，维持原判。[①]

执行法院裁定驳回被申请执行人查封财产超过执行标的异议以及财产置换的请求。[②]

六、裁判理由

原、被告自愿签订的《装修工程施工合同》为双方协商一致的真实意思表示，内容没有违反相关法律法规的强制性规定，合法有效，双方均应依约履行。A 建设公司已按合同约定进行施工，并且双方已对涉诉工程进行验收，B 房地产公司理应依合同约定支付剩余的工程款，而双方至今未办理结算。原、被告对合同约定的工程量的结算金额为 3108528. 08 元无异议，但 A 建设公司主张 B 房地产公司尚欠付工程款 957245. 73 元。关于双方争议的 A 建设公司于 2014 年 3 月 17 日收到的工程款 7753. 2 元是否属于本案工程款的问题，因 A 建设公司是收款方，且其自认该款项属于本案工程款实际上是对己不利的事实，故本院对 A 建设公司的主张予以采信。合同约定本工程全部完工时，工程款支付至预算总额的 90%，本工程竣工验收合格后，经双方审核办理结算，工程款支付至结算总额的 95%，余下结算总额的 5% 作为工程保质金。保质金从竣工验收合格之日起计，第一年支付 2. 5%，保修期满后支付 2. 5%，即最迟至 2012 年 1 月 18 日止，B 房地产公司应向 A 建设公司支付工程款的 90% 即 2797675. 27 元。因双方至 A 建设公司起诉时尚未办理工程结算，A 建设公司提起本案诉讼，可视为 A 建设公司主张结算，根据公平合理原则，剩余 10% 工程款的利息应自 A 建设公司提起本案诉讼之日起计付。关于 B 房地产公司提出 A 建设公司存在逾期完工情形，应支付的违约金可抵扣工程款的抗辩，因其已就该问题另案起诉主张，故在本案中不作调处。关于查封财产是否超过执行标的的问题，因被执行人未提供评估报告等材料，仅按市场销售价来主张，故不予支持；财产置换请求因申请执行人认为有执行风险而不予同意。

七、实务经验

本案是一起典型的建设工程施工合同纠纷。建设工程施工合同是建设工程合同

① （2017）粤 01 民终 1249 号。

② （2017）粤 0104 执 30443 号。

的一种，其概念与特征依建设工程合同的概念与特征而定。根据我国《合同法》第二百六十九条的规定，建设工程合同是承包人进行工程建设，发包人支付价款的合同，包括工程勘察、设计、施工合同。[①] 该法第二百七十五条又对建设工程施工合同的内容作了具体规定，主要包括工程范围、建设工期、中间交工工程的开工和竣工时间、工程质量、工程造价、技术资料交付时间、材料和设备供应责任、拨款和结算、竣工验收、质量保修范围和质量保证期、双方互相协作等条款。[②]

建设方以施工方逾期竣工为由拒付工程款的工程价款结算问题产生的原因多种多样：如因建设方未按施工方要求及时检查隐蔽工程，因施工方施工力量不足使工程进展缓慢，因施工方施工质量的原因返修，因建设方不及时拨款、变更设计等原因使工程中途停工、缓建和增加工程量等。正如本案中的情形，在施工过程中因部分工程质量问题返修，产生了合同造价范围外的增加工程，而且出现这种情况必然影响工程的按期完成，一旦发生纠纷，建设方反而以施工方延期竣工为由，主张施工方违约，致使施工方可能遭受利益损失。因此施工过程中建设方如大量增加工程量，一定要办理符合合同要求的工程变更确认单，工程变更确认单上应载明变更的原因及理由，变更后增加的工程量及费用计算应清晰明了、数据准确；各种附件资料应完善；监理方及建设方的经办负责人签字应齐全（务必请建设方加盖公章），以备日后发生纠纷时有据可查。

另外，要重视工程竣工验收与竣工结算工作。施工完成后，施工方应及时向建设方递交竣工验收报告，利用各种方法送去资料和结算，甚至用特快邮递寄送，如果建设方拒收，应将拒收邮件保管好，作为日后诉讼的证据。一方面，对验收时由于多种原因而无法完成的部分，应做专项处理，以免影响验收日期；另一方面，施工方应组织得力人员集中精力、全面参与竣工结算，积极主动地开展竣工结算工作。同时，与建设方及监理的信息传递应始终保持畅通。施工方应避免工程施工一结束，人员就四处分散，不能有效集中的局面出现。

除此之外，工程结算案一旦进入执行程序，申请执行人如果在一审、二审过程中没有进行财产保全，在执行过程中就会显得很被动，因此在执行程序中应尽快检索被执行人的财产。本案申请执行人是通过在销售房产的相关平台上查询被申请执

---

① 《民法典》第七百八十八条：建设工程合同是承包人进行工程建设，发包人支付价款的合同。建设工程合同包括工程勘察、设计、施工合同。

② 《民法典》第七百九十五条：施工合同的内容一般包括工程范围、建设工期、中间交工工程的开工和竣工时间、工程质量、工程造价、技术资料交付时间、材料和设备供应责任、拨款和结算、竣工验收、质量保修范围和质量保证期、相互协作等条款。

行人的销售车位记录，并通过房产查册检索出财产线索，及时提交法院才取得执行主动权。

【点评】

在现实执行实践中，财产线索是保障执行顺利推进的重要因素，申请执行人和被申请执行人均围绕执行财产展开博弈，当然一旦申请执行人掌握财产线索并通过法院实施查封、冻结等执行措施，被执行人即使主张财产置换，也需经过申请执行人的同意。本案中，申请执行人与被申请人能达成执行和解，申请执行人暂不申请拍卖查封物，也最大限度地保障了双方的利益。

点评人：广东粤广律师事务所律师　解刚

房屋拆迁补偿执行案

胡正方*

一、当事人、代理人及案由

（一）当事人、代理人

申请执行人：A公司、广州Y房地产开发有限公司（以下简称Y公司）。

Y公司代理人：胡正方，广东佰德律师事务所律师。

被执行人：梁某。

（二）案由

房屋拆迁补偿执行纠纷。

二、案情简介

A公司与Y公司合作开发商品住宅项目，并经广州市国土资源和房屋管理局（以下简称国土局）的批准取得了对广州市天河区中山大道以北生物厂生活区地段的拆迁许可，国土局于2003年7月2日发出拆许字〔2003〕45号《房屋拆迁许可证》，批准A公司与Y公司拆迁广州市天河区中山大道105号大院3幢等房屋以兴建商品住宅。

被执行人梁某是广州市天河区中山大道105号大院3幢604号房屋产权人，用途为住宅，总建筑面积为51.0903平方米。据广州市房地产交易所于2003年11月7日出具的《广州市房地产估价答复书》记载，广州市天河区中山大道105号大院3幢604号房屋（计价建筑面积51.09平方米）全交吉市值为140500元（即每平方米2750元）。

* 胡正方，广东佰德律师事务所律师。

A 公司与 Y 公司拟用广州市天河区中山大道 105 号 11 栋 103 号房屋作为拆除广州市天河区中山大道 105 号大院 3 幢 604 号房屋的补偿安置用房。据广州市房地产交易所 2003 年 11 月 7 日作出的《广州市房地产估价答复书》记载，广州市天河区中山城 105 号 11 栋 103 号房屋（计价建筑面积 72.42 平方米）的全交吉市值为 257800 元（即每平方米 3560 元）。A 公司与 Y 公司还表示，有三个补偿安置方案供梁某选择：1. 在广州市天河区中山大道 105 号 11 栋 103 号房位置划出建筑面积为 72.42 平方米的房屋作为拆除梁某房屋的产权调换补偿，供梁某永迁居住，并按市场价结算超过原面积部分的差价（永迁方案）。2. 按评估价作货币补偿。3. 在广州市天河区中山大道 105 号新建回迁楼第 5 层向北划出建筑面积为 88.43 平方米的房屋为补偿安置用房，并按市场价结算超过原面积部分的差价（回迁方案）。

由于梁某在上述拆迁过程中与 A 公司和 Y 公司发生冲突，且一直不提供具体的拆迁补偿安置意见，双方不能达成拆迁协议，A 公司和 Y 公司遂向国土局提出房屋拆迁申请，国土局经审理后依据《城市房屋拆迁管理条例》第十六条、第二十三条、第二十四条、第二十五条和第三十一条的规定，于 2003 年 12 月 18 日作出如下裁决："一、A 公司和 Y 公司应于本裁决书送达之日起 7 日内，在广州市天河区中山大道 105 号 11 栋 103 号房划出建筑面积 72.42 平方米的房屋作为拆除梁某原有广州市天河区中山大道 105 号大院 3 幢 604 号房屋的产权调换补偿，并供梁某迁入居住。二、A 公司与 Y 公司与梁某应于本裁决书送达之日起 15 日内，会同前来本局办理有关拆迁广州市天河区中山大道 105 号大院 3 幢 604 号房屋的产权调换补偿手续。同时，梁某按规定补偿 A 公司与 Y 公司调换新旧房屋的差价款共 117300 元。三、梁某应于本裁决书送达之日起 7 日内，腾空并迁出广州市天河区中山大道 105 号大院 3 幢 604 号房屋，一次性迁往本裁决书第一项所载明的房屋居住使用，并将原房屋交由 A 公司与 Y 公司拆除。四、梁某自行搬迁，A 公司与 Y 公司应于其迁出广州市天河区中山大道 105 号大院 3 幢 604 号房屋之日，一次性给付其搬迁补助费 450 元。五、梁某自行办理广州市天河区中山大道 105 号大院 3 幢 604 号房屋内的电话、有线电视线路、煤气管道的迁移手续，A 公司与 Y 公司凭发票给付其迁移费用。"①

A 公司和 Y 公司对上述裁决不服，于 2004 年 1 月 6 日向广州市天河区人民法院提起行政诉讼，要求变更该裁决为 A 公司和 Y 公司对梁某的房屋按拆迁房屋的评估价以货币形式补偿。天河区人民法院审理后于 2004 年 2 月 6 日判决维持国土

① 穗国房拆裁字〔2003〕725 号。

局作出的房屋拆迁裁决。梁某认为其与A公司和Y公司可继续协商，并有达成弃产补偿25万元的意愿，因此向广州市中级人民法院提起上诉，请求确认穗国房拆字〔2003〕725号房屋拆迁裁决无效，继续允许双方协商。广州市中级人民法院认为，由于双方并未达成协议，梁某以此为由要求撤销被诉具体行政行为，证据不足，如双方就补偿问题仍能达成一致意见的，可以在执行阶段进行和解，因此于2004年4月30日判决驳回上诉，维持原判。

2004年5月8日，A公司和Y公司作为申请人向广州市天河区人民法院申请执行[①]，在执行程序中A公司和Y公司与梁某最终协商一致达成拆迁补偿协议，该案至此终结。

三、争议焦点

1. 房屋拆迁补偿安置方式是否绝对遵循当事人意思自治准则（以下简称争议焦点一）？

2. 梁某与A公司和Y公司后期有意愿达成的弃产补偿安置方案，法院作为司法审判机关是否可主动干预并促成双方签订拆迁安置补偿协议（以下简称争议焦点二）？

四、各方意见

（一）一审

A公司和Y公司诉称，对穗国房拆裁字〔2003〕725号裁决中认定的事实没有异议，但按被拆迁房屋的评估价作货币补偿更具操作性和更符合梁某的意愿，要求变更该裁决为A公司与Y公司对梁某的房屋按拆迁房屋的评估价作货币补偿。

国土局辩称：我局2003年12月18日作出的穗国房拆裁字〔2003〕725号裁决，认定事实清楚，适用法律正确。梁某未明确选择货币补偿方式，A公司和Y公司提出的货币补偿方案不可行。

（二）二审

梁某诉称：1. A公司和Y公司自拆迁工作开展以来，从未真正上门谈及我住户的具体金额补偿问题，一讲到弃产就说按评估价计算，这样的谈话太霸道，延误了协商机会。A公司和Y公司未经协商就急于去市房管局申请裁决。而市房管局盲

---

① （2004）天法执字第1987号。

目地发第一次通知书，被我方在电话中拒绝，之后再发第二次通知。2003 年 12 月 15 日，我方投诉 A 公司和 Y 公司的种种违法行径和事实，并批评市房管局阻挠、干扰正常协商，偏听和偏帮开发商。2. A 公司和 Y 公司与我方在 2003 年 12 月 17 日达成了弃产补偿 25 万元的协议，2003 年 12 月 22 日本应鉴证，但由于 A 公司和 Y 公司没有按双方约定的做法支付房屋补偿金，我方拒绝签协议。后来 A 公司和 Y 公司更以我方提出附加补偿要求为由，拒绝与我方面对面交谈，并反悔不前去鉴证。因此我方请求法院确认穗国房拆裁字〔2003〕725 号《房屋拆迁裁决书》违法无效，继续允许双方协商，判令 A 公司与 Y 公司按双方于 2003 年 12 月 17 日达成的协议进行鉴证，并由法院判断我方提出的子女转学费、电话费及交通费是否为合理要求。

国土局答辩称：依据《城市房屋拆迁管理条例》第十六条的规定，我局有权对房屋拆迁纠纷进行裁决。拆迁人 A 公司和 Y 公司向我局提出拆迁裁决申请，我局受理后两次通知拆迁双方进行协商。在双方未能达成一致的情况下，我局作出的穗国房拆裁字〔2003〕725 号房屋拆迁裁决在程序和内容上符合法律规定，请求二审法院依法予以维持。

A 公司和 Y 公司答辩称：我方已给了梁某多次机会，但梁某多次提出无理要求，根本没有与我们协商的意向，在此情况下，我方不同意梁某的请求，请求二审法院维持原判，并尽快作出判决。

五、裁判结果

广州市天河区人民法院依照《行政诉讼法》第五十四条第一项以及《最高人民法院关于执行〈中华人民共和国行政诉讼法〉若干问题的解释》第四十九条第三款，参照《城市房屋拆迁管理条例》第十六条、第二十一条、第二十三条、第二十四条、第二十五条的规定，判决维持被告国土局于 2003 年 12 月 18 日作出的穗国房拆字〔2003〕725 号房屋拆迁裁决。①

广州市中级人民法院依照《行政诉讼法》第六十一条第一项的规定，判决驳回上诉，维持原判。②

---

① （2004）天法行初字第 4 号。

② （2004）年穗中法行终字第 161 号。

六、裁判理由

（一）关于争议焦点一

国土局认为，城市房屋的拆迁补偿安置，应以国家有关法规、政策为依据。拆迁补偿安置应以房屋产权证上记载的房屋性质、面积作为依据。拆迁补偿的方式可以实行货币补偿，也可以实行房屋产权调换，拆迁补偿方式由被拆迁人选择。拆迁人应当对被拆迁人支付搬迁补助费。实行房屋产权调换的，拆迁人与被拆迁人应当依照《城市房屋拆迁管理条例》第二十四条的规定，根据房屋的区位、用途、建筑面积等因素，以房地产市场评估价格计算被拆迁房屋的补偿金额和所调换房屋的价格，结清产权调换的差价。本案中，因回迁楼尚未建成，回迁房的市场评估价无法确定，而根据《城市房屋拆迁管理条例》第二十五条规定，实行房屋产权调换的，拆迁人与被拆迁人须结清被拆迁房屋与所调换房屋的差价，因而 A 公司与 Y 公司提出的回迁方案不可行，本局不予支持。而梁某未明确选择货币补偿方式，也未提供货币补偿后另有居所的资料，故对 A 公司与 Y 公司提出的货币补偿方案，本局不予支持。A 公司与 Y 公司提出的永迁补偿安置方案基本符合上述规定精神，但应按房地产市场评估价格结清被拆迁房屋与永迁房之间的差价。

（二）关于争议焦点二

广州市中级人民法院认为，根据《城市房屋拆迁管理条例》第十六条的规定，广州市国土资源和房屋管理局作为房屋拆迁的主管部门，经当事人申请，有权对未能达成协议的拆迁补偿安置纠纷作出裁决。该条例第二十三条同时规定，拆迁补偿的方式可以实行货币补偿或房屋产权调换，被拆迁人可以选择拆迁补偿方式。本案中，市国土资源和房屋管理局依法受理了拆迁人的裁决申请。在拆迁双方无法协商，被拆迁人梁某又不提供补偿安置意见的情况下，广州市国土资源和房屋管理局对拆迁人提供的三种补偿安置方案进行审查，并结合拆迁人能够提供永迁房屋的实际情况，从而决定由拆迁人以房屋产权调换的方式对梁某的房屋进行补偿。该裁决符合法律的规定，切实可行。在作出裁决之前，广州市国土资源和房屋管理局两次通知拆迁双方进行调解，询问补偿安置意见，裁决程序并无不当。梁某称广州市国土资源和房屋管理局阻挠其与拆迁人协商没有事实依据，本院不予采纳。至于梁某提出其与拆迁人曾就作价补偿 25 万元协商一致的问题，由于双方并未达成协议，梁某以此为由要求撤销被诉具体行政行为，证据不足，本院不予支持。如梁某与 A 公司和 Y 公司对补偿问题仍能达成一致意见的，双方可以在执行阶段进行和解。

七、实务经验

（一）现行法律规范视角下房屋拆迁补偿安置的现状

我国现行房屋拆迁法律规范主要是由《宪法》《土地管理法》《国有土地上房屋征收与补偿条例》和一些相关的行政法规、地方性法规构成。依据现有法律规范的规定，在尚未征求被拆迁人意见的情况下，行政机关即可向拆迁人发放拆迁许可证；拆迁人只要获得拆迁许可，拆迁双方就负有签约义务，不管被拆迁人是否情愿；假如被拆迁人希望获得较高补偿，而拆迁人不同意，即可请求行政部门强制裁决；一旦作出裁决，若被拆迁人拒绝执行，拆迁人即可申请行政或法院强制执行等。本案中就属于被拆迁人的梁某与拆迁人 A 公司和 Y 公司因一直无法达成一致的《拆迁补偿安置协议》，拆迁方就直接向国土局请求裁决拆迁，并以此进行强制执行拆迁。

关于房屋拆迁的征收问题，《宪法》第十条第三款仅规定："国家为了公共利益的需要，可以依照法律规定对土地实行征收或者征用并给予补偿。"而《物权法》对房屋拆迁的法律性质作出了比较明确的界定，其中四十二条规定："为了公共利益的需要，依照法律规定的权限和程序可以征收集体所有的土地和单位、个人的房屋及其他不动产。征收集体所有的土地，应当依法足额支付土地补偿费、安置补助费、地上附着物和青苗的补偿费等费用，安排被征地农民的社会保障费用，保障被征地农民的生活，维护被征地农民的合法权益。征收单位、个人的房屋及其他不动产，应当依法给予拆迁补偿，维护被征收人的合法权益；征收个人住宅的，还应当保障被征收人的居住条件。任何单位和个人不得贪污、挪用、私分、截留、拖欠征收补偿费等费用。"① 但《物权法》仍然是一些原则性的规定，具体实施还需要修改与制定相关的法律、行政法规，结合起来适用。

（二）房屋拆迁中征收对象归属的法律性质变更

根据以上法规，在房屋拆迁法律中，征收对象的归属经过了两次变更：1. 征

---

① 《民法典》第二百四十三条：为了公共利益的需要，依照法律规定的权限和程序可以征收集体所有的土地和组织、个人的房屋以及其他不动产。征收集体所有的土地，应当依法及时足额支付土地补偿费、安置补助费以及农村村民住宅、其他地上附着物和青苗等的补偿费用，并安排被征地农民的社会保障费用，保障被征地农民的生活，维护被征地农民的合法权益。征收组织、个人的房屋以及其他不动产，应当依法给予征收补偿，维护被征收人的合法权益；征收个人住宅的，还应当保障被征收人的居住条件。任何组织或者个人不得贪污、挪用、私分、截留、拖欠征收补偿费等费用。

收。国家为了公共利益的需要，依照法律规定的权限和程序可以征收集体所有的土地和单位、个人的房屋及其他不动产。征收决定送达被征收人时即发生法律效力，被征收的集体土地或者单位、个人的房屋、其他不动产的所有权自征收决定送达时转移给国家；2. 拆迁公告。根据建设部2005年颁布的《城市房屋拆迁工作规程》的规定，拆迁房屋单位向房屋所在地的市、县人民政府房屋拆迁管理部门申请领取房屋拆迁许可证，房屋拆迁管理部门在发放房屋拆迁许可证的同时，应当将房屋拆迁许可证中载明的拆迁人、拆迁范围、拆迁期限等事项，以房屋拆迁公告的形式予以公布。在公告的同时被征收的土地使用权和房屋及其他不动产的所有权由国家转移至拆迁人（即领取拆迁许可证的拆迁房屋单位）。

但是国家征收的具体履行单位在法律中并没有写明，而征收的行为事实上也是通过拆迁公告体现，而且土地的使用权由个人通过征收转化为国家这一法律行为并没有相对应的法律程序，即在房屋拆迁法律程序中，国家把征用的程序也转变为拆迁人与被拆迁人之间的商议和处理。

（三）房屋拆迁的现行法律问题

房屋拆迁法律程序中存在国家把征收的程序转嫁为拆迁人与被拆迁人之间的商议和处理的缺陷。这一缺陷正是导致房屋拆迁工作面临很多问题的重要原因。如对房屋拆迁法律并不熟知的被拆迁户仅看到拆迁公告，而缺乏相关政府的实质介入，很难理解其土地使用权和房屋及其他不动产的所有权经过了两次变更，并已转移至拆迁人，只要拆迁人做出合理补偿就可以实施拆迁行为。因为征收是一种行使公权力的行为，具有强制性，被征收人必须服从。虽然实践中一些街道办事处代表政府介入拆迁人与被拆迁人之间的商议和处理，但由于街道办事处对房屋拆迁法律了解并不深入，只能起到帮助协调作用。需要特别指出的是，不少被拆迁人甚至学者并不了解有关征收的法律制度，甚至认为拆迁是拆迁人与被拆迁人双方平等协商的民事行为，与政府无关，而只要是自己产权的房屋，不想拆迁就可以不必拆迁。这种对房屋拆迁法律的错误理解屡屡使拆迁工作陷入僵局。

在现实中由于房屋拆迁补偿纠纷存在一定的社会因素，拆迁方与房主往往要经过长期的协商沟通才能完成拆迁。本案中梁某与A公司和Y公司本可以通过直接签订《拆迁安置补偿协议》实现拆迁安置目的，但由于梁某一直不能以冷静的态度协商解决问题而盲目不满A公司和Y公司提出的安置方案，导致A公司和Y公司迫于压力向国土局和法院寻求解决。尽管在诉讼过程中，双方均有意愿采用按评估价作价补偿的安置方案，却未向法院提供具体的《拆迁安置补偿协议》，法院作为司法审判机关碍于审理范围的限定无法主动干预双方的签订协议行为，导致问题无法得到有效解决。最终双方通过申请执行，在执行中达成执行和解。本案与一般的执行案的区别在于，申请执行人和被申请执行人均积极主动地推动执行程序的进行，最终通过执行程序达到了各自的目的。

【点评】

本案是由拆迁问题引发的行政诉讼纠纷，但最终实质性地解决了当事人矛盾的却是执行程序，并不存在执行难的问题，本案中执行的意义就在于当事人可自由协商和解，这也刚好契合了拆迁方和被拆迁方的意愿。

点评人：广东粤广律师事务所律师　解刚

刑事被害人的损失无法得到退赔时能否执行被告人其他财产

胡正方*

一、当事人、代理人及案由

（一）当事人、代理人

被执行人：蔡某，男，1973 年 1 月 12 日出生，汉族，出生地为广东省阳春县，文化程度为中专，户籍住址为广东省佛山市南海区。

被害人：A 燃气公司。

代理人：胡正方，广东佰德律师事务所专职律师。

（二）案由

职务侵占赃款退赔。

二、案情简介

被告人蔡某于 2012 年 11 月入职 A 燃气公司担任业务员，负责联系客户及收取燃气货款等工作。2015 年 3 月至 2016 年 6 月，被告人蔡某利用职务上的便利，通过侵占现金、利用无抬头支票套取资金等方式，多次截留某塑料制品加工厂、某包装材料有限公司、某漠洋包装材料有限公司等客户向 A 燃气公司支付的燃气货款（经审计共计 562637 元），后将上述款项据为己有并用于个人挥霍。

2016 年 8 月 22 日，被告人蔡某主动前往被害单位配合调查并如实交代了侵占公司货款的事实。被害单位 A 燃气公司于当日向公安机关报案，后被告人蔡某在现

* 胡正方，广东佰德律师事务所律师。

场等待，抓捕时无拒捕行为，归案后亦能如实供述犯罪事实。

上述事实，有被害单位的委托报案人冯某的陈述及其辨认笔录，证人杨某的证言及其辨认笔录，现场照片，A 燃气公司营业执照、组织机构代码证，情况说明，委托书，收据，支票存根，简历，劳动合同，工资发放明细表，供气合同，某塑料制品加工厂、某漠洋包装材料有限公司出具的证明，货款说明要求，防范货款风险责任书，某交通设施有限公司营业执照，转账汇款凭证，被害人交易明细表，专项审查报告，现场检测报告书，受案登记表，立案决定书，抓获经过，户籍材料，被告人蔡某的供述等证据证实，足以认定。

被告人蔡某的辩护人提出本案的犯罪金额应当扣减被害单位拖欠被告人蔡某业务提成部分的辩护意见。但法院认为，被害单位是否拖欠被告人蔡某的业务提成与本案没有关联，且被告人蔡某应通过合法途径向被害单位主张业务提成。

公诉机关指控：2012 年 11 月 8 日，被告人蔡某入职 A 燃气公司，担任业务员一职，负责联系客户及收取客户燃气货款的工作。2015 年 3 月 3 日至 2016 年 6 月 30 日，蔡某利用职务之便，通过侵占现金货款、利用无抬头支票套取公司资金等方式，多次截留某塑料制品加工厂、某包装材料有限公司、某漠洋包装材料有限公司等客户货款共计人民币 562637 元。公诉机关认为被告人蔡某的行为已构成职务侵占罪，提请本院判处，并列举相关证据。

被告人蔡某的辩护人提出如下辩护意见：1. 被告人蔡某有自首情节，应当从轻或减轻处罚；2. 本案的犯罪金额应当扣减被害单位拖欠被告人蔡某业务提成约人民币 12 万元，故本案的犯罪金额应为 30 多万元，并非指控的 50 多万元；3. 被告人蔡某是初犯，悔罪态度较好，且其家庭情况困难。综上，请求法庭对其从轻处罚。

法院认为，被告人蔡某身为公司的工作人员，利用职务上的便利，将本单位财物非法占为己有，数额较大，其行为已构成职务侵占罪。但其有自首情节，可以从轻处罚。根据被告人蔡某的犯罪性质、情节、社会危害程度、认罪态度及未退赃款等情况，依照《刑法》第二百七十一条第一款、第六十四条、第六十七条第一款，《最高人民法院、最高人民检察院关于办理贪污贿赂刑事案件适用法律若干问题的解释》第十一条第一款以及《最高人民法院关于处理自首和立功若干具体问题的意见》第一条的规定，作出如下判决：

（一）被告人蔡某犯职务侵占罪，判处有期徒刑二年（刑期从判决执行之日起计算，判决执行以前先行羁押的，羁押一日折抵刑期一日，即自 2016 年 8 月 22 日起至 2018 年 8 月 21 日止）。

（二）追缴被告人蔡某的违法所得人民币 562637 元发还被害单位 A 燃气公司。

三、争议焦点

1. 涉案金额是多少?
2. 被告人是否应当从轻或者减轻处罚?

四、各方意见

公诉机关认为被告人蔡某的行为已构成职务侵占罪，提请法院判处，并列举相关证据。

被告人蔡某对指控的事实不持异议并表示认罪。

五、执行现状

案件判决生效后，被害人A燃气公司向法院申请执行，法官告知其案件已经移送执行庭，由执行法院依法进行追缴，不必再提起民事诉讼追缴，否则法院不予受理；如果有财产线索，可以向法院提供，法院将按照执行程序依法予以查封、扣押、冻结，以偿还被害人损失。后来被害人发现被执行人名下有一处房产，遂将该财产线索提供给法院执行局，法院执行局予以接收并依法查封该房屋。执行局告知被告人家属，应在一定期限内补偿被害人损失，否则将依法执行被告人名下的房屋。目前案件正在执行中。

在此之前，因未发现被告人的其他财产，为补偿损失，A燃气公司就同一案件事实，以案件中合同相对方为被告，向天河区人民法院提起了民事诉讼（因本案中的合同相对方未按照合同约定的方式支付价款，被告人才利用这个漏洞侵占了货款），天河区人民法院予以受理，目前案件正在进行中。至于是否与刑事执行的结果相悖，则视结果选择申请终止刑事或者民事诉讼。

六、案例评析

（一）刑事案件中被害人的损失无法得到退赔，能否执行被告人其他财产

综合《刑事诉讼法》及相关的司法解释中关于强制执行内容的规定分析，人民法院发生法律效力的刑事判决中涉及财产内容的强制执行仅限于罚金和没收财产这

两项，是关于财产罚的执行规定，而非继续追缴非法所得的强制执行规范。而《最高人民法院关于适用〈中华人民共和国刑事诉讼法〉的解释》第三百六十条规定，当法院在执行没收财产过程中发现执行财产中有需要退赔的，依法退赔，本条依然是指对没收财产这种财产罚的强制执行规定，不是刑罚，并不是对被害人民事权益的确权性裁判，不属强制执行内容。故刑事判决中的赃款追缴是不能由被害人申请强制执行的。但是本案中，广州市天河区法院则表明，在被告人无法返还被害人财产时，法院可依法执行被告人名下其他财产用以偿还被害人损失，被害人也可以向法院提供报告人的财产线索，法院将依法执行该财产。

（二）本案中，被害人的损失能否通过民事诉讼获得救济

1.《最高人民法院关于刑事附带民事诉讼范围问题的规定》第五条第二款规定："经过追缴或者退赔仍不能弥补损失，被害人向人民法院民事审判庭另行提起民事诉讼的，人民法院可以受理。"但目前该规定已经失效。

2. 2017 年修正的《民事诉讼法》进一步强化了对当事人民事诉讼权利的保障，强化诉权意识。其中第一百二十三条特别强调："人民法院应当保障当事人依照法律规定享有的起诉权利，对符合本法第一百一十九条的起诉，必须受理。符合起诉条件的，应当在七日内立案，并通知当事人……"实践中，对于符合民诉法受理条件的起诉，不予受理，或者驳回起诉，均与新民诉法强调保护当事人起诉权利的立法目的相悖。应依法保障当事人的诉权。

3. 刑事诉讼的追缴和退赔程序属于公权力，且局限于刑事诉讼，根本不能代替当事人行使私权救济。其与民事诉讼在理念、证明标准、保护范围方面存在很大不同，况且当事人无法启动该程序。

因此，应当尊重当事人的诉讼权利，刑事案件的被害人经过追缴或者退赔仍不能弥补损失，向人民法院民事审判庭另行提起民事诉讼的，人民法院应当予以受理，并且可以在人民法院民事判决生效后申请强制执行被告人的合法财产进行民事赔偿，天河区人民法院的做法正是保障当事人权益和私权救济的体现。

七、实务经验

1. 追缴赃款赃物本身具有强制力，若刑事案件中被害人的损失无法得到追缴退赔，仍可执行被告人其他财产，被害人也可以通过提供财产线索协助法院执行

追缴赃款赃物是一种强制措施，是司法机关在侦查、提起公诉、审判财产类犯罪案件过程中对赃款赃物进行核实、确认、查明去向并采取扣押、查封等强制措施

予以追缴退赔或上缴国库的司法活动。追缴退赔是有针对性的，只能对被告人内容和去向明确的非法所得采取追缴措施，不能查封、扣押被告人或其他人的合法财产。而在本案中，被告现有房产无证据表明是非法所得，人民法院仍可依法查封被告人房屋并可以进行拍卖，被害人也可以向法院提供报告人的财产线索，法院将依法执行该财产。

2. 被害人可以通过民事诉讼弥补损失

《最高人民法院关于刑事附带民事诉讼范围问题的规定》（现已失效）第 1 条、第 5 条规定，因犯罪分子非法占有、处置被害人财产而使其遭受物质损失的，不提起附带民事诉讼，人民法院通过追缴、责令退赔的方式弥补被害人损失，不能弥补损失的，被害人可以另行提起民事诉讼。最高人民法院民一庭意见：应当依法保障当事人的诉权。刑事案件的被害人经过追缴或者退赔不能弥补损失，向法院民事审判庭另行提起民事诉讼的，法院应当予以受理。因此，追缴赃款赃物并不是被害人获得权利救济的唯一方式，没有必要在判决认定非法所得已经被挥霍掉、经过追缴退赔还有部分未能追缴到案的情况下，还一味地“继续追缴”。既然案件中因合同相对方的违约行为导致被害人财物损失，那被害人当然可以以合同相对方为被告提起违约之诉，避免刑事中追缴不能而使被害人无限期处于等待弥补损失的状态。

综上所述，刑罚与民事赔偿的不同性质也是刑事案件与民事案件相互独立的一种表现。刑罚是对犯罪行为的公法制裁，而民事赔偿则是对当事人受到的损害进行的救济，以补偿性为原则，以惩罚性为补充。民事被告对被害人的民事赔偿与刑事案件中司法机关对犯罪所得的追缴与责令退赔不存在冲突。刑法作为国家公法，侧重于公权保护，而民法作为私法，侧重于私权保护。所以，我国刑事诉讼的功能定位就是侧重于公权保护，对被害人的私权保护却基本缺位。而刑事犯罪最直接、最根本的受害者是被害人（无被害人的犯罪除外），他们在无法通过刑事诉讼程序充分保护自己被侵犯的权利的情况下，选择通过民事诉讼程序实现权利救济，就具有正当性。因此，应当尊重当事人的诉讼权利，刑事案件的被害人经过追缴或者退赔仍不能弥补损失，向人民法院另行提起民事诉讼的，人民法院应当受理，在受理之后，可以视具体案情决定应否继续审理。

【点评】

本文研究的是在刑事案件中被害人的损失无法得到退赔，能否执行被告人其他财产的问题。相关的法律规定主要是《最高人民法院关于刑事附带民事诉讼范围问题的规定》第五条第二款规定：“经过追缴或者退赔仍不能弥补损失，被害人向人民法院民事审判庭另行提起民事诉讼的，人民法院可以受理”，但目前该规定已经失效。因此实践中能否向法院另行提起民事诉讼，需要视实际情况来决定。天河区人民法院的做法是拒绝被害人以被告人为被告提起民事诉讼，因为在刑事案件中已经判决由人民法院依法向被告人追缴。但是法院同时告知被害人可以向法院提供被害人的其他财产线索，法院将会依法执行。这也是法院不受理民事诉讼的原因，因为二者在被害人损失的救济上指向的是同一结果。但是本案的特殊之处在于，被告人的犯罪行为是建立在合同相对方的违约行为之上的。因此本案被害人又以合同相对方为被告提起了民事诉讼，法院依法进行受理，这就为被害人弥补自身损失开辟了另外一条途径。但值得注意的是，如果被害人在刑事和民事两个方面都得到救济的话，则属于双重救济，无疑会构成不当得利，因此在案件进行过程中，应视一方面的执行情况，及时终止另一方面的救济。

点评人：广东粤广律师事务所律师　解刚

（四）执行依据

从一则案例谈执行依据瑕疵的构成及处理

李军[*] 朱建芬[**]

一、当事人、代理人及案由

（一）当事人、代理人

申请执行人：陈某，男。

代理人：李军，广东海际明律师事务所律师。

被执行人：郭某，男；宋某，女；莫某，女。

（二）案由

返还工程信用金纠纷。

二、案情简介

1996年12月，陈某经第三人介绍与X公司签订《土建工程联营协议书》，约定联营承包某建筑工程。X公司系由郭某和宋某作为股东申请开办的有限责任公司，注册资本60万元，其中郭某出资40万元，宋某出资20万元。协议签署后，陈某向X公司交付50万元工程信用金，同时X公司向陈某出具收据，之后该工程因故无法实施。因此，陈某以X公司、郭某、宋某及第三人为被告起诉至Y法院，要求退回50万元工程信用金及相应利息，并由被告承担诉讼费。2000年12月，Y

---

* 李军，广东海际明律师事务所律师。

** 朱建芬，广东海际明律师事务所律师。

法院作出一审判决。判决主文内容共四项：（一）双方签订的《土建工程联营协议书》无效；（二）被告X公司于判决生效十日内，返还原告陈某工程信用金50万元；（三）被告郭某、宋某于判决生效三十天内，清理X公司的财产，同时以该公司的财产清偿上述债务；（四）被告郭某、宋某在X公司的财产不足以清偿上述债务时，在实际投入公司的资金与注册资金差额范围内承担清偿责任。案件受理费10010元由被告迳付原告。判决送达后，原、被告双方均没有上诉，一审判决生效。值得一提的是，在案件一审期间，X公司到工商税务部门办理了注销登记。

判决生效后，陈某遂向Y法院申请强制执行。法院在执行过程中裁定查封拍卖被执行人郭某名下房产以清偿债务。后续，经过多次执行异议之诉（被执行人郭某的配偶莫某对被查封房产主张异议）及夫妻共同债务确认之诉，陈某依法追加莫某为上述判决被执行人。2016年9月，Y法院裁定各查封被执行人郭某、宋某名下一套房产，以期通过拍卖实现执行申请人债权及延期履行利息约110万元。①

三、争议焦点

1. 生效判决主文第四项“被告郭某、宋某在X公司的财产不足以清偿上述债务时，在实际投入公司的资金与注册资金差额范围内承担清偿责任”是否清晰述明被告应履行的债务金额，即执行内容是否明确？

2. 如果说生效判决主文第四项可以执行，被执行人郭某、宋某甚至莫某对上述债务具体应如何承担？是按份责任还是连带责任？

四、双方意见

（一）申请执行人意见

涉案生效判决真实合法，且具有可执行性。法院的生效判决主文是递进关系，其中第三项是“被告郭某、宋某于判决生效三十天内，清理X公司的财产，同时以该公司的财产清偿上述债务”，而实际上，X公司在审理过程中已经注销，事实上不具备清理公司财产的可能。因此，申请执行人主张依法行使判决第四项确定的权利——向被告郭某、宋某主张债务。

---

① （2016）粤0113执恢129号之一。

同时，申请执行人向Y法院申请强制执行立案后，法院遂查封被告郭某名下的房产以期通过拍卖方式实现申请执行人的债权，也进一步印证上述主张是有理有据的。2013年6月，经申请执行人申请，Y法院指定相关机构对郭某名下房产进行了评估，并于2013年10月作出拍卖该房产的裁定。

此外，申请执行人通过另案确认夫妻共同债务之诉，法院经审理认为，《最高人民法院关于适用〈中华人民共和国婚姻法〉若干问题的解释（二）》第二十四条规定，债权人就婚姻关系存续期间夫妻一方以个人名义所负债务主张权利的，应当按夫妻共同债务处理。莫某与郭某是夫妻关系，本院已通过判决确认郭某应返还陈某工程信用金50万元等判项下的债务属于莫某与郭某婚姻关系存续期间产生的共同债务，莫某应对上述债务承担共同清偿责任①。本案未超过诉讼时效，陈某已依期限申请执行并对莫某与郭某夫妻共同财产查封拍卖，自始已对莫某主张权利，符合时效中断规定。

（二）被执行人意见

被执行人郭某、宋某在上诉期内对一审判决没有提出上诉，可以推定郭某、宋某是接受该判决内容的。莫某认为本案生效判决确定的债务是其配偶郭某的个人债务而非夫妻共同债务，经相关法院一、二审程序审理后，均被驳回。

五、裁决结果及理由

2017年5月，Y法院裁定终结本次执行。理由是：作为三位自然人被执行人应履行义务的金额范围是“实际投入公司的资金与注册资金差额”，但从上述判决及现有依据看，该范围暂无法确定。因此，本案不具备继续执行的条件。法律依据是《最高人民法院关于适用〈中华人民共和国民事诉讼法〉的解释》（以下简称《民诉法解释》）第五百一十九条。

六、案例评析

（一）Y法院作出“终结本次执行”的裁定适用法律错误

《民诉法解释》第五百一十九条规定，经过财产调查未发现可供执行的财产，在申请执行人签字确认或者执行法院组成合议庭审查核实并经院长批准后，可以裁

① （2000）番法民初字第××号。

定终结本次执行程序。本案中，三位被执行人名下的两套房产没有任何产权瑕疵，根本不构成“经过财产调查未发现可供执行的财产”，因此，该院作出“终结本次执行”的裁定适用的法律明显有误。

（二）判决主文第四项所述清偿义务具备实施条件，应给付的债务金额及利息即执行内容可以依法确定

1. 判决主文第四项实施的前提是判决主文第三项未履行或未完全履行，而判决主文第三项“被告郭某、宋某于判决生效三十天内，清理X公司的财产，同时以该公司的财产清偿上述债务”不具备实施可能，因为X公司在该案审理期间已经注销，公司主体不存在即不可能存在公司财产。关于注销登记的事实，案件庭询记录及工商所证明均可以佐证。

2. 判决主文第四项关于被执行人“实际投入公司的资金与注册资金差额”可以依法确定。

（1）在该判决中的法院查明事实部分的第二段，明确了“X公司是郭某、宋某作为股东申请开办的有限责任公司，注册资本60万元，其中郭某出资40万元，宋某出资20万元。该公司注册登记后，投资人抽逃了注册资金。”同样，在该判决中的“法院认为”部分也有“X公司投资人在公司注册登记后抽逃了注册资金”的描述。值得注意的是，法院关于抽逃出资的描述均是“在公司注册登记后抽逃了注册资金”而非“抽逃了部分注册资金”。据此，可以确定X公司注册资本为60万元，登记后郭某、宋某即全部抽逃。

（2）关于被执行人实际投入公司的资金，被执行人在案件庭审期间没有具体主张更没有证据证实。根据该案审理期间实施的相关法律规定，具体指《民事诉讼法》（1991年）第六十四条第一款“当事人对自己提出的主张，有责任提供证据”以及《最高人民法院关于适用〈中华人民共和国民事诉讼法〉若干问题的意见》（1992年）第三章关于证据提交及案件事实认定相关规定，被执行人“实际投入公司的资金”不论客观事实如何，在法律事实的认定层面应当为零。

因此，可以依法确定被执行人“实际投入公司的资金与注册资金差额”为60万元，法院判决被执行人应清偿的50万元债务并未超出该范围。

（3）根据1991年《民事诉讼法》第二百三十二条的规定，被执行人未按生效判决履行50万元工程金钱给付义务需支付迟延履行利息。具体计算方式以《最高人民法院关于执行程序中计算迟延履行期间的债务利息适用法律若干问题的解释》的实施日期——2014年8月1日为界，该日期之前应按按照中国人民银行规定的同期贷款基准利率加倍支付迟延履行期间的债务利息[①]；2014 年 8 月 1 日之后，按债务 50 万元 × 日万分之一点七五 × 迟延履行期间计算。

（三）三位被执行人承担清偿责任的方式是比例承担还是连带承担？

笔者认为，民事案件执行程序一般不存在法律的溯及力问题，但据以执行的判决客观上局限于当时的有效性法律规范，不宜简单地作出执行依据瑕疵的判断。根据立法精神，旧法没有明确规定的，可以参照新法的规定处理。

1. 涉案生效判决于 2000 年年底作出，适用法律依据是《民法通则》第五十八条第一款第五项、第二款和第六十一条第一款的规定。从该判决法律适用的依据来看，判决主文第四项判令郭某、宋某承担清偿责任的方式具体是按比例承担还是连带承担，无从确认。

2. 涉案生效判决作出之时，与该案法律事实相关的法律规范还有：《公司法》（1999 年）第三十四条，以及该法关于公司解散、清算的有关规定；结合生效判决法院查明事实及相关证据来看，涉案生效判决尽管多份证据均证实 X 公司已注销但却没有落入"本院认为"的内容中；因此排除援引郭某、宋某未清算公司财产造成债权人损失应承担的赔偿责任。但是，涉案生效判决"查明事实"和"法院认为"部分均确定描述了 X 公司抽逃注册资金的事实。因此，笔者推定可援引 1999 年《公司法》第三十四条的规定。遗憾的是，该条规定及后续相关司法解释也未就股东抽逃出资具体承担责任的方式作出明确规定。

3. 涉案生效判决作出后第五年即 2005 年年底，第十二届全国人民代表大会常务委员会第六次会议决定对《公司法》作出修改，其中将 1993 年的《公司法》第三十四条规定的"股东在公司登记后，不得抽回出资"变更为第三十六条规定的"公司成立后，股东不得抽逃出资"。2005 年的《公司法》虽然禁止股东抽逃出资，但未明确抽逃出资股东的民事责任。后来，最高人民法院相继出台了三个司法解释（均有修正），其中《最高人民法院关于适用〈中华人民共和国公司法〉若干问题的规定（三）》（2014 年修正）第十三条第二款规定："公司债权人请求未履行或者未全面履行出资义务的股东在未出资本息范围内对公司债务不能清偿的部分承担补充赔偿责任的，人民法院应予支持……"第十三条第三款规定："股东在公司设立时未履行或者未全面履行出资义务，依照本条第一款或者第二款提起诉讼的原告，请求公司的发起人与被告股东承担连带责任的，人民法院应予支持；公司的发起人承担责任后，可以向被告股东追偿。"参照该规定，涉案生效判决被告郭某、

① 具体依据是《最高人民法院关于在执行工作中如何计算迟延履行期间的债务利息等问题的批复》。

宋某的清偿责任应为连带责任。本案在执行实际操作过程中，申请执行人选择按比例承担的方式向被执行人主张债权相对公平，也更具有可操作性，要求郭某、宋某按各自在X公司的持股比例分别承担50万元的债务及利息的三分之二和三分之一，莫某因与郭某是配偶关系而被追加为被执行人，与郭某共同承担债务及利息。

（四）法院裁定终结本次执行时，申请执行人可以考虑的救济途径

1. 向法院提出执行异议，若有必要可向检察院申请对人民法院的异议程序进行监督。异议程序可参考《民事诉讼法》第二百二十五条、《最高人民法院关于严格规范终结本次执行程序的规定（试行）》《最高人民法院关于对人民法院终结执行行为提出执行异议期限问题的批复》以及《广东省高级人民法院执行局关于执行程序法律适用若干问题的参考意见》等。

2. 与作出判决的法院沟通，尝试以“判决补正”的裁定方式对判决主文进行释明。实际上，统观涉案判决全文可推定判决主文第四项所漏写的“实际投入公司的资金与注册资金差额范围”为50万元。《民事诉讼法》第一百五十四条和《民诉法解释》第二百四十五条规定了通过裁定对一些笔误（法律文书误写、误算，诉讼费用漏写、误算和其他笔误）进行补正。虽说本案所谓的执行依据瑕疵很难等同于笔误，但不失为一种变通处理方式。借此也顺便探讨一下究竟应当通过再审程序还是通过“补充判决”的形式进行救济？从法理上讲，再审程序是为了解决生效判决的错误而设置的救济程序，其在具体制度设计上与普通诉讼程序有所不同，但本案本质上并不属于错判，最多算漏判，或者更具体地说仅仅是判决主文中遗漏了对判决理由所认定的实际出资数额的明确。因此笔者认为，对于判决执行依据的漏判采用“补充判决”的救济比较妥当，而不是通过再审程序进行救济。①

2016年4月，最高人民法院制定了《关于落实“用两到三年时间基本解决执行难问题”的工作纲要》，提出各级人民法院要牢固树立政治意识、大局意识、为民意识，切实增强使命感、责任感和紧迫感，求真务实、锐意进取，勇于担当、奋发有为，全力推进各项执行工作健康快速发展，确保在两年到三年期限内完成基本解决执行难目标任务，切实“让人民群众在每一个司法案件中感受到公平正义”。本案中，执行依据的判决合法有效，被执行人也有财产可供执行，标的虽不大但执行期间已长达十六年之久，没有理由再久拖不执。

---

① 杨春华：《论判决执行依据瑕疵的处理》，载《法学杂志》2008年第2期。

【点评】

判决执行依据瑕疵造成一部分案件难以执行，但执行依据瑕疵的认定需尤为谨慎。类似文中援引的案例，经过十六年执行异议及追加被执行人诉讼程序，执行法院依申请查封并评估被执行人名下不动产，之后法院作出裁定“终结本次执行”，理由是据以执行的判决主文债务数额无法确定。该案是否确实构成执行依据瑕疵颇具争议。文中作者对结合判决当时的法律规范来认定是否构成执行依据瑕疵，以及确属执行依据瑕疵时是否可通过“判决补正”方式进行救济作出了实务探讨，具有一定的参考价值。

点评人：广东粤广律师事务所律师　解刚

生效仲裁书执行内容如何确定以及判断标准

胡正方*

一、当事人、代理人及案由

（一）当事人、代理人

申请执行人：A 建设开发有限公司（以下简称 A 公司）。

被执行人：B 建筑公司（以下简称 B 公司）。

异议人：B 建筑公司。

代理人：胡正方，广东佰德律师事务所律师。

目标公司：C 房产开发有限公司（以下简称 C 公司）。

（二）案由

股权转让合同纠纷。

二、案情简介

1992 年 3 月 28 日，A 公司与 B 公司签订《合作经营合同书》，约定双方共同投资创办 C 公司，A 公司负责提供位于广深公路与港湾路交汇处东南侧的景怡大厦的土地使用权，B 公司负责投资建设；怡景大厦建成后，按实际建筑面积进行分成，A 公司占 22%，B 公司占 78%；合作期限为十年，如需延长合作期限，须经董事会会议一致通过。

1992 年 4 月广州市对外经济贸易委员会批准 C 公司成立，公司性质为中外合作企业，其中 A 公司占有 22% 的股权，B 公司占有 78% 的股权，企业经营期限自 1992 年 4 月 24 日至 2002 年 4 月 23 日。

---

* 胡正方，广东佰德律师事务所律师。

2005年7月15日，为促进C公司房地产项目的开发，A公司与B公司签订《权益提前实现协议》，载明B公司同意将其在C公司中的全部权益提前实现，由A公司安排支付，金额为1950万元。此后B公司不再享有C公司的任何权益，也不再要求A公司给予任何补偿。A公司负责办理股东变更的有关手续，B公司应及时无条件地配合办理变更手续以及盖章、收取文件。其中第四条约定如下："本协议书签订生效后，B公司应及时积极配合A公司办理如下有关手续：1. 与A公司指定的公司签订股权转让协议，并向原政府审批机构申请变更C公司股东时需B公司签署的全部文件；2. 向原政府审批机构申请变更C公司董事会成员时需B公司签署的全部文件；3. 向原政府审批机构办理修改C公司合同和章程审批手续时需B公司签署的全部文件；4. 在协议签订时，将项目公司的公章、营业执照等资料移交A公司使用，在协议生效之日起15日内，B公司需将项目公司的全部资料移交A公司。"第六条："如受国家政策限制，B公司无法完全退出C公司，则应即时无条件配合A公司以不违反国家有关法律、法规的其他方式安排B公司在C公司的全部权益向A公司实质性转让。"上述《权益提前实现协议》签订后，A公司向B公司支付了1950万元权益提前实现款项。

2005年11月2日，A公司与D公司签订《股权转让合同》，约定将A公司持有的C公司22%的股权转让给D公司，将B公司持有的78%的股权转让给D公司在香港的关联公司E国际集团公司（以下简称E公司）。

A公司与D公司在上述股权转让过程中产生纠纷，A公司向广州市黄埔区人民法院提起诉讼，要求解除与D公司签订的《股权转让合同》，B公司作为第三人参加诉讼。2010年1月6日，该案判决如下：1. A公司与D公司签订的《股权转让合同》无效。2. D公司将C公司的营业执照、财务资料、土地使用证等返还A公司。3. A公司向D公司返还已付的股权转让款。① D公司不服一审判决，向广州市中级人民法院提起上诉，该法院于2010年6月8日作出二审判决，驳回D公司上诉，维持原判。②

二审判决生效后，广东省人民检察院向广东省高级人民法院提起抗诉，广东省高级人民法院提审该案件，并经审理于2012年12月10日作出判决，认为D公司向A公司支付第一期1000万元股权转让款时，开出不能兑现的空头支票，其法定代表人因伪造与该支票相关的金融票证被追究刑事责任，D公司的行为已构成根本

---

① （2009）黄民三初字第29号。

② （2010）穗中法民二终字第1024号。

违约。广州市对外经济贸易委员会因此撤回批准股权转让的文件。《股权转让合同》未经政府审批机关批准，该合同成立但未生效，双方当事人因履行合同取得的财产，应当互相返还。因此，原审判决认定事实清楚，但适用法律不当予以纠正，实体处理适当，予以维持。①

2014 年 4 月 22 日，A 公司委托广东同益律师事务所向 B 公司发出《律师函》，要求 B 公司履行《权益提前实现协议》约定的义务，配合 A 公司办理股东变更手续。

2014 年 7 月 17 日，A 公司向中国广州仲裁委员会提起仲裁，要求 B 公司履行《权益提前实现协议》，将 B 公司持有的 C 公司 78% 的股权转让至 A 公司名下，并配合 A 公司办理相关变更手续。② 2014 年 11 月 5 日，A 公司申请撤回该案仲裁申请，仲裁庭准许。

2014 年 12 月 24 日，A 公司委托广东金领律师事务所向 B 公司发出《律师函》，要求 B 公司履行《权益提前实现协议》约定的义务，签署向广州市对外经济贸易合作局申请变更股权的全部文件，配合 A 公司办理股东变更手续。2015 年 1 月 14 日，A 公司向中国广州仲裁委员会申请仲裁，请求：1. 裁决 B 公司将其持有的 C 公司 78% 的股权及对 C 公司 100% 的出资转至 F 香港公司（以下简称 F 公司）名下；B 公司将其对 C 公司的全部权益转给 F 公司；将 C 公司的外方投资者变更为 F 公司；2. 裁决 B 公司配合 A 公司办理第 1 项仲裁请求中的相关变更手续，与 F 公司签订股权转让协议，至原审批机关广州市对外贸易经济合作局、广州市工商行政管理局等机构办理 C 公司的股权、股东、董事会成员、公司合同及章程的变更手续；3. 裁决本案仲裁费用由 B 公司承担。广州仲裁委于 2015 年 7 月 14 日作出如下裁决：B 公司配合 A 公司与 F 公司签订股权转让协议，由原审批机关广州市对外贸易经济合作局审批后，再到广州市工商行政管理局等机构配合办理 C 公司的股权、股东、董事会成员、公司合同及章程的变更手续，将其持有 C 公司 78% 的股权，对 C 公司 100% 出资，对 C 公司的全部权益转给 F 公司，将 C 公司的外方投资者变更为 F 公司。③

随后，B 公司向广州市中级人民法院申请撤销上述仲裁案，广州市中级人民法院于 2016 年 2 月 25 日裁定驳回 B 公司的申请。④

---

① （2012）粤高法审监民提第 95 号。

② （2014）穗仲案字第 2715 号。

③ （2015）穗仲案字第 159 号。

④ （2015）穗中法仲审字第 245 号。

A公司向广州市中级人民法院申请执行，广州市中级人民法院指定广州市黄埔区人民法院执行，广州市黄埔区人民法院于2016年5月26日发出执行通知书。[①] B公司对此提出执行异议申请，2016年11月3日，广州市黄埔区人民法院裁定驳回B公司的异议申请。[②] B公司对此根据《民事诉讼法》第二百二十五条规定的"当事人、利害关系人认为执行行为违反法律规定的，可以向负责执行的人民法院提出书面异议。当事人、利害关系人提出书面异议的，人民法院应当自收到书面异议之日起十五日内审查，理由成立的，裁定撤销或者改正；理由不成立的，裁定驳回。当事人、利害关系人对裁定不服的，可以自裁定送达之日起十日内向上一级人民法院申请复议"向广州市中级人民法院申请复议，广州市中级人民法院于2017年3月16日裁定驳回B公司的复议申请，维持广州市黄埔区人民法院的执行裁定。[③]

三、争议焦点

1. 作为中外合作企业的C公司经营期限早已届满，在C公司没有进行恢复经营的情况下是否可直接强制执行进行股权变更（以下简称争议焦点一）?

2. 《权益提前实现协议》并非直接的《股权转让合同》，执行法院直接根据《权益提前实现协议》变更股权是否超范围执行（以下简称争议焦点二）?

3. （2015）穗仲案字第159号仲裁案是行为之诉还是给付之诉，判定结果对执行的影响如何（以下简称争议焦点三）?

四、各方意见

（一）（2016）粤0112执异22号执行异议案中的双方意见

执行异议人B公司要求撤销（2016）粤0112执1008号《执行通知书》。理由为：1. B公司合法持有C公司78%的股权，B公司对该部分股权享有完全处分、使用的权利。2. 广州市仲裁委员会作出的（2015）穗仲案字第159号裁决书仅是为F公司提供了一个与B公司谈判签订合同的机会，任何人都无权强行要求B公司签订股权转让合同。3. （2015）穗仲案字第159号案实属行为之诉，并非给付之

---

① （2016）粤0112执1008号。

② （2016）粤0112执异22号执行裁定书。

③ （2017）粤01执复28号执行裁定书。

诉，黄埔区人民法院作出的（2016）粤0112执1008号执行通知书超范围执行，应予撤销。而且（2015）穗仲案字第159号裁决书与广州市中级人民法院（2015）穗中法仲审字第245号民事裁定书的相关内容相矛盾，即本案执行的生效法律文书不具备法定的执行条件，应依法终结执行程序。4. C公司工商登记企业经营期限届满，不能进行相应股权变更事项，涉案裁决事项无法执行。

申请执行人A公司称：1. 黄埔区人民法院作出的《执行通知书》与广州市仲裁委员会作出的裁决书一致，因此B公司拒不履行是不合法的。2.（2015）穗仲案字第159号裁决是给付之诉，由此产生的（2016）粤0112执1008号《执行通知书》是合法的。3.（2015）穗仲案字第159号裁决书和《股权转让合同》都确认了该股权应转让给A公司所指定的第三方公司，且A公司已支付了合理对价，A公司于2005年7月15日以1950万元向B公司买下了其持有的股权，B公司在A公司需要时将股权转让给A公司指定的公司。现在根据（2015）穗仲案字第159号裁决书和《股权转让合同》，A公司指定F公司为A公司的股权接收人，B公司是有条件履行的。

（二）（2017）粤01执复28号复议程序中复议人的意见

B公司申请复议称：1. 黄埔区人民法院作出的（2016）粤0112执异22号执行裁定书程序严重违法，认定事实错误，适用法律错误。我司早已于2016年6月和8月中旬递交异议申请材料，在2016年10月下旬接到听证通知并于11月3日下午参加听证，在听证会结束后五日内提交了《代理意见》。但黄埔区人民法院在2016年11月3日就作出了（2016）粤0112执异22号执行裁定书，黄埔区人民法院未审先定，程序违法，也没有充分考虑我司意见。黄埔区人民法院分别于2016年9月和11月向广州市商务委员会（原广州市对外贸易经济合作局）、广州市工商局发出了《协助执行通知书》，在上述过程中也未通知我司，导致我司被动处于拒不执行生效法律判决的情形。2. 涉案仲裁裁决内容不明确，与广州市中院作出的（2015）穗中法仲审字第245号民事裁定书的有关内容相矛盾，不具备执行的法定条件。而且C公司工商登记企业经营期限届满，不能进行相应股权变更事项，涉案裁决事项无法执行，（2016）粤0112执1008号执行通知书中列明的“采取强制执行措施，到相关政府职能部门办理股权、股东变更手续”不具有可执行性，且该执行通知书超范围执行，依法应予撤销。3. 涉案仲裁裁决内容与广东省高级人民法院作出的（2012）粤高法审监民提字第95号民事判决书内容相矛盾，涉案仲裁裁决违背事实，无法执行，属于枉法裁决。B公司仍为C公司78%的股权所有人，B公司进行股权变更必须以合法有效的《股权转让合同》为基础。涉案仲裁裁决应当不予执行。故请求撤销（2016）粤 0112 执异 22 号《执行裁定书》和（2016）粤 0112 执 1008 号《执行通知书》，裁定对（2015）穗仲案字第 159 号裁决终结执行程序。

五、裁判结果

执行法院黄埔区人民法院裁定异议人请求撤销《执行通知书》的主张于法无据，异议人的其他异议理由不属于异议的审查范围，异议人应另寻法律途径解决。

复议法院广州市中级人民法院裁定驳回 B 公司的复议申请，维持广东省广州市黄埔区人民法院（2016）粤 0112 执异 22 号执行裁定。

六、裁决理由

（一）关于争议焦点一

异议人提交的证据中有一份《广州市工商行政管理局关于中外合作企业变更登记问题的复函》，具体内容为：《中外合作经营企业法》第二十三条规定："合作企业期满或者提前终止时，应当依照法定程序对资产和债权、债务进行清算。中外合作者应当依照合作企业合同的约定确定合作企业财产的归属。合作企业期满或者提前终止，应当向工商行政管理机关和税务机关办理注销登记手续。"第二十四条规定："合作企业的合作期限由中外合作者协商并在合作企业合同中订明。中外合作者同意延长合作期限的，应当在距合作期满一百八十天前向审查批准机关提出申请。审查批准机关应当自接到申请之日起三十天内决定批准或者不批准。"根据上述规定，中外合作企业经营期限届满，应当办理注销手续，如需办理其他变更登记，应当依法先向审批机关提出延长合作期限的申请。

在（2015）穗仲案字第 159 号仲裁案中，仲裁庭对 C 公司经营期限届满问题的意见为，虽然 C 公司的经营期限于 2002 年 4 月 24 日届满后，双方未向原审批机关申请延长经营期限，但经营期限所限制的是 C 公司对外的经营活动，其主体资格并未消失，《权益提前实现协议》约定的是 C 公司的股东权益分配问题，并不涉及公司对外经营，C 公司的经营期限是否届满，并不影响《权益提前实现协议》的效力。

黄埔区人民法院认为 C 公司经营期限届满问题并不属于异议审查范围，不能阻止对 C 公司股权进行变更。

（二）关于争议焦点二

在（2015）穗仲案字第159号仲裁案中，仲裁庭已认定《权益提前实现协议》是C公司的两个股东对公司权益如何分配所作出的约定，并非《股权转让合同》，同时《权益提前实现协议》第一条、第四条约定，B公司在收取1970万元款项后，应当与A公司指定的受让人签订股权转让协议。现A公司要求B公司将股权转让至F公司名下，并配合A公司签署股权转让所需的全部文件，符合合同约定，仲裁庭予以支持。

对此，黄埔区人民法院认为异议人所主张的超范围执行问题没有依据，且不属于异议审查的范围，不予支持。

（三）关于争议焦点三

在（2015）穗仲案字第159号仲裁案中，仲裁庭对此问题并没有直接的仲裁意见，但从其裁决内容来看，仲裁庭显然是支持直接将B公司的股权转让给F公司的，更符合给付之诉。

同样地，黄埔区人民法院认为异议人所主张的行为之诉问题没有依据，且不属于异议审查的范围，也不予支持。

七、案例评析

对于异议人B公司所主张的C公司经营期限届满、执行法院超范围执行等问题，法院均以不属于异议审查范围为由不予支持。《民事诉讼法》第二百二十五条规定："当事人、利害关系人认为执行行为违反法律规定的，可以向负责执行的人民法院提出书面异议。当事人、利害关系人提出书面异议的，人民法院应当自收到书面异议之日起十五日内审查，理由成立的，裁定撤销或者改正；理由不成立的，裁定驳回。当事人、利害关系人对裁定不服的，可以自裁定送达之日起十日内向上一级人民法院申请复议。"由此可知，本案中对于涉及实体内容的问题在执行异议程序中均无法得到解决，基于仲裁一裁终局的特殊性，本案一旦进入执行程序，异议人的救济途径相对来说是非常有限的。

【点评】

对于在执行程序中权利救济的途径，当事人除可以向法院提起执行异议外，如果认为民事执行活动存在违法情形还可向检察机关申请监督。在申请程序上，当事人、利害关系人、案外人认为人民法院的民事执行活动存在违法情形向人民检察院申请监督，应当提交监督申请书、身份证明、相关法律文书及证据材料；提交证据材料的，应当附证据清单。但值得注意的是，当事人、利害关系人、案外人已经向人民法院提出执行异议或者申请复议，人民法院审查异议、复议期间，当事人、利害关系人、案外人又向人民检察院申请监督的，人民检察院不予受理，但申请对人民法院的异议、复议程序进行监督的除外。

点评人：广东粤广律师事务所律师　解刚

快速进入执行程序

——公证债权文书强制执行指南

薄文君*

一、当事人、代理人及案由

（一）当事人、代理人

申请执行人：陈某。

被执行人：苏某。

代理人：C 律师。

（二）案由

公证债权文书的强制执行。

二、案情简介

2013 年 7 月 2 日，陈某与苏某签署了一份《还款协议》，主要内容为：苏某因资金周转曾于 2012 年 10 月 25 日向陈某借款人民币 300 万元整，借款期限自 2012 年 10 月 25 日起至 2013 年 3 月 25 日止。现借款期限已至，双方一致确认截至 2013 年 7 月 2 日苏某欠款总额为 300 万元整。同时双方约定利息自 2013 年 6 月 25 日起按月利率 2% 计算，苏某除支付利息外，还应每日按欠款总额的 5‰向陈某支付违约金。双方同时约定，陈某及苏某均同意向 F 公证处申请办理具有强制执行效力的债权文书的公证，若苏某到期不依约还款，陈某有权向 F 公证处申请执行证书并凭执行证书向有管辖权的人民法院申请执行，苏某承诺愿意接受人民法院的依法强制执行，并自愿放弃抗辩权。苏某接受人民法院强制执行的债务范围包括：300 万元

* 薄文君，广东高睿律师事务所律师。

主债权、利息及违约金，陈某实现债权的费用。

同日，F 公证处作出（2013）F 证字第 1××6 号公证书对《还款协议》予以公证并赋予强制执行效力。2015 年 7 月 15 日，陈某向 F 公证处申请出具《还款协议》的执行证书，F 公证处于 2015 年 7 月 30 日出具（2015）F 证字第 0××2 号执行证书。陈某持前述公证书及执行证书向 H 法院申请强制执行，H 法院予以立案受理①。

三、争议焦点

1. 该公证债权文书是否属于“确有错误”的公证债权文书？
2. 公证债权文书的利率超过年利率 24%，是否导致公证书违反公证程序？

四、各方意见

申请执行人陈某请求法院强制执行苏某主债权 300 万元、利息按月利率 2% 计算及违约金按日利率 5‰计算。

被执行人苏某向 H 法院提交了一份与陈某于 2013 年 7 月 2 日签订的《还款合同》，以此主张其与陈某就同一借款事项签订了两份不同内容的债权文书，该公证债权文书的内容与事实不符，请求法院不予执行。同时，苏某还表示《还款协议》中约定的月息 2% 和日违约金 5‰已超过了法律保护的借款年利率 24% 的上限，F 公证处出具的公证书回避该违法事项，严重违反法律规定的公证程序。

五、执行现状

（2015）F 证字第 0××2 号执行证书中关于“违约金”的内容被裁定不予执行，其余部分仍具有强制执行效力。

六、案例评析

（一）该公证债权文书是否属于“确有错误”的公证债权文书

关于上诉问题，一方当事人主张公证机关赋予强制执行效力的债权文书确有错

① （2016）京 0108 执异 52 号。

误，要求法院裁定不予执行的，应当依据相关事实及法律规定，并提交相应证据证明自己的主张。但经对比《还款合同》和《还款协议》，两份合同关于当事人主体、主债权金额、还款利率、还款期限、违约责任、保证责任以及利息结算等还款事项的主要约定均是一致的，不同之处在于《还款合同》较《还款协议》增加了“保障条款”的约定：苏某同意开出金额为人民币300万元的支票交给陈某，如苏某到期未能及时还款，陈某可自行至银行兑取。而这“保障条款”并未实质改变公证债权文书中债务人、保证人应负的还款责任，故此种情况不应属于《最高人民法院关于适用〈中华人民共和国民事诉讼法〉的解释》中规定的“公证债权文书的内容与事实不符”的情形，不属于“确有错误”的公证债权文书。

（二）公证债权文书的利率超过年利率24%，是否导致公证书违反公证程序

根据2015年《最高人民法院关于审理民间借贷案件适用法律若干问题的规定》第三十条规定：“出借人与借款人既约定了逾期利率，又约定了违约金或者其他费用，出借人可以选择主张逾期利息、违约金或者其他费用，也可以一并主张，但总计超过年利率24%的部分，人民法院不予支持。”故此，法院认为在月息已达2%，即借款年利率为24%的情况下，陈某所主张的日千分之五的违约金确已超过了法律保护的范围，对于该超出法律保护的部分应裁定不予执行，但此项问题不构成公证债权文书整体不予执行的理由。

七、实务经验

（一）公证债权文书的适用条件及范围

1. 公证债权文书的概念

公证债权文书，全称是“公证机关赋予强制执行效力的债权文书”，也就是指经公证的以给付为内容并载明债务人愿意接受强制执行承诺的债权文书。

2. 公证债权文书的适用条件

根据《最高人民法院、司法部关于公证机关赋予强制执行效力的债权文书执行有关问题的联合通知》（以下简称《联合通知》）的规定，具有强制执行效力的公证债权文书应当具备以下三个条件：

（1）债权文书具有给付货币、物品、有价证券的内容。

（2）债权债务关系明确，债权人和债务人对债权文书有关给付内容无疑义。这里要注意的是，债权债务关系明确是指债务的主体、数额或者计算标准、履行方式、履行地点、履行期限以及履约的认定程序必须约定明确。约定当事人互为给付、债权文书附条件或者附期限，以及债权债务的数额（包括违约金、利息、滞纳金）、期限不固定的情形不属于债权债务关系不明确。

（3）债权文书中载明债务人不履行义务或不完全履行义务时，债务人愿意接受依法强制执行的承诺。这里的承诺，应当是债务人（包括债务人、担保人等）明确承诺愿意接受依法强制执行。

3. 公证债权文书的适用范围

根据《联合通知》第二条的规定，关于公证机关赋予强制执行效力的债权文书的范围为：（1）借款合同、借用合同、无财产担保的租赁合同；（2）赊欠货物的债权文书；（3）各种借据、欠单；（4）还款（物）协议；（5）以给付赡养费、扶养费、抚育费、学费、赔（补）偿金为内容的协议；（6）符合赋予强制执行效力条件的其他债权文书。

（二）公证债权文书强制执行的程序

1. 公证债权文书申请强制执行的流程及文件

公证债权文书申请强制执行的流程图：

（1）债权债务人签署债权文书后向有管辖权的公证机构申请办理债权文书公证。由债权人、债务人及担保人（包括保证人、抵押人、出质人、反担保人，以下统称为担保人）共同向公证机构提出。

当事人申请办理具有强制执行效力的债权文书公证，债权文书中应当载明当债务人（包括担保人）不履行或者不适当履行义务时，其愿意接受强制执行的承诺。如债务人（包括担保人）由委托代理人代理申办公证事项的，其授权委托书中应当包括授权愿意接受强制执行承诺的内容，或者包括授权申办具有强制执行效力债权文书公证的内容，或者包括授权代理签订合同的内容。

（2）债务履行期限届满，债务人不履行或不完全履行债务，债权人可以向原公证机构申请出具《执行证书》。公证机关签发执行证书应当注意审查以下内容：第一，不履行或不完全履行的事实确实发生。第二，债权人履行合同义务的事实和证据，债务人依照债权文书已经部分履行的事实：债权人提交的已按债权文书约定履行了义务的证明材料是否充分、属实；向债务人（包括担保人）核实其对债权文书载明的履行义务有无疑义，以及债权人提出的债务人（包括担保人）不履行或者不适当履行债务的主张是否属实。第三，债务人对债权文书规定的履行义务有无疑义。

（3）债权人向有管辖权的人民法院申请执行。债权人向人民法院申请强制执行需提交如下材料：强制执行申请书；公证机构赋予强制执行效力的债权文书；执行证书；主体材料（当事人为个人的，提交身份证复印件；当事人为法人或其他组织的，提交营业执照复印件、法定代表人身份证明、法定代表人身份证复印件）；委托他人立案的需提交授权委托书及受托人的身份证复印件，委托律师办理的还需提交律师事务所指派函及律师证复印件。

2. 公证债权文书的管辖问题

公证债权文书的管辖，分为办理具有强制执行效力公证文书的公证机构的管辖以及申请强制执行的法院管辖。

（1）债权文书公证的公证机构管辖

根据《公证程序规则》的有关规定，申请人应遵循如下原则向有管辖权的公证处申请办理具有强制执行效力债权文书的公证：第一，通常情况下由当事人住所地、经常居住地、行为地或者事实发生地的公证机构受理。第二，涉及不动产的公证事项，由不动产所在地的公证机构受理；涉及不动产的委托、声明、赠与、遗嘱的公证事项，可以适用前款规定。第三，两个以上当事人共同申办同一公证事项的，可以共同到行为地、事实发生地或者其中一名当事人住所地、经常居住地的公证机构申办。第四，当事人向两个以上可以受理该公证事项的公证机构提出申请的，由最先受理申请的公证机构办理。

（2）申请强制执行的法院的管辖

关于已赋予强制执行效力的公证债权文书要向哪所法院申请强制执行，根据《民事诉讼法》第二百二十四条第二款的规定，应由被执行人住所地或被执行的财产所在地人民法院执行。而级别管辖，是参照各地法院受理诉讼案件的级别管辖的规定确定的。

3. 申请执行的期限

关于债权人向公证机关申请出具执行证书的期限，《公证程序规则》第五十五条第一款规定：“债务人不履行或者不完全履行经公证的具有强制执行效力的债权文书的，公证机构可以根据债权人的申请，依照有关规定出具执行证书。执行证书应当在法律规定的执行期限内出具。”而《民事诉讼法》第二百三十九条规定：“申请执行的期间为二年。申请执行时效的中止、中断，适用法律有关诉讼时效中止、中断的规定。前款规定的期间，从法律文书规定履行期间的最后一日起计算；法律文书规定分期履行的，从规定的每次履行期间的最后一日起计算；法律文书未规定履行期间的，从法律文书生效之日起计算。”因此，债权人应当在公证债权文书规定的履行期限届满之日起两年内向人民法院申请强制执行。而向公证机关申请执行证书是申请强制执行的前置程序，也应在公证债权文书规定的履行期限届满之日起两年内提出，但申请执行证书并不会中止或中断法律规定的申请执行期限。

（三）公证债权文书不予执行的情形

1. 法律规定不予执行的情形

《民事诉讼法》第二百三十八条规定，公证债权文书确有错误的，人民法院裁定不予执行。这里的“确有错误”，指的是以下几种情形：

（1）公证债权文书属于不得赋予强制执行效力的债权文书的。例如，没有给付内容的公证书、没有给付内容的执行证书、未载明一般保证人补充清偿责任数额的执行证书、载明债权人和债务人互负给付义务的执行证书。

（2）被执行人一方未亲自或者未委托代理人到场公证等严重违反法律规定的公证程序的。严重违反法律规定的公证程序指的是：申请办理公证时被执行人一方未亲自且未委托代理人到场；公证机构签发执行证书前未按照法律、司法解释、部门规章规定的程序或者当事人约定的方式对债权债务履行情况进行核实的；未经双方当事人同意，执行证书载明的给付标的种类、品质与公证书载明的给付标的种类、品质不同的；以及其他严重违反法律规定的公证程序的情形。

（3）公证债权文书的内容与事实不符或者违反法律强制性规定的。例如，第一，执行证书载明债权人已经履行合同义务或者债务人未履行或未完全履行义务但与实际履行情况不符的；第二，债权人与债务人就统一事实订立两份不同内容的债权文书，其中一份经过公证且赋予强制执行效力的；第三，经公证的债权文书不是双方当事人的真实意思表示的；第四，经公证的债权文书以合法形式掩盖非法目的；第五，债权人或债务人在公证时对债权文书载明的有关给付内容未予同意但公证机构作出公证书和执行证书的；第六，公证债权文书的内容与事实不符的其他情形。

（4）公证债权文书未载明被执行人不履行义务或者不完全履行义务时同意接受强制执行的。

（5）人民法院认定执行该公证债权文书违背社会公共利益的，裁定不予执行。例如，经公证的债权文书违反限购政策的。

2. 司法实践中常见裁定不予执行的情形

除上述有法律明确规定的不予执行的情形外，通过在“裁判文书网”及“威科先行”进行检索案例，我们发现在司法实践过程中，法院裁定对于公证债权文书不予执行的还包括如下几种情况：

（1）因计算方式约定不明确导致强制执行标的具体金额无法确定被裁定不予执行。在江西省高级人民法院作出的（2014）赣执审字第1号裁定书中，经法院查明，双方当事人约定标的股权收益权金额不低于：标的股权收益权转让价款

（15860 万元）×（1 + 12.05% × 信托实际存续天数 ÷ 365）。但公证文书约定，转让的股权收益权不仅包括股权卖出收入，还有股息红利、股权因分红、公积金转增、拆分股权等而形成的收入。而股权收益权的金额是取决于市场和股权对应机构的经营情况，并非一个明确、固定的金额。因此江西省高级人民法院认为案涉的公证文书属于计算方式约定不明确，因此裁定不予执行。

（2）因交易结构复杂所涉合同较多导致法院认定债权债务法律关系被认定不清晰被裁定不予执行。在最高人民法院（以下简称最高院）作出的（2015）执监字第 1 号裁定书中，法院认为，本案合同名为“最高额借款抵押合同”，但合同内容中，既有最高额抵押的内容，又约定了典当、续当、绝当、典当综合费用等典当合同的内容。根据《典当管理办法》第四十二条的规定，典当行经营房地产抵押典当业务，应当和当户依法到有关部门先行办理抵押登记，再办理抵押典当手续。本案中，抵押物均未办理登记，不符合上述规定，故本案合同性质不明确。此外，舜发公司是否应当先就恒达公司的担保物实现债权，李根实、裕华公司在何范围内承担担保责任均不明确，进而导致本案债权债务关系不明确。据此，最高院裁定案涉执行证书不予执行。

（3）因签订未经强制执行公证的补充协议而被认定合意变更执行标的的范围被裁定不予执行。在最高院作出的（2014）民二终字第 199 号裁定书中，法院认为，合同当事人的意思表示是赋予强制执行效力的公证债权文书强制执行效力的重要来源，当事人可以通过合意的方式约定直接申请强制执行的内容，法律亦不禁止当事人变更直接申请强制执行的内容，放弃对债权的特殊保障。本案中，虽然涉案债权存在有强制执行效力的公证债权文书，但双方当事人后对部分利息又约定可以采取诉讼方式解决纠纷，是通过合意的方式变更了可以直接申请强制执行的内容。因此，最高院裁定案涉执行证书不予执行。

（四）公证债权文书的可诉性

根据《最高人民法院关于公证债权文书执行若干问题的规定》第八条以及第二十条规定，公证机构决定不予出具执行证书的或者公证债权文书被裁定不予执行的，当事人可以就公证债权文书涉及的民事权利义务争议直接向人民法院提起诉讼，同时上述规定也针对不予出具执行证书以及裁定不予执行公证债权文书的条件作出了规定。最高人民法院上述 2018 年发布的规定修改了以往人民法院不受理债权人或者债务人对公证债权文书争议内容提起诉讼的做法，更好地保障了公证债权文书记载债务人的权利，也纠正了以往公证债权文书强制执行过于随意而对债务人利益造成损害的不当之处。

【点评】

公证债权文书不需要经过冗长的诉讼程序就可以直接向法院申请强制执行，有利于节约司法资源，也避免了当事人为解决纠纷花费大量的成本和时间。

但公证债权文书在实践中也存在着一定的风险。例如：

1. 债务人不按公证债权文书履行还本付息义务时，债权人可以向被执行人住所地或者被执行的财产所在地人民法院申请强制执行。但被执行人住所地或被执行财产所在地法院并非一定是执行人所在地，在选择管辖法院上可能对被执行人更有利。

2. 公证债权文书不具有可诉性，债权人无法及时进行财产保全。除非公证债权文书确有错误已经被人民法院裁定不予执行，当事人才可向法院起诉；而没有未经法院裁定不予执行的公证债权文书是不能直接到法院起诉的。对于债权人而言，虽然很快就进入了执行程序，但也存在很大的风险。第一，借款如果未到期借款人经营状况恶化，由于无法起诉，债权人则无法通过诉讼保全及时对债务人的财产进行查封、冻结，最后等借款到期到了执行阶段，可能债务人已无财产可供执行。第二，向法院申请执行前，债权人需要向公证机关申请出具执行证书，公证处出具执行证书需要对债务人履约情况进行核实，债务人得到消息后很有可能趁机转移财产，从而使债权人的债权无法得到保障。

因此，债权人在选择是否对债权证书进行公证时，需要根据自身实际情况谨慎作出决策。

点评人：广东君厚律师事务所律师　刘静

（五）执行分配

以公司为被执行人的执行财产分配方案制订与异议程序

卢迪欣*

一、当事人、代理人及案由

（一）当事人、代理人

执行申请人（一审原告、二审上诉人）：中山市A五金电镀有限公司（以下简称A公司）。

代理人：卢迪欣，广东广信君达律师事务所律师。

执行被申请人（一审原告及二审被上诉人）：佛山市顺德区B五金制品有限公司（以下简称B公司）。

（二）案由

加工、承揽合同纠纷。

二、案情介绍

A公司与B公司签订《高晖电镀加工合同》，约定由A公司对B公司提供的坯件进行电镀加工。截至2014年2月18日，A公司和B公司经对账后确认B公司尚欠A公司加工费4829351.69元，逾期付款利息40万元，共计5229351.69元。其后

---

* 卢迪欣，广东广信君达律师事务所律师。

A公司起诉至佛山市顺德区人民法院，佛山市顺德区人民法院作出（2014）佛顺法民二初字第225号民事判决书，认定B公司应当于判决生效之日起五日内向A公司支付加工款4829351.69元及逾期付款利息40万元，被告B公司未在法定期间内上诉，判决书生效。到期后A公司立即向顺德区人民法院提出强制执行申请。

在佛山市顺德区人民法院受理A公司起诉后，A公司同时向顺德区人民法院提出财产保全申请，顺德区人民法院受理财产保全申请后，裁定查封冻结B公司银行账户中与起诉金额相等的款项，上述案件开庭前法院再次查证已经冻结B公司的银行存款人民币100万元，A公司为该笔冻结款项的首次查封人。

除A公司外B公司还存在其他多位债权人，其中五位债权人以支持其诉讼请求的生效判决书为依据向顺德区人民法院执行局申请强制执行B公司的财产，债权人张某、周某以顺德区人民法院作出的民事调解书为依据向顺德区人民法院执行局申请强制执行B公司的财产。在执行程序中，除上述已经冻结的人民币100万元外，顺德区人民法院未查找到B公司的其他可供执行财产。因B公司的已查明财产无法清偿全部债务，除A公司外的上述债权人均向顺德区人民法院提出要求分配A公司首次申请查封冻结的人民币100万元。

三、争议焦点

在上述执行程序中，关于财产分配一事存在以下争议焦点：

1. 债权人A公司主张自己属于冻结财产人民币100万元的首次查封冻结人，要求就已经冻结的被执行人人民币100万元全部优先受偿，执行法院制作的执行方案中是否应当优先用于偿还A公司债权？

2. 债权人张某、周某主张其提出的请求权基础为工资债权人民币22万元，要求在已冻结的被执行人款项中优先受偿，包括A公司在内的其他债权人均不同意，执行法院制作的执行方案中是否应当优先偿还债权人张某、周某的工资债权？

3. 因债权人张某、周某主张参与分配的依据为顺德区人民法院主持下制作的生效民事调解书，其他债权人在不认可执行法院制作的优先偿还债权人张某、周某工资债权的财产分配方案时，在程序上如何进行救济？

四、各方意见

佛山市顺德区人民法院在收到债权人的强制执行申请后，依据《最高人民法院关于适用〈中华人民共和国民事诉讼法〉的解释》第五百一十一条规定，制作《B公司执行财产分配方案》（以下简称分配方案）并送达各个债权人。上述分配方案的主要内容为已经冻结的100万元在扣除执行费用后优先偿还债权人张某、周某的工资债权22万元，剩余部分按照各个债权人的债权比例分别偿还，A公司的债权视为普通债权与其他债权人一起按比例受偿。

（一）A公司意见

A公司在法定期限内向执行法院提出针对分配方案的书面异议，主要异议理由为：1. 工资债权优先于其他普通债权受偿缺乏法律依据；2. 按照《最高人民法院关于适用〈中华人民共和国民事诉讼法〉的解释》第五百一十六条的规定，对于普通债权按照财产保全和执行中查封、扣押、冻结财产的先后顺序清偿。执行法院将A公司的书面异议通知其他申请强制执行的债权人，其他债权人均未在法定期限内向执行法院提出反对意见，于是顺德区人民法院根据异议人A公司的意见将分配方案修改为已经冻结的人民币100万元在扣除执行费用后优先偿还A公司的债务。

（二）案外其他债权人意见

债权人张某、周某在法定期限超过后对A公司的书面异议提出反对意见，执行法院告知由于其超出法定期限提出反对意见，故不予采纳。债权人张某、周某其后向佛山市中级人民法院申请被执行人B公司破产，佛山市中级人民法院经审查后受理其该申请，执行法院随即以被执行人已经进入破产程序为由中止全部执行。

A公司与债权人张某、周某协商，债权人张某、周某撤回对被执行人B公司的破产申请要求，本案继续执行。其后执行法院根据A公司、债权人张某、周某、其他债权人一致协商的意见，制订分配方案终稿，终稿主要内容为债权人张某、周某的工资债权优先于其他债权人受偿，冻结款项在扣除执行费用、支付债权人张某、周某工资款后的余额由全部债权人按照债权比例分配，A公司作为首次查封冻结人，可以优先受偿20%。执行法院在召开债权人会议后，迅速作出裁定书并按照上述分配方案终稿分配冻结财产。

五、实务经验

本案系典型的被执行人公司财产不足以清偿全部债务，多个申请执行人共同分配有限财产的强制执行案件，几乎集中了参与分配程序的全部业务要点，对于强制执行业务具有重要的参考意义，同时又因为本案处理时恰逢《最高人民法院关于适用〈中华人民共和国民事诉讼法〉的解释》开始施行，本案的争议焦点又反映出新旧民事诉讼法执行程序的差异，值得借鉴。以下是笔者梳理的几个流程要点：

（一）工资债权是否可以优先于其他普通债权得到清偿

工资债权和其他多个普通债权并存的情况在实务中并不罕见，但我国法律在关于工资债权是否可以优先受偿的问题上，新旧民事诉讼法的规定并不一致。以往，法院认为工资债权可以优先于其他普通债权和抵押权、建设工程款等受偿，法律依据可以追溯到1992年实施的《最高人民法院关于适用〈中华人民共和国民事诉讼法〉若干问题的意见》第二百八十二条，该条规定在普通执行程序中，被执行人的财产不能满足所有申请执行人清偿要求的，按《民事诉讼法》第二百零四条的规定处理，即可以参照企业破产的财产分配顺序进行分配，因此工资债权优先于其他普通债权受偿，但2007年修订的《民事诉讼法》已经删除原二百零四条和企业破产清算的内容，从此工资债权优先受偿即不再具有明确的法律依据，但这种习惯做法却一直沿袭至今。

本案中，A公司提出债权人张某、周某的工资债权基础并非法院依法作出的民事判决，而是债权人和被执行人自行协商后确定的民事调解书；同时债权人张某、周某当时起诉被执行人B公司的案由并非劳动争议，而是劳务合同纠纷；并且二债权人在一年内的工资高达22万元，明显超出了当地平均收入水平。执行法院综合考虑A公司意见和债权人张某、周某的情况后，不再认可张某、周某的债权属于工资债权，因此没有优先受偿的效力。

（二）在分配方案制作过程中的申请执行人救济途径

新的民事诉讼法司法解释规定了参与分配制度中的多种救济途径，执行法院需要依法制订财产分配方案并送达各个债权人，债权人可以对财产分配方案提出异议，其他债权人收到异议后可以提出反对意见，提出异议的债权人收到反对意见后可以提起分配方案异议之诉。债权人提出的异议可以分为程序性异议与实体性异议，除此之外，债权人提出的异议和反对意见还可能涉及针对生效裁判文书确定的债权能否提出异议的问题，但这一问题在现行民事诉讼法及其司法解释中并未明确规定。按照一般司法理论，生效裁判文书具有既判力，按照“审执分离”的原则，执行法官无权审查生效裁判文书中认定的事实和判决结果，否则可能造成生效法律文书的确信性丧失，争议久拖不决，但这种情况下债权人的救济途径应该得到更为明确的规定。

在本案中，A公司提出工资债权和首先查封债权的优先受偿和顺位问题即属于涉及申请执行人实体利益的实体性异议，执行法院在告知其他债权人反对后，A公司需要提起分配方案异议之诉解决这种实体性争议，这种诉讼存在一审、二审；而债权人周某、张某提出的反对意见因为超过法定期限，属于程序性问题，执行法院根据《民事诉讼法》第二百二十五条的规定直接裁定驳回异议，如果债权人周某、张某不服只能向上一级法院申请复议。

除以上实体性和程序性异议外，A公司在执行过程中向执行法院提出过针对债权人周某、张某提供的民事调解书的意见，执行法院告知A公司无法通过分配财产异议之诉认定民事调解书的真实性和效力，A公司要推翻债权人周某、张某的民事调解书只能通过审判监督程序进行。但A公司并非债权人周某、张某和被执行人B公司纠纷的当事人，无法启动审判监督程序。

（三）首封债权是否优先受偿以及应对方案

根据《最高人民法院关于适用〈中华人民共和国民事诉讼法〉的解释》第五百一十六条的规定，在申请执行人均不同意被执行人移送破产的情况下，被执行人的普通债权按照财产保全和执行中查封、扣押、冻结财产的先后顺序清偿。该规定表明在被执行人是企业法人时，在不移送破产的情况下首封债权可以优先受偿，但被执行人的财产往往无法偿还全部债务，此时被执行人通常会被法院认定为已经达到破产的标准。在这种情况下，根据《最高人民法院关于适用〈中华人民共和国民事诉讼法〉的解释》第五百一十三条的规定，只要其中一位申请执行人申请被执行人破产，法院即可以中止执行程序并转入破产程序，此时首封债权的优势地位就会被打破。但由于首封人对于全部申请执行人受偿有贡献，法院在制作分配方案时往往会对首封债权予以适当照顾。

本案中，A公司为冻结款项的首封人，但债权人张某、周某称如果不同意其债权优先受偿的请求，即可以马上申请被执行人破产，从而中止执行程序。A公司经过执行法院组织的沟通协调，与张某、周某以及其他债权人达成一致意见，张某、周某的债权优先其他债权受偿，A公司的首封债权20%优先于其他普通债权人受偿。

【点评】

强制执行过程中分配财产是一个动态的过程，可以说这个过程中各个申请执行人之间、申请执行人和被执行人之间存在着多种利益博弈，作为代理律师应当善用《民事诉讼法》赋予当事人的权利，努力谋求利益最大化。

本案中，代理律师指出申请执行人的工资债权存在的种种不合常理之处，并且提出工资债权优先受偿的法律依据不足，促使执行法院修正财产分配方案，是正确的努力方向。在发现首封债权无法优先受偿后，代理律师果断决定主动和工资债权人沟通协商，争取了己方当事人的债权优先受偿20%的良好结果。代理律师在调查了解后，判断被执行人除了现有申请执行人之外还存在大量债权，如果拖延下去当事人的受偿金额将会更为减少，因此在代理律师的促使下，执行法院在最短时间内完成了财产分配方案的裁定并实际分割财产，在分割财产后不到十日，即有多个债权人持生效法律文书主张高额债权。这种高效的工作也为当事人赢得了更多的受偿金额。

另外，代理律师可以借鉴本案中其他债权人的做法，在自己的债权无法得到清偿时，可以以申请破产为由和其他债权人交涉，从而取得满意结果。目前破产法并未规定申请破产人的债权比例和金额，因此理论上任何一个债权人均可以申请企业破产，这种做法为小额债权人争取更多份额提供了很好的机会。

点评人：广东广信君达律师事务所律师　卢迪欣

参与分配若干问题分析

王德虎[*] 杨晶晶[**] 刘源[***]

一、当事人、代理人及案由

（一）当事人及代理人

申请执行人：××银行广州分行。

代理人：王德虎、杨晶晶，均系北京市炜衡（广州）律师事务所律师。

被执行人：云浮市永光××××有限公司、陈×常、陶×、陈×婷。

案外人：叶×金、陈×良、工行××分行。

（二）案由

金融借款合同纠纷执行及衍生执行分配方式异议之诉。

二、案情简介

2013年，因云浮市永光××××有限公司、陈×常、陶×、陈×婷等未能及时偿还拖欠××银行广州分行的到期借款，××银行广州分行向A法院提起诉讼，并申请财产保全，查封/轮候查封、冻结了被执行人陈×常名下的若干房产及土地。2014年，就××银行广州分行诉被执行人云浮市永光××××有限公司、陈×常、陶×、陈×婷金融借款合同纠纷一案，A法院作出一审判决。一审判决生效后，申请执行人××银行广州分行向A法院申请强制执行，法院立案受理①。在本案执行过程中，申请执行人代理人发现被申请人轮候查封的被执行人陈×常名下两宗土地

* 王德虎，北京市炜衡（广州）律师事务所律师。
** 杨晶晶，北京市炜衡（广州）律师事务所律师。
*** 刘源，北京市炜衡（广州）律师事务所律师。

① （2014）穗天法执字第8173号。

已被B法院首封，B法院已在处置过程中，该两宗土地均已进入评估拍卖程序，尚未处置完毕。申请执行人遂书面申请A法院发函给B法院申请参与分配。

2015年，陈×常名下两宗土地经过多次拍卖成功卖出，因被执行人陈×常拖欠大量债务，涉及多个执行案件，B法院经办法官在涉案两宗土地成功拍卖后通知多个债权人参加执行听证。在听证会上，B法院向各债权人通报了目前的案件进展以及参与分配的债权人基本情况，并听取了各债权人的意见，申请执行人代理人亦重申了按所占全部申请参与分配债权数额的比例参与分配的请求。

听证会后，2015年11月B法院作出了《广东省Y市B法院关于对被执行人陈×常财产拍卖所得款的参与分配方案》（以下简称参与分配方案）并送达申请执行人。在参与分配方案中，B法院认为申请执行人××银行广州分行对陈×常、陶×提供抵押的两块土地和两套房产享有优先受偿权且A法院已查封陈×常名下的两宗土地，故对××银行广州分行的参与分配请求不予支持。申请执行人在收到参与分配方案后15天内对分配方案提出异议，要求按所占全部申请参与分配债权数额的比例参与分配。因部分未提异议债权人对××银行广州分行提出的异议申请提出反对意见，申请执行人于2015年12月依《最高人民法院关于适用〈中华人民共和国民事诉讼法〉的解释》（以下简称《民诉法司法解释》）第五百一十二条的规定，以提出反对意见的债权人叶×金、陈×良、工行××分行为被告提起执行分配方案异议之诉，要求撤销上述参与分配方案，重新认定申请执行人有权按所占全部申请参与分配债权数额的比例参与分配。B法院立案受理后于2016年4月开庭审理，B法院一审判决驳回申请执行人的异议请求，申请执行人在法定期限内提出上诉。2017年2月二审法院开庭审理，二审法院认定一审法院认定事实不清，将本案发回重审，目前本案尚处于重审一审阶段，尚未结案。

三、争议焦点

1. 在参与分配方案尚未出具、尚未生效之前，执行法院能否将案涉两宗土地的拍卖款径行支付给优先受偿权利人？

2. 优先受偿债权未经生效法律文书确认，执行法院能否将《小企业借款合同》以及《最高额抵押合同》作为参与分配的依据进行分配？

3. 其他取得执行依据的债权人申请参与分配时，执行法院能否简单地以其他债权人有抵押物为由驳回其参与分配申请？

四、各方意见

（一）申请执行人××银行广州分行

1. 根据《民诉法司法解释》第五百零八条第一款“被执行人为公民或者其他组织，在执行程序开始后，被执行人的其他已经取得执行依据的债权人发现被执行人的财产不能清偿所有债权的，可以向人民法院申请参与分配”和第五百一十条“参与分配执行中，执行所得价款扣除执行费用，并清偿应当优先受偿的债权后，对于普通债权，原则上按照其占全部申请参与分配债权数额的比例受偿。清偿后的剩余债务，被执行人应当继续清偿。债权人发现被执行人有其他财产的，可以随时请求人民法院执行”等相关规定，虽然申请执行人对其他被执行人名下的土地和房产享有优先受偿权，但申请执行人已举证证明该土地和房产的价值远远不足以清偿申请执行人的全部债权，申请执行人依法有权参与分配，参与分配方案不能以此为由不予支持申请执行人的参与分配请求。

2. 参与分配方案一方面以不支持申请执行人参与分配的同样理由不同意案外人工行××银行（2015）云城法执字第51、849号执行案参与分配，另一方面却同意优先支付案外人工行××银行上述两案的受理费、保全费和执行费，但申请执行人的受理费和保全费却没有获得支付，参与分配方案明显区别对待，未能公平、公正地分配拍卖所得款。

3. B法院在未出具参与分配方案的情况下，直接向工行××分行分配拍卖款项，明显违反法律规定。

（二）工行××分行

1. 工行××分行依法对《小企业借款合同》的债权享有优先受偿权，该笔债权已经相关撤销之诉、确权之诉及B法院执行局的认定，依法有权优先受偿。

2. ××银行广州分行的另案抵押财产和其他查封资产不足以清偿债权、有权参与分配的依据不足。

3. 参与分配方案真正体现公平、公正原则，合法有效，应予维持。

（三）叶×金、陈×良

叶×金、陈×良未出庭参与诉讼，未发表相关意见。

五、案件现状

（2014）穗天法执字第8173号执行案目前尚处于执行程序中，被执行人陈×

常、陶×名下提供抵押的两套房产已于2017年拍卖完毕，申请执行人优先受偿100多万元。陈×常提供抵押的另外两块土地因位于外地，A法院目前尚未处置，申请执行人已申请A法院进行评估拍卖。申请执行人于2015年12月提起执行分配方案异议之诉，2016年4月一审开庭，2017年2月二审开庭，二审法院认定B法院认定事实不清，判决撤销原判决，发回重审。目前尚未接到B法院进行重审的立案通知和开庭传票。

六、案例评析

（一）在参与分配方案尚未出具、尚未生效之前，执行法院能否将案涉两宗土地的拍卖款径行支付给优先受偿权利人？

2015年10月20日，B法院作出上述参与分配方案，在分配方案中，B法院明确工行××分行已于2015年8月31日领取执行款1600万元，工行××分行在参与分配方案未出具、未生效的前提下领取了1600万元的执行款。对于上述法院意见，我方认为，根据《民诉法司法解释》第五百一十一条“多个债权人对执行财产申请参与分配的，执行法院应当制作财产分配方案，并送达各债权人和被执行人。债权人或者被执行人对分配方案有异议的，应当自收到分配方案之日起十五日内向执行法院提出书面异议”和第五百一十二条“债权人或者被执行人对分配方案提出书面异议的，执行法院应当通知未提出异议的债权人、被执行人。未提出异议的债权人、被执行人自收到通知之日起十五日内未提出反对意见的，执行法院依异议人的意见对分配方案审查修正后进行分配；提出反对意见的，应当通知异议人。异议人可以自收到通知之日起十五日内，以提出反对意见的债权人、被执行人为被告，向执行法院提起诉讼；异议人逾期未提起诉讼的，执行法院按照原分配方案进行分配。诉讼期间进行分配的，执行法院应当提存与争议债权数额相应的款项”的规定，债权人或被执行人有权对分配方案提出异议，未提出异议的债权人、被执行人有权提出反对意见，若提出反对意见，而异议人未在规定时间内提起诉讼的，执行法院才按照原分配方案进行分配，且诉讼期间进行分配的，执行法院应当提存与争议债权数额相应的款项。

本案中，申请执行人已对参与分配方案提起执行分配方案异议之诉，且目前尚未结案。在上述程序期限尚未届满之前，分配方案明显尚未发生法律效力，B法院不应直接将款项分配给工行××分行。B法院在未出具分配方案之前已将该部分款项直接分配给工行××分行，明显违反法律规定。

（二）优先受偿债权未经生效法律文书确认，执行法院能否将《小企业借款合同》《最高额抵押合同》作为参与分配的依据进行分配？

2015 年 10 月 20 日，B 法院作出上述参与分配方案，在分配方案中，B 法院认定工行××分行作为债权人有权参与分配，且该项债权的参与分配依据为《小企业借款合同》和《最高额抵押合同》。对于上述法院意见，笔者认为，关于抵押权人是否可以不经过审判程序，进而直接向人民法院直接申请参与分配，有两种不同的观点。

第一种观点是按照《民诉法司法解释》第五百零八条与《最高人民法院关于人民法院执行工作若干问题的规定（试行）》第九十三条的规定，对人民法院查封、扣押或冻结的财产有优先权、担保物权的债权人，可以申请参加参与分配程序，主张优先受偿权。第二种观点是抵押权人申请参与分配必须取得生效法律文书，而后才能向人民法院申请参与分配。

目前虽然有观点认为抵押权人可以直接申请参与分配，但存在争议且法律依据不足，原因如下：

首先，2015 年 11 月 24 日，江苏省高院发布《关于印发〈关于首查封普通债权法院与轮候查封优先债权执行法院之间处分查封房地产等相关问题的解答〉等指导意见的通知》中规定："抵押债权人直接向法院申请执行或参与分配的，其优先受偿的债权数额如何确定，倾向于有抵押登记的以抵押登记确定的范围为准，没有抵押登记的以抵押合同约定的范围为准。"其中存在两个问题，其一，该规定没有明确具体债权数额，若不经过诉讼程序先行确定对于抵押权人本身存在执行障碍，对其他债权人也会存在不公平的嫌疑；其二，该规定主要解决的是优先受偿权的问题，在实践运用中也存在一定争议。

其次，《物权法》第一百九十五条第二款规定："抵押权人与抵押人未就抵押权实现方式达成协议的，抵押权人可以请求人民法院拍卖、变卖抵押财产。"①《民事诉讼法》以及《民诉法司法解释》进一步明确了实现担保物权的特别程序，需经过业务庭特别诉讼程序后，才能进一步向法院执行局申请强制执行。

再次，《民诉法司法解释》第五百零八条第一款规定："被执行人为公民或者其他组织，在执行程序开始后，被执行人的其他已经取得执行依据的债权人发现被执行人的财产不能清偿所有债权的，可以向人民法院申请参与分配。"第二款规定：

① 《民法典》第四百一十条第二款：抵押权人与抵押人未就抵押权实现方式达成协议的，抵押权人可以请求人民法院拍卖、变卖抵押财产。

“对人民法院查封、扣押、冻结的财产有优先权、担保物权的债权人，可以直接申请参与分配，主张优先受偿权。”该条款虽然也规定可以直接申请参与分配，但是并未明确没有生效执行依据可以执行，对第一款分析可以得出抵押权人与普通债权人的区别是是否发现被执行人的财产能否清偿所有债权。

最后，根据目前的相关法律规定，向法院申请执行或参与分配必须有生效的法律文书。相关规定如下：

《民事诉讼法》第二百二十四条第一款规定：“发生法律效力的民事判决、裁定，以及刑事判决、裁定中的财产部分，由第一审人民法院或者与第一审人民法院同级的被执行的财产所在地人民法院执行。”

《民诉法司法解释》第四百六十二条第一款规定：“发生法律效力的实现担保物权裁定、确认调解协议裁定、支付令，由作出裁定、支付令的人民法院或者与其同级的被执行财产所在地的人民法院执行。”

《最高人民法院关于人民法院执行工作若干问题的规定（试行）》第二条规定：“执行机构负责执行下列生效法律文书：（1）人民法院民事、行政判决、裁定、调解书，民事制裁决定、支付令，以及刑事附带民事判决、裁定、调解书……”

从上述三条规定均可以看出，向法院申请执行必须有生效的法律文书，这符合公平这一基本法律原则。因为权利义务经诉讼或仲裁程序予以确定债权的性质和金额后，有利于避免当事人日后产生不必要的麻烦。

综上所述，根据相关的法律规定及分析，我们认为，抵押权人也应当取得法院认可的执行依据才能参与分配，从程序上保证实体的公平、公正。故 B 法院在工行××分行未取得生效裁判文书的情况下将《小企业借款合同》和《最高额抵押合同》作为参与分配的依据进行分配与法不符。

（三）其他取得执行依据的债权人申请参与分配时，执行法院能否简单地以其他债权人有抵押物为由驳回其参与分配申请?

2015 年 10 月，B 法院作出的参与分配方案驳回申请执行人的参与分配申请，法院认为：债权人××银行广州分行享有其他抵押物，同时查封了其他土地和房产，债权人有权就抵押物的拍卖、变卖款优先受偿，无须参与此案的分配，故而认定债权人的参与分配申请不成立，不予支持。

对于上述法院意见，笔者认为，债权人对分配方案提出书面异议并提交了相关证据证明虽有抵押物，但抵押物价值不足以清偿全部债权；虽有查封物，查封物均已抵押其他债权人，债权人已无受偿可能，抵押物的价值与债权人的债权数额相差较大，债权人有权参与分配。我们认为，适用《民诉法司法解释》五百零八条参与分配的前提有三个：第一，被执行人为公民和其他组织；第二，其他债权人已取得生效执行依据；第三，其他债权人发现被执行人的财产不能清偿所有债权。只要符合上述基本前提，参与分配申请理应得到支持。

本案中，被执行人陈×常为自然人，参与分配申请人××银行广州分行已取得生效执行依据，依据《民诉法司法解释》第五百零八条的规定，××银行广州分行的参与分配申请能否得到支持的焦点在于××银行广州分行所有的抵押物能否足额清偿债权，债权人在一审中提交了证据对此事实予以作证，但一审法院未对此进行调查和核实，二审法院已作出发回重审的裁定。依据现有证据和相关法律规定，我们认为××银行广州分行及时通过执行A法院向B法院发函申请参与分配，已符合《民诉法司法解释》第五百零八条规定的参与分配的前提条件，其参与分配申请合法、合规，理应得到支持。

【点评】

在实操中因地方保护主义等种种因素，部分法院会简单地以债权人有其他财产可受偿等诸多因素驳回债权人的参与分配申请。为了避免发生争议，维护债权人的合法权益，作为代理人的律师应严格按照相关法律规定及时通过执行法院向财产处置法院发函申请参与分配，并及时跟踪了解相关财产的处置情况，一旦发现问题可及时通过法律途径维护委托人的权益。

点评人：广东南国德赛律师事务所律师　梁伟荣

执行程序中参与分配制度的适用及建设工程优先权的审查

刘鹏*

一、当事人

复议申请人（异议人、申请执行人）：Y 公司。
申请执行人：D 公司。
被执行人：B 公司。

二、案情简介

H 市中级人民法院在执行申请执行人 Y 公司、D 公司等与被执行人 B 公司的案件中，作出了《案款清偿顺序分配方案》（以下简称《分配方案》），申请执行人 Y 公司对另一申请执行人 D 公司的债权优先受偿提出执行异议。复议申请人 Y 公司不服 H 市中级人民法院对其执行异议作出的执行裁定，向高级人民法院申请复议。

涉及同一被执行人 B 公司的有如下案件：

申请执行人 Y 公司与被执行人 B 公司一案，根据生效判决，B 公司应偿还 Y 公司 1350 万元及利息。申请执行人 Y 公司是被执行人 B 公司所有的位于 H 市某江花园 12 栋的首封权利人。

申请执行人 D 公司与被执行人 B 公司一案，执行依据为 T 市中级人民法院作出的民事调解书（以下简称第一次工程款案）。根据生效调解书，被执行人 B 公司应给付申请执行人 D 公司主体工程款 900 万元、附属工程款 332.9 万元、房屋价款

* 刘鹏，广东南国德赛律师事务所律师。

50万元、利息383.33万元、追款费用及律师费用13.56万元。该案由T市中级人民法院委托H市中级人民法院执行，未受清偿。

H市Y区人民法院立案执行的申请执行人D公司与被执行人B公司一案，执行依据为（2015）Y法民一初字第×号民事判决（以下简称第二次工程款案）。根据生效判决，被执行人B应于判决生效之日起60日内给付申请执行人D公司工程款1310000元及利息13100元；申请执行人在工程款1310000元范围内对位于H市某江花园12栋享有工程价款优先受偿权。该案未受清偿。

根据工商登记资料，被执行人B公司的企业类型为有限责任公司。执行法院经查，发现该公司已停止经营，但未经清理或清算。

在执行过程中，执行法院对上述申请执行人Y公司、D公司两案并案执行，依法对被执行人公司名下某江花园12栋房产进行评估，评估价值为14006789元，后委托拍卖公司拍卖上述房产，以1700万元拍卖成交。

对上述房产的处分，Y公司为首先查封案件的申请人，D公司申请参与本案处置财产的分配。本案被执行人为企业法人，其财产不足以清偿全部债务，执行法院征求相关债权人意见，债权人均不同意移送被执行人破产。

另据执行法院查明，2015年1月8日，B公司与施工方D公司及涉案房屋设计单位、勘察单位、监理单位共同签署《竣工验收备案表》，H市Y区住房和城乡规划建设局建筑工程管理股向B公司出具了《工程竣工验收备案告知》，确认H市某江花园12栋工程于2015年1月8日竣工验收，评定结果为合格。

本案执行法院作出的《清偿顺序分配方案》确定的分配方案内容为：就1700万元执行变价所得，在扣除执行费用及清偿优先受偿的债权后，对于普通债权，按照财产保全和执行中查封、扣押、冻结财产的先后顺序清偿。首先，支付评估费40000元。其次，清偿优先债权：（第二次工程款案）申请执行人D公司申请在拍卖某江花园范围的房产变价款优先受偿。该债权经民事判决书确认在1310000元范围内享有工程价款优先受偿权，该笔债权确定在拍卖价款中优先受偿；（第一次工程款案）申请执行人D公司申请参与分配案款时，主张其债权为主体工程款900万元、附属工程款332.9万元，申请在拍卖某江花园范围的房产变价款优先受偿。该债权经T市中级人民法院民事调解确认了主体工程款900万元、附属工程款332.9万元数额，但该调解案中D公司对建设工程价款优先受偿权既未主张，法院也未审查处理。此外，在第二次工程款案中，虽然D公司对上述价款主张了优先受偿权，但法院经审查认为不属于该案处理范围，可另循途径解决，而驳回诉讼请求。经执行阶段听证，其他债权人对该笔债权优先受偿提出了质疑。本院经审查该工程的竣工时间、D 公司主张优先权的时间、工程款数额等情况后，确认 D 公司可在拍卖价款中优先受偿。最后，清偿一般债权，剩余可分配案款由查封在先的债权人 Y 公司受偿，其他债权人未受偿部分无可分配数额。

三、争议焦点

1. 关于本案 Y 公司提出的异议，应当适用执行分配异议之诉还是应当适用执行异议复议程序的问题（以下简称争议焦点一）。

2. 人民法院调解书中未写明建设工程款有优先受偿权，承包人能否在执行程序中主张建设工程款优先受偿权（以下简称争议焦点二）?

四、各方意见

（一）关于争议焦点一

Y 公司认为，鉴于此案案情复杂，且 Y 公司相对于 D 公司和 B 公司的案件属于案外人，不能将本案异议定性为执行行为异议，本案属于对案外人实体权利提出异议，应按分配方案异议之诉程序审查，才能查清事实，更能保障异议人的实体权利。

执行法院认为，本案中，被执行人 B 公司为企业法人，虽然在形式上作出分配方案，但实际上是对工程款优先受偿权作出确认的执行行为，应当通过执行异议、复议救济的程序来解决。

（二）关于争议焦点二

Y 公司认为，D 公司工程款优先权在第一次工程款案中，经调解没有确认优先权，此后又在第二次工程款案件诉讼中要求确认第一次工程款案的调解书中工程款的优先权。双方在 T 市中级人民法院对第一次工程款案的调解中没有对优先权作出约定即放弃了工程价款优先受偿权，而第二次工程款案中 H 市两级法院的判决亦未确认 D 公司的优先权，基于裁判文书的既判力原则，应直接排除 D 公司的工程价款优先受偿权。

D 公司认为，D 公司已在法定的除斥期间向 B 公司主张并行使工程价款优先受偿权。被执行人 B 公司与 D 公司前后签订《建设工程施工合同》和《工程施工补充协议书》，将 B 公司开发的位于 H 市某江小区工程发包给 D 公司带资承建。该工程主体封顶后，B 公司没有按合同约定支付价款，并已将部分房屋出售。D 公司为使该房屋能够早日交付，继续带资承建其他附属工程。后作为工程带资承建人，D公司于2015年6月5日向H市Y区人民法院起诉，要求B公司支付后续工程款（第二次工程款案）及主张优先权的同时，向法院提出前述《调解书》项下工程款（第一次工程款案）优先受偿的主张，但被法院予以驳回，理由是异地法院的调解，本地没有管辖权，本地法院对此不作审查。

五、裁判结果

高级人民法院认为，Y公司复议申请缺乏事实依据，理由不能成立，应予驳回；H市中级人民法院所作裁定认定事实基本清楚，适用法律正确，结果应予维持。依照《合同法》第二百八十六条，《最高人民法院关于建设工程价款优先受偿的问题的批复》（以下简称《建设工程价款优先受偿批复》）第一条和第四条，《民事诉讼法》第二百二十五条，《最高人民法院关于适用〈中华人民共和国民事诉讼法〉的解释》（以下简称《民诉法解释》）第五百一十六条和《最高人民法院关于人民法院办理执行异议和复议案件若干问题的规定》第二十三条第一款第一项的规定，裁定驳回Y公司的复议申请，维持H市中级人民法院的执行裁定。

六、案例评析

（一）本案Y公司提出的异议，应当适用执行分配异议之诉还是应当适用执行异议复议程序

关于执行分配异议之诉，规定于《最高人民法院关于适用〈中华人民共和国民事诉讼法〉执行程序若干问题的解释》第二十六条。一般认为多个债权人对同一被执行人申请执行或者参与分配的案件中，债权人或者被执行人对分配方案提出的异议大多涉及实体问题，如分配方案中债权数额的多少、债权是否真实存在、受偿的顺序等，在当事人认为法院制作的分配方案不公平甚至有错误的情况下，有必要为参与分配制度设置采取诉讼保护合法权益的救济途径。

关于参与分配制度，《民诉法解释》第五百零八条规定："被执行人为公民或者其他组织，在执行程序开始后，被执行人的其他已经取得执行依据的债权人发现被执行人的财产不能清偿所有债权的，可以向人民法院申请参与分配。对人民法院查封、扣押、冻结的财产有优先权、担保物权的债权人，可以直接申请参与分配，主张优先受偿权。"第五百一十六条规定："当事人不同意移送破产或者被执行人住

所地人民法院不受理破产案件的，执行法院就执行变价所得财产，在扣除执行费用及清偿优先受偿的债权后，对于普通债权，按照财产保全和执行中查封、扣押、冻结财产的先后顺序清偿。”从以上两条规定可以看出执行参与分配制度仅适用于被执行人为公民和其他组织的情形，并不适用于被执行人为企业法人的情形。

本案被执行人B公司的企业类型为有限责任公司，并非公民和其他组织，本案执行法院H市中级人民法院在征求相关债权人意见后，没有债权人同意移送被执行人破产，对拍卖被执行人B公司某江花园12栋后所得款进行处置不能依据《民诉法解释》的规定适用执行参与分配制度，因此针对该分配方案的异议不属于执行分配异议之诉的受案范围，而是依《民诉法解释》第五百一十六条的规定，在债权人均同意不移送破产的情况下作出的清偿方案（或案款分配），对此清偿方案不服，应当适用《民事诉讼法》第二百二十五条的规定，按照执行行为的异议处理。

（二）人民法院调解书中未写明建设工程款有优先受偿权，承包人能否在执行程序中主张建设工程款优先受偿权？

关于建设工程款优先权的行使方式，一般认为有三种：一是承包人可以与发包人协议将该工程款折价；二是直接申请人民法院将该工程依法拍卖，此种情况因缺少程序法的规定，在实务中较难实现；三是通过诉讼或仲裁请求确认优先权。除上述行使方式外，就执行阶段能否直接审查认定工程款优先权的问题，《建设工程价款优先受偿批复》中规定“人民法院在审理房地产纠纷案件和办理执行案件中，应当依照《合同法》第二百八十六条的规定，认定建筑工程的承包人的优先受偿权优于抵押权和其他债权”。另外，最高人民法院曾在回复广东省高级人民法院请示的关于对人民法院调解书中未写明建设工程款有优先受偿权应如何适用法律的问题，指明“建设工程款优先受偿权是一种法定优先权，无须当事人另外予以明示”①。

本案中涉案工程款数额已经T市中级人民法院、H市中级人民法院作出的生效法律文书确定，虽然D公司在第二次工程款案中请求对该T市中级人民法院调解书中的工程款确认优先权的申请被驳回，但驳回的理由是异地法院的调解、本地没有管辖权等原因，本地法院对此不作审查，并没有驳回其应当享有的优先受偿的实体权利。因此对于D公司未经生效法律文书确认优先受偿的工程款，执行法院在执行程序中予以审查认定，合法有据。

---

① （2007）执他字第11号函。

七、实务经验

除本案中的两个争议焦点外，执行法院分配被执行人B公司财产拍卖所得款这一行为的性质，也是初涉执行实务的律师较为疑惑的问题。

《最高人民法院关于人民法院执行工作若干问题的规定（试行）》（以下简称《执行工作规定》）最早对被执行人财产分配应区分为公民和其他组织及企业法人作出了规定。《执行工作规定》第八十八条至第九十六条是多个债权人对一个债务人申请执行和参与分配的规定，其中第九十六条为“被执行人为企业法人，未经清理或清算而撤销、注销或歇业，其财产不足清偿全部债务的，应当参照本规定第90条至第95条的规定，对各债权人的债权按比例清偿”，换言之，如果该企业法人没有“撤销、注销或歇业”的情况，则不应参照《执行工作规定》第九十条至第九十五条的规定进行分配。对于不符合《执行工作规定》上述条件的，应当依照《执行工作规定》第八十九条的规定告知当事人依法申请被执行人破产，当事人不申请被执行人破产的，则应按照《执行工作规定》第八十八条第一款和第二款的规定进行案款分配。《执行工作规定》第八十八条至第九十六条对参与分配和案款分配加以区分，其背后的逻辑在于，既然作为被执行人的企业法人不存在“撤销、注销或歇业”的情况，且申请执行人、被执行人均不同意破产，那么应当视为申请执行人、被执行人认为该企业法人有能力清偿所负债务，因而适用《执行工作规定》第八十八条第一款、第二款的规定进行案款分配。

除《执行工作规定》对财产分配应区分为公民和其他组织及企业法人外，《民诉法解释》亦对此种情况加以区分，从《民诉法解释》第五百零八条可以看出执行参与分配制度仅适用于被执行人为公民和其他组织的情形。同时《民诉法解释》第五百一十六条规定：“当事人不同意移送破产或者被执行人住所地人民法院不受理破产案件的，执行法院就执行变价所得财产，在扣除执行费用及清偿优先受偿的债权后，对于普通债权，按照财产保全和执行中查封、扣押、冻结财产的先后顺序清偿。”该规定是最高人民法院为力求保证“移送破产”制度得以落到实处而在程序上“倒逼”不能受清偿的轮候债权人主动申请破产，其背后的逻辑亦是既然申请执行人、被执行人均不同意移送破产，则视为该企业法人有能力清偿所负债务。

另外，从《最高人民法院关于执行案件移送破产审查若干问题的指导意见》中也可看出被执行人为企业法人的不适用参与分配制度，该意见第四条规定：“……申请执行人、被执行人均不同意移送且无人申请破产的，执行法院应当按照《最高人民法院关于适用〈中华人民共和国民事诉讼法〉的解释》第五百一十六条的规定处理，企业法人的其他已经取得执行依据的债权人申请参与分配的，人民法院不予支持。”

综上，本案例中对于被执行人 B 公司财产拍卖所得款的分配，不适用参与分配制度。

【点评】

执行案件中款项应当如何分配是执业律师在代理执行案件中经常会遇到的问题，尤其是涉及同一个处置财产上设有担保物权或享有优先权，同一债务人面临多个债权人追偿，多个法院查封、轮候查封，以及首封法院、优先权法院、轮候查封法院并非同一法院，往往因多个债权人就如何处置、变现财产，变现后如何清偿等问题不能达成一致而导致案件久拖不决。本文就执行过程中能否直接审查认定建设工程价款优先权及在不申请破产的情况下执行款分配适用的程序两个问题展开讨论，为建设工程价款优先权及被执行人为企业法人的执行案件提供办案思路。

点评人：广东南国德赛律师事务所律师　刘鹏

多个债权人并存情形下的执行财产分配方式

胡正方*

一、当事人、代理人及案由

（一）当事人、代理人

申请人：关某。

代理人：胡正方，广东佰德律师事务所律师。

被执行人：胡某远、康迪公司、南海公司、胡某升、胡某钱、应某。

（二）案由

民间借贷纠纷。

二、案情简介

2014年12月9日，关某作为贷款人与借款人胡某远、担保人康迪公司、南海公司签订《借款合同》，约定关某同意借款4000万元给胡某远，借款利息按月利率20‰计，借款日期从2014年12月11日起至2015年4月10日止，期限为4个月。康迪公司、南海公司愿意对胡某远的债务承担连带责任。关某分别与胡某升、胡某钱、应某于2014年9月12日签订《股权质押合同》，分别约定胡某升在1000万元债权及利息、仲裁费、律师费等范围内，提供其在南海公司处持有的25%股权作为质押物，胡某钱在1040万元债权及利息、仲裁费、律师费等范围内，提供其在南海公司处持有的26%股权作为质押物，应某在1960万元债权及利息、仲裁费、律师费等范围内，提供其在南海公司处持有的49%股权作为质押物。

2015年6月15日，申请人关某与被申请人胡某远、康迪公司、南海公司、胡

* 胡正方，广东佰德律师事务所律师。

某升、胡某钱、应某之间的民间借贷纠纷由广州仲裁委员会受理，关某于2015年8月11日向广州仲裁委员会提出财产保全申请，广州仲裁委员会向三亚市中级人民法院提交了财产保全申请，三亚市城郊人民法院于2015年8月24日作出如下裁定：（一）轮候查封第三被申请人南海公司名下位于三亚市南边渔港路南侧地籍号为13－09－3面积为6667.44平方米的土地使用权，查封期限为三年。（二）查封担保人陈某名下位于广东省广州市越秀区东华西路86号3楼的房屋，查封期限为三年。（三）查封担保人陈某名下位于广东省广州市越秀区东华西路86号401房的房屋，查封期限为三年。①

2015年10月27日，中国广州仲裁委员会作出裁决："一、胡某远向申请人偿还借款本金4000万元并支付利息；二、康迪公司、南海公司对上述第一项裁决胡某远应付的款项承担连带清偿责任；三、申请人在其与胡某升签订的《股权质押合同》约定的质押担保范围内对胡某升持有南海公司500万股股权享有优先受偿权；四、申请人在其与胡某钱签订的《股权质押合同》约定的质押担保范围内对胡某钱持有的南海公司520万股股权享有优先受偿权；五、申请人在其与应某签订的《股权质押合同》约定的质押担保范围内对应某持有的南海公司980万股股权享有优先受偿权；六、六名被申请人补偿申请人因办理本案而支出的律师费用39万元、财产保全费用5000元、评估费6800元；七、本案仲裁费308100元由六名被申请人承担。"②

另有申请执行人颜某与被执行人胡某远、南海公司民间借贷纠纷一案，2015年4月27日，浙江省永康市人民法院向三亚市住房和城乡建设局、三亚市国土环境资源局送达协助执行通知书③，查封南海公司所有的坐落于三亚市南边渔港路南侧地籍号为13－09－3面积为6667.44平方米的土地使用权。2015年6月4日，浙江省永康市人民法院作出民事调解书④，载明："一、由被告胡某远归还原告颜某欠款1500万元。二、被告南海公司对上述款项承担连带清偿责任。"胡某远、南海公司未主动履行上述民事调解书确定的义务，因查封标的物在三亚市城郊人民法院管辖区内，颜某向城郊人民法院申请强制执行，执行案号为（2016）琼0271执1322号。2016年6月6日，申请执行人颜某向三亚市中级人民法院提交《提级执

① （2015）城保字第68号。
② （2015）穗仲案字第2336号。
③ （2015）金永商初字第1642－1号。
④ （2015）金永商初字第1642号。

行申请书》称，其案件查封标的物与三亚市中级人民法院执行的申请执行人关某与被执行人胡某远、康迪公司、南海公司、胡某升、胡某钱、应某民间借贷纠纷案一案查封标的物是同一块土地，为方便当事人诉讼执行，请求三亚市中级人民法院提级执行。三亚市中级人民法院作出执行裁定①，颜某申请执行案提级执行，提级执行立案案号为（2016）琼02执35号。

两案执行标的物是同一块土地，两案共同采取执行措施。2016年7月21日，三亚中院作出执行裁定②，“评估、拍卖被执行人南海公司名下的坐落于三亚市南边海渔港路南侧、土地房屋权证号为三土房（2008）字第0461号、面积为6667.44平方米的国有土地使用权”。经三亚中院委托司法评估，上述标的物评估价为70644200元。2016年12月17日，三亚中院以评估价70644200元为起拍价和保留价对上述标的物进行司法网络拍卖，因无人出价竞买而流拍；2017年8月11日，以第一次拍卖保留价降低20%即56515400元，为起拍价和保留价进行竞价拍卖，三亚继盈置业有限公司以56515400元拍得上述标的物。

2017年8月12日，（2016）琼02执恢9号和（2016）琼02执35号案件的申请执行人到庭就拍卖款分配达成一致意见，拍卖款先偿还本金，利息部分协商分配，拍卖款56515400元分配给颜某15583429元，扣除申请执行费82400元后，颜某分得款项是1550102元；分配给关某40931971元，扣除申请执行费107400元后，关某分得款项是40824571元。2017年10月16日，三亚中院作出（2016）琼02执35号之二执行裁定，从拍卖款56515400元中转40931971元（包括该案申请执行费107400元）到（2016）琼02执恢9号进行分配。

在上述两案执行程序中，另有三个申请执行人胡某玲、陈某、朱某分别通过浙江省永康市人民法院向海南省三亚市中级人民法院发函，要求对被执行人的财产进行参与分配，后经三亚市中级人民法院进行执行询问与调查，发现胡某玲、陈某、朱某与被执行人胡某升在浙江省永康市人民法院的诉讼案件可能存在虚假诉讼，三亚市中级人民法院最终通过合议庭评议，考虑到关某和颜某是在先申请执行人并有相应的抵押和查封，裁定胡某玲、陈某、朱某参与分配函不能参与关某和颜某申请执行被执行人土地拍卖款分配，并将此结果函告浙江省永康市人民法院，要求浙江省永康市人民法院将上述处理结果及时通知胡某玲、陈某、朱某。

---

① （2016）琼02执恢9号。

② （2016）琼02执35号。

三、争议焦点

1. 因申请执行而在先查封的权力人能否对抗抵押权人申请执行？

2. 胡某玲、陈某、朱某是否符合参与分配的条件？

四、各方意见

（一）（2016）琼02执35号之一执行函中海南省三亚市中级人民法院意见

海南省三亚市中级人民法院向浙江省永康市人民法院发函称：本院收到你院（2017）浙0784执3784、3785、3791号参与分配及其他材料，于2017年8月21日对申请执行人颜某、关某，被执行人南海公司、胡某升，以及你院案件申请执行人胡某玲、陈某到庭进行了执行询问。经本院对当事人的询问与调查，发现胡某玲、陈某、朱某与胡某升在你院的诉讼案件可能存在虚假诉讼，现将相关材料移交你院，请你院对上述情况予以核查。

（二）（2017）浙0784执3784号回函中浙江省永康市人民法院意见

浙江省永康市人民法院向三亚市中级人民法院回函称：贵院复函已收悉，对我院（2017）浙0784执3784、3785、3791号参与分配函的申请，贵院复函不能参与南海公司的土地拍卖款分配事宜，我院已将贵院复函内容告知以上三案的申请执行人，并已告知其相关的救济途径。

五、裁判结果

执行法院三亚市中级人民法院依照《民事诉讼法》第一百五十四条“裁定适用于下列范围：（一）不予受理；（二）对管辖权有异议的；（三）驳回起诉；（四）保全和先予执行；（五）准许或者不准许撤诉；（六）中止或者终结诉讼；（七）补正判决书中的笔误；（八）中止或者终结执行；（九）撤销或者不予执行仲裁裁决；（十）不予执行公证机关赋予强制执行效力的债权文书；（十一）其他需要裁定解决的事项。对前款第一项至第三项裁定，可以上诉。裁定书应当写明裁定结果和作出该裁定的理由。裁定书由审判人员、书记员署名，加盖人民法院印章。口头裁定的，记入笔录”的规定，裁定如下：一、从另案（2016）琼02执35号案转至本案的拍卖分配款40931971元中扣缴107400元，缴纳本案申请执行费；二、从另案（2016）琼02执35号案转至本案的拍卖分配款40931971元中支付40824571元给申请执行人关某，抵偿本案部分债务，剩余债务继续执行。

六、裁决理由

（一）因申请执行而在先查封的权利人能否对抗抵押权人申请执行

佛山市中级人民法院认为，关某和颜某两案申请执行标的是同一块土地，两案共同采取执行措施。拍卖款先偿还本金，利息部分协商分配。

（二）胡某玲、陈某、朱某是否符合参与分配的条件

根据《最高人民法院关于适用〈中华人民共和国民事诉讼法〉的解释》（以下简称《民诉法解释》）第五百零八条第一款“被执行人为公民或者其他组织，在执行程序开始后，被执行人的其他已经取得执行依据的债权人发现被执行人的财产不能清偿所有债权的，可以向人民法院申请参与分配”的规定可知，参与分配的条件是，已经取得执行依据，被执行人财产不能清偿所有债权。本案中，被执行人南海公司土地在8月12日已拍卖成交，胡某玲、陈某、朱某于8月15日才向永康市人民法院提交起诉状，在该财产执行处置前，胡某玲、陈某、朱某尚未取得执行依据；被执行人南海公司未进行清算，可能还有其他财产可供执行，胡某玲、陈某、朱某没有提交证据证明被执行人已无其他财产。综上，胡某玲、陈某、朱某尚不能构成参与分配的条件。

根据《民诉法解释》第五百零九条第二款“参与分配申请应当在执行程序开始后，被执行人的财产执行终结前提出”的规定，参与分配申请应在被执行人的财产执行终结前即处置完毕之前提出。被执行人南海公司土地在8月12日已拍卖成交，财产已处置完毕，胡某玲、陈某、朱某于8月18日才提出参与分配，其请求是在被执行人财产处置完毕之后。因此，被执行人已无财产可供分配。

根据《最高人民法院关于人民法院执行工作若干问题的规定（试行）》（以下简称《执行规定》）第八十八条第一款“多份生效法律文书确定金钱给付内容的多个债权人分别对同一被执行人申请执行、各债权人对执行标的物均无担保物权的，按照执行法院采取执行措施的先后顺序受偿”的规定，2015年4月27日，颜某一案查封被执行人南海公司土地，2015年8月24日，关某一案轮候查封被执行人南海公司土地，而胡某玲、陈某、朱某三案没有对南海公司土地采取查封措施。颜某、关某两案债权约8000万元，土地拍卖款才有5651.54万元，尚不足以清偿颜某、关某两案债权。按照第八十八条规定的采取执行措施的先后顺序受偿，已无款项分配给胡某玲、陈某、朱某。

七、实务经验

（一）多个债权人清偿顺序的确定

《执行规定》第八十八条第一款规定：“多份生效法律文书确定金钱给付内容的多个债权人分别对同一被执行人申请执行，各债权人对执行标的物均无担保物权的，按照执行法院采取执行措施的先后顺序受偿。”对于被执行的财产，不论其能否清偿全部债务，基于优先权或担保物权而享有的债权，优先于普通债权受偿。对于优先权或担保物权，应当把握以下两个原则：其一，“法定物权优先于意定物权”，即诸如留置权、建设工程优先权、船舶优先权等法定物权将优先于一般的质权、抵押权。其二，“成立在先，权利优先”，即对于同一序列的担保物权，应当按照各担保物权成立的先后顺序清偿。

关于参与分配的原则，除上述优先权或担保物权及其他法律法规、裁判文书中明确受偿顺序的情形外，其他债权的受偿顺序可以按照如下方式进行：

对于被执行财产足以清偿全部债务的，应当根据《执行规定》第八十八条第一款的规定，按照执行法院采取执行措施的先后顺序受偿，故首封债权人享有优先受偿的权利。

被执行财产不足以清偿全部债务的，根据《民诉法解释》第五百零八条第一款“被执行人为公民或者其他组织，在执行程序开始后，被执行人的其他已经取得执行依据的债权人发现被执行人的财产不能清偿所有债权的，可以向人民法院申请参与分配”的规定，以及第五百一十条“参与分配执行中，执行所得价款扣除执行费用，并清偿应当优先受偿的债权后，对于普通债权，原则上按照其占全部申请参与分配债权数额的比例受偿。清偿后的剩余债务，被执行人应当继续清偿。债权人发现被执行人有其他财产的，可以随时请求人民法院执行”的规定，仅在被执行人为公民、其他组织时，才可以进行参与分配，当被执行人为法人时，一般不适用参与分配。在参与分配过程中，“按比例受偿”将为一般原则，首封债权人并不享有优先受偿的权利。部分地区允许“首封适当多分”。

（二）申请参与分配的截止日期的确定

主持分配法院的执行程序中只有一个申请执行人，其他债权人申请参与分配的，根据《执行规定》第九十二条“债权人申请参与分配的，应当向其原申请执行法院提交参与分配申请书，写明参与分配的理由，并附有执行依据。该执行法院应将参与分配申请书转交给主持分配的法院，并说明执行情况”的规定，通过其原申请执行法院向主持分配的法院转交参与分配申请书的截止日期，为执行价款支付给申请执行人的前一工作日，或者执行标的物因以物抵债而将产权转移给承受人的前一工作日。

主持分配法院的执行程序中已有两个以上债权人参与分配的，其他债权人申请参与分配的截止日期，为执行法院将分配方案送达第一个当事人的前一工作日。

【点评】

参与分配制度，是指在人民法院的案件执行程序中，因被执行人的财产不足以清偿各债权人的全部债权，申请执行人以外的其他债权人凭有效的执行依据也申请加入已开始的执行程序，各债权人从执行标的物的变价中按照一定顺序或者比例进行清偿的制度。在我国目前的立法层面上，尚未就执行分配制度进行体系化、制度化的立法和解释，仅在最高人民法院的若干司法解释中分别有所涉及，如《民诉法解释》《执行规定》《最高人民法院关于适用〈中华人民共和国民事诉讼法〉执行程序若干问题的解释》等，该制度的运作涉及强制执行程序中的平等主义、优先主义、折中主义等基本理论和制度的取舍与协调问题，程序较为复杂，处理起来较为棘手，2004 年最高院曾发布过《关于执行程序中多个债权人参与分配问题的若干规定（征求意见稿）》，但至今未能正式发布。由于现存的法律相关规定过于原则，缺乏灵活性和可操作性，甚至存在冲突，给司法实践带来一定困扰，因此，尽快厘清该制度脉络显得十分必要。

申请参与分配，申请人应提交申请书，申请书应写明参与分配和被执行人不能清偿所有债权的事实和理由，并附有执行依据。此处的执行依据应当是执行法院以外的其他法院的生效判决或裁定，如果案件正在审理过程中，在裁判结果生效之前债权人是不能参与执行分配的。本案的基础诉讼本是一起较为简单的民间借贷纠纷，在执行过程中，因多个债权人对同一执行标的主张权利，并因掺杂着参与分配确定债权比例以及排除不符合参与分配条件的其他债权人等问题而变得复杂。通过本案，我们可以看出物权优先性在执行过程中的限制，即本案中作为抵押权人的关某为何不能优先于普通债权人颜某而清偿债权，而是与颜某按照各自的债权比例进行分配，这里还体现了首封法院的优先处置权，即本案中颜某是第一个首先申请执行被执行人财产并查封该执行标的的债权人，因此在执行标的的处置上应当要考虑颜某债权的实现。

点评人：广东粤广律师事务所律师　解刚

执行房地分别抵押财产案件的几个法律问题探讨

——管辖、效力认定、分配顺位

杨瑞林*

一、当事人、代理人及案由

（一）当事人、代理人

申请执行人（原告）：房某。

代理人：杨瑞林，广东润科律师事务所律师。

被执行人（被告）：黎某、陈某甲、黄某、陈某乙、A公司、B公司、C公司、D公司、E公司。

（二）案由

金融借款合同纠纷执行、民间借贷纠纷执行。

二、案情简介

2013年11月18日，房某与黎某签订了《借款合同》，约定黎某向房某借款5000万元，借款期限为2013年11月22日至2014年4月18日，借款利息为月利率1.8%。同时，陈某甲、黄某、陈某乙、A公司、B公司、C公司、D公司、E公司分别与房某签订《保证合同》，愿为黎某的上述债务向房某承担连带保证责任。另，B公司又与房某签订《房地产抵押担保合同》，愿以其位于H市B公司所有的锅炉间、研发楼、调味料间等房地产为黎某的上述债务提供抵押担保。

《借款合同》签订后，房某即通过银行转账的方式向黎某指定的借款账户汇入5000万元借款，黎某向房某出具了相应的《借款收据》。截至2014年4月18日，

---

* 杨瑞林，广东润科律师事务所律师。

借款期限届满，黎某未能依约偿还全部借款。在房某的屡次催收下，黎某于2014年7月7日向房某出具《还款承诺书》，承认截至2014年7月7日尚欠房某借款本金3887.78万元，并承诺按每日千分之二的利率计算逾期还款违约金。

在前述《还款承诺书》的还款期限到期后，黎某仍未履行还款义务，房某为此诉至广州市××区人民法院，要求：1. 黎某立即偿还借款本金并按借款合同约定支付利息及违约金；2. 借款合同的担保人对上述债务承担连带清偿责任；3. 房某对本案中的房地产抵押物享有优先受偿权；4. 所有被告共同承担本案诉讼费、律师费、财产保全费等实现本案债权的所有费用。

本案在审理过程中，原、被告达成和解协议：1. 确认被告黎某欠原告房某借款本金3887.78万元，被告黎某自2014年7月16日起至2014年9月22日止按月利率1.8%的标准计付利息。2. 被告陈某甲、黄某、陈某乙、A公司、B公司、C公司、D公司、E公司对上述债务承担连带清偿责任。3. 被告黎某须在2014年8月22日偿还原告房某借款本金不少于580万元，并偿还主文第一条所指截至2014年8月22日的利息。被告黎某须在2014年9月22日前向原告房某清偿剩余借款本金及剩余借款本金所产生的利息。逾期则按中国人民银行同期贷款利率的四倍计付利息。4. 原告房某在第一项债权范围内对被告B公司提供的位于H市的房地产抵押物（房产证号为粤房地权证××字第20130029号、粤房地权证××字第20130032号、粤房地权证××字第20130028号）享有优先受偿权。5. 律师费250000元，由被告黎某、陈某甲、黄某、陈某乙、A公司、B公司、C公司、D公司、E公司共同承担，并于2014年9月22日前支付给原告房某。6. 本案受理费236190元减半收取118095元、财产保全费5000元，均由被告黎某、陈某甲、黄某、陈某乙、A公司、B公司、C公司、D公司、E公司共同承担，并于2014年9月22日前支付给原告房某。

黎某在民事调解书生效后，在约定期限内仍未履行全部义务。为避免损失进一步扩大，房某向广州市××区人民法院申请强制执行。按照民事调解书中达成的约定，暂计至2014年9月22日，黎某等被执行人须向房某支付34995634.24元。本执行案于2014年9月24日由广州市××区人民法院立案受理。

房某在申请强制执行的过程中，发现本案被执行人均已债务缠身，负债累累且已涉及多个民事官司。本案中最有可能从被执行人处获得清偿的财产就是之前已经抵押给房某的锅炉间、调味料间以及研发楼三处物业。然而，在申请执行过程中，房某经了解发现早在2013年被执行人即在与H市农村信用社签订《借款合同》的同时签订了《最高额抵押担保合同》，已经将土地抵押给了H市农村信用社。与此同时，经房某向H市房地产交易中心了解，包括房某拥有抵押权在内的锅炉间、调味料间、研发楼及H市农村信用社拥有抵押权的土地已于2014年9月12日被广东省普×市人民法院查封、轮候查封（本案被执行人在广东省普×市人民法院的涉诉案件①）。

根据房某的调查，首封法院——广东省普×市人民法院至今没能处理该涉案财产，同时黎某夫妇也因涉及刑事案件仍被H市警方刑事拘留，因此本案执行程序被广州市××区人民法院暂时终止执行。

三、争议焦点

1. 首先查封法院与优先债权执行法院处分查封财产的冲突，本案财产应交由哪个法院执行?

2. 房屋和土地分别抵押给不同的债权人，抵押权如何行使?

四、各方意见

普×市债权人基于民间借贷关系向广东省普×市人民法院申请对债务人黎某及相关担保人进行强制执行，并对上述土地及地上物进行了首封，债权人认为财产应由首封法院进行处置。H市农村信用社因对黎某提供贷款，由于黎某未能按期还贷，向财产所在地法院申请对抵押物的土地及抵押房产进行拍卖处置，行使抵押优先受偿权，认为应由H市中级人民法院执行。房某也向广州市××区人民法院申请执行，主张对锅炉间、调味料间、研发楼房产行使抵押优先受偿权，认为应由广州市××区人民法院处置。三地法院执行申请人均主张案件应由本地法院管辖。

H市农村信用社认为，其贷款给被执行人，依法签订《抵押合同》并按《抵押合同》办理了土地的抵押登记，其应对土地享有优先受偿权。房某认为其通过民间借贷的方式借款给被执行人，并以担保人案涉财产提供抵押担保，借贷关系已经广州市××区人民法院判定房某对涉案锅炉间、调味料间、研发楼三处房产享有抵押优先权。土地抵押时，上述三处物业均未取得完全产权，担保人取得产权后将未抵押之物业办理抵押符合担保法的规定，房某理应取得优先权。

---

① （2014）×民二初字第×号。

五、执行现状

该案在执行期间发生了戏剧性变化，原H市农村信用社因剥离不良资产，将其所持有的对被执行人的生效判决下的债权，通过债权转让的方式转让给了杨某，杨某在与H市农村信用社签订《债权转让合同》后，履行了通知义务，支付了转让对价，并向H市中级人民法院申请变更执行申请人，H市中级人民法院依据《最高人民法院关于民事执行中变更、追加当事人若干问题的规定》第九条的规定裁定变更申请执行人，杨某成为土地的优先受偿人。

杨某成为新债权人后，为全面取得清洁无争议的债权，与房某进行了多轮谈判，最后成功与房某达成债权转让合意。双方签订了《债权转让合同》，杨某向房某支付了转让对价，通过公告的方式送达了债权转让文书，并凭《债权转让合同》、债让通知证明（即登报）、变更执行人申请书向广州市××区人民法院申请办理变更执行人手续，请求将执行申请人变更为杨某，至此，杨某以一定的对价受让房某债权及债权项下的抵押权，通过两次债权转让的方式使分离的抵押权人统一到杨某一处，利于实现抵押权。

杨某取得统一债权后，已向广东省普×市人民法院申请要求将执行财产移交H市中级人民法院统一处理，由于广州市××区人民法院的该执行申请人也变为杨某，故杨某对在该执行案中对移送H市中级人民法院统一处理的请求是没有异议的，两方法院均同意统一移送，案件将很快得以执结。

六、案例评析

（一）关于执行管辖法院的选择

2007年《民事诉讼法》第二百零一条第一款规定："发生法律效力的民事判决、裁定，以及刑事判决、裁定中的财产部分，由第一审人民法院或者与第一审人民法院同级的被执行的财产所在地人民法院执行。"按照这一规定，首封债权人在广东省普×市法院申请执行没有错，房某在广州市××区人民法院申请执行也对，H市农村信用社在H市中级人民法院申请执行更是符合法律规定。

但是，本案由于H市及房某之债权均设定了抵押优先权，而按《最高人民法院关于人民法院执行工作若干问题的规定（试行）》第九十一条第一款"对参与被执行人财产的具体分配，应当由首先查封、扣押或冻结的法院主持进行"的规定，被执行人的财产应由广东省普×市人民法院主持进行。但由于该法院对被执行财产没有优先权，其执行后可能面临无法受偿的风险，所以执行积极性不高，至今两年多迟迟未能将被执行财产交付拍卖处置，也没有任何执行措施。由此产生首封法院与抵押权法院处置被执行财产的冲突。债权人H市农村信用社及房某均要求将被执行财产移交抵押权法院（即H市中级人民法院或广州市××区人民法院）进行执行，执行案件处于僵持状态之中。

如何破解这一僵局呢?《最高人民法院关于首先查封法院与优先债权执行法院处分查封财产有关问题的批复》第一条规定："执行过程中，应当由首先查封、扣押、冻结（以下简称查封）法院负责处分查封财产。但已进入其他法院执行程序的债权对查封财产有顺位在先的担保物权、优先权（该债权以下简称优先债权），自首先查封之日起已超过60日，且首先查封法院就该查封财产尚未发布拍卖公告或者进入变卖程序的，优先债权执行法院可以要求将该查封财产移送执行。"要解决本次执行管辖的问题，使被执行财产早日变现偿债，房某及H市农村信用社有必要尽快向本地法院提出将该查封财产移送本法院执行的《移送执行申请》，促使广东省普×市人民法院将执行财产移送优先债权法院进行执行，普×市人民法院不应再行拖延。不过，这里也存在是移到H市农村信用社所在地的H市中级人民法院，还是移到房某所在地的广州市××区人民法院管辖的问题。

笔者认为，由于被查封的财产所在地位于H市，且被执行人所在地也位于H市，H市农村信用社的债权大于房某的债权，因此，将执行财产交由H市中级人民法院进行处置更有利于案件的执行，更能最大限度地尽快处置变现被执行物，用于清偿优先债权。

（二）关于土地和地上房屋分别抵押给不同的债权人如何行使抵押权的问题

虽然我国《物权法》明确了"房随地走，地随房走"的原则，但由于我国土地制度、房屋登记制度的复杂性，我国各地的土地、房产登记机关不可能短时间内对房产和地产进行统一登记，一些地方仍存在土地和房产分别办理抵押的情况。当土地和房产分别设定抵押时，抵押权如何行使是我们需要解决的问题，特别是抵押合同的效力及抵押权受偿顺位的分配是急需探讨的问题。

1. 土地和房产分别抵押给不同债权人时，抵押权的效力如何认定？存在以下几种不同的观点：

第一种观点是土地抵押合同和房屋抵押合同均无效。理由是《物权法》第一百八十二条明令禁止当事人通过特别约定改变房地一并抵押的关系，当事人违反法律明文规定而被认定无效①。

第二种观点是先办理抵押的有效，后办理抵押的无效。理由是土地和房屋均需以登记为原则，先办理登记的取得公示效力，可以对抗后登记者。因在后登记者可通过查询发现土地或房产是否已被抵押登记的事实，在此情况下仍坚持单独办理抵押的，违反物权法一半抵押的规定，应认定为无效。

第三种观点是地、房抵押合同均为有效。理由是抵押权并非不可分割的权利，我国允许抵押物的所有权人可将抵押物的剩余价值办理二次抵押，同样地，抵押财产中土地和房产也可分开抵押。

本文赞同第三种观点。理由是房地同时抵押的情况是历史留下来的登记制度以及登记机关的不统一所造成的，不能因此使债权人蒙受损失；我国法律既然允许剩余价值办理二次抵押，也应当允许房地分开抵押，因两者性质是一致的。实践中对合同效力的否认所持态度越来越谨慎，市场交易更加强调意思自治原则。房地抵押冲突的解决，可通过清偿次序的安排，让顺位较低的抵押权人充分认识到其债权是否可得到清偿的风险，而自觉地选择是否办理抵押，这也充分尊重了当事人之间的意思。房地同时抵押，并非处置不能，在处置执行财产时安排好顺位并保证归属主体的同一性，则抵押权可依法实现，没必要去否定抵押合同的效力。

2. 房地同时抵押，受偿顺位应如何安排?

针对房地同时抵押，实现抵押权时发生权利冲突，应如何处理的问题，我国《物权法》第一百九十九条明确了“抵押权已登记的，按照登记的先后顺序清偿；顺序相同的，按照债权比例清偿”② 的原则。一般来说，房地单独抵押时，其实际价值应高于抵押价值，房、地两抵押权人基本均可获得足额清偿。但如果涉及工程承包人优先受偿权，由于建设工程价款可优先于抵押权，则可能出现第二顺位抵押权人面临债权无法受偿的困境。

不过，有的地方法院在审判实践中，仍有采用“分别受偿说”，认定抵押权人应在各自抵押登记的范围内受偿。回归到本案，本人反而赞同第一种说法，因为设定抵押的目的在于债权得以受偿，如果允许按比例受偿，则债务人完全有可能串通

① 《民法典》第三百九十七条：以建筑物抵押的，该建筑物占用范围内的建设用地使用权一并抵押。以建设用地使用权抵押的，该土地上的建筑物一并抵押。抵押人未依据前款规定一并抵押的，未抵押的财产视为一并抵押。

② 《民法典》第四百一十四条第一款：同一财产向两个以上债权人抵押的，拍卖、变卖抵押财产所得的价款依照下列规定清偿：（一）抵押权已经登记的，按照登记的时间先后确定清偿顺序；（二）抵押权已经登记的先于未登记的受偿；（三）抵押权未登记的，按照债权比例清偿。

关联方通过设定另一个大的债务抵押优先权，从而摊薄抵押在前的债权人的受偿比例，这对设定在前的抵押权人是明显不公平的。

【点评】

律师代理执行案件，不但要会主张权利、寻找被执行人财产，还应会从委托人的角度出发，运用法律知识，采取包括重组、债权转让、抵销等方式灵活兑现债权的措施，而不应一条路走到黑，当然，债权的转让首先要取得委托人的授权及确认。

本案中，H 市农村信用社对土地的抵押权登记于 2013 年 12 月，房某对三处房产的抵押权登记于 2014 年 2 月，两抵押权设立时间相当接近，且当地的登记机关分属不同的部门，信息不共享。因此，本案两抵押权发生权利冲突时，宜确认两抵押合同的效力。由于被执行财产所在地、债务人所在地，H 市债权人的所在地均位于 H 市，将案件交由 H 市中级人民法院进行统一执行处置，有利于变现抵押物、确认各债权真实性、合法性，统筹分配财产。在实现抵押权时，按抵押登记的先后顺位进行受偿，更有利于保护债权人的利益。

点评人：广东广信君达律师事务所律师　卢迪欣

执行程序中优先受偿权的实现方式

何铭华* 熊群芳**

一、当事人及案由

（一）当事人

原告（申请执行人）：A银行。

被告（申请执行人）：B公司。

第三人（被执行人）：C公司。

第三人（申请执行人）：D某。

第三人（申请执行人）：E公司。

（二）案由

执行分配方案异议之诉。

二、案情简介

A银行、B公司、D某及E公司分别依据生效的法律文书享有对C公司相应的债权。上述四方当事人作为申请人分别向某中院（本案审理法院，以下简称法院）、某区人民法院、某县人民法院申请执行C公司的财产。后结合查封情况并经协调，由法院统一进行处置。法院依法对C公司的房产及土地进行拍卖并取得执行款。申请执行人A银行的执行标的额包括本金、利息、逾期罚息、逾期复利、律师费、受理费、执行费，某区人民法院出具民事判决书确认A银行对涉案房屋享有优先受偿权，A银行于2014年12月4日对涉案土地办理抵押登记手续；申请执行人B公司

* 何铭华，广东南国德赛律师事务所律师。

** 熊群芳，广东南国德赛律师事务所实习律师。

的执行标的额包括本金及利息、受理费、执行费，2015 年 6 月 1 某县人民法院裁定查封涉案土地。申请执行人 D 某的执行标的额包括本金及利息、仲裁费、执行费，2014 年 8 月 28 日某区人民法院出具民事裁定书查封了涉案房屋；申请执行人 E 公司的执行标的额包括本金及违约金、受理费、保全费、执行费，2014 年 9 月 2 日某区人民法院出具民事裁定书查封涉案房屋。

法院依法对 C 公司的涉案房地产拍卖后作出《执行款清偿顺序方案》。经审查该方案，执行款均来自 A 银行享有抵押权的财产拍卖所得。该方案确定：扣除拍卖土地使用权及房产的评估费、诉讼费、执行费、律师费、保全费等费用后，在剩余的拍卖款中，A 银行对拍卖标的物的房产部分所得价款优先受偿；拍卖标的物的土地部分价值，由先查封的债权人 B 公司优先分配，A 银行、D 某、E 公司等其他债权人按债权比例分配剩余款项。该分配方案确定后，A 银行以拍卖所得款均系其抵押物，该方案中拍卖 C 公司的抵押财产所得应优先分配给 A 银行，剩余部分才应分配本案其余申请执行人为由提出执行异议，而 B 公司不同意 A 银行的执行异议。据此，A 银行以 B 公司为被告，提起本案诉讼。

三、争议焦点

1. 在执行程序中，有优先权、担保物权的债权人，是否可以不取得执行依据，直接申请参与分配，主张优先受偿权？

2. 债权人根据《最高人民法院关于适用〈中华人民共和国民事诉讼法〉的解释》第五百零八条第二款主张优先受偿权时，是否受被执行人的类型限制？

四、各方意见

（一）A 银行

A 银行认为法院在进行执行分配时适用法律错误，《执行款清偿顺序方案》不认可 A 银行对土地部分享有优先受偿权，违反法律规定，理由如下：

1. 案涉土地使用权已经办理了抵押登记，根据我国《担保法》第五十二条及《物权法》第一百九十二条之规定，“抵押权与担保的债权同时存在”①。本案的债

---

① 《民法典》第四百零七条：抵押权不得与债权分离而单独转让或者作为其他债权的担保。债权转让的，担保该债权的抵押权一并转让，但是法律另有规定或者当事人另有约定的除外。

权已经为法院的生效判决所确认，因此 A 银行土地抵押权的有效性不容否定。

2. 根据《最高人民法院关于适用〈中华人民共和国民事诉讼法〉的解释》的有关规定，A 银行无须生效的法律文书也可以直接要求以担保物优先受偿。法院依据《民事诉讼法》第二百三十六条的规定，以《民事判决书》中没有关于土地抵押权的独立判项为由，在处理土地执行款时将 A 银行的债权认定为普通债权，从而否定 A 银行基于抵押权而对土地享有的优先受偿权。《最高人民法院关于适用〈中华人民共和国民事诉讼法〉的解释》第五百零八条规定："被执行人为公民或者其他组织，在执行程序开始后，被执行人的其他已经取得执行依据的债权人发现被执行人的财产不能清偿所有债权的，可以向人民法院申请参与分配。对人民法院查封、扣押、冻结的财产有优先权、担保物权的债权人，可以直接申请参与分配，主张优先受偿权。"这意味着有优先权、担保物权的债权人申请参加参与分配程序，不以取得执行依据为限，应允许享有优先受偿权但未取得执行依据的人参加到参与分配程序中来，其理由在于：优先受偿权资格或者是来源于查封前的担保物权，应当予以优先保护。就享有来源于查封前抵押权的债权人而言，对于抵押权的强制执行程序要求其必须提前行使抵押权，这本身就不利于债权人，如果再要求其必须取得执行依据，则完全破坏了抵押权制度的目的。从上述规定可以看出，一般债权人和担保物权人的区别在于一般债权人需要取得执行依据后向人民法院申请参与分配，但是享有担保物权的债权人无须取得作为"执行依据"的生效法律文书，即可以凭担保物权直接参与分配，主张优先受偿权。

（二）B 公司

B 公司认为法院作出的《执行款清偿顺序方案》是正确的，依法应当予以维持；A 银行的起诉没有事实与法律依据，理由如下：

1.《执行款清偿顺序方案》系综合考虑优先受偿权、在先查封权等法定情况作出的正确执行依据

法院作出的《执行款清偿顺序方案》涉及四个案件，由于被执行人都是 C 公司，而被执行人的财产是五套别墅房产，由法院协调执行，既然协调执行，那么就要综合四个案件的情况进行处理，综合考虑优先受偿权、在先查封权等法定情况，以作出正确的执行依据。B 公司申请执行的案件，在某县人民法院立案执行，某县人民法院于 2015 年 6 月 1 日作出《执行裁定书》，查封了 C 公司名下的九宗土地，包含了本案拍卖五套别墅所涉的五宗土地。B 公司申请的查封，是对涉案五宗土地的第一顺序查封、唯一的查封，而这些土地也没有其他人进行查封。这说明，B 公司对所查封的土地享有第一顺位的处置权，可对土地拍卖后的处置款享有第一顺位

的受偿权。

2. A银行要求撤销法院作出的上述分配方案没有事实与法律依据

A银行申请执行的法律依据是《民事判决书》，其在相关的民事诉讼中，只是提出了对涉案的别墅房产（包含本案所涉五套）的优先受偿权，法院也是判决A银行对房产享有优先受偿权。A银行在诉讼中并没有主张对土地的抵押权和优先受偿权，原审法院也没有判决确认A银行对涉案土地享有抵押权和优先受偿权。

《执行款清偿顺序方案》中确定A银行的权益，是依据该民事判决书，而在该判决中并没有确认A银行对土地享有抵押权和优先权，法院依据法律规定和本案事实，是不能违背生效判决确认A银行对土地处置款有优先受偿权的。

3. A银行以法院违反法律规定作出分配方案为由要求撤销，是错误的。

A银行以法院违反《最高人民法院关于适用〈中华人民共和国民事诉讼法〉的解释》第五百零八条关于“对人民法院查封、扣押、冻结的财产有优先权、担保物权的债权人，可以直接申请参与分配，主张优先受偿权”的规定作出的分配方案是违法为由要求撤销，这是错误的。前已述及，法院是协调处理四个案件，在四个案件中没有任何一个案件涉及对涉案土地的抵押权，A银行申请执行的生效法律文书中也没有关于对该土地享有抵押权的内容。A银行主张对涉案土地享有优先受偿权，但是并没有任何证据显示其就该优先受偿权申请参与分配。A银行申请执行（对涉案房产有优先受偿权）和申请参与分配土地处置款是两个不同的事宜，涉及的是申请强制执行和作为有担保物权的债权人申请参与分配两个不同的权益。现A银行以法院违法为由要求撤销分配方案，恰恰是A银行没有提出有关申请，没有依法主张权利，由此导致的责任由A银行自行承担。不能以A银行过错或没有主张而将责任归咎于法院，更不能以此为由撤销法院的分配方案。

综上所述，A银行诉讼请求没有事实和法律依据，也不符合法律规定的程序。

（三）D某

1. 土地与房产不可分，无须对土地使用权单独查封

D某在本案中查封在先，对房产和土地拍卖价款都应当享有优先受偿权，按照《物权法》的规定，房产所有权和土地使用权是不可分开的，无须对土地使用权单独查封。

2. A银行对土地使用权没有优先受偿权

A银行的执行依据和生效的法律文书并没有确认是否对土地使用权享有优先受偿权，因此A银行对土地使用权没有优先受偿权。

3. 本案不适用《最高人民法院关于适用〈中华人民共和国民事诉讼法〉的解

释》第五百零八条。

该条规定针对的是公民和其他组织，应以被执行人为公民、其他组织作为前提条件，而本案被执行人是企业法人也就是C公司，不属于公民或者其他组织，所以不适用该条规定。对被执行人是企业的情形另有规定，所以A银行关于适用《最高人民法院关于适用〈中华人民共和国民事诉讼法〉的解释》第五百零八条而享有优先受偿权的主张不应予以支持。

4. 涉案的每一处房产所担保的债权金额是不一样的，应该对每一笔债权单独进行核算，A银行无权受偿超出债权与拍卖价款之间的差额，这部分应当由D某优先受偿。

（四）E公司

未发表相关意见。

五、执行现状

在本次执行异议之诉中，法院经审查认为《执行款清偿顺序方案》将A银行视为普通债权人参与分配及该方案的分配顺序和比例均存在明显错误，应予以纠正。法院认定A银行对案涉五套房产及土地享有优先受偿权，并在执行程序中重新制作执行分配方案。

六、案例评析

（一）在执行程序中，享有优先权、担保物权的债权人，是否可以不取得执行依据，直接申请参与分配，主张优先受偿权？是否对被执行人有类型限制？

本案中，B公司认为A银行申请执行的依据是《民事判决书》，但是A银行在诉讼程序中仅提出了对涉案的别墅房产（包含本案所涉五套）的优先受偿权，《民事判决书》中也仅判决A银行对房产享有优先受偿权。A银行在诉讼中并没有主张对土地的抵押权和优先受偿权，《民事判决书》也没有判决确认A银行对涉案土地享有抵押权和优先受偿权。因此，B公司认为在执行程序中，A银行并无提交其对土地部分优先受偿的执行依据，不能在执行程序中享有对土地部分的优先受偿权。那么，在执行程序中，享有优先权、担保物权的债权人是否必须要提供生效法律文书作为执行依据才可参与分配呢？

在《最高人民法院关于适用〈中华人民共和国民事诉讼法〉的解释》实施之

前，司法实践中对享有优先权、担保物权的债权人是否可以直接参与分配，审判不一，部分法院认为该等债权人可直接参与分配，但也有法院认为债权人在诉讼中未主张行使抵押权，且未在执行程序中就行使抵押权提交生效的法律文书作为执行依据，因此不可要求对抵押物享有优先受偿权[①]。自 2015 年 2 月 4 日《最高人民法院关于适用〈中华人民共和国民事诉讼法〉的解释》实施之后，根据其中第五百零八条第二款的规定，对人民法院查封、扣押、冻结的财产有优先权、担保物权的债权人，可以直接申请参与分配，主张优先受偿权，即享有优先权或担保物权的债权人，无须通过诉讼或仲裁等途径取得执行依据，便可直接向执行法院申请参与分配，主张优先受偿权。

此外，需要明确的是，债权人主张优先受偿权时，不受被执行人的类型限制。本案中，D 某认为，债权人主张优先受偿权时，被执行人仅应为公民或其他组织，但该观点值得商榷。《最高人民法院关于适用〈中华人民共和国民事诉讼法〉的解释》第五百零八条有两款，第一款是“被执行人为公民或者其他组织，在执行程序开始后，被执行人的其他已经取得执行依据的债权人发现被执行人的财产不能清偿所有债权的，可以向人民法院申请参与分配”，第二款是“对人民法院查封、扣押、冻结的财产有优先权、担保物权的债权人，可以直接申请参与分配，主张优先受偿权”。从文义解释的角度来看，上述两款规定了两个内容，一是公民或其他组织作为被执行人时，普通债权人在取得执行依据后参与分配的情形；二是享有优先权或担保物权的债权人直接参与执行分配的情形，在该种情形中并未明确限定被执行人为公民或其他组织。在司法解释未有明确指定时，以第一款的内容作为第二款的前提条件，有张冠李戴之嫌。

（二）在执行程序中，享有优先权、担保物权的债权人申请直接参与分配，是否一定会得到法院支持？

在被执行人的财产不足以支付多个债权人的全部债务时，容易出现各类民事权利相互冲突的现象。依据当前我国民事优先权制度的相关规定，部分债权可能优先于普通债权得以实现。《最高人民法院关于适用〈中华人民共和国民事诉讼法〉的解释》第五百零八条第二款的规定，便是为了在高效、便捷的完成执行程序的同时，维护享有优先受偿权的债权人的合法权益。但是，从利益衡量的角度来看，该款规定虽倾向于保护享有优先受偿权的债权人，但公正的天平也不能对普通债权人失衡。因而，在司法实践中，法院基于对其他债权人权益保护的考量，对享有优先

---

① 参见陕西省高级人民法院在（2014）陕民一初字第 00009 号执行分配方案异议之诉一审民事判决书。

权、担保物权的债权人申请直接参与分配，一般持审慎态度。

《最高人民法院关于适用〈中华人民共和国民事诉讼法〉的解释》第五百零八条第二款适用的主体是“享有优先权、担保物权的债权人”。按照我国当前民事优先权的规定，有意定优先权及法定优先权之分，典型的意定优先权为担保物权，如本案所涉及的抵押权；法定优先权则是指法律明确规定具有优先受偿性质的权利，如《合同法》第二百八十六条规定的建设工程价款优先受偿权。对于部分优先权，如不动产抵押权，由于我国对其采用登记生效主义，具有公示公信效力，因而在司法实践的执行程序中，法院对不动产抵押权直接参与分配一般持支持态度。

但是，对于部分优先权，如建设工程价款优先权，虽然法律明确规定了该权利的优先性，但是其与抵押权不同，无须经过公示，在参与分配之前，如果不经过诉讼或仲裁等程序，执行法院无从确认债权人是否能享有优先受偿权。例如，泰安市中级人民法院在某建筑安装公司、赵某的民间借贷纠纷执行审查案件中，认为“异议人建筑公司的建设工程价款优先受偿权未经生效法律文书予以确认，即以对涉案标的物享有优先权为由申请撤销以房抵债的裁定和申请确认对涉案工程拍卖价款有优先权并参与分配，异议理由不成立”。[①]

虽然，依据《合同法》第二百八十六条[②]及《最高人民法院关于建设工程价款优先受偿权问题的批复》第一条的规定，建设工程价款优先权优先于抵押权及其他债权受偿。但是，执行法院适用该规定的前提条件是，债权人的建设工程价款优先受偿权成立。在建设工程价款没有登记公示机关背书的情况下，涉及优先受偿权是否成立、优先受偿的价款金额等问题，均无法确认，需要通过诉讼或仲裁等方式予以确认。

因此，并非在执行程序中，享有优先权、担保物权的债权人申请直接参与分配就一定能得到法院的支持。在司法实践中，一般只有在优先权确认且对债权数额无争议的情况下，法院才会支持相关债权人直接参与分配的申请。

【点评】

对于债权人而言，执行程序是其债权得以实现的保障。由于当前法律规定尚不

---

① 详见泰安市中级人民法院（2017）鲁09执异142号裁定书。

② 《民法典》第八百零七条：发包人未按照约定支付价款的，承包人可以催告发包人在合理期限内支付价款。发包人逾期不支付的，除根据建设工程的性质不宜折价、拍卖外，承包人可以与发包人协议将该工程折价，也可以请求人民法院将该工程依法拍卖。建设工程的价款就该工程折价或者拍卖的价款优先受偿。

完善，各地法院对“无须执行依据”的具体操作不一，对于享有优先权、担保物权的债权人，即便该类债权尚未经过审判程序或优先受偿权尚未取得生效的裁判文书作为执行依据，也建议债权人尝试积极向执行法院申请参与分配。但是，为减少债权无法实现或无法优先受偿的风险，债权人自起诉之初便应明确诉讼思路，请求法院确认其应享有的优先受偿权，避免在后续执行程序中，执行法院以优先受偿权未确定成立而不认可该债权人优先受偿，或者在执行法院认可该债权人的优先受偿权的情况下其他债权人提起执行异议等讼累，提高债权优先受偿权的实现效率，最大程度维护其自身的权益。

点评人：广东南国德赛律师事务所律师　梁伟荣

（六）行为执行

承租户搬迁强制执行纠纷

张杜静*

一、当事人及案由

（一）当事人

申请执行人：梁某、杨某。

被执行人：G公司、黎某、卢某、张某、余某、唐某、梁某、黄某。

（二）案由

租户搬迁强制执行纠纷。

二、案情简介

2001年，G公司与业主梁某、杨某签订《租赁补偿金协议》，约定G公司承租××房屋用于安置职工住宿，面积为700平方米，租赁期限为10年，G公司一次性支付30万元租赁补偿金，每月各住户再按照职工宿舍标准交租金给梁某、杨某。

租赁期满后，梁某、杨某以房屋破旧需重新装修改造为由不同意续租，要求G公司交还房屋、要求住户迁出。涉案房屋内大部分住户已经自行搬走，剩余黎某、卢某、张某、余某、唐某、梁某、黄某七个住户尚未搬走，未搬走住户部分是职工家属，原职工已去世；部分是退休职工。

---

* 张杜静，广东南国德赛律师事务所律师。

为尽快回收涉案房屋，梁某、杨某对已经搬走住户的房屋收回并拆除，希望能迫使未迁出住户尽快迁出。G公司也积极协调剩余住户按照市场价标准支付租金给梁某、杨某，并希望说服住户尽快迁出。但因现在市场价租金远远高于原合同约定的租金标准，住户不愿按现在市场价支付租金。由于住户生活多数比较困难，也无其他住处可以搬迁；G公司认为退休职工同意安置，但只有职工家属居住的则不同意继续安置。各方无法协商一致，涉案房屋迟迟不能交回。

之后，梁某、杨某向广州市某区人民法院提起诉讼，要求：1. 被告G公司及黎某、卢某、张某、余某、唐某、梁某、黄某迁出房屋，并将房屋返还给原告；2. G公司赔偿房屋占用费损失，按每月每平方米25元×700平方米的标准计算，黎某、卢某、张某、余某、唐某、梁某、黄某承担连带赔偿责任。

三、争议焦点

1. 租赁合同到期后，G公司是否有义务安排住户迁出。
2. 房屋占用使用费的计算标准及应由G公司承担还是住户承担。

四、各方意见

（一）梁某、杨某的意见

梁某、杨某与G公司签订《租赁补偿金协议》，由G公司承租涉案房屋安置职工住宿。G公司一次性支付租赁补偿金，每月住户再按职工宿舍标准2.5元/平方米交纳租金。

租赁期满后，G公司一直与住户协调搬出房屋，但住户不肯搬出。为了缓和矛盾，G公司已经按双方协商的25元/平方米交纳部分租金，但仍未交还涉案房屋。G公司及住户共同侵害了房屋所有权，应共同承担房屋占用使用费。

涉案房屋已多处水泥脱落，需要重新装修改造，因七住户不肯搬走，导致拆除进行到一半即被迫停止施工。因此，要求未交还房屋前按照整栋楼实际面积700平方米计算租金损失，G公司与七住户承担连带赔偿责任。

（二）G公司的意见

双方签订的是《租赁补偿金协议》，并非《租赁合同》。G公司已经按照协议约定一次性支付租金补偿，合同义务已经履行完毕。涉案房屋实际租住人为黎某、卢某、张某、余某、唐某、梁某、黄某七住户。现租期已届满，七住户明知租赁期满而拒绝搬出，应由七住户自行承担房屋占用使用费。

七住户中部分是退休职工，部分已领取住房补贴，部分已解除劳动合同，与G公司已经无关联。G公司没有义务负责七住户迁出，七住户同为本案被告，已清楚要交回涉案房屋，应由七住户自行搬出。

关于房屋占用使用费，根据涉案房屋现场照片，因梁某、杨某对搬出住户的房屋已经收回并拆除，只剩余七住户现居住的房屋尚未拆除，实际占用房屋面积约200平方米。即使计算房屋使用费，也应该按照七住户现在实际占用面积200平方米计算，已经拆除的房屋面积不应计算在内，不能按照合同租赁面积700平方米计算。

（三）黎某、卢某、张某、余某、唐某、梁某、黄某的意见

该几人不应作为本案被告，涉案房屋是G公司安排给其居住的职工宿舍，如果要求住户迁出也应由G公司安排住房。不同意按照市场价支付房屋使用费，该费用应由G公司承担，只同意按原职工宿舍租金标准2.5元/平方米交纳租金。

五、裁判结果

1. G公司安排黎某、卢某、张某、余某、唐某、梁某、黄某迁出涉案房屋，并将房屋交还给杨某、梁某。黎某、卢某、张某、余某、唐某、梁某、黄某迁出时无偿保留所增加的镶嵌物等固定设施，其余增加设施在不损害房屋安全结构的情况下自行拆除和办理迁移手续。

2. G公司按25元/平方米×200平方米支付房屋使用费。

六、裁判理由

法院认为，杨某、梁某与G公司签订的《租赁补偿金协议》是当事人的真实意思表示，该协议约定为了解决G公司原职工居住问题，由G公司承租涉案房屋，租房差额由G公司支付补偿金。因此，G公司以双方签订的是《租赁补偿金协议》，并非《租赁合同》，其并非租赁合同的主体，没有义务返还物业的抗辩显属无理，不予采纳，故G公司应交还房屋。

G公司承租涉案房屋作安置职工住户用途，故应负责安排现仍使用部分承租房屋的黎某、卢某、张某、余某、唐某、梁某、黄某迁出，将涉案房屋交还。

根据涉案房屋现状，七住户黎某、卢某、张某、余某、唐某、梁某、黄某居住的房屋面积共200平方米，除此之外的其他房屋均已经被拆除，故要求G公司按700平方米支付房屋使用费依据不足。G公司应按照七住户实际使用面积共200平方米支付房屋使用费。

黎某、卢某、张某、余某、唐某、梁某、黄某不是《租赁补偿金协议》的当事人，故要求上述人员对G公司应支付的房屋使用费承担连带赔偿责任依据不足，不予支持。

七、强制搬迁执行现状

房产类强制执行是一项重要的民事执行工作，房产执行案普遍存在执行程序多，涉及当事人数多、工作量大，是法院解决执行难问题的重点之一。房产案执行需要经过现场调查、拍卖、评估、搬迁、交付等程序，而每一步骤均需花费大量时间，少则几个月，多则一两年。如果涉及人数较多，或者被搬迁人拒不搬迁的，则可能需要更长时间甚至没有办法交付。本文重点讨论强制执行搬迁中存在的问题。

（一）我国关于强制执行搬迁的法律规定

1. 我国《民事诉讼法》第二百五十条规定，强制迁出房屋或者强制退出土地，由院长签发公告，责令被执行人在指定期间履行。被执行人逾期不履行的，由执行员强制执行。强制执行时，被执行人是公民的，应当通知被执行人或者他的成年家属到场；被执行人是法人或者其他组织的，应当通知其法定代表人或者主要负责人到场。拒不到场的，不影响执行。被执行人是公民的，其工作单位或者房屋、土地所在地的基层组织应当派人参加。执行员应当将强制执行情况记入笔录，由在场人签名或者盖章。强制迁出房屋被搬出的财物，由人民法院派人运至指定处所，交给被执行人。被执行人是公民的，也可以交给他的成年家属。因拒绝接收而造成的损失，由被执行人承担。

2. 《最高人民法院关于审理拒不执行判决、裁定刑事案件适用法律若干问题的解释》第二条规定，负有执行义务的人有能力执行而实施下列行为之一的，应当认定为全国人民代表大会常务委员会关于刑法第三百一十三条的解释中规定的“其他有能力执行而拒不执行，情节严重的情形”：（1）具有拒绝报告或者虚假报告财产情况、违反人民法院限制高消费及有关消费令等拒不执行行为，经采取罚款或者拘留等强制措施后仍拒不执行的；（2）伪造、毁灭有关被执行人履行能力的重要证据，以暴力、威胁、贿买方法阻止他人作证或者指使、贿买、胁迫他人作伪证，妨碍人民法院查明被执行人财产情况，致使判决、裁定无法执行的；（3）拒不交付法律文书指定交付的财物、票证或者拒不迁出房屋、退出土地，致使判决、裁定无法执行的；（4）与他人串通，通过虚假诉讼、虚假仲裁、虚假和解等方式妨害执行，致使判决、裁定无法执行的；（5）以暴力、威胁方法阻碍执行人员进入执行现场或者聚众哄闹、冲击执行现场，致使执行工作无法进行的；（6）对执行人员进行侮辱、围攻、扣押、殴打，致使执行工作无法进行的；（7）毁损、抢夺执行案件材料、执行公务车辆和其他执行器械、执行人员服装以及执行公务证件，致使执行工作无法进行的；（8）拒不执行法院判决、裁定，致使债权人遭受重大损失的。

（二）强制执行搬迁的难点分析

我国对被搬迁人拒不搬迁能够采取的强制措施较少，只对强制搬迁的程序及拒不搬迁的刑事责任进行规定，导致强制搬迁执行难的现状。

1. 以刑事责任处罚拒不搬迁人难

上述规定中，对“有能力执行而拒不执行”的强制搬迁情形只规定为以暴力、威胁方法阻碍执行人员进入执行现场或者聚众哄闹、冲击执行现场，致使执行工作无法进行的，而实践中以刑事处罚拒不搬迁人却比较难。

第一，法院决定进入强制搬迁程序难，需要法院院长签发公告，而该公告的签发完全是法院内部程序，完全依赖于执行法官的推动，具体情况申请人不能完全掌握。第二，法院对被搬迁人拒不搬迁采取拘留、罚款的措施十分慎重，主要以协商和沟通为主，对被搬迁人根本没有压力。第三，对被搬迁人是否有能力执行的判断比较主观，导致法院判断标准不一，甚至不愿追究被搬迁人刑事责任。第四，我国缺乏对被搬迁人基本居住条件的相关制度建设，如人均居住面积规定、廉租房和公租房政策对接等。如果对生活困难的被搬迁人能够由法院与其户籍所在地社区居委会进行协调，而不是单独依赖于被搬迁人自己的申请，则更有利于加快执行进程。

2. 被搬迁人索要高价补偿，而补偿标准没有明确可参考依据

若被搬迁人拒不搬迁，法院多数建议双方对补偿金额进行协商，尽量由被搬迁人自己搬出，避免由法院进行强制搬迁的情况。但通过协商的方式，极易导致被搬迁人索要高价补偿，而我国法律对搬迁补偿的标准并没有可参考的依据。因此，通过双方协商达到一致的补偿标准难度非常大，也需要更长的时间磨合调整双方的差距。

八、案例评析

本案从申请执行至结案历时两年多，执行法官采取到现场调查、与被执行人面

谈解决方案、询问被搬迁人的意见等方式。经过多次协商，在法官积极协调下，通过给G公司送达罚款《通知书》，限期其安排住户迁出；询问住户的意见，在要房还是要补偿款上充分尊重其权利，并给予言语压力，最后终于达到住户自行搬出的目的，和谐解决本案矛盾并圆满结案。[①] 结合案例，分析如下：

（一）被搬迁人存在生活困难等特殊情况，导致强制搬迁执行难

在本执行案中，G公司是负责安置住户的义务人，安排实际住户黎某、卢某、张某、余某、唐某、梁某、黄某迁出。因涉及多个被搬迁人迁出并且需要安置，而被搬迁人存在不同的生活困难问题需要解决。经现场调查，在被搬迁人中，有的是孤寡老人，有的是退休职工，有的一家老小共同居住在20平方米的房屋中且收入较低。而法院在强制搬迁执行过程中，也会综合考虑被搬迁人的意愿、居住环境变化对生活的影响，如偏远地方可能影响住户工作等，因此强制搬迁实际很难操作执行。

因住户要求G公司提供职工住房进行安置，否则就不同意迁出。而G公司无法提供职工住房安置。为了顺利解决矛盾，执行法官建议G公司分别与住户协商补偿，由住户自行搬出。但又因补偿标准无参考依据导致协商并不顺利，无法推进。

为了推动本案，法院向G公司送达《通知书》，要求G公司安置住户迁出，否则处以百万元罚款。这一罚款的执行措施，促进了G公司与住户协商谈判的进度和力度，G公司更加积极地与住户进行协商补偿。当然法院在G公司积极履行义务的情况下，也没有进一步采取扣划罚款的强制措施。

经过逐个与被搬迁人协商，G公司与部分被搬迁人达成补偿协议，由被搬迁人自行搬出，但仍有个别“钉子户”要求高额补偿。因无法接受被搬迁人的补偿要求，G公司拟提供一定期限租赁房屋，申请法院将拒不搬出的住户强制搬迁。但执行法官要求G公司提供可永久居住的住房供被执行人迁出。G公司再按法院要求提供了可以永久居住的房屋，房屋地点比目前居住地稍远，但被搬迁人以不容易找工作，且交通成本、时间成本较高、改变生活现状等为由仍不同意搬迁。G公司也曾积极向被搬迁人户口所在地居委会了解其能否申请广州市廉租房，但是因为被搬迁人已不在原户籍居住多年，其户籍地居委会根本不愿理睬。多种方法尝试后，G公司无奈只能就补偿金额与不同意搬迁的住户再次协商，最终达成一致。

（二）不能忽视房屋增加设施的执行

在起诉时，本案原告杨某、梁某没有将要求被告拆除房屋镶嵌物单独列为一项

---

① （2014）穗海法执字第152号。

诉讼请求。法院在审理中，原告杨某、梁某也未明确要求拆除涉案房屋增加的设施具体指哪些设施。虽然最后法院在判决中对房屋增加的镶嵌物等固定设施进行了判决，要求被告在不损害房屋结构的情况下自行拆除和办理迁移手续，但因没有明确拆除哪些设施，且被搬迁人数较多，执行周期太长，导致申请执行人在执行阶段忽略了固定设施拆除的执行。

本案执行结案后，因要拆除涉案房屋被加建的储水池，而且拆除的工程量较大，且费用较高，原告杨某、梁某又另案起诉要求 G 公司拆除房屋楼顶增加的设施储水池或补偿相关拆除费用，但是一审、二审法院均以原判决已经处理，应在执行程序中一并解决，而驳回其诉讼请求。

因此，对于改建、加建、增加相关设施的房屋，尤其是厂房等安装机械设备，对墙面等有打洞、安装设备架等，在起诉时应特别注意明确需要拆除的设施及应补偿拆除费用，才更有利于执行阶段的处理。

【点评】

对被搬迁人的安置问题是涉及民生的复杂社会问题，法院在处理强制搬迁执行时，要从维护社会和谐稳定的角度出发，满足各方当事人的需求实属不易。我国现行的强制措施如限制高消费、列入失信黑名单等，对一些普通群众并无多大影响，而法院又对可能影响被执行人的司法拘留措施采取慎重的态度，导致对拒不搬迁的被执行人产生的压力微乎其微。

强制搬迁执行案中，因强制搬迁实际操作难，通过补偿方式一次性解决仍是优选方案。但是我国没有制定补偿金额的具体参考标准，需要结合被执行人的生活状况及意愿协商解决。当双方的补偿金额标准差距较大时，执行法官的协调显得尤为重要，必要时需要借助司法拘留等强制措施才能保障谈判顺利进行。

对被搬迁人的住房安置是实现强制搬迁执行的关键，建议我国进一步健全相关住房安置保障政策。如果能够通过法院与政府相关部门就被搬迁人居住安置问题进行协调，为生活困难的家庭申请廉租房、公租房等提供更加便利政策，则有利于法院化解强制搬迁类案件的矛盾，加快执行工作进度。

点评人：广东南国德赛律师事务所律师　王维琼

预查封期间开发商对商品房买卖合同解除权的行使及实务操作

朱建芬*

一、当事人、代理人及案由

（一）当事人、代理人

申请执行人：刘某，男。

被执行人：叶某，男。

案外人：广州 A 房地产开发有限公司（以下简称广州 A 公司）。

代理人：李军，广东海际明律师事务所律师。

（二）案由

合同纠纷。

二、案情简介

2015 年，广州 H 法院对刘某与叶某合同纠纷案作出民事判决，现已发生法律效力。根据该判决，叶某应于判决发生法律效力之日起十日内返还刘某 434662.83 元及利息。根据申请执行人刘某的请求，广州 H 法院于 2016 年 1 月受理了该强制执行并立案。法院在执行过程中，查明被执行人叶某名下有位于广州市某区的商品房一套（以下简称涉案商品房），并于 2016 年 2 月作出执行裁定，依法查封该房产，该查封为涉案商品房的首次查封。

涉案商品房是被执行人叶某于 2013 年 6 月向广州 A 公司购买，双方签订《广州

* 朱建芬，广东海际明律师事务所律师。

市商品房买卖合同（预售）》，合同约定以按揭贷款的方式付款。合同还约定，因购房人未履行按揭合同义务，导致开发商在涉案物业被处理前承担了担保责任的，购房人应向开发商支付违约金，开发商有权解除合同。随后，叶某向银行申请按揭贷款，并由开发商即广州A公司作为保证人，三方共同签署《个人购房担保借款合同》：叶某的还款方式为等额本息还款，广州A公司作为阶段担保人，为叶某承担担保责任至办妥以贷款人为抵押权人的抵押登记手续之日止。借款合同签订后，2013年10月底，银行与叶某办理了抵押房产的抵押预告登记手续，取得了房地产预告抵押登记权证。银行贷款发放后约两年即2015年9月，叶某未依约还款，银行多次催收无果。2016年5月，银行将叶某和广州A公司诉至广州N法院。2016年9月，广州N法院作出判决，判令叶某偿还借款本金，并支付利息、罚息，并判决广州A公司承担连带清偿责任。判决生效后，广州A公司代叶某向银行偿还了前述借款本金及利息、罚息共计约80万元。

2016年11月底，广州A公司根据与叶某在商品房买卖合同中达成的仲裁条款，向广州G仲裁委员会提出仲裁申请，仲裁委员会受理了该仲裁申请。2017年3月，广州G仲裁委员会作出裁决，解除叶某与广州A公司签订的《广州市商品房买卖合同（预售）》；叶某应于裁决作出之日起十五日内配合广州A公司办妥撤销网签及备案、预告登记等解除合同的手续；叶某应向广州A公司支付违约金，返还广州A公司代其向银行支付的款项约80万元及利息（该款项从广州A公司应向叶某退还的房款中予以抵扣）。

2016年12月初，广州A公司以案外人身份，就申请执行人刘某与被执行人叶某强制执行案向广州H法院提出执行异议，要求停止对涉案商品房的执行措施，并要求解除对涉案商品房的查封。广州H法院受理该执行异议。

三、争议焦点

1. 涉案商品房被法院预查封后，广州A公司还能否解除商品房买卖合同？

2. 商品房买卖合同解除后，广州A公司向法院主张解除涉案商品房的预查封措施，是否应当获得支持？

四、各方意见

（一）申请执行人意见

1. 涉案商品房预告登记在被执行人叶某名下，法院预查封的法律效力等同于查封。法院一旦对商品房采取了预查封措施，就应当禁止预查封机关以外的人对预查封的财产进行有害处分。当法院对涉案商品房采取预查封措施后，因预查封属于司法公权力，具有排他的法律效力，在被依法解除前，其他任何人包括司法机关、仲裁机构及单位（个人）不得对预查封的财产进行转移、设定权利负担或有其他有碍执行的行为。

2. 对被执行人叶某购买的涉案商品房采取预查封措施在先，广州 G 仲裁委员会作出的解除商品房预售合同的仲裁裁决书在后，因而仲裁裁决书不能产生对抗在先预查封的法院对该房产执行的效力。

（二）被执行人意见

叶某经合法传唤，拒不参加法院庭审、仲裁裁决和执行问话，也未提交任何法律主张和意见。

（三）案外人意见

1. 法院采取的预查封措施不具有对商品房所有权的保全性质。涉案物业目前依旧登记在案外人广州 A 公司名下，根据物权法的规定，涉案商品房的不动产所有权依法应归案外人所有。

2. 被执行人叶某与案外人虽然签订了《广州市商品房买卖合同（预售）》，但是被执行人叶某并不必然取得涉案物业的所有权，且根据《广州市商品房买卖合同（预售）》的有关条款，由于被执行人叶某的违约行为，案外人有权单方解除合同。

3. 广州 A 公司依据双方签署的有效合同条款依法解除了与叶某签订的商品房买卖合同。该仲裁裁决不存在恶意串通损害第三人的情形，法院也没有予以撤销。所以，法院采取的预查封措施不能否定仲裁裁决的结果。

综上，在裁定商品房买卖合同解除的仲裁裁决生效后，法院也就没有继续采取预查封措施的依据，预查封也因此失去了对象。涉案商品房系广州 A 公司合法建造，因此商品房所有权应归属于广州 A 公司。法院应该支持广州 A 公司要求停止执行及解除对商品房预查封的请求。

五、执行现状

2017 年 12 月，广州 H 法院作出《执行裁定书》，裁定中止对涉案房屋的执行。法院认为，广州 G 仲裁委员会作出的裁决已发生法律效力，案外人广州 A 公司与被执行人叶某签订的《广州市商品房买卖合同（预售）》已被解除，因此涉案商品房已不属于被执行人叶某所有。案外人提出停止对于涉案商品房的执行措施，理由成立，依法应予以支持。为此，依照《民事诉讼法》第二百二十七条、《最高人民法院关于适用〈中华人民共和国民事诉讼法〉执行程序若干问题的解释》第十五条的规定，裁定中止对涉案商品房的执行。[①] 该裁定送达后立即生效。

随后，广州H法院即解除对涉案商品房的预查封，但该预查封案件同时也使首封案件的申请执行人刘某对该执行行为不服。

六、案例评析

（一）涉案商品房虽然“预告登记”在被执行人叶某名下，并不等于叶某已经获得涉案商品房的不动产物权

1. 关于预告登记的性质和法律效力，《物权法》第二十条规定：“当事人签订买卖房屋或者其他不动产物权的协议，为保障将来实现物权，按照约定可以向登记机构申请预告登记。预告登记后，未经预告登记的权利人同意，处分该不动产的，不发生物权效力。预告登记后，债权消灭或者自能够进行不动产登记之日起三个月内未申请登记的，预告登记失效。”[②] 该条文对预告登记制度进行了规定，由于法律规定的较为简单，学术界关于预告登记的性质和法律效力的认识并不完全一致，但预告登记的并非物权这一观点已基本达成共识。

2. 笔者认为，预告登记是保全以将来发生的房产物权变动为目的的请求权，而且是具有一定条件及时效的请求权。《最高人民法院关于适用〈中华人民共和国物权法〉若干问题的解释（一）》第五条规定：“买卖不动产物权的协议被认定无效、被撤销、被解除，或者预告登记的权利人放弃债权的，应当认定为物权法第二十条第二款所称的‘债权消灭’。”因此，预告登记的效力在于使买卖合同上的债权（请求开发商交房和移转所有权的权利）具有对抗第三人的物权效力，但并不能完全对抗开发商本身因其合法建造商品房而享有的不动产物权。也鉴于此，预告登记并不能取代所有权过户登记，单凭预告登记并不能使登记权利人获得物权。不办理所有权过户登记，预告登记的买房人不可能获得房屋所有权。

---

① （2016）粤0114执异112号。

② 《民法典》第二百二十一条：当事人签订买卖房屋的协议或者签订其他不动产物权的协议，为保障将来实现物权，按照约定可以向登记机构申请预告登记。预告登记后，未经预告登记的权利人同意，处分该不动产的，不发生物权效力。预告登记后，债权消灭或者自能够进行不动产登记之日起九十日内未申请登记的，预告登记失效。

（二）涉案商品房未发生不动产物权的转让，商品房买卖合同就没有终止，守约方当然有权行使合同解除权

1. 有观点认为，开发商与购房人的商品房买卖合同早已履行完毕，任何一方均无权再主张解除合同。理由概指：购房人向银行申请贷款支付给开发商，等同于购房人完全支付了合同对价，开发商也早已交付房屋给购房人，购房人实际占有房屋，整个商品房买卖合同就已完全终结，不存在解除合同的前提了。至于有无办理产权或者说进行不动产权登记，原因各异，但不对商品房买卖合同的履行完结有任何影响。笔者不认同该观点，因为商品房买卖合同是特殊的买卖合同，是购房人支付房款并以获得房屋的不动产权登记为目的的合同，也是开发商出售房屋、取得足额购房款的合同。合同目的没有实现，合同就没有履行完毕，更不会终止，任何守约方均有权行使合同解除权。本案中，购房人叶某未按时向银行偿还按揭贷款，导致广州 A 公司承担担保责任，合同约定的解除条件已经成就，广州 A 公司当然可以主张解除合同。本案中的开发商即广州 A 公司在承担还贷保证责任后，开发商获取足额房款的目的落空。《最高人民法院关于审理商品房买卖合同纠纷案件适用法律若干问题的解释》（以下简称《商品房买卖合同解释》）第二十三条规定："商品房买卖合同约定，买受人以担保贷款方式付款，因当事人一方原因未能订立商品房担保贷款合同并导致商品房买卖合同不能继续履行的，对方当事人可以请求解除合同和赔偿损失……" 也就是说，如果买受人无法足额支付房款导致买卖合同无法继续履行，对方可以请求解除合同。这与本案例中因为叶某未向银行按时履行还款义务导致出卖人承担连带保证责任的本质是一样的。

2. 还有观点认为，开发商与购房人在商品房买卖合同中约定解除合同的条款无效。理由概指：《最高人民法院关于审理买卖合同纠纷案件适用法律问题的解释》第三十四条规定："买卖合同当事人主张合同法第一百三十四条关于标的物所有权保留的规定适用于不动产的，人民法院不予支持。"该观点主观上将涉案商品房未办理产权过户登记手续等同于开发商将房屋所有权的保留。笔者认为该观点属于适用法律错误，不能成立。而且《合同法》第一百三十四条规定："当事人可以在买卖合同中约定买受人未履行支付价款或者其他义务的，标的物的所有权属于出卖人。"① 该规定位于《合同法》第九章"买卖合同"的部分，而合同法该部分的规定只适用于除不动产外的买卖合同，也只有在动产买卖合同中才会发生因交付转移

---

① 《民法典》第六百四十一条第一款：当事人可以在买卖合同中约定买受人未履行支付价款或者其他义务的，标的物的所有权属于出卖人。

标的物的所有权，而为了保证出卖方的利益赋予双方可自主约定所有权保留的条款。而在不动产买卖合同中，不动产物权的设立和变更以房地产管理部门的登记发生效力，交付和占有并不发生所有权转移的效力。因此，开发商行使合同解除权，主张的是购房人的违约责任，以及依法解除买卖合同从而使预告登记失去效力的自我救济，该解除合同条款系双方自愿签署，没有违反法律的禁止性规定，应当认定为有效。

3. 商品房买卖合同解除后，购房人的合同权利并未受到有害处分。预查封是《最高人民法院、国土资源部、建设部关于依法规范人民法院执行和国土资源房地产管理部门协助执行若干问题的通知》（以下简称《不动产协执通知》）新创立的强制执行措施，其效力是禁止查封机关以外的主体对查封财产进行有害处分。是否允许当事人在预查封后解除合同要看买受人的合同利益是否受到无法预期的损减。本案中，商品房预售合同约定了开发商承担还贷保证责任后可以解除合同，条件成就时解除合同是购房人在预查封时就能预料到的风险，并没有增加额外的损失，因此开发商有权行使合同解除权。

（三）商品房买卖合同依法解除后，法院的预查封失去标的物，故应当及时予以解封

1. 预查封是人民法院对被执行人尚未进行权属登记，但将来可能会进行登记的不动产进行的一种预先限制性登记，只有在登记机关核准登记产权时，才转为正式的查封。所以，预查封的对象是涉案房屋的物权变动请求权，并非房屋本身。在物权变动请求权并未实现之前，涉案房屋仍归属于开发商所有。

2. 《不动产协执通知》第十八条规定："预查封的效力等同于正式查封。预查封期限届满之日，人民法院未办理预查封续封手续的，预查封的效力消灭。"实践中并不能将该规定直接解读为"预查封等同于查封"。法院作出预查封措施后，它的效力仅是限制了他人再行处分涉案房屋的权利，并不能进行实体处理。《不动产协执通知》第十六条规定："……土地、房屋权属在预查封期间登记在被执行人名下的，预查封登记自动转为查封登记，预查封转为正式查封后，查封期限从预查封之日起开始计算。"此种情形下，法院才可以对查封房屋进行实体处理，如拍卖、变卖或折价处理等。

3. 本案中，即便广州 A 公司不提起执行异议，广州 H 法院也不能对预查封的涉案商品房进行实体处理。因为房屋产权尚未登记在被执行人名下，所以在处分该标的物时，预查封和正式查封是有区别的。查封之后，法院介入并采取强制执行措施的对象应该是被执行人所有的财产。商品房买卖合同依法解除后，法院对原被执行人叶某因预告登记涉案商品房而享有的合同权利已经失去依据，也即法院的预查封失去标的物。因此，法院应当及时解除对涉案商品房的预查封。

七、实务经验

（一）不断完善关于解除商品房买卖合同的约定

关于商品房买卖合同的解除，开发商应当结合实际不断完善有关约定，如果事先在商品房买卖合同中没有明确约定，可依据或参照相关司法解释行使法定解除权。

实务中，有的开发商在商品房买卖合同中约定，当开发商对银行承担了对购房人的连带保证责任以后才可以要求解除商品房买卖合同。笔者认为，站在开发商的立场，不妨考虑将此约定调整为：当生效裁决确定开发商应对购房人所负银行按揭贷款相关还款义务承担连带保证责任时，开发商即有权单方行使合同解除权等。

另外，根据《商品房买卖合同解释》第十五条第一款的规定，购房人逾期支付购房款，开发商向购房人催告后三个月内仍未履行的，除双方另有约定外，开发商此时有权解除商品房买卖合同。另外根据该司法解释第二十三条的规定，因购房人原因未能订立商品房担保贷款合同并导致商品房买卖合同不能继续履行的，开发商可以请求解除合同和赔偿损失。笔者认为，在购房人断供的情况下，开发商可以参照该规定行使合同解除权。因为购房人没有履行担保贷款约定的还款义务造成开发商代为购房人垫付银行借款本金及利息，从客观效果上讲与未能签订担保贷款合同是相同的。

（二）尽早行使合同解除权并申请财产保全

当商品房买卖合同约定的解除条件成就时，开发商应及时行使合同解除权。依据《合同法》第九十六条的规定，当事人一方依照合同法第九十三条第二款、第九十四条的规定主张解除合同的，应当通知对方。合同自通知到达对方时解除。对方有异议的，可以请求人民法院或者仲裁机构确认解除合同的效力。[①] 在实务中，当事人往往不履行解除合同的通知义务，却直接向法院起诉或向仲裁机构申请仲裁，要求法院或仲裁机构判令合同解除。笔者认为此种做法在程序上存在瑕疵：一方

① 《民法典》第五百六十五条第一款：当事人一方依法主张解除合同的，应当通知对方。合同自通知到达对方时解除；通知载明债务人在一定期限内不履行债务则合同自动解除，债务人在该期限内未履行债务的，合同自通知载明的期限届满时解除。对方对解除合同有异议的，任何一方当事人均可以请求人民法院或者仲裁机构确认解除行为的效力。

面，司法机关并非合同的一方当事人，所以其并无合同解除权；另一方面，《合同法》第九十六条赋予司法机关的只是一种确认权，并不是解除权。从法理和立法上看，合同解除权应属于当事人。因此，严格来讲，解除权人未履行通知程序的，法院和仲裁机构直接判令合同解除是有违法理的。

此外，由于商品房买卖合同的特殊性，开发商解除合同仍需在房地产管理部门办理注销登记的相关手续，所以在诉讼或仲裁程序中应该申请财产保全，预查封涉案商品房，如果有可能的话，还应申请诉前财产保全。一方面，争取抢先确立首封法院，并对查封的涉案商品房保有顺位优先权；另一方面，如果已是轮候查封，在对前面预查封案件通过法律途径解除查封后，变相实现首封。

（三）实时跟进预查封案件的进展

开发上应通过各种途径，尽可能实时跟进预查封案件的进展，尤其是首封案件。

在司法实践中，购房人财务状况恶化后通常涉诉较多，购房人名下预告登记的房屋被法院查封的可能不止一案；因此，开发商在准备行使商品房买卖合同的解除权时，即应向房地产管理部门查询了解涉案商品房的查封抵押详情，并通过法院案件查询网站、电话查询系统甚至司法拍卖网站等各种途径，与首封案件的经办法官取得联系并反映诉求；当首封案件进入执行程序时尤其需要注意，可通过案外人执行异议或其他方式阻却该执行程序的进行，为开发商关于解除商品房买卖合同的法律程序直至裁决生效赢得时间保证。

值得注意的是，各地法院对预查封案件案外人提出的执行异议处理态度不一，有的干脆不予立案，有的是告知另行提起执行异议之诉，更有甚者，直接对被执行人仅仅是预告登记的不动产进行评估、拍卖或变卖。因此，开发商主张对商品房买卖合同依法解除应当尽早切入，并善用诉讼资源和策略，避免诉累缠身最终无法实现解除商品房买卖合同的预期目的。

（四）购房人将涉案商品房出租且仍在租赁期内时，开发商在依法解除商品房买卖合同后，可向法院要求裁定承租人解除占有查封物

购房人在涉案商品房预查封期间，出于各种原因可能将预查封房屋出租，开发商在依法解除与购房人的商品房买卖合同后，即可作为申请执行人要求购房人即被执行人履行恢复原状等合同义务。根据《最高人民法院关于人民法院民事执行中查封、扣押、冻结财产的规定》第二十六条第一款的规定，被执行人就已经查封、扣押、冻结的财产所作的移转、设定权利负担或者其他有碍执行的行为，不得对抗申请执行人。第三人未经人民法院准许占有查封、扣押、冻结的财产或者实施其他有碍执行的行为的，人民法院可以依据申请执行人的申请或者依职权解除其占有或者排除其妨害。

【点评】

购房人通过银行按揭贷款购买商品房是商品房交易的主要形式，在这种交易形式中，银行通常都要求开发商为购房人提供阶段性担保。对于预告登记在购房人名下的物业，当购房人出现断供，银行对购房人和开发商提起法律程序，要求开发商作为保证人承担连带保证责任的主张大多会获得法院的支持。在此情形下，开发商可以考虑根据商品房买卖合同的约定行使合同解除权，但是会面临一个问题：大部分购房人所购买的商品房已被其他案件预查封。由此导致预查封在先与合同约定解除权的行使在后的矛盾。当开发商依法解除商品房买卖合同，要求购房人协助办理商品房买卖合同的备案注销手续及预告登记注销手续时，之前案件的预查封会造成法律障碍。开发商向法院主张解除对涉案商品房的预查封，是否应当获得支持？本人所代理的上述案件给了一个肯定的答案。预查封所保护的利益不属于物权，对开发商享有的合同解除权之债权不具有优先性；预查封所保护的利益也不属于社会公共利益，商品房买卖合同依法解除后，原申请执行人仍可执行购房人对该开发商享有的债权即应退房款，合同解除未损害原申请执行人的合法权益。

点评人：广东海际明律师事务所律师　李军

（七）执行与破产

企业在执行转破产程序中的法律救济

胡正方*

一、当事人、代理人

申请人：严某文。

被申请人：A 公司。

被申请人代理人：胡正方，广东佰德律师事务所执业律师。

二、案情简介

2012 年至 2013 年，被申请人 A 公司因生产经营陷入困境，无法正常营业，决定辞退公司大部分员工。当时，A 公司因资金欠缺，部分员工的工资及经济补偿金并未足额支付。2013 年，该公司的严某文等 58 名员工向佛山市南海区劳动人事争议调解仲裁委员会（以下简称南海劳动仲裁委）申请劳动仲裁，诉称：严某文等人原系被申请人 A 公司的员工，2013 年 12 月初，A 公司因经营不善无法正常运作，在佛山市南海区狮山镇有关部门的协调下，被申请人 A 公司无法按时支付严某文等人的工资，现严某文等人请求解除劳动关系，要求 A 公司支付工资及经济补偿金。具体要求如下：1. 申请人严某文等人与被申请人 A 公司解除劳动合同；2. 被申请人 A 公司支付申请人 2013 年 8 月至 2013 年 12 月的工资共计 739647 元；3. 被申请

* 胡正方，广东佰德律师事务所律师。

人A公司支付申请人解除劳动关系经济补偿金897866元；以上合计1637513元（其中严某文诉求标的额为29900元）。

2014年1月10日，该案由南海劳动仲裁委依法开庭进行审理。庭审过程中，A公司辩称：申请人的工资已经发至2013年10月，且由于是申请人自愿解除劳动关系，所以不存在经济补偿金。A公司向南海劳动仲裁委提交了应发工资汇总表作为证据。2014年1月22日，南海劳动仲裁委经审理认为，关于工资问题，双方均确认被申请人已于2013年12月下旬一次性足额支付了申请人2013年8月至10月的工资，故对申请人要求被申请人支付2013年8月至10月工资的请求不予支持。关于申请人主张其2013年8月至12月工资数额及2012年12月至2013年11月平均工资数额事宜，因被申请人A公司未能就申请人2012年12月至2013年11月平均工资数额及2013年11月和12月工资数额进行举证，因此被申请人A公司应承担举证不利的后果。根据我国《劳动法》第五十条的规定，被申请人A公司应向申请人支付2013年11月工资164366元，12月工资82183元。关于解除劳动关系应支付经济补偿金的问题，被申请人A公司于2013年12月下旬才支付申请人2013年8月至10月的工资，存在拖欠申请人工资的现象，申请人有权以被申请人拖欠工资为由，请求与被申请人解除劳动合同，因此确认双方的劳动关系于2013年12月19日解除，被申请人应向申请人支付解除劳动关系经济补偿金896766元。综上所述，裁决如下："一、双方的劳动关系于2013年12月19日解除；二、被申请人在裁决书生效之日起十日内支付申请人2013年11月工资164366元，12月工资82183元；三、被申请人在本裁决书生效之日起十日内支付申请人解除劳动关系经济补偿金896766元。四、驳回申请人其他仲裁请求。"[①]2014年2月11日，A公司不服南海劳动仲裁委作出的裁决，向佛山市南海区人民法院提起民事诉讼，但被法院驳回。判决生效后，申请人向佛山市南海区人民法院申请强制执行[②]。

2017年10月，严某文向佛山市南海区人民法院请求对被执行人A公司移送破产审查。2017年10月26日，佛山市南海区人民法院经审查后作出《移送破产审查决定书》[③]，认定A公司已被执行的财产分配款项有15744716.3元，未发现其他可供执行的财产。而被执行人A公司的系列执行案件，立案执行标的约178709413.78

① 佛南劳人仲案字〔2013〕××××号。

② （2014）佛南法狮执第××××号。

③ （2013）佛南法狮执字第×××号。

元（不含迟延履行期间的债务利息），其中已执行到位标的约为 34067999.16 元，其余债务被执行人未能履行，且尚有部分评估费及案件执行费未交。根据被执行人 A 公司在 2014 年 7 月 14 日向法院提交的《情况说明》，其对外债务约为人民币 4 亿元，但其资产不超过人民币 2 亿元。此外，法院还查明被执行人 A 公司名下土地、房产的抵押权人中国银行股份有限公司某分行及主张对被执行人机器设备有抵押权的债权人杨某超已向佛山市中级人民法院提起诉讼主张对被执行人的债权，起诉金额为 16429 万元。综上，被执行人 A 公司为企业法人，其不能清偿到期债务，并且资产不足以清偿全部到期债务，符合《企业破产法》第二条第一款规定的“企业法人不能清偿到期债务，并且资产不足以清偿全部债务”之情形，现申请人严某文向本院提出申请，请求对被执行人 A 公司移送破产审查。A 公司住所地为广东省佛山市，属于佛山市中级人民法院管辖。根据《最高人民法院关于适用〈中华人民共和国民事诉讼法〉的解释》第五百一十三条的规定，决定如下：将被执行人 A 公司移送佛山市中级人民法院破产审查。

2017 年 11 月，佛山市中级人民法院收到佛山市南海区移送的案件材料后对本案进行审查。2017 年 11 月 27 日，佛山市中级人民法院组织债权人严某文、债务人 A 公司进行听证。听证过程中，被申请人 A 公司认为其公司名下的土地价值较高，足以覆盖全部对外债务，因此，A 公司并不具备破产原因。佛山市中级人民法院在破产受理审查过程中查明，位于佛山市南海区狮山镇狮山 × ×A 区 × × 中路 10 号（车间 1）的房屋（权利证号：02002 × ×0）、佛山市南海区狮山镇狮山 × ×A 区 × × 中路 10 号（车间 2）的房屋（权利证号：02002 × ×9）、佛山市南海区狮山镇狮山 × ×A 区 × × 中路 10 号（车间 3）的房屋（权利证号：02002 × ×1）、佛山市南海区狮山镇狮山 × ×A 区 × × 中路 10 号（宿舍）的房屋（权利证号：4834 × ×0）、佛山市南海区狮山镇狮山 × ×A 区 × × 中路 10 号（集体宿舍）的房屋（权利证号：4834 × ×7）、佛山市南海区狮山镇狮山 × ×A 区 × × 中路（冲压包装车间）的房屋（权利证号：3073 × ×8）、佛山市南海区狮山镇狮山 × ×A 区 × × 中路 10 号（模具车间）的房屋（权利证号：4834 × ×9）、佛山市南海区狮山镇狮山 × ×A 区 × × 中路 10 号（装配车间）的房屋（权利证号：4834 × ×5）、佛山市南海区狮山镇狮山 × ×A 区 × × 中路 10 号（压铸车间）的房屋（权利证号：483 × ×67）、佛山市南海区狮山镇狮山 × ×A 区 × × 中路 10 号（处理机加车间）的房屋（权利证号：4834 × ×6）、南海区狮山镇狮山办事处穆院村“边岗”的土地使用权［权利证号：国用（2004）特 180 × ×7、国用（2008）0600 × ×5、国用（2008）0600 × ×5、国用（2004）特 180 × ×9］、南海区狮山镇穆院村委会的土地使用权［权利证号：

国用（2007）0603××0、国用（2007）0603××9］均登记在被申请人 A 公司名下。经查询，截至 2017 年 12 月 22 日，前述不动产分别由佛山市南海区人民法院、广州市天河区人民法院以及本院首轮查封，尚未进行处置。佛山中级人民法院认为，根据《企业破产法》第二条第一款“企业法人不能清偿到期债务，并且资产不足以清偿全部债务或者明显缺乏清偿能力的，依照本法规定清理债务”的规定，判断破产申请能否得到法院受理的重要依据是被申请人是否具备破产原因，即被申请人是否存在不能清偿到期债务，并且明显缺乏清偿能力的情形。本案中，被申请人 A 公司名下尚有大量房地产财产，即使已经设置了优先受偿权，在这些房地产财产未被实际处分之前，都不能直接认定被申请人 A 公司资产不足以清偿全部债务。《最高人民法院关于适用〈中华人民共和国企业破产法〉若干问题的规定（一）》第四条对明显缺乏清偿能力的认定作出了规定。本案中，佛山市南海区人民法院虽然对 A 公司采取了强制执行措施，但其作为部分房地产的首先查封法院，并未对该财产穷尽相关执行措施，不符合前述条文中所列举的情形，并不能认定被申请人明显缺乏清偿能力。综上所述，现有证据并不能证明 A 公司具备破产原因，申请人严某文对被申请人 A 公司提出破产清算申请缺乏依据，本院不予支持。另外，参照《最高人民法院关于执行案件移送破产审查若干问题的指导意见》第二条、《广东省高级人民法院关于执行案件移送破产审查的若干意见》第六条的规定，在现有证据尚不能证明被申请人 A 公司具备破产原因，且在相关执行案件尚未穷尽执行措施的情况下，本案本身并不符合移送破产审查的条件。综上，依照《企业破产法》第十二条第一款、《最高人民法院关于适用〈中华人民共和国民事诉讼法〉的解释》第五百一十四条的规定，裁定：不予受理严某文对 A 公司提出的破产申请，本案退回执行程序处理。①

三、争议焦点

1. A 公司是否具备《企业破产法》所规定的破产原因，是否符合移送破产审查的条件？

2. 严某文作为小额债权人是否可以向人民法院申请对 A 公司进行破产清算？

① （2017）粤 06 破申××号民事。

四、各方意见

（一）申请人意见

1. A公司不能清偿到期债务，已具备《企业破产法》所规定的破产原因，符合移送破产审查的条件，且申请人的债权享有优先受偿权。

严某文认为，A公司自2012年开始即已经正式停止营业，处于无盈收的状态，A公司的企业资产（包括土地及房屋等）已全部被法院查封冻结，其已资不抵债，且不能清偿到期债务。根据《企业破产法》第二条第一款“企业法人不能清偿到期债务，并且资产不足以清偿全部债务或者明显缺乏清偿能力的，依照本法规定清理债务”的规定，应对A公司进行破产清算。此外，根据《广东省高级人民法院关于进一步加强劳动争议案件审判工作的若干意见》第二十条规定的“用人单位财产不足以清偿所有债务的，应优先以用人单位财产清偿劳动者的工资债权。为保护劳动者的基本生存权和维护社会稳定，劳动者工资债权还可优先于担保物权和其他优先受偿权得到清偿”以及《广东省高级人民法院关于企业倒闭后劳动者经济补偿金是否优先清偿的答复》可知，我国法律保护劳动者工资债权的优先受偿权，劳动者工资债权可参照适用《企业破产法》第一百一十三条第一款的规定，对于倒闭企业劳动者的经济补偿金予以优先清偿。我国《公司法》第一百八十六条第二款亦对此作出了规定，即公司财产在分别支付清算费用、职工的工资、社会保险费用和法定补偿金，缴纳所欠税款，清偿公司债务后的剩余财产，有限责任公司按照股东的出资比例分配，股份有限公司按照股东持有的股份比例分配。因此，A公司破产的，其资产拍卖、变卖所得价款应优先偿还严某文所享有的债权。

2. 根据《企业破产法》第七条第二款“债务人不能清偿到期债务，债权人可以向人民法院提出对债务人进行重整或者破产清算的申请”的规定，严某文作为A公司的适格债权人，且其债权已经劳动仲裁委、法院的确认，在A公司不能清偿到期债务的情况下，当然可以向人民法院对A公司进行破产清算，其行为完全符合我国企业破产法的规定。

（二）被申请人意见

1. 佛山市南海区人民法院作出的《移送破产审查决定书》事实认定有误，A公司并不具备破产原因。

佛山市南海区人民法院在未对被执行人（A公司）的资产及债权债务进行审计、评估的情况下，即作出被执行人的总资产不超过人民币2亿元，资不抵债的认定，并将本案移送佛山市中级人民法院进行破产审查，明显与事实不符。根据佛山市南海区“三旧”改造协调领导小组于2014年2月25日作出的《佛山市南海区“三旧”改造协调领导小组办公室关于认定佛山市南海区第四十六批城市更新项目及批准改造方案的通知》可知，A公司位于狮山镇穆院村“边岗”的10711平方米的土地已被纳入佛山市三旧改造工程项目，改造后的用途为商业用途（工业用地改商业用地）。A公司在取得批文后已正式启动三旧改造工程，并于2017年9月取得环评报告。参照佛山市南海区同地段商业楼房价格，A公司的上述土地及房屋总价值远远超过所欠债务总额的4亿元，被执行人根本不存在资不抵债的情形。由此可见，A公司并不具备我国破产法规定的破产原因。佛山市南海区人民法院作出被执行人资不抵债，移送佛山中院进行破产审查的决定与事实不符，应当予以修正。

2. 申请人严某文作为小额债权人，其所提交的破产申请书未如实说明被执行人（A公司）的基本情况，应当予以驳回。

申请人严某文在未对被执行人的资产及债权债务进行审计、评估，且明知A公司在进行三旧改造、并无资不抵债，不具备破产原因的情形下，仍故意隐瞒被执行人的相关情况，恶意向佛山市南海区人民法院申请对A公司进行破产清算，其行为已经严重违反我国《企业破产法》第八条破产申请书应当载明被申请人的基本情况的规定。此外，申请人严某文作为被执行人的小额债权人，其债权总额不到3万元人民币，被执行人完全有能力支付其所欠的债务，根本不可能存在所谓的资不抵债情形。更何况，本案在其他债权人未对被执行人提起破产申请的情况下，申请人作为小额债权人根本无权跳过其他债权人直接向法院提起破产申请。申请人严某文的上述行为不仅严重侵害了被执行人的合法权益，更损害了其他债权人的合法利益，依法应当驳回其破产申请。

五、裁判结果

佛山市中级人民法院于2018年1月18日作出裁定：不予受理严某文对A公司提出的破产申请，本案退回执行程序处理。

六、实务经验

在法律实践中，部分企业由于经营不善致使其土地、房屋以及设备等资产被人民法院查封、执行，但是这并不意味着被查封的企业就属于资不抵债的情形，更不能说明其已经符合我国《企业破产法》第二条“企业法人不能清偿到期债务，并且资产不足以清偿全部债务或者明显缺乏清偿能力的”的规定。人民法院查封企业的资产仅仅是诉讼或者执行过程的一种法定程序，并非对企业已具备破产原因的认定。因此，申请人（债权人）在对企业提出破产申请之前，应认真进行考察并如实向人民法院提交申请材料，不得故意隐瞒被执行人的相关财产情况。如申请人（债权人）发现企业尚有未执行完毕的财产的，可先向人民法院申请恢复执行，待财产执行完毕后仍无法得到全部清偿的再向人民法院提出破产申请；对于被执行人而言，若债权人滥用破产请求权，在明知被执行人不具备破产原因，仍恶意向人民法院提起破产申请的，被执行人应及时向人民法院反馈相关情况，并向人民法院递交企业不具备破产原因（即无资不抵债或不能清偿到期债务情形）的相关证明，以切实维护自身的合法权益。

而关于小额债权人是否可以跳过其他债权人单独向人民法院申请对企业进行破产清算的事宜，目前我国法律并没有严格规定。根据我国《企业破产法》第七条第二款“债务人不能清偿到期债务，债权人可以向人民法院提出对债务人进行重整或者破产清算的申请”的规定可知，当债务人不能清偿到期债务时，我国法律是允许债权人向人民法院提出破产清算请求的。然而，在破产申请主体（亦即债权人）的适格问题上，我国法律并未作出任何限定。笔者认为，如将破产请求权的主体范围放宽至所有的债权人（包括小额债权人），则有可能出现债权人滥用破产申请权的现象，亦即部分小额债权人为实现其债权，不管企业是否尚有其他未执行完毕的财产，都向人民法院提起破产清算申请，这不仅严重损害了其他债权人的合法权益，更对企业的重整以及恢复生产造成严重的影响。因此，法律有必要对债权人行使破产请求权在实体或者程序上作出一定的限制，以防止部分债权人滥用破产请求权，切实保护其他债权人及企业的合法权益。

【点评】

执行转破产程序只是法定程序中的一种，并非不可阻断，如当事人并不具备破产原因，可向人民法院反映情况，请求驳回破产申请。

点评人：广东粤广律师事务所律师　解刚

公司停摆、拖欠巨额债务，但有预期应收债权的情况下可否被申请破产，由执行程序转到破产程序

林旭明*

一、当事人及案由

（一）当事人

申请人：谢某。

被申请人：某小额贷款 A 公司（以下简称 A 公司）。

（二）案由

申请破产清算。

二、案情简介

2011 年 4 月，被申请人 A 公司因企业融资的需要，按月利率 1.8%，借款期限一年等的借款条件，向申请人谢某借款 2000 万元用作公司流动资金周转。其时，时任该公司总经理的李某为促成借款的落实，自愿作为 A 公司借款担保人，为 A 公司借款本息承担连带清偿责任。一年后，借款期限届满，出借人谢某多次要求 A 公司偿还贷款本息未果，遂向法院起诉，诉请 A 公司偿还本息，并要求担保人李某为此承担本息的连带清偿责任。最终，历经两审，法院支持了谢某的诉讼请求，判令 A 公司偿还本息合计暂约 3000 多万元，李某对本息承担连带责任。诉讼期间，因 A 公司内部人员管理混乱，出现部分管理层及财务部人员侵占财产的情况，导致

---

* 林旭明，广东广信君达律师事务所律师。

A 公司资金严重亏空。同时，A 公司小贷款业务风险控制不善，导致众多小额贷款无法收回，大量预期应收债权难以及时回收，贷款业务日渐式微，最终致使贷款资金链断裂，公司停摆，被工商局列入经营异常名录、被法院公示为失信企业。因 A 公司无法偿还贷款，谢某唯有向法院申请强制执行。但因 A 公司停摆，除有众多应收贷款尚待收回外，A 公司其时已基本无现金资产或其他可供变现的固定资产等有形资产偿还谢某。谢某于是在强制执行无法有效推进的情况下向法院申请 A 公司破产，申请本执行案件移送破产审查，以在最大可能及限度范围内促使 A 公司归还欠款。

三、争议焦点

1. A 公司拖欠巨额债务而暂无现实有形资产可供强制执行还款的情况下，但有大量预期应收债权可待回收，是否属于破产清算的情形？

2. 法院能否受理谢某破产申请，从而终结案件的执行，本案由执行程序进入破产程序？

四、双方意见

（一）申请人谢某

谢某向法院申请强制执行为期一年多，但执行法院未查找到 A 公司名下有价值的财产线索，A 公司现已停止实际经营，撤出原经营场地，且对外还有其他巨额债务未能清偿。根据国家企业信用信息公示系统查询，A 公司已被工商局列入经营异常名录，也被法院公示为失信企业。并且，A 公司 2015 年度公示报告显示其净利润为负六百多万元，亏损严重。故此，A 公司不能清偿谢某到期债务，且资产不足以清偿全部债务，明显缺乏清偿能力，符合《企业破产法》第二条规定的情形，法院应受理对 A 公司的破产申请并宣告其破产清算。为维护谢某合法利益，健全市场主体救治和退出机制，化解执行积案，恳请法院批准受理谢某对 A 公司的破产申请。

（二）被申请人 A 公司

第一，A 公司具有充足的资产清偿债务，亦有继续清偿债务的能力，并不符合破产清算的法定情形。根据《企业破产法》第二条规定：“企业法人不能清偿到期债务，并且资产不足以清偿全部债务或者明显缺乏清偿能力的，依照本法规定清理债务。企业法人有前款规定情形，或者有明显丧失清偿能力可能的，可以依照本法规定进行重整。”企业法人进行破产清算的前提条件是资产不足以清偿全部债务或者明显缺乏清偿能力，而A公司的现有资产远远超过其债务，并完全具备清偿能力。截至根据《企业破产法》第十条向法院提出异议之日，A公司预期可回收债权的涉诉案件合计30宗，涉案金额合计为8000多万元，具有抵押权的债权为4500多万元。其中已胜诉生效的案件达18宗，所涉金额合计3000多万元。而已经胜诉并进入强制执行程序的案件有17宗，所涉金额合计2800多万元，未审理终结的案件12宗，绝大多数亦进入二审程序，终审判决将陆续在近期宣判，所涉金额高达5000多万元。由此可以预见，近期内A公司将有大量债权能够回收，故A公司完全具备充足的资金清偿谢某的债务，有继续履行的现实可能，不属于破产清算的企业法人。

第二，A公司仅存在欠付谢某的债务，除此之外并无其他判决文书确定的债务，且A公司已开始清偿谢某的债务，亦已部分实际清偿了谢某的债务。A公司一直诚信经营，公司资产干净，除欠付谢某债务外并无其他负债，法院可通过中国执行信息公开网查询核实A公司作为被执行人的情况。故A公司不存在资不抵债的情形。同时，A公司与另案梁某的民间借贷纠纷执行案件中获得的执行款300多万元已用于偿还谢某的债务，A公司其他执行案件的执行款亦将会用于偿还谢某的债务。此外，A公司了解到本案中的另一被执行人李某的房产已被法院进行司法拍卖，房产拍卖后亦可以将拍卖款偿还谢某。如A公司破产清算，反而会拖延清偿谢某债务的时间和可能。

第三，谢某涉嫌伙同李某等人侵害A公司财产，已由公安机关进行侦查工作，如对A公司进行破产清算，将会严重影响刑事侦查工作的顺利进行。本案具有特殊性，执行案的另一被执行人李某因涉嫌侵占A公司财产已被公安局立案侦查，现正通缉逮捕当中。而涉嫌侵占A公司财产的人员还包括A公司原财务许某，原会计钟某。本案中，A公司认为申请人谢某涉嫌参与到李某、许某、钟某等人侵占A公司财产的犯罪行为当中。有关人员是希望通过伪造A公司拖欠债务的账务记录，再利用虚假诉讼的方式获得法院的支持，最终达到侵占异议人财产的目的。有鉴于此，A公司已针对本案涉嫌犯罪事实和人员向公安部门举报和控告，但由于A公司原总经理，亦即另一被执行人李某和原财务许某、原会计钟某已经畏罪潜逃，案件有待进一步侦查。这亦与谢某急于向法院申请对A公司进行破产清算的行为相呼应，谢某惧怕A公司启动的刑事举报和控告有具体经办结论，其伙同李某、许某、钟某等人侵占A公司财产的事实败露，有企图通过使A公司进入破产清算程序阻碍案件的侦查工作的动机和可能。

综上所述，A 公司资金充足，完全具备偿还债务的能力，亦已对债务进行清偿，并不符合破产清算的法定情形，而谢某提出破产清算申请的目的明显存在恶意和另有隐情，故恳请法院查明事实真相，依法裁定不予受理谢某提出的破产清算申请。

五、裁判结果

法院于 2017 年 11 月根据《企业破产法》第二条等之规定，裁定如下：不予受理申请人谢某对被申请人 A 公司的破产清算申请。

六、裁决理由

首先，根据谢某提供的 A 公司《2015 年度报告》显示，A 公司虽在 2015 年度净利润为负六百多万元，但该公司所有者权利合计一亿多元，A 公司只是经营亏损而并非资不抵债。其次，A 公司提供的诉讼案件表显示，A 公司存在大量的应收债权，A 公司正在积极追收上述债权，且已经部分进入强制执行阶段，其中有十件案件存在抵押物，因此 A 公司的证据足以证明其资产远大于负债。而且在上述债权已进入诉讼和执行阶段的情况下，谢某称 A 公司明显缺乏清偿能力没有依据。最后，A 公司虽拒不执行生效判决，但谢某已向法院申请对 A 公司强制执行，该执行案件仍在执行过程中，法院并未终结本次执行。综上所述，A 公司不具备《企业破产法》第二条规定的破产情形，法院对谢某提出的 A 公司的破产清算申请不予支持。

七、执行现状

在 A 公司对应收债权诉讼和强制执行的逐渐推进下，也在执行法院兼顾对 A 公司债权的实现和对谢某债务偿还的统筹落实下，A 公司兑现法院在破产申请期间提出的要求其对应收债权优先偿还谢某的承诺，对陆续收回的多笔小额债权优先偿还谢某，谢某的本息欠款目前正一步步得到具体有效偿还。

八、案例评析

具体到本案中，审理法院并没有片面地、静态地、机械地理解和适用《企业破产法》及有关司法解释关于企业破产的适用范围，没有囿于法条的字面含义而将“不能清偿到期债务”和“资产不足以清偿全部债务或者明显缺乏偿债能力”套用到A公司中。因为在谢某申请破产时，A公司似乎确有符合《企业破产法》第二条规定的表面特征和情形。但法院能透过现象攫取本质，以发展的眼光考量企业的长远状况，肯定A公司应收债权数额较大，且债权追收已进入诉讼和执行程序，加上现有资产总和能远远超过负债等因素。同时，由于A公司的部分应收债权存在抵押物，A公司收回债权有现实的可能性和期待性，故而驳回谢某的破产申请。

更进一步，抽离和上升到本案更大的视野去观察，本案可以从执行程序转化进入破产程序的制度的维度去思考和评析。根据2015年施行的《最高人民法院关于适用〈中华人民共和国民事诉讼法〉的解释》（以下简称《民诉法解释》）第五百一十三条“在执行中，作为被执行人的企业法人符合企业破产法第二条第一款规定情形的，执行法院经申请执行人之一或者被执行人同意，应当裁定中止对该被执行人的执行，将执行案件相关材料移送被执行人住所地人民法院”的规定，我国初步确立了“执行转破产”这一新的程序，开始建立并开启了执行和破产程序的衔接制度化的机制，从而有助于疏解实务中“执行难”的问题，更有望打破“破产法困境”的局面。继《民诉法解释》的规定后，在2016年最高人民法院印发的《关于落实“用两到三年时间基本解决执行难问题”的工作纲要》中也提到“建立执行与破产有序衔接机制。将被执行人中大量资不抵债、符合破产条件的‘僵尸企业’依法转入破产程序，充分发挥破产法律制度消化执行积案、缓解执行难的功能，促进市场经济按照规律健康有序发展”的内容。

但在《民诉法解释》第五百一十三条至第五百一十六条中规定的执行转破产程序较为简单、实操性不强的情况下，2016年11月《广东省高级人民法院关于执行案件移送破产审查的若干意见》（以下简称《若干意见》）对执行案件移送破产审查程序进行了细化。2017年1月《最高人民法院关于执行案件移送破产审查若干问题的指导意见》（以下简称《指导意见》）为执行转破产程序实施提供了全国性的统一适用性指导规范。从出发点和立足点的比较来看，《指导意见》是最高人民法院站在贯彻中央供给侧改革部署以及服务经济社会发展大局的高度，以健全和完善市场主体救治和退出机制为最终目的，来确立执行案件移送破产审查的机制及相关的程序；而《若干意见》是广东省高院在符合法律、司法解释的规定及最高人民法院相关改革的总体思路前提下，又充分考虑广东省法院审判、执行工作的实际情况，对“执转破”工作所作的规定。二者既有互为补充也有互相冲突的地方。总体而言，在广东省范围内，两者若有抵触，则适用《指导意见》，最高院没有明确或未规定的，适用《若干意见》。因“执行转破产”程序尚刚确立，实践经验仍需探索和积累，本案的裁判和实务操作为有关制度的实践增添了示范性的经验。

九、实务经验

随着我国经济的整体向前发展，市场融资需求日益扩大，面向不同对象和层面的融资渠道亟待拓宽。自 2008 年发布《中国银行业监督管理委员会、中国人民银行关于小额贷款公司试点的指导意见》以来，各地小额贷款公司犹如雨后春笋般迅速发展壮大，小额贷款公司的数量和体量以几何级发展。各省市为支持和规范小额贷款公司发展，也纷纷出台地方性的《小额贷款公司管理办法》及其他配套性规范文件，如广东省先后颁布了《广东省小额贷款公司管理办法（试行）》《关于调整小额贷款公司发起人股东变更事项审批工作的通知》《广东省小额贷款公司减少注册资本和解散工作指引（试行）》等规定。但经过 2015 年的发展高峰后，小额贷款公司进入发展瓶颈期，不论是机构数量还是贷款规模，均出现负增长。截至 2017 年，据网上资料统计显示，全国小额贷款公司共有 8665 家，从业人员近 11 万人。遭遇瓶颈的原因是多方面的：一是银行渠道的融资困难。不少银行在目前的经济环境下将小额贷款行业定义为高风险行业，向小额贷款公司的贷款额度十分有限。二是利率上限限制。2015 年 9 月实施的《最高人民法院关于审理民间借贷案件适用法律若干问题的规定》对贷款利率设置了 24% 和 36% 两条红线，划分了三个区域。小额贷款公司无法根据市场上某些借款人愿意接受较高的利率以缓解短期的资金压力的需要去设计相应的贷款产品。这就限制了小额贷款公司一部分的利润来源。三是行业竞争越发激烈。现在越来越多的银行机构开始注重小微企业贷款，银行业金融机构对小微企业贷款比重逐年上升，导致小额贷款公司市场份额逐步萎缩。

本案正是在上述背景下衍生发展出来的。A 公司上游资金链无法从银行或其他金融机构中得到保证，从而无法取得资金向下游借款人出借贷款获取借贷利率的差额利润，只能转向其他民间机构或自然人借款以弥补资金缺口。一旦公司贷款风险把控不牢，发放贷款回收不足、不及时，就会出现本案中“下游资金链断裂，上游资金归还不及时”的情况。这种情况不仅会使小额贷款公司深陷诉累，加重公司经营困难，导致经营阻滞，更有甚者，会导致公司停摆，倒闭破产。所以，保证公司财政健康，上下游资金运作正常，平衡风险利益，是小额贷款公司持续经营的关键因素。小额贷款公司在设计金融产品时，应充分考量借款人的还款能力、保证人的信誉度和偿债能力以及担保物的变现能力等诸多因素。出借后，贷款公司要监控出借资金的用途，保证出借款项用于借款人的经营发展，以促使还款资金在将来的持续落实。

【点评】

笔者所在的律所是本案中A公司的法律顾问，持续多年为A公司在处置应收债权、不良贷款等方面提供法律服务。在得知A公司被申请破产后，由于对A公司的实际情况比较熟悉，也掌握了谢某申请A公司强制执行还款的进程和目的，所以接案后，律师团队对向法院提出异议，主张驳回破产申请有充分的信心和充足的依据。一是因为A公司虽然暂无有形资产清偿到期巨额债务，但A公司其他资产较多，并没有资不抵债，且除此之外并无其他大额欠债，尚达不到公司资产不足以清偿全部债务的情形。二是A公司确实有诸多应收债权有待回收，而回收的债权已都进入司法救济程序，甚至已在强制执行阶段，部分执行案件还有抵押物可以优先受偿。所以，A公司被法院受理破产的可能性不大。与此同时，因律师团队也有为部分国有银行不良资产回收等提供法律服务，对借贷关系中资金链上下游操作比较稔熟，有丰富的实操经验，所以能有效根据实务，把握分析形势，为驳回A公司破产申请提供有理有据的意见，获得本案的胜诉。更进一步，经办律师在代理本案中能很好地与法院沟通联系，承诺A公司往后诸笔小额债务执行回款能优先支付谢某的强制执行欠款，保证谢某款项的回收。虽然驳回破产申请并没有支持谢某的请求，但由于A公司的承诺，在执行上避免谢某利益持续受损，基本上能达到谢某申请A公司破产而敦促还款的目的。A公司在驳回破产申请后也得到喘息的机会，对公司重新经营奠下契机。因此，本案在实际处理上是一个双赢的结果。

由于本案有提起刑事控告的插曲，A公司的存续为刑事控告谢某、李某、许某、钟某涉嫌侵占A公司财产保留受害者的主体，也有利于公安机关侦查工作的进行，所以A公司不被宣告破产，保持存续甚至重新经营，无论是对应收债权的落实还是刑事控告的推进都有关键性意义。综上而言，本案的裁判过程和结果对实务有积极的示范意义。

点评人：广东广信君达律师事务所律师　刘善巧

二、执行审查部分

（一）租赁审查

关于涉嫌伪造租赁关系对抗抵押权的执行实务案例分析

王冰* 刘丰茂**

一、当事人、代理人及案由

（一）当事人、代理人

原告（执行案外人、对方当事人）：卓某。

代理人：崔某，广东××律师事务所律师。

被告（申请执行人、我方当事人）：中国××资产管理股份有限公司广东省分公司。

代理人：王冰，刘丰茂，均系广东法盛律师事务所律师。

第三人：佛山市顺德区××公司（涉案房产产权人，以下简称甲公司）。

（二）案由

案外人执行异议之诉。

二、案情简介

中国××资产管理股份有限公司广东省分公司诉讼并申请执行甲公司一案，

* 王冰，广东法盛律师事务所律师。
** 刘丰茂，广东法盛律师事务所律师。

××法院于2016年1月立案执行，本案抵押物为佛山市禅城区某房产（以下简称涉案房产）。在执行过程中，案外人卓某向××法院提交租赁合同、收取租金收据、营业执照、仲裁调解书等证明材料，主张其租赁设立时间先于抵押权设立时间，请求××法院带租约拍卖涉案房产。相关材料及其内容如下：

1. 甲公司与佛山市某经贸公司（以下简称乙公司）签订的《房屋租赁合同》，租赁期限为2011年12月至2030年11月，月租金三万六千余元，租赁期内租金不予调整，签约时间显示为2011年，在涉案房产设立抵押登记（2013年）之前。

2. 林某与甲公司签订的《借款担保合同》，约定甲公司向林某借款九百六十五万元，借款期限为一个月，甲公司法定代表人劳某作为担保人，约定以转账方式支付借款，签约时间显示为2012年1月。

3. 林某、乙公司与甲公司于2012年2月签订的《还款协议书》，载明甲公司尚欠林某借款本息九百七十余万元，同时乙公司应付甲公司涉案房产租金八百七十余万元，林某将对甲公司的债权转让给乙公司。该协议书约定，乙公司应付甲公司的租金冲抵甲公司应偿还给乙公司的借款本金八百余万元及利息，甲公司于2013年2月前将剩余的一百余万元欠款本金归还乙公司；甲公司可直接与承租第三方签订租赁合同，代乙公司收取乙公司转租给第三方的租金、管理费和押金，按月返还所有租金给乙公司，租赁管理时产生的一切税费（包括不限于租赁房屋所产生的政府规定相关费用及税款、物业管理费、物业维修保养费、水电费等）均由甲公司承担，劳某作为甲公司的保证人，承担连带清偿担保责任。

4. 佛山仲裁委员会于2013年12月出具的《仲裁调解书》，载明乙公司与甲公司达成和解协议，甲公司确认共欠乙公司一百余万元，劳某对该一百余万元债务承担连带清偿责任。仲裁庭确认和解协议。

5. 乙公司出具的《权益转让声明书》及甲公司出具的《保证声明书》，声明乙公司已将其对甲公司的债权转让给卓某。

6. 五份卓某与甲公司于2014年3月签订的《商铺租赁合同》，约定甲公司将涉案房产出租给卓某，卓某已对甲公司出租的商铺作充分了解，租赁期自2014年3月至2024年3月。

××法院将上述租赁合同、仲裁调解书等材料送达我方，并告知拟对涉案房产带租约拍卖。我方仔细审阅上述租赁合同等材料，对该材料真实性存疑，认为租赁关系极可能是在涉案房产被抵押之后伪造的，其目的是对抗抵押权人的抵押权以逃避债务。我方随即立即向××法院递交《关于抵押物拍卖处置的意见函》，详细对上述租赁合同的真实性进行法律分析，请求××法院对涉案房产去租约拍卖。

2017 年 2 月，× ×法院送达《通知书》，告知决定带租约拍卖涉案房产，我方立即拟定执行异议申请书，向× ×法院提出执行异议，请求对涉案房产去租拍卖。2017 年 5 月，× ×法院作出《执行裁定书》，裁定对涉案房产去租约拍卖。

2017 年 6 月，案外人卓某向× ×法院提起执行异议之诉，要求对涉案房产带租约拍卖。× ×法院于 2017 年 10 月开庭审理该案，我方前往参与庭审，进行答辩，× ×法院于 2017 年 10 月作出判决，判决驳回案外人卓某的诉讼请求。

三、争议焦点

1. 卓某作为案外人执行异议之诉的主体是否适格。
2. 卓某就涉案房产是否享有足以排除强制执行的民事权益。

四、各方意见

（一）案外人卓某

1. 执行异议审查程序未通知卓某异议事宜，也未听取卓某答辩意见，剥夺了卓某发表答辩意见的权利，审查程序违法。

2. 《房屋租赁合同》的出租方为甲公司，承租方为卓某，约定租期至 2030 年止，至今有效，且租金已全额付清。甲公司与乙公司签订《房租租赁合同》，约定甲公司将涉案房产整体出租给乙公司，租期从 2011 年至 2030 年。因甲公司欠乙公司借款本息（甲公司欠林某借款本息，林某将其债权转让给乙公司），双方互负给付义务，甲公司与乙公司签订《还款协议书》，约定将涉案房产租期内的租金等额抵偿借款本息。2013 年，甲公司、乙公司签署《权益转让声明书》，乙公司将其在《房屋租赁合同》《还款协议书》及其他相关合同项下权利全部转让给卓某，由甲公司向卓某履行合同项下义务，至此卓某取代乙公司成为涉案房产的承租人。

3. 卓某与甲公司于 2014 年签订的《商铺租赁合同》并非实际履行的合同。卓某从未按该合同支付租金，只能证明卓某实际占有、使用了涉案房产。

综上，涉案房产抵押之前已设定租赁权，故应带租约拍卖，租约为 2011 年的《房屋租赁合同》，承租人为卓某。

（二）被执行人意见

针对案外人卓某的执行异议之诉，我方代理人即本文作者进行详尽分析，主要提出以下答辩意见：

1.《执行裁定书》系××法院根据我方提出的执行异议作出的裁定，卓某对该裁定不服应当依法向上一级人民法院申请复议，卓某作为案外人，在提起执行异议之诉之前并未就执行标的向××法院提出书面异议，××法院也未作出任何驳回卓某执行异议申请的裁定，同时，卓某也未提出明确的排除对执行标的执行的诉讼请求，因此，卓某的起诉不符合法律规定的案外人提起执行异议之诉的条件，应当依法予以驳回。

《民事诉讼法》第二百二十五条规定："当事人、利害关系人认为执行行为违反法律规定的，可以向负责执行的人民法院提出书面异议。当事人、利害关系人提出书面异议的，人民法院应当自收到书面异议之日起十五日内审查，理由成立的，裁定撤销或者改正；理由不成立的，裁定驳回。当事人、利害关系人对裁定不服的，可以自裁定送达之日起十日内向上一级人民法院申请复议。"我方对××法院带租约拍卖抵押房产提出的执行异议为执行行为异议，而非案外人异议，××法院针对我方的异议申请作出《执行裁定书》之后，卓某对该裁定书不服的，应当根据上述规定自该裁定书送达之日起十日内向上一级人民法院申请复议，而非向××法院提起案外人执行异议之诉。卓某作为案外人，在提起执行异议之诉之前并未就执行标的向××法院提出书面异议，××法院也未作出任何驳回卓某执行异议申请的裁定，同时，卓某起诉时提出的诉讼请求为对涉案房产带租约拍卖，而非不予拍卖，因此，卓某的起诉不符合法律规定的案外人提起执行异议之诉的条件，应当依法予以驳回。

《民事诉讼法》第二百二十七条规定："执行过程中，案外人对执行标的提出书面异议的，人民法院应当自收到书面异议之日起十五日内审查，理由成立的，裁定中止对该标的的执行；理由不成立的，裁定驳回。案外人、当事人对裁定不服，认为原判决、裁定错误的，依照审判监督程序办理；与原判决、裁定无关的，可以自裁定送达之日起十五日内向人民法院提起诉讼。"《最高人民法院关于适用〈中华人民共和国民事诉讼法〉的解释》第三百零五条规定："案外人提起执行异议之诉，除符合民事诉讼法第一百一十九条规定外，还应当具备下列条件：（一）案外人的执行异议申请已经被人民法院裁定驳回；（二）有明确的排除对执行标的执行的诉讼请求，且诉讼请求与原判决、裁定无关；（三）自执行异议裁定送达之日起十五日内提起。"本案中，卓某提起的执行异议之诉并不符合上述法律规定的案外人提起执行异议之诉所必须具备的条件。

首先，卓某并未在执行过程中对执行标的提出书面异议，××法院也未作出任何驳回卓某执行异议申请的裁定，卓某提起案外人执行异议之诉不符合法律规定的

“案外人的执行异议申请已经被人民法院裁定驳回”的条件。综合本案案卷材料可知，卓某作为案外人，并未就涉案房产的执行向××法院提出书面异议，××法院也未作出任何驳回卓某执行异议申请的裁定。如上所述，在执行过程中提出书面异议的是作为申请执行人的我方，××法院作出的《执行裁定书》是针对我方的执行异议申请作出的裁定，而非针对卓某的执行异议申请作出的裁定，卓某针对该裁定提起案外人执行异议之诉不符合法律规定的案外人执行异议之诉必须具备的“案外人的执行异议申请已经被人民法院裁定驳回”的条件。

其次，卓某起诉时提出的诉讼请求为对涉案房产带租约拍卖，而非不予拍卖，卓某提起案外人执行异议之诉不符合法律规定的“有明确的排除对执行标的执行的诉讼请求”的条件。根据《案外人执行异议之诉起诉状》可知，卓某提起案外人执行异议之诉的诉讼请求包括：一、请求确认卓某为涉案房产的承租人，要求对涉案房产采取带租约拍卖；二、请求判令我方承担本案全部诉讼费用。“对涉案房产带租约拍卖”只是拍卖的方式问题，属程序上的请求，而法律规定案外人提起执行异议之诉时必须提出明确的排除对执行标的执行的诉讼请求，“排除对执行标的执行”属实体上的请求。根据《最高人民法院关于适用〈中华人民共和国民事诉讼法〉的解释》第三百一十二条关于“对案外人提起的执行异议之诉，人民法院经审理，按照下列情形分别处理：（一）案外人就执行标的享有足以排除强制执行的民事权益的，判决不得执行该执行标的；（二）案外人就执行标的不享有足以排除强制执行的民事权益的，判决驳回诉讼请求”的规定，如果案外人执行异议之诉的诉讼请求得到法院支持，则判决结果为不得执行该执行标的。而本案中，如果卓某的诉讼请求得到××法院支持，则判决结果应为对涉案房产带租约拍卖，带租约拍卖仍是要拍卖，并非法律规定的“不得执行该执行标的”。因此，卓某提起案外人执行异议之诉不符合法律规定的案外人执行异议之诉必须具备的“有明确的排除对执行标的执行的诉讼请求”的条件。

2. 对我方提出的执行异议申请，××法院有权依法进行书面审查，卓某提出的“××法院在执行异议审查阶段未通知卓某异议事宜，也未听取卓某答辩意见，直接采取书面审的方式属程序违法，未保障卓某的答辩权”的诉讼主张于法无据，应当依法予以驳回。

首先，书面审查是人民法院审查执行异议案件的法定形式，××法院针对我方提出的执行异议申请进行书面审查并无不当。《最高人民法院关于人民法院办理执行异议和复议案件若干问题的规定》第十二条规定：“人民法院对执行异议和复议案件实行书面审查。案情复杂、争议较大的，应当进行听证。”据此可知，人民法院对执行异议案件实行书面审查为法定的审查形式，××法院针对我方提出的执行异议申请，通过书面审查，作出《执行裁定书》并无不当。

其次，××法院受理我方的执行异议申请之后，并无将异议事宜通知案外人卓某的法律义务。《最高人民法院关于人民法院办理执行异议和复议案件若干问题的规定》第二条第一款规定："执行异议符合民事诉讼法第二百二十五条或者第二百二十七条规定条件的，人民法院应当在三日内立案，并在立案后三日内通知异议人和相关当事人。不符合受理条件的，裁定不予受理；立案后发现不符合受理条件的，裁定驳回申请。"据此可知，人民法院受理执行异议案件后应当通知异议人和相关当事人，卓某既非异议人，又非执行案的相关当事人，××法院在受理我方提出的执行异议申请之后，并无将异议事宜通知卓某的法律上之义务。

最后，答辩应当是针对诉讼请求进行的，答辩权应存在于诉讼程序之中，执行异议审查阶段不存在卓某的答辩权。申请人提出的执行异议申请，是针对××法院的执行行为，而非针对卓某；执行异议审查程序也非诉讼程序，故不存在卓某的答辩权一说。同时，法律并未规定人民法院在审查执行异议申请的过程中必须听取利害关系人的意见。因此，卓某提出的××法院在执行异议审查阶段未听取卓某的答辩意见，未保障卓某的答辩权的主张于法无据，应当予以驳回。

3. 甲公司就涉案房产于2011年12月与乙公司签订的《房屋租赁合同》系伪造的，且早已解除，卓某提出的该租赁合同至今有效，且卓某为该租赁合同项下的承租人的诉讼主张没有任何事实依据，应当依法予以驳回。

（1）甲公司就涉案房产于2011年12月与乙公司签订的《房屋租赁合同》系伪造的，其目的是对抗抵押权人的抵押权以逃避债务。

第一，甲公司就涉案房产与抵押权人签订的抵押合同明确约定该房产未设定租赁，且甲公司与乙公司签订的《房屋租赁合同》未办理备案或公证手续，原债权银行对此亦毫不知情。

甲公司就涉案房产于2013年与抵押权人签订的《最高额抵押合同》第十二条第五点明确约定"抵押人声明与承诺：抵押物上未设定租赁、抵押、质押或其他权利限制"，据此可知，在设立抵押时，涉案房产根本不存在租赁合同，甲公司与乙公司签订的《房屋租赁合同》是甲公司在涉案房产被抵押之后伪造的。同时，《城市房地产管理法》第五十四条规定："房屋租赁，出租人和承租人应当签订书面租赁合同……并向房产管理部门登记备案"，而甲公司与乙公司签订的《房屋租赁合同》既未按规定办理备案手续，也未办理公证手续，原债权银行对此亦毫不知情，合同的真实性存疑。

第二，乙公司从未依据《房屋租赁合同》的约定向甲公司实际支付租金，也未实际占有作为租赁物的涉案房产。

根据卓某提供的《还款协议书》，甲公司将其应向乙公司收取的自2011年12月1日至2030年1月31日的租金合计人民币八百余万元用来冲抵其应偿还乙公司的部分欠款，这说明截至2012年2月，乙公司未曾向甲公司实际支付任何租金，而根据《房屋租赁合同》，乙公司应分别于2011年12月、2012年1月、2012年2月支付当月租金。如果《房屋租赁合同》不是伪造的，在签订租赁合同后，双方不可能预料到会发生以租抵债之事。因此，乙公司从未依据《房屋租赁合同》的约定向甲公司实际支付租金的行为与常理相悖，这说明乙公司与甲公司之间的租赁关系从一开始就是伪造的。

《最高人民法院关于审理城镇房屋租赁合同纠纷案件具体应用法律若干问题的解释》第六条第一款规定："出租人就同一房屋订立数份租赁合同，在合同均有效的情况下，承租人均主张履行合同的，人民法院按照下列顺序确定履行合同的承租人：（一）已经合法占有租赁房屋的；（二）已经办理登记备案手续的；（三）合同成立在先的。"《最高人民法院关于人民法院办理执行异议和复议案件若干问题的规定》第三十一条规定："承租人请求在租赁期内阻止向受让人移交占有被执行的不动产，在人民法院查封之前已签订合法有效的书面租赁合同并占有使用该不动产的，人民法院应予支持。"据此可知，占有是人民法院认定承租人享有合法承租权的重要条件。而甲公司与乙公司签订《房屋租赁合同》之后不久，又与案外人钟某、方某、张某、陈某等人就涉案房产签订了租赁合同，后又与卓某签订租赁合同。据此可知，乙公司在租赁期间从未实际占有涉案房产，这进一步说明乙公司与甲公司之间的租赁关系是伪造的。

第三，《还款协议书》中关于由出租人甲公司承担租赁期间租赁物的物业管理费、水电费、卫生费等费用的约定与物业租赁惯例相悖。

《还款协议书》第四条约定，各方同意，涉案房产租赁管理时产生的一切税费（包括但不限于租赁房屋所产生的政府规定相关费用和税款、物业管理费、物业维修保养费、水电费、卫生费、环保费等）由甲公司承担。涉案房产的建筑面积合计七百多平方米，性质为商用物业，租赁期限更长达20年，故租赁期间该物业发生的物业管理费、水电费、卫生费等费用是一笔巨大的开支，而根据物业租赁行业的惯例，通常都是由承租人承担物业在租赁期间所发生的物业管理费、水电费、卫生费等费用的。因此，《还款协议书》的上述约定与物业租赁惯例相悖，这也说明甲公司与乙公司之间的租赁关系是伪造的。

第四，甲公司未提交其向林某借款人民币九百余万元的借据、欠条或银行转账凭证等，无法确认其与林某之间借贷法律关系的真实性，也无法确定以租抵债的真实性。

《最高人民法院关于审理民间借贷案件适用法律若干问题的规定》第二条第一款规定："出借人向人民法院起诉时，应当提供借据、收据、欠条等债权凭证以及其他能够证明借贷法律关系存在的证据。"据此，仅有林某与甲公司、劳某于2012年1月16日签订的《借款担保合同》，而无借据、收据、欠条或银行转账凭证等，无法证明借贷法律关系的真实性，也即无法确认以租抵债的真实性。

第五，乙公司根据《房屋租赁合同》《借款担保合同》《还款协议书》向佛山仲裁委申请仲裁后不到半个月即与甲公司、案外人劳某达成《和解协议书》，从而让佛山仲裁委制作仲裁调解书的行为存在虚假仲裁的嫌疑，且该仲裁调解书只是对各方达成的和解协议进行确认，并未对租赁关系、借贷关系、以租抵债关系的真实性进行审查和认定。

（2）乙公司与甲公司签订的《房屋租赁合同》早已解除，卓某与甲公司签订的《商铺租赁合同》在租金、租赁期限等方面均与《房屋租赁合同》的约定不同，为新的租赁合同，卓某提出的《房屋租赁合同》至今有效且卓某为该房屋租赁合同项下的承租人及《商铺租赁合同》并非实际履行的租赁合同的诉讼主张没有任何事实依据。

第一，乙公司与甲公司签订的《房屋租赁合同》早已解除。

根据卓某提供的《权益转让声明书》，乙公司将其在《房屋租赁合同》项下的权利转让给了卓某，据此可知，乙公司与甲公司之间的租赁关系已经终止。

第二，卓某与甲公司签订的《商铺租赁合同》与上述《房屋租赁合同》在租金、租赁期限等方面存在诸多差异，《商铺租赁合同》为新的租赁合同。

《房屋租赁合同》第二条约定的租赁期限为20年，自2011年12月至2030年11月，而《商铺租赁合同》第三条约定的租赁期限为10年，自2014年3月至2024年3月；《房屋租赁合同》第三条约定在租赁期内，租赁物的租金不予调整，而《商铺租赁合同》第四条则约定租赁物的租金每5年递增10%。因此，卓某并未承继乙公司在《房屋租赁合同》项下的权利，而是于2014年3月与甲公司签订了新的租赁合同，故卓某提出的《房屋租赁合同》至今有效且卓某为该房屋租赁合同项下的承租人的诉讼主张没有任何事实依据。

第三，协助提供证件资料与协助签署租赁合同系两个不同的概念，卓某并未提供证据证明《商铺租赁合同》为办理营业执照之用的合同，而非实际履行的合同。

甲公司在《保证声明书》中承诺："卓某在向工商、税务机关办理相关牌照登记手续之时，甲公司保证提供及协助其所需要的一切相关证件资料。"甲公司作为涉案房产的产权人，承诺提供"一切相关证件资料"应为承诺提供与涉案房产相关的产权证等证件资料，而《商铺租赁合同》并非"证件资料"，卓某提出的签署《商铺租赁合同》系甲公司根据上述《保证声明书》的承诺提供证件资料属混淆概念，卓某主张其与甲公司签订的《商铺租赁合同》为办理营业执照之用的合同，而非实际履行的合同，没有事实依据。相反，根据《营业执照》可知，卓某承租涉案商铺后，将涉案商铺用于经营服装店、百货商行，又将涉案商铺转租给其他人，故《商铺租赁合同》为实际履行的合同。

第四，卓某与甲公司之间的《商铺租赁合同》系在涉案房产设立抵押权之后签订的，该租赁关系不得对抗已登记的抵押权，租赁合同对受让人不具有约束力，故卓某提出的带租约拍卖涉案房产的诉讼请求没有任何事实和法律依据，应当依法予以驳回。

如上所述，卓某于2014年3月与甲公司就涉案房产签订的《商铺租赁合同》系新的租赁合同，而根据房地产他项权证，涉案房产中的首层、二层至四层分别于2013年4月、2013年2月办理抵押登记手续，因此，上述《商铺租赁合同》签订在涉案房产设立抵押权之后。《物权法》第一百九十条规定："订立抵押合同前抵押财产已出租的，原租赁关系不受该抵押权的影响。抵押权设立后抵押财产出租的，该租赁关系不得对抗已登记的抵押权。"①《最高人民法院关于适用〈中华人民共和国担保法〉若干问题的解释》第六十六条第一款规定："抵押人将已抵押的财产出租的，抵押权实现后，租赁合同对受让人不具有约束力。"《最高人民法院关于审理城镇房屋租赁合同纠纷案件具体应用法律若干问题的解释》第二十条规定："租赁房屋在租赁期间发生所有权变动，承租人请求房屋受让人继续履行原租赁合同的，人民法院应予支持。但租赁房屋具有下列情形或者当事人另有约定的除外：（一）房屋在出租前已设立抵押权，因抵押权人实现抵押权发生所有权变动的……"据此可知，因卓某与甲公司之间的《商铺租赁合同》签订在涉案房产设立抵押权之后，故该租赁合同不能对抗已登记的抵押权，也对涉案房产的受让人不具有约束力，因此，卓某提出的带租约拍卖涉案房产的诉讼请求没有任何事实和法律依据，应当依法予以驳回。

---

① 《民法典》第四百零五条：抵押权设立前，抵押财产已经出租并转移占有的，原租赁关系不受该抵押权的影响。

综上所述，卓某提起的案外人执行异议之诉不符合法律规定的提起案外人执行异议之诉应当具备的条件，且卓某提出的诉讼请求没有任何事实和法律依据，我方特依据《民事诉讼法》第二百二十五条、第二百二十七条，《最高人民法院关于适用〈中华人民共和国民事诉讼法〉的解释》第三百零五条及其他相关法律法规的规定，请求××法院依法驳回卓某的起诉。

（三）××法院

1. 本案证据不足以证实林某与甲公司之间存在真实的借款合同关系。基于卓某主张其债权受让于乙公司，则乙公司、林某与甲公司之间债权债务的真实性亦为卓某举证责任范围。案中，卓某虽提供了林某、甲公司与劳某所签订的《借款担保合同》，但无证据证明林某已履行出借义务，因案涉债务已涉及甲公司其他债权人的合法权益，故即便甲公司与乙公司、林某或其他关系人确认，在缺乏充足证据证实林某已履行前述借款合同出借义务的前提下，仍不足以令本院确认林某与甲公司之间的借款合同真实有效。至于卓某所提供的仲裁调解书中涉及乙公司与甲公司之间的租赁关系、借款关系仅为乙公司单方陈述，未经佛山市仲裁委员会实体审查确认，而调解书所确定的调解协议也只能认定甲公司对乙公司负有一百余万元及相应利息债务，劳某对此承担连带保证责任，并不能就此倒推乙公司与甲公司之间存在借款合同关系。

2. 卓某所述"以租抵债"缺乏事实依据。卓某确认其与乙公司、林某系基于他人介绍认识，则其取得涉案房产的承租权理应支付相应对价。就此，卓某本人称乙公司对其负有六百万至七百万元的债务，并基于其对乙公司享有的债权而取得乙公司对涉案房产的承租权。但卓某就其所称债权并无证据提交，且在出借能力、资金来源、借款合意方式、出借具体款额、出借方式等方面不能清楚表述，多有矛盾且违背生活常理及民间借贷惯例之处，不足以令本院采信其所称"以租抵债"的真实性。况且，若卓某对乙公司持有债权，作为以租抵债凭证的《权益协议声明书》理应载明在卓某受让权益后，抵销乙公司对其所负债务，但该声明书却并无相关登载。

3. 甲公司与乙公司签订的《房屋租赁合同》未实际履行。本案无证据证实乙公司在与甲公司签订房屋租赁合同后实际占用涉案房产，相反，为本院所采信的租赁合同反映，涉案房产一直由甲公司出租管理。至于卓某承租涉案房产所签订的5份《商铺租赁合同》，亦是由甲公司作为承租人所签署，虽卓某称该5份合同系为办理工商营业证照所签订，但缺乏充分证据佐证，本院不予支持。

4.《还款协议书》约定有悖交易惯例。乙公司依照《房屋租赁合同》已然取得涉案房产的承租权，依照交易惯例，对租赁标的的经营管理应由乙公司自行处置，但是还款协议书却约定由甲公司直接与承租第三方签订租赁合同，即便协议约定拒付公司应将取得的租金交还乙公司，但此种舍简求繁的经营方式已然有悖常理。况且，协议书还约定由甲公司负担涉案房产租赁管理期间所产生的一切税费及相关费用，更是与租赁市场交易管理不符。

5. 卓某提供的租赁合同、租金收取单据及银行流水，均发生于2014年以后，系于卓某与甲公司签订的5份《商铺租赁合同》约定的租赁期限内，只能证实卓某将承租所得涉案房产再行转租，不能反映其承租权成立于涉案房产设立抵押之前。

综上所述，因本案证据不足以证实卓某所主张的权益，故其诉求带租约拍卖涉案房产，××法院依法不予支持。依照我国《物权法》第一百九十条，《民事诉讼法》第二百二十七条，《最高人民法院关于适用〈中华人民共和国民事诉讼法〉的解释》第九十条、第三百一十一条、第三百一十二条第二项的规定，判决驳回原告卓某的诉讼请求。

五、执行现状

本案一审判决之后，案外人卓某就本案提起上诉，案卷已于2018年1月移交至当地中级人民法院处，因移交时日较短，该中级人民法院尚未通知二审开庭相关事宜。因执行异议之诉对涉案房产的执行有直接影响，故××法院目前暂未对涉案房产进行司法拍卖。

六、案例评析

本案案外人卓某提交证据拟证明其现为涉案房产的承租人且承租在抵押权设立之前，其要求带租约拍卖涉案房产的请求对抵押权的合法实现具有极为不利的影响。根据卓某提供的材料，其与甲公司签订的租赁期间直至2024年，且租赁期间的租金均已抵扣甲公司对卓某所负的债务，若带租约拍卖成立，则租赁合同对买受人具有法律约束力，买受人直至2024年后方可收回涉案房产的使用权，且2024年前涉案房产所产生的收益均与买受人无关，客观上必然导致意向买受人对涉案房产望而却步，实质上阻碍了抵押权的合法实现。卓某主张乙公司对其负有债务，故乙公司将其对甲公司的债权转让给卓某，卓某以此为由成为涉案房产的承租人，但事实上其主张无客观证据支持，卓某既无法提供其对乙公司的债权真实发生的凭证，也无法提供乙公司对甲公司的债权真实发生的凭证，相反，其提供的证据恰好表明乙公司从未实际占有过涉案房产，进而证明乙公司与甲公司伪签租赁合同的事实。卓某提出《仲裁调解书》确认了其租赁在先及债权真实，拟以生效的《仲裁调解书》来证明租赁先于抵押的事实。经我方仔细审阅《仲裁调解书》，发现因甲公司、乙公司在乙公司申请仲裁后迅速达成和解协议，提请仲裁委确认，调解书中所提租赁合同、债权债务关系等均载明系乙公司单方陈述，仲裁委并未对租赁合同、债权债务关系作出认定，而是依据相关法律法规对甲公司、乙公司的和解协议进行确认，故《仲裁调解书》事实上仅能证明甲公司确认其对乙公司负有债务，无法证明甲公司、乙公司之间的租赁及债权债务关系。

【点评】

执行实务中，可能会存在抵押人在抵押前恶意将抵押物出租，或在抵押权设立之后倒签租赁合同，以租赁对抗抵押权实现的情况，故律师需对抵押物租赁情况的相关材料进行细致分析，从法律、实务等多方面分析判断其真实性，尽最大努力维护当事人的合法权益；对案件证据需认真全面细致审查，本案卓某所提交的证据相互存在矛盾之处，反而证明其主张无事实依据。经我方代理人认真审核材料，通过翔实分析，对卓某所提证据证伪，证明真实租赁发生在抵押权设立之后，不得对抗抵押权，××法院经审理查明事实，亦基本采纳我方之意见，判决驳回卓某之诉求，维护了我方当事人的合法权益。

点评人：广东法盛律师事务所律师　王冰

抵押权人执行过程中的阻碍

——虚假租赁

王德虎[*] 刘源[**]

一、当事人、代理人及案由

（一）当事人及代理人

申请执行人：A 公司。

申请执行人代理人：王德虎，北京市炜衡（广州）律师事务所执业律师。

被执行人：B 公司、C 公司。

案外人：D 公司、E 公司。

（二）案由

合作合同纠纷强制执行。

二、案情简介

2013 年 1 月 28 日，A 公司与 C 公司签订《不动产最高额抵押合同》，约定：根据《合作协议》的约定，为了保证协议履行过程中的资金使用安全、确保合作方案顺利进行，C 公司自愿将其拥有的案涉房产抵押给 A 公司，作为 B 公司履行主合同项下义务的担保。2013 年 1 月 30 日，A 公司与 C 公司到房屋管理部门办理了抵押登记。

2014 年 5 月 9 日，A 公司取得生效判决，A 公司就判决确定的全部债权范围对 C 公司提供的抵押物享有抵押权，并对该抵押物以拍卖、变卖、折价等方式处分所

* 王德虎，北京市炜衡（广州）律师事务所律师。

** 刘源，北京市炜衡（广州）律师事务所律师。

得价款具有优先受偿权。2014 年 6 月 23 日，A 公司凭借生效法律文书向法院申请强制执行 C 公司名下的案涉房产。经评估，案涉房产价值 2804.79 万元，室内装饰附属物价值为 180.67 万元。

执行过程中，案外人 E 公司向法院提出异议，表明其是案涉房屋的承租人，法院应带租拍卖。执行法院认为，D 公司在设立抵押权前已实际占用案涉房产，C 公司以与 D 公司之间存在着事实上的租赁关系为由，认为其租赁关系不受抵押权影响，D 公司经 C 公司同意在约定的租赁期限内将案涉房屋转租给 E 公司，承继了 D 公司对租赁物的使用权，转租亦不受抵押权的影响，决定带租拍卖。法院向 A 公司发出通知，告知 A 公司，E 公司是案涉房屋的承租人，法院决定带租拍卖案涉房屋。A 公司认为 C 公司与 D 公司、E 公司之间均不存在租赁合同关系，所谓的租赁关系实际上是 C 公司与 D 公司、E 公司恶意串通企图损害 A 公司利益而伪造的，于是向法院提出异议，要求涤除租赁。执行法院作出裁定，驳回 A 公司异议，A 公司不服，向上一级法院提出复议，复议再次被驳回。

经查，C 公司与 D 公司之间就案涉房屋并不存在书面的租赁合同关系，D 公司注册地址登记提供的住所使用证明及无偿使用说明显示，C 公司将案涉房屋无偿提供给 D 公司使用，使用期限至 2042 年 9 月 5 日止。现也无任何证据显示 D 公司已向 C 公司支付涉案房屋租金（暂计 D 公司提出执行异议之日为止）。

三、争议焦点

1. C 公司与 D 公司是否存在着事实上的租赁关系?
2. D 公司与 E 公司之间的转租关系是否可以对抗 A 公司的抵押权?
3. 本案是否符合带租拍卖的条件?
4. C 公司与 D 公司、E 公司之间是否存在着虚假租赁的嫌疑?

四、各方意见

（一）A 公司

1. C 公司与 D 公司之间不存在租赁关系

首先，C 公司与 D 公司并未就案涉房屋签订书面的租赁合同。其次，D 公司的住所使用证明及无偿使用说明可知，C 公司无偿将案涉房屋提供给 D 公司使用，无偿使用显然不符合租赁合同法律特征。最后，没有任何证据证明 D 公司已向 C 公司支付承租第六层直至2025年12月31日的租金。

2. D公司与E公司之间的转租关系不能对抗A公司的抵押权

C公司与D公司、D公司与E公司之间不存在租赁关系，《房屋转租合同》是C公司、D公司、E公司恶意串通，用来损害A公司利益的，《房屋转租合同》是无效的。即使该房屋转租合同有效，也不能对抗A公司在先的抵押权。C公司、D公司与E公司之间的《房屋转租合同》在A公司与C公司签订《不动产最高额抵押合同》及设立不动产抵押权之后签订。根据《物权法》第一百九十条以及《最高人民法院关于适用〈中华人民共和国担保法〉若干问题解释》第六十六条的规定，在后的租赁关系不能对抗在先的抵押权①。

3. 本案不符合带租拍卖的条件。根据《江苏省高级人民法院关于执行不动产时承租人主张租赁权的若干问题解答》，法院在租赁期内带租拍卖需要符合以下条件：（1）承租人在申请执行人对不动产设立抵押权、法院查封之前已签订了书面租赁合同；（2）承租人在申请执行人对不动产设立抵押权、法院查封之前占有使用该不动产。从前面的论述可知，带租拍卖的两个条件本案均不符合。

4. C公司与D公司、E公司之间存在着虚假租赁的嫌疑。从仲裁、执行过程的时间先后顺序来看，案涉裁决书于2014年5月9日发生法律效力，并于2014年5月16日送达给C公司，A公司于2014年6月23日向法院申请强制执行，C公司与D公司、E公司于2014年6月26日签订《房屋转租合同》，约定C公司将已抵押给A公司的、之前未签订租赁合同的案涉房屋出租给D公司，并同意D公司转租给E公司。C公司与D公司、E公司之间恶意串通的动机和行为十分明显。

（二）案外人D公司

2006年，D公司法定代表人代表公司与C公司签订了房屋租赁合同，该合同已经法院民事判决书确认，案涉房屋于2010年8月3日进行装潢后一直由D公司实际使用，租金已支付到2025年12月31日。2014年6月26日，D公司经C公司同意，将包括案涉房屋在内的所有承租房屋一并转租给E公司。法院在受理D公司破产申请后，认定履行租赁合同和转租合同符合法律规定，准许继续履行。因A公司设定抵押在D公司租赁之后，租赁关系及转租关系均不受抵押权影响，法院确定带租拍卖符合法律规定，请求驳回A公司的异议。

（三）案外人E公司

2006年，C公司与D公司发生房屋租赁关系，2014年6月26日，D公司经C

---

① 《民法典》第四百零五条：抵押权设立前，抵押财产已经出租并转移占有的，原租赁关系不受该抵押权的影响。

公司同意，将包括案涉房屋在内的所有承租房屋一并转租给 E 公司，C 公司、D 公司、E 公司签署了《房产转租合同》，约定租赁期间为 C 公司与 D 公司原租赁合同剩余期间，租金由 E 公司于 2014 年 8 月 30 日前分批向 D 公司付清。案涉房屋在抵押之前已由 D 公司租赁使用，E 公司是次承租人，租赁期限并未发生变化，转租关系不受抵押权影响。

五、执行现状

A 公司不服执行法院及上一级法院作出的执行裁定书，向省高院提出执行监督，省高院经审查后认为 C 公司与 D 公司是否存在着租赁关系，D 公司与 E 公司是否存在着转租关系这一主要事实并不清晰。因案件事实认定不清，将案件发回重审。现案件还在一审法院重新审理。因带租拍卖严重损害了抵押物的拍卖价格，A 公司向法院申请了暂缓拍卖。而案涉房屋现由 E 公司使用。

六、实务经验

在实践中，被执行人为了逃避债务，损害债权人的利益，通常会采取多种方式规避执行行为，如将财产无偿、低价或者通过虚假交易方式转移至他人名下；与案外人串通，虚设债务；以明显低于市场价格或明显不符交易习惯的方式将房产长期出租；与关联企业进行不正当关联交易转移财产；恶意签订夫妻财产协议，将财产转移至配偶一方名下；与案外人为规避执行进行的诉讼、仲裁等。

本案中，被执行人采取了虚假租赁，以明显不符交易习惯的方式将房产长期出租，为法院处分财产设置障碍。结合本案来看，虚假租赁通常有如下特征：1. 被执行人与承租人一般都具有关联关系，便于进行恶意串通、弄虚作假。2. 从整个事件发生的时间链条来看，在强制执行前案涉房产并不存在租赁关系，在申请人申请执行后，才有利害关系人出现主张租赁关系的存在。4. 约定的租金支付明显不符合交易惯例和常理，如一次性支付全部租金，只有出租方自认已收到全部租金的陈述，而无租金支付的转账凭证等。

我们认为，在执行过程中，法院在认定是否存在租赁关系时，除了要审查出租人与承租人之间是否存在书面的租赁合同，还应对出租人与承租人之间包括但不限于租金的支付（如物业管理费、水电费的支付，相应租金税的缴纳情况等）进行审查，并结合案涉房产的实际占有使用情况对是否存在着租赁关系进行综合评价。

【点评】

（一）C 公司与 D 公司是否存在着事实上的租赁关系

根据证据规则的相关规定，主张法律关系存在的当事人，应当对产生该法律关系的基本事实承担举证证明责任，E 公司主张 C 公司与 D 公司之间存在着租赁合同关系，D 公司与 E 公司之间存在着转租合同关系，E 公司是合法承继 D 公司对案涉房屋的使用权，其应提供相应的证据证明。经查，C 公司与 D 公司就案涉房产并不存在着书面的租赁合同。E 公司也未提供证据证明 C 公司将案涉房产抵押给 A 公司前已将其出租给 D 公司，并将该房产交付给 D 公司占有使用。E 公司若举证不利，应承担举证不利的法律后果。

在本案中，D 公司的破产管理人曾向法院提供案涉房产的住所使用证明及无偿使用说明，由此可知，D 公司自认为 C 公司是无偿将案涉房产提供给其使用。因租赁合同是有偿合同，现 C 公司无偿将案涉房产提供给 D 公司使用，显然不符合租赁的法定特征，故 C 公司与 D 公司之间并不是租赁关系。并且，也没有任何证据证明 D 公司已向 C 公司支付了案涉房产直至 2025 年 12 月 31 日的租金。不能仅凭《房屋转租合同》中 C 公司的自认就认定 D 公司已向 C 公司付清案涉房产自 2007 年 1 月 1 日起至 2025 年 12 月 31 日止的全部租金。E 公司现并未提供证据证明 C 公司与 D 公司之间存在着事实上的租赁关系。

故，如 C 公司与 D 公司之间并不存在着租赁关系，E 公司也就无法承继 D 公司对案涉房屋的使用权，法院在拍卖案涉房屋时应涤除租赁后拍卖。

（二）D 公司与 E 公司之间的转租关系是否可以对抗 A 公司的抵押权

根据《物权法》第一百九十条的规定以及《最高人民法院关于人民法院民事执行中拍卖、变卖财产的规定》第三十一条的规定，在后的租赁关系不得对抗在前的抵押权。当该租赁权继续存在于拍卖财产上，会对在先的担保物权的实现有影响时，人民法院应当依法将其除去后进行拍卖。A 公司与 C 公司于 2013 年 1 月 28 日签订《不动产最高额抵押合同》，并于 2013 年 1 月 30 日办理抵押登记。2013 年 10 月，某法院查封案涉房产。2014 年 6 月 26 日，D 公司与 E 公司才签订《房屋转租合同》。如上文分析，我们认为 C 公司或 D 公司之间并不存在事实上的租赁关系，E 公司无法承继 D 公司对案涉房屋的使用权。而 D 公司与 E 公司签订的《房屋转租合同》在 A 公司对不动产设立抵押权、法院查封不动产之后，即使《房屋转租合同》有效，在后的租赁关系也不得对抗在前的抵押权，人民法院应依法将其除去后进行拍卖。

（三）本案是否符合带租拍卖的条件

针对执行实务中执行不动产时承租人主张租赁权的问题，为统一执法尺度，经过充分调研，江苏省高级人民法院执行局曾下发了《关于执行不动产时承租人主张租赁权的若干问题解答》，供各地法院参考。根据该解答，法院执行不动产时，承租人主张租赁权，法院在租赁期内带租拍卖需要符合以下条件：1. 承租人在申请执行人对不动产设立抵押权、法院查封之前已签订了书面租赁合同；2. 承租人在申请执行人对不动产设立抵押权、法院查封之前占有使用该不动产。

结合本案案情来看，在本案中带租拍卖的两个条件均不符合。第一个条件不符合的原因在上文已详细论述。至于第二个条件是否符合，举证责任在E公司，现E公司并未提供证据证明D公司在C公司将案涉房产抵押给A公司之前实际占有使用案涉房产，其应承担举证不利的法律后果。故本案并不适用带租拍卖。

（四）C公司与D公司、E公司之间是否存在着虚假租赁的嫌疑

C公司与D公司、E公司之间存在着虚假租赁的嫌疑。主要体现在以下几个方面：第一，从仲裁、执行过程的时间先后顺序来看，C公司与D公司、E公司之间恶意串通的动机和行为十分明显。案涉裁决书于2014年5月9日发生法律效力，并于2014年5月16日送达给C公司。2014年6月23日，A公司向法院申请强制执行，且在2013年10月某法院已查封案涉房产。C公司与D公司、E公司在法院已查封案涉房产且已被申请强制执行后才于2014年6月26日签订《房屋转租合同》，E公司转租一个被查封且正在被执行的房屋，显然有违常理。第二，约定的租金支付明显不符合交易惯例和常理。C公司和D公司签署房屋租赁合同后，D公司一次性付清全部租期租金，D公司与E公司签署《房屋转租合同》后，E公司也一次性付清全部房租，一次性付清几十年的房租显然不符合交易惯例和常理。这明显符合《江苏省高级人民法院关于认定和处理规避执行行为若干问题的规定》第一条第二款第三项规定的规避执行行为："被执行人以明显低于市场价格或明显不符交易习惯将房产长期出租的行为。"第三，C公司与D公司是关联公司，存在恶意串通、弄虚作假的动机和便利性。C公司和D公司均由一人实际控制，二者是关联公司，存在着弄虚作假的便利性。

点评人：广东南国德赛律师事务所律师　梁伟荣

执行过程中如何排除房产虚假租赁合同对抵押权人的不利影响

邓炜欣*

一、当事人、代理人及案由

（一）当事人、代理人

申请执行人：A 银行。

代理人：邓炜欣、杜章平，均系广东瀛杜律师事务所律师。

被执行人：B 公司、C 公司。

案外人：李一某、李二某。

（二）案由

金融借款合同纠纷执行。

二、案情简介

A 银行向 B 公司发放贷款 1 亿元，并以 C 公司名下位于广州市天河区某商场的 30 个商铺（以下简称抵押商铺）作为抵押，并办理了抵押登记。经过广州某法院判决，B 公司向 A 银行偿还贷款 1 亿元及其相应利息，并且 A 银行对 C 公司名下的抵押商铺享有优先受偿权。

在判决生效后，B 公司未向 A 银行履行还款义务，A 银行向广州某法院申请强制执行，对 C 公司名下的抵押商铺进行拍卖、变卖予以回收 A 银行的抵押债权。抵押商铺进入评估拍卖程序后，在评估报告出具之际，案外人李一某提出，在抵押商

* 邓炜欣，广东瀛杜律师事务所律师。

铺登记在C公司的前手李二某名下时，李一某与李二某签订租赁期为二十年的《商铺租赁合同》，月租金为40元/平方米（远远低于同地段商铺的租赁价格），前五年的租金已经一次支付。C公司表示同意承继李一某与李二某的《商铺租赁合同》，但该合同未到相应的房屋租赁管理中心办理备案登记。在抵押商铺被广州某法院查封后，李一某针对该租赁合同，向某仲裁委员会申请确认李一某与李二某的《商铺租赁合同》合法有效，C公司继续履行该商铺租赁合同。李一某要求将该商铺租赁合同纳入抵押商铺的司法评估拍卖程序中，带租约拍卖。

由于租赁期限为二十年的《商铺租赁合同》出现，导致抵押商铺大幅贬值，其价格无法覆盖A银行的债权，并且影响潜在买受人对抵押商铺的价值判断，造成抵押商铺流拍或出现以物抵债的情况，严重损害了A银行作为抵押权人的合法权益。

三、争议焦点

1. 李一某与李二某签订的《商铺租赁合同》是否存在虚假租赁的嫌疑？

2. 在抵押商铺被法院查封后，承租人李一某到仲裁委员会申请仲裁《商铺租赁合同》合法有效并继续履行，是否合法？

3. 在执行中，如何排除房产虚假租赁对抵押权人产生的不利影响？

四、各方意见

（一）A银行

李一某与李二某签订的《商铺租赁合同》有虚假租赁的嫌疑；在抵押商铺被法院查封后，承租人李一某到仲裁委员会申请仲裁《商铺租赁合同》合法有效并继续履行的行为，是恶意损害抵押权人A银行的行为，其提交的《仲裁裁决书》不能对抗A银行作为抵押权人的合法权益。在法院评估拍卖抵押商铺时，应当排除李一某与李二某签订的《商铺租赁合同》对抵押商铺的影响，在司法评估时及拍卖时，应当使用交吉价格拍卖抵押商铺，保证抵押权人的合法债权。

（二）案外人李一某

李一某与李二某签订的《商铺租赁合同》真实合法有效，本合同的签订日期在抵押商铺的抵押登记前，可以对抗A银行的抵押权，要求法院将该租赁纳入司法评估中，并以不交吉状态拍卖抵押房产。

（三）B公司、C公司

下落不明，未发表相关意见。

五、执行现状

因为李一某与李二某签订的《商铺租赁合同》有生效仲裁文书的支持，法院倾向于将该合同纳入评估拍卖的考虑范围内，并将该租约的事实在拍卖公告上披露。如果A银行不同意带租拍卖，可以通过其他法律途径排除《商铺租赁合同》对A银行产生的不利影响。因为该商铺租赁合同的出现，致使对抵押商铺的评估拍卖暂停。

六、案例评析

（一）李一某与李二某签订的《商铺租赁合同》是否存在虚假租赁的嫌疑？

1. 案情分析

根据上述案情，综合分析李一某与李二某签订的《商铺租赁合同》内容：首先，从主体来看，李一某与李二某名字相近，年龄相仿，身份证住址基本上一致，很有可能为关联方，甚至为亲属关系。其次，从签订时间、提交租赁合同的时间来看，李一某与李二某签订的时间在抵押登记前，并且在银行办理贷款时，从未向银行披露该租赁情况，而且李一某选择在法院评估拍卖时，才以案外人形式向法院披露，并要求法院带长租约拍卖。最后，从租赁期限和租金来看，该租赁期限长达二十年，并且已经一次性支付前五年偏低于市场标准的租金。更巧的是，这个租赁合同并未办理房屋租赁登记手续。

综上，李一某与李二某签订的《商铺租赁合同》存在倒签的可能，有虚假租赁的嫌疑。

2. 房屋虚假租赁合同的特点

在执行程序中，被执行人往往为了逃避履行债务，阻碍法院对房屋的评估拍卖程序，恶意串通他人通过倒签的方式制作虚假的房屋租赁合同，此类虚假租赁合同通常具有以下共同特点：

（1）承租方与出租方通常有关联关系

在案件进入执行程序，直到法院评估房屋或在拍卖成交前，抵押人意识到其“权利”真正受到“威胁”时，才不得不与案外人串通倒签十年甚至二十年期限的租赁合同，要求法院带租约拍卖或者不同意法院拍卖，故意拖延法院的执行程序。出租方自愿与抵押人即承租方倒签租赁合同，配合维护抵押人的利益，恶意损害抵押权人的合法权益，通常是因为二者之间有各式各样的关联关系，可能是夫妻、兄弟姐妹等亲属关系，也可能是生意合作伙伴关系、债权债务关系等。

（2）提交时间节点为房屋拍卖成交前，与贷款时房屋租赁情况有重大矛盾

债务人在贷款时，银行一般会对抵押物的现状包括占有情况、租赁情况、市场价值进行综合调查。抵押人一般会书面承诺住宅为自住，不存在任何租赁情况，或存在已备案两年至三年短租约，而商铺仅存在两年至三年的短租约，并经相关部门备案，根本不存在任何长租约。但抵押人在房产拍卖成交前这个敏感节点，提出与贷款时完全相反的事实，明显有虚假的房产租赁的嫌疑。

（3）租赁期限为十年以上，并且已经一次性支付偏低标准的租金

虚假的租赁合同约定的租赁期限常常为十年以上的长租约，侵占潜在买受人购买抵押物后的占有使用权。同时，租金仅为市场价的50%以下，并且在签订时一次性支付，达到抵押物大幅贬值的效果。更严重的是，在拍卖程序中，无人购买抵押物，导致抵押物多次流拍，进入以物抵债程序，而抵押权人不同意以物抵债的，将面临抵押物解封、返还抵押人的风险。

（4）没有办理房屋租赁实行登记备案手续

因为被执行人与案外人之间的房屋租赁合同往往是倒签的，根本无法按照倒签的时间到房屋租赁登记备案部门进行备案。另外，案外人通常会向法院提出，案外人十分愿意到备案部门进行登记，但是由于抵押人的个人原因，不配合案外人到相关部门备案登记，制造案外人无辜的假象。

（二）在抵押商铺被法院查封后，承租人李一某到仲裁委员会申请仲裁《商铺租赁合同》合法有效并继续履行，是否合法？

1. 该行为不合法，应为无效的民事行为

根据《最高人民法院关于执行权合理配置和科学运行的若干意见》第二十六条的规定，审判机构在审理确权诉讼时，应当查询所要确权的财产权属状况，发现已经被执行局查封、扣押、冻结的，应当中止审理；当事人诉请确权的财产被执行局处置的，应当撤销确权案件；在执行局查封、扣押、冻结后确权的，应当撤销判决或者调解书。据此，案外人在执行机构已查封、扣押、冻结后提起确权之诉的，非执行法院应不予受理，已经受理的应依法中止或者撤销。本案非执行法院在受理案件时未作任何审查予以立案，且在执行标的物查封后予以确权，其判决书应依法予以撤销。

从这一规定来看，案外人在执行机构已查封、扣押、冻结后提起确权（包括所有权及租赁、借用、保管等不以转移财产权属为目的的确权纠纷）之诉的，非执行法院不应立案，应统一由执行法院处理。而在本案中，李一某利用仲裁规避法院的管辖，确认二十年的租赁合同有效，限制抵押权人的救济权利。现在老赖逃债已经十分专业化、规范化，背后有律师团队等专业操作，通过规避法律漏洞固定证据，将非法材料表面合法化，以防其他债权人通过正常法律途径要求老赖清偿债务。李一某的这一行为恶意损害第三人的利益，根据《民法总则》第一百五十四条的规定，应当为无效的民事行为①。

2. 撤销仲裁难度大，即使撤销后，租赁合同仍然存在

对于有仲裁裁决书确认《商铺租赁合同》合法有效并继续履行，案外人可申请撤销仲裁，但《仲裁法》第五十八条第一款规定：当事人提出证据证明裁决有下列情形之一的，可以向仲裁委员会所在地的中级人民法院申请撤销裁决：（一）没有仲裁协议的；（二）裁决的事项不属于仲裁协议的范围或者仲裁委员会无权仲裁的；（三）仲裁庭的组成或者仲裁的程序违反法定程序的；（四）裁决所根据的证据是伪造的；（五）对方当事人隐瞒了足以影响公正裁决的证据的；（六）仲裁员在仲裁该案时有索贿受贿，徇私舞弊，枉法裁决行为的。据此，撤销仲裁的原因只能是程序性问题而不能是实质性问题。即使可以撤销仲裁，但是二十年的租约本身还是存在，如何排除《商铺租赁合同》对抵押权人产生的不利影响，才是本案真正的问题所在。

（三）在执行中，如何排除房产虚假租赁对抵押权人产生的不利影响？

在执行过程中处置房产时，往往有案外人与抵押人恶意串通，向法院提交抵押物租赁合同，该租赁合同通常都是伪造的，目的是阻止法院的评估拍卖程序以及恶意贬损抵押物价值。对于在执行过程中，房产虚假租赁越来越普遍，该如何排除对抵押权人产生的不利影响呢？笔者提出以下具体意见供大家参考：

1. 相关法律规定已经赋予执行法官实体审查虚假租赁的权力，只是没有具体的操作规范，导致实践中法官无法作出定性判断，建议最高院尽快出台相关法律规定完善。在《最高人民法院关于人民法院办理执行异议和复议案件若干问题的规定》和《最高人民法院关于执行权合理配置和科学运行的若干意见》等相关法规定中，不仅赋予法官形式审查的权力，同时也赋予执行法官实体审查的权力，而且执行法官接触的执行案件众多，办案经验丰富，对法律事实的判断具有强大的敏感

① 《民法典》第一百五十四条：行为人与相对人恶意串通，损害他人合法权益的民事法律行为无效。

性，与审判法官具有相当的业务水平，对抵押物衍生的房屋租赁合同无论从法律规定上还是业务水平上，都有能力对抵押物租赁合同进行实体和形式审查。

《最高人民法院关于人民法院办理执行异议和复议案件若干问题的规定》第二十六条规定：金钱债权执行中，案外人依据执行标的被查封、扣押、冻结前作出的另案生效法律文书提出排除执行异议，人民法院应当按照下列情形，分别处理：（一）该法律文书系就案外人与被执行人之间的权属纠纷以及租赁、借用、保管等不以转移财产权属为目的的合同纠纷，判决、裁决执行标的归属于案外人或者向其返还执行标的且其权利能够排除执行的，应予支持……金钱债权执行中，案外人依据执行标的被查封、扣押、冻结后作出的另案生效法律文书提出排除执行异议的，人民法院不予支持……据此可以看出，法院已经具备排除租赁合同对抵押权人产生的不利影响的权力，只是在适用上没有具体的操作规范。法院在实践操作中，以何种标准排除，有关租赁等的法律文书执行异议能否成立依据的是法律文书作出的时间，还是租赁事实发生的时间？从上述规定来看，还存在模棱两可的答案。

笔者认为，认定有关租赁等的法律文书执行异议能否成立依据的应该是法律文书作出的时间。若该法律文书作出时间是在执行标的被查封、扣押、冻结前，那么该案外人提出的执行异议应当成立；若法律文书作出时间是在执行标的被查封、扣押、冻结后，则可推断，案外人是明知道该执行标的已经存在争议，而不向执行法院提出，可推定为非善意第三人，那么该案外人提出的执行异议不成立。而且依据上面提到的《最高人民法院关于执行权合理配置和科学运行的若干意见》第二十六条的规定，以及按照法院的操作规程并结合法律规定来判断，财产已被查封、扣押、冻结的，对权属、租赁等问题有争议的，为了避免财产的租赁权、所有权等权利受多方法院管辖，并防止后续执行出现交叉处理、信息不对称的情况，一般由查封法院统一处理，其他法院不立案。那么，可以推断在执行标的被查封、扣押、冻结后作出法律文书提出执行异议的，该执行异议不予成立。

因此，希望最高院尽快出具《最高人民法院关于人民法院办理执行异议和复议案件若干问题的规定》第二十六条的相关释义，进一步明确案外人依据执行标的被查封、扣押、冻结后作出的另案生效法律文书的时间截点到底是文书做出的时间还是事实发生的时间；同时对《最高人民法院关于执行权合理配置和科学运行的若干意见》第二十六条可以延伸适用至仲裁立案的规则中，避免有心人士利用仲裁规则的漏洞，做出恶意损害第三人利益的仲裁裁决。

2. 最高院 2009 年复函新疆维吾尔自治区高级人民法院时，对于已经查封的财产又被仲裁裁决确权给案外人的行为，已经有明确的态度，认为执行法院应当依法将恶意串通损害其他债权人利益的裁决视为有违背社会公共利益的情形而裁定不予执行。最高院在复函［（2007）执他字第9号］中提到，关于新疆维吾尔自治区高级人民法院向最高院请示关于新疆建工集团建设工程有限公司与新疆宝亨房地产开发有限公司一案中，在法院已经查封的财产又被仲裁裁决确权给案外人的情况下，该如何处理？最高院在此复函为，若认定当事人恶意串通进行仲裁裁决损害其他债权人利益、妨害执行程序的，执行法院应当依法将该裁决视为有违背社会公共利益的情形而裁定不予执行，所以最高院对恶意串通仲裁的问题已经有了一定的研究，并得出确切的结论。所以，在本案中，执行法官可以据此复函，对确权仲裁裁决予以实质性审查，对于有证据证明为当事人存在恶意串通进行仲裁裁决损害其他债权人利益、妨害执行程序行为的，直接将该裁决视为有违背社会公共利益的情形而裁定不予执行，对抵押商铺进行交吉评估拍卖。

既然最高院对恶意仲裁损害第三人利益已经有明确的结论，就希望最高院对此问题形成明确的司法解释，并与《最高人民法院关于人民法院办理执行异议和复议案件若干问题的规定》第二十六条保持一致，仲裁裁决确权应当包括权属纠纷以及租赁、借用、保管等不以转移财产权属为目的的合同纠纷，遏制恶意损害第三人利益的仲裁在司法实践中再次出现。

3. 对于抵押物有签订三年以上房屋租赁合同但没有进行备案登记的，法官应直接排除对抵押权人的影响，而且，建议房屋租赁备案统一放在房屋档案中管理。对于抵押物有签订三年以上房屋租赁合同的，特别是租期为十年以上的租赁合同，当事人一般在抗辩时声称，对方不配合办理登记手续，所以才没有办理租赁备案登记。但是实际上该合同因为为虚假、倒签等，才无法进行备案登记。所以，抵押物有三年以上房屋租赁合同的，没有进行备案登记的，法官应当直接排除对抵押权人的影响，保护善意第三人——抵押权人。

因为房屋租赁登记的法规，属于管理性规定，没有强制性要求，导致现实中大量的房屋租赁并没有进行备案，而且除了备案当事人以及公检法机构可以到房屋备案登记部门调取备案登记资料之外，其他主体一般无法查询备案情况，容易出现信息不对称问题。

因此，完善房屋租赁备案登记制度成为对抗虚假租赁的一剂良药。房屋租赁备案登记工作应当直接由房管局统一管理，登记在房屋管理系统中，像抵押登记一样，利害关系人到房管局查询房屋档案时，可以得知租赁情况。若没有办理备案登记的，特别是三年以上房屋租赁合同的，不能对抗抵押权人的权利，执行法官直接在执行程序中排除对抵押权人的影响。

4. 抵押权人还可以通过撤销权之诉或刑事程序排除对抵押权人产生的不利影响。债权人根据《合同法》第七十四条的规定提起撤销权之诉撤销二十年的租赁合同，通过举证证明该合同为虚假合同，但可能存在违反法院“一事不再理”的原则、没有确凿性证据证明主观恶意等情形，而且对于撤销权之诉，法院一般采取消极的审判模式，无确凿性证据，基本上不会随意撤销合同，所以可能存在败诉的风险。

另外，也可以通过刑事程序，以合同诈骗罪、贷款诈骗罪或拒不执行法院判决、裁定罪等罪名向公安机关的经侦部门报案，解决该租赁对评估拍卖的影响，但刑事程序立案难、时间长等问题存在不稳定性，有需要时也可以选择性地适用。

【点评】

执行过程中如何排除房屋虚假租赁合同对抵押权人的不利影响，保障抵押权人的合法权益，是值得大家一起去探讨的。如果任由抵押人与案外人制造虚假租赁合同，很可能出现一种恶性循环，银行在发放抵押贷款时，对抵押物价值的评估打五折、三折、一折，在银行抵押贷款授信额度收紧的时期，甚至出现不予贷款的情形，那么，最终影响的是真正需要资金运转的企业和个人，导致市场资金流动不顺畅，可能影响市场经济的发展与稳定。

虽然法律已经赋予法官实体审查虚假租赁的权力，但希望最高院在虚假租赁、仲裁立案程序的具体操作方面，尽快出具相关的司法解释，并且有关部门也需要完善房屋租赁备案登记制度，尽可能直接在执行程序中解决抵押物租赁合同问题，节约各方当事人的时间成本，维护抵押权人的合法权益，节省司法资源，避免迟来的公平、正义。

点评人：广东瀛杜律师事务所律师　邓炜欣

法院可以在执行中依法除去不动产抵押后设立的租赁权

胡正方*

一、当事人、代理人及案由

(一) 当事人、代理人

申请执行人：庞某。

被执行人：李某、T公司。

异议人：K公司。

代理人：胡正方，广东佰德律师事务所律师。

(二) 案由

利害关系人执行异议纠纷。

二、案情简介

2012年2月1日，T公司向K公司出具《授权委托书》，授权K公司对“K大厦”附楼1-4层（面积为3385.49平方米）进行对外出租场地及日常物业管理，并以K公司名义对外签订出租合同、收取租金。2012年7月9日，T公司与K公司签订《（合作协议）补充条款》，约定T公司将自主拥有的工业产权的位于佛山市南海区罗村街道乐安乐城一路南20号（即“K大厦”），一幢1-4层3385.49平方米，委托K公司进行对外出租场地及日常物业管理，期限为2012年8月1日至2017年7月31日；在物业出租招商期内，所收取的物业租金，先行用于支付K公

* 胡正方，广东佰德律师事务所律师。

司日常管理经营所发生的工资及费用30000元，余下租金全部由T公司收取。2015年4月3日，T公司与K公司签订《房屋物业管理服务合同》，约定将上述房产委托K公司对外出租及进行物业管理，物业服务期限为20年，在委托租赁期间，T公司与K公司均可对外出租，K公司需在每月20号前以转账方式将代收租金（不含税）打入T公司指定账户。2015年5月10日，T公司与K公司签订《〈房屋物业管理服务合同〉之补充协议》，约定自2015年7月1日起，变更房屋物业管理合同为房屋租赁合同，并将与其他第三人签订的租赁协议的权利义务转让给K公司，租赁期限为20年，自2015年7月1日起至2035年6月30日止。

庞某与李某、T公司之间存在民间借贷纠纷，该纠纷由佛山市中级人民法院审理并作出民事调解书①，调解书发生法律效力后，因义务人李某、T公司未履行法律义务，佛山市中级人民法院依据权利人庞某的申请立案执行，在执行的过程中，佛山中院于2016年7月1日作出执行裁定，裁定拍卖被执行人T公司提供抵押的位于佛山市南海区罗村街道乐安乐城一路南20号的房产。② 该房产于2012年8月办理了抵押登记，抵押权人为庞某，抵押权证号为0200034654；于2014年6月30日被佛山中院查封③。

在上述房产执行过程中，K公司主张其对涉案房产享有租赁权，法院应终止对涉案房产的拍卖并终止执行，故向佛山中院提出执行异议请求终止对（2016）粤06执77号案的执行，2016年8月31日，佛山中院裁定驳回K公司的异议请求④。K公司对该裁定不服，向广东省高级人民法院申请复议，广东省高级人民法院于2016年12月19日裁定驳回K公司的复议申请，维持佛山市中级人民法院（2016）粤06执异124号执行裁定⑤。

三、争议焦点

1. 利害关系人K公司对K大厦的合法承租权是否能阻止执行法院的执行程序（以下简称争议焦点一）。

2. 在先承租权能否对抗办理了抵押登记的债权人（以下简称争议焦点二）。

---

① （2014）佛中法民二初字第92号。
② （2016）粤06执77号。
③ （2014）佛中法立保字第313－1号。
④ （2016）粤06执异124号执行裁定书。
⑤ （2016）粤执复256号。

四、各方意见

（一）（2016）粤 06 执异 124 号执行异议案中双方的意见

异议人 K 公司称，K 公司与 T 公司的租赁关系是依法存在的，理应受法律保护。根据 K 公司与 T 公司签订的一系列合同约定，K 公司对涉案房产一直对外出租管理至今。《最高人民法院关于人民法院办理执行异议和复议案件若干问题的规定》第三十一条第一款规定："承租人请求在租赁期间内阻止向受让人移交占有被执行的不动产，在人民法院查封之前已签订合法有效的书面租赁合同并占有使用该不动产的，人民法院应予支持。"合同和占有使用房屋的时间为 2012 年 2 月 1 日，是在设定抵押权及法院查封之前，现主张租赁权，法院应当予以支持。并且，我国《物权法》第一百九十条规定："订立抵押合同前抵押财产已出租的，原租赁关系不受该抵押权的影响……"① 因此，K 公司与 T 公司的租赁关系在抵押权设定之前，依法可以对抗法院的执行。综上，请求依法终止对佛山市南海区罗村街道乐安乐城一路南 20 号房屋的拍卖、执行程序。

申请执行人庞某答辩称，庞某是抵押权人，而且 T 公司在 2012 年 8 月设定抵押时，案涉房产并不存在租赁关系。K 公司与 T 公司在 2015 年 7 月 1 日才产生租赁关系，在此之前，两公司就案涉房产只是代为管理的关系，并不是租赁关系。请法院依法驳回 K 公司的异议请求。

被执行人 T 公司答辩称，异议人 K 公司的请求不符合法律规定，K 公司与 T 公司之间真正产生租赁关系的时间是 2015 年 7 月 1 日，在此之前只是代为管理以及对外出租关系。暂且不论租赁关系的时间，无论有无租赁都不影响司法拍卖，只不过是带租拍卖还是不带租拍卖而已。而且案涉房产在抵押权登记和法院查封之后产生租赁关系，因此法院有权依法在除权之后进行拍卖，请法院依法驳回 K 公司的异议请求。

（二）（2016）粤执复 256 号复议程序中复议人的意见

复议人 K 公司称：第一，（2016）粤 06 执异 124 号执行裁定书认定事实不清。申请执行人庞某与被执行人李某故意签订借款合同，并由 T 公司用涉案房产对此借款设定抵押，为了阻止 K 公司主张承租权，达到赶走租户的目的，申请执行人与被

---

① 《民法典》第四百零五条：抵押权设立前，抵押财产已经出租并转移占有的，原租赁关系不受该抵押权的影响。

执行人向佛山市中级人民法院提起虚假诉讼申请调解，利用该院作出的（2014）佛中法民二初字第92号民事调解书，以实现抵押权的名义处分涉案房产。事实上，关于申请执行人庞某与被执行人李某签订的借款合同是否有真实银行往来凭证、是否有收款证明都未查实验证，我方现合理怀疑此出资借款存在虚假出资情形，申请执行人与被申请执行人存在虚假诉讼情形，恳请法院对此借款出资是否真实进行核实。第二，（2016）粤06执异124号执行裁定书执行程序不合法。在案件执行过程中，佛山市中级人民法院不顾出租人K公司以及各承租人利益，作出（2016）粤06执77号执行通知书，直接对各租户进行驱赶，严重影响了租赁关系的存续。退一步讲，即使法院对涉案房产进行拍卖，也应在拍卖的同时，允许租户与新的所有权人继续维持租赁关系，而不是直接对租户进行驱赶。对此违反程序的执行行为佛山市中级人民法院未作出纠正。

五、裁判结果

执行法院佛山市中级人民法院依照《民事诉讼法》第一百五十四条第一款第十一项、第二百二十五条的规定，裁定驳回异议申请人K公司的异议请求。

复议法院广东省高级人民法院依照《民事诉讼法》第二百二十五条、《最高人民法院关于适用〈中华人民共和国民事诉讼法〉执行程序若干问题的解释》第八条、第九条以及《最高人民法院关于人民法院办理执行异议和复议案件若干问题的规定》第十二条、第二十三条第一项的规定，裁定驳回K公司的复议请求，维持佛山市中级人民法院（2016）粤06执异124号执行裁定。

六、裁决理由

（一）关于争议焦点一

佛山市中级人民法院认为，利害关系人K公司认为执行过程中的拍卖行为违反法律规定而提出的异议，应当按照《民事诉讼法》第二百二十五条的规定进行审查。首先，《民事诉讼法》第二百五十七条规定，有下列情形之一的，人民法院裁定终结执行：1. 申请人撤销申请的；2. 据以执行的法律文书被撤销的；3. 作为被执行人的公民死亡，无遗产可供执行，又无义务承担人的；4. 追索赡养费、扶养费、抚育费案件的权利人死亡的；5. 作为被执行人的公民因生活困难无力偿还借款，无收入来源，又丧失劳动能力的；6. 人民法院认为应当终结执行的其他情形。

本案中，K 公司主张其对案涉房产享有租赁权，法院应终止对案涉房产的拍卖并终止执行。显然，执行标的是否存在租赁关系并不属于上述法律规定的“终结执行”的法定事由，故 K 公司请求终止对（2016）粤 06 执 77 号案的执行缺乏法律依据，佛山中院不予支持。其次，根据《最高人民法院关于人民法院执行设定抵押的房屋的规定》第一条、第六条的规定，对于被执行人所有的已经依法设定抵押的房屋，人民法院可以查封，并可以根据抵押权人的申请，依法拍卖、变卖或者抵债。本案中，涉案房产属被执行人 T 公司所有并于 2012 年办理了抵押登记，根据登记抵押权人庞某的强制执行申请，本院对涉案房产进行公开拍卖，符合法律规定。故此，K 公司关于终止对涉案房产拍卖的请求亦无法律依据，本院不予支持。再次，根据《民事诉讼法》第二百三十六条第一款的规定，发生法律效力的民事判决、裁定，当事人必须履行；一方拒绝履行的，对方当事人可以向人民法院申请执行。本案中，因被执行人 T 公司未按法律文书履行义务，根据权利人庞某的申请，本院依法立案执行并对 T 公司的财产采取强制执行措施，并无不妥。最后，《最高人民法院关于人民法院民事执行中拍卖、变卖财产的规定》（以下简称《民事执行中拍卖、变卖财产的规定》）第三十一条第二款规定，拍卖财产上原有的租赁权及其他用益物权，不因拍卖而消灭，但该权利继续存在于拍卖财产上，对在先的担保物权或者其他优先受偿权的实现有影响的，人民法院应当依法将其除去后进行拍卖。因此，案涉房产的拍卖并不影响租赁关系的存续，租赁权人可向新所有权人主张继续履行租赁合同；对于人民法院除权后拍卖的情形，租赁权人可提出执行异议要求带租拍卖，但无权要求终止拍卖和执行程序。故不论 K 公司与 T 公司之间是否存在租赁关系，均不能阻却对案涉房产的拍卖。综上，K 公司的异议理由缺乏事实和法律依据，不能成立。

（二）关于争议焦点二

广东省高级人民法院认为，执行程序的功能是实现生效法律文书确定的债权，执行程序必须以生效法律文书为依据，不能审查该依据。（2016）粤 06 执 77 号执行案有生效的民事调解书为执行依据。本案的复议申请人 K 公司提出申请执行人庞某与被执行人李某的出资借款存在虚假出资情形，请求本院对此借款出资的真实性进行核实，此主张应由申请复议人通过诉讼程序提出，执行程序中不予处理。

本案中 K 公司的异议，既可以看作利害关系人依据《民事诉讼法》第二百二十五条的规定提出的执行异议，也可以归类为案外人依据《民事诉讼法》第二百二十七条针对执行标的提出的异议。佛山市中级人民法院按照《民事诉讼法》第二百二十五条进行处理。鉴于申请复议人没有提出反对意见，可以予以维持。但为与第二百二十七条相区分，适用第二百二十五条时原则上应围绕程序事项审查。在程序事项上，首先，案涉房产于2014年6月30日被佛山市中级人民法院查封，被执行人T公司与复议申请人K公司于2015年5月10日签订《〈房屋物业管理服务合同〉之补充协议》，约定2015年7月1日起变更房屋物业管理合同为房屋租赁合同，是在执行法院采取查封措施后处置人民法院的查封物，不能产生以承租权阻却执行的效果。其次，涉案房产属于被执行人T公司所有并于2012年办理了抵押登记，根据抵押权人庞某的强制执行申请，佛山市中级人民法院对涉案房产进行公开拍卖，符合法律规定。即使该房产也涉及租赁，但《物权法》第一百九十条规定，抵押权设立后抵押财产出租的，该租赁关系不得对抗已登记的抵押权。《最高人民法院关于适用〈中华人民共和国担保法〉若干问题的解释》（以下简称《担保法解释》）第六十六条规定，抵押人将已抵押的财产出租的，抵押权实现后，租赁合同对受让人不具有约束力。《民事执行中拍卖、变卖财产的规定》第三十一条第二款规定，拍卖财产上原有的租赁权及其他用益物权，不因拍卖而消灭，但该权利继续存在于拍卖财产上，对在先的担保物权或者其他优先受偿权的实现有影响的，人民法院应当依法将其除去后进行拍卖。本案涉案房产是出租在先还是抵押在先，因本案适用《民事诉讼法》第二百二十五条审查，在此不予涉及，可由执行法院在后续执行中审查。但即使租赁在先，根据“买卖不破租赁”的原则，申请复议人只能主张在拍卖后继续承租，不能以存在租赁权为由阻止拍卖。

七、实务经验

本案主要涉及合同法所确立的“买卖不破租赁”原则在强制执行中的适用问题，“买卖不破租赁”并非无条件适用。

我国《合同法》第二百二十九条规定，租赁物在租赁期间发生所有权变动的，不影响租赁合同的效力。[①] 这就是通常所说的“买卖不破租赁”原则的法律依据。那么，在民事强制执行过程中尤其是强制拍卖中是否适用该原则，如何适用该原则呢？这需要正确认识强制拍卖与“买卖不破租赁”原则之间的关系。

首先，《合同法》第二百二十九条所规定的“所有权变动”是否包含了因拍卖而发生的所有权变动呢？从所有权变动的原因来看，应当包含当事人因合同等法律

① 《民法典》第七百二十五条：租赁物在承租人按照租赁合同占有期限内发生所有权变动的，不影响租赁合同的效力。

行为引起的物权变动和因强制执行、强制征用、法院判决、继承、新建等行为引起的所有权变动。从条文的规定来看，并没有限制适用所有权变动的种类，因此，不论何种原因发生的所有权变动，都应当适用该条款。这也可以从《民事执行中拍卖、变卖财产的规定》第三十一条第二款规定的“拍卖财产上原有的租赁权及其他用益物权，不因拍卖而消灭……”中得到印证。也就是说，拍卖所引起的所有权变动，原则上不影响原租赁权及其他用益物权的效力。但是，最高人民法院又在该条规定了例外情形，即如果拍卖财产上原有的租赁权及其他用益物权继续存在于拍卖财产上，对在先的担保物权或者其他优先受偿权的实现有影响的，人民法院应当依法将其除去后进行拍卖。这就是说，如果在拍卖财产上的租赁权设立在先，抵押权设立在后，租赁权应当优先保护，拍卖后该租赁权不因拍卖而消灭；相反，如果抵押权设立在先，租赁权设立在后，设立在后的租赁权不能影响设立在先的抵押权的实现。如果租赁权继续存在于拍卖财产上会导致拍卖的价款过低，影响抵押权的实现，人民法院应当将该租赁权依法除去后进行拍卖。

法律之所以如此规定，是基于民法中的物权优先原则，该原则包括两个方面：一是当物权与债权并存时，物权优先于债权，如享有担保物权的债权人比普通债权人享有优先受偿的权利；二是同一物上有数个物权并存时，先设立的物权优于后设立的物权，这是物权相互间的优先效力，抵押权属于担保物权，租赁权虽然在性质上属于债权，但是由于合同法中规定了“买卖不破租赁”原则使之具有了物权的效力，这被称为租赁权的物权化。因此，根据物权优先原则，租赁权设立在先，抵押权设立在后，就应优先保护租赁权；相反，如果抵押权设立在先而租赁权设立在后，则应优先保护抵押权。

综上所述，强制拍卖中是否适用“买卖不破租赁”原则的关键在于租赁权设立在先还是抵押权设立在先。另外，需要说明的是，根据《担保法解释》第六十六条第二款的规定，抵押人将已抵押的财产出租时，如果抵押人未书面告知承租人该财产已抵押的，抵押人对出租抵押物造成承租人的损失承担赔偿责任；如果抵押人已书面告知承租人该财产已抵押的，抵押权实现造成承租人的损失，由承租人自己承担。实践中，房屋抵押权与租赁权的冲突在强制执行中屡见不鲜。因此，在签订房屋租赁合同时，要特别注意查明该房产上是否存在已设立的抵押权，以便于更好地控制风险，避免损失。

【点评】

本案是一起以租赁权对抗抵押权的执行异议案，从执行法院和复议法院的裁决来看，无论 K 公司与 T 公司之间是否存在租赁关系，也不论 K 公司的承租权在先还是庞某的抵押权在先，K 公司只能主张在拍卖后继续承租，不能以存在租赁权为由阻止拍卖。为了既保障 K 公司的合法承租权，又实现债权人的债权，K 公司可向执行法院申请带租约拍卖，与新的受让人建立租赁关系，以此实现利益最大化，矛盾最小化。

点评人：广东粤广律师事务所律师　解刚

执行异议阶段融资租赁公司对租赁物所有权问题的探讨

刘鹏*

一、起重机案

（一）当事人

异议人：机械租赁公司。

申请执行人：Z 银行。

被执行人：龙源公司，法定代表人王某耀。

（二）案情简介

Z 银行与龙源公司金融借款合同纠纷一案，在执行过程中，机械租赁公司提出执行异议称：机械租赁公司与扬中龙源公司签订《融资租赁合同》，融资租赁方式为售后回租，设备所有权自机械租赁公司支付转让价款至扬中龙源公司之日起转移，合同签订后机械租赁公司向扬中龙源公司支付转让价款 3000 万元，扬中龙源公司将其所有的《租赁物件配置清单》项下的所有设备和物件转让给机械租赁公司，其中包括被查封的型号为 MS28060DK10－5 门座式起重机（以下简称涉案争议起重机）。机械租赁公司因此依法取得了《租赁物件配置清单》项下的所有设备和物件，其中包括涉案争议起重机，且已在中国人民银行征信中心进行了登记。机械租赁公司在所有设备和物件上均标注了“所有权人机械租赁公司”。此外，机械租赁公司与扬中龙源公司签订《融资租赁合同》前，扬中龙源公司向机械租赁公司提供了取得上述设备和物件所有权的相关合同及发票等材料。目前，扬中龙源公司已经进入破产程序，包括涉案争议起重机在内的机器设备均不属于破产财产，扬中龙

* 刘鹏，广东南国德赛律师事务所律师。

源公司仅享有使用权。机械租赁公司作为出租人，有权收回租赁物。综上，请求解除对涉案争议起重机的查封，中止对涉案争议起重机的执行。

申请执行人Z银行答辩称：1. 答辩人已经合法取得起重机的最高额抵押权，且进行了登记。首先，答辩人在办理抵押登记前审核了抵押人龙源公司购买机器设备的增值税发票，现场查验了机器设备，未发现任何相左的所有权申明标志，之后签订《最高额抵押合同》，并办理了抵押登记。其次，答辩人在龙源公司提供抵押担保的情况下向龙源公司发放贷款，支付了合理对价。最后，根据法律规定，办理了抵押登记的担保物权对外具有公示效力。2. 机械租赁公司无充分证据证明对涉案起重机具有所有权，机械租赁公司仅提供了合同、电汇凭证，无正规发票，其动产权属证明不充分。

（三）裁判结果

审理法院认为：对于涉案争议的起重机，机械租赁公司根据其与扬中龙源公司之间的《融资租赁合同》及实际履行情况，取得了涉案争议起重机的所有权。但是，Z银行根据其与龙源公司之间的借款合同、抵押合同及实际履行情况，目前也善意取得涉案争议起重机的抵押权。且该抵押权已被生效的民事判决书所确认并支持。《物权法》第一百零六条，以及《最高人民法院关于审理融资租赁合同纠纷案件适用法律问题的解释》（以下简称《解释》）第九条的规定，本案不存在机械租赁公司主张的应当适用《解释》第九条中规定的例外情形，即由于机械租赁公司提供的证据——照片拍摄时间不明，无法证明在Z银行对涉案争议起重机进行抵押时，机械租赁公司已经在该起重机上作了显著标识；没有现行的明确规定要求Z银行在进行抵押时需对机械租赁公司的融资租赁情况进行机构查询。综上，机械租赁公司依据其对涉案争议起重机的所有权申请本院解除对该起重机的查封并中止执行，本院依法不予支持。

二、生产线案

（一）当事人

异议人（案外人）：科技公司。

被异议人（原告）：新融资租赁公司。

被异议人（被告）：三合公司。

（二）案情简介

在新融资租赁公司与三合公司融资租赁合同纠纷一案中，法院依法查封了被告三合公司化油器自动组装生产线一台。案外人科技公司向法院提出书面异议，请求解除对上述自动组装生产线的查封。

异议人科技公司称：新融资租赁公司因与三合公司、蔡岩、蔡峻融资租赁合同纠纷向法院申请诉讼保全三合公司、蔡岩、蔡峻的财产，保全过程中法院查封了异议人的机器设备。异议人被法院查封的机器设备是异议人向三合公司购买的，已支付对价。被法院查封的机器设备是由异议人善意支付合理对价购买取得且已由原所有权人交付给异议人的情形下，这些机器设备的所有权已归异议人所有，不应再作为被异议人三合公司的财产被查封，故法院查封异议人上述财产的行为是没有法律依据的，也损害了异议人的合法权益。请求法院依法解除对异议人案涉机器设备的保全措施。

被异议人新融资租赁公司辩称：1. 案涉标的物是融资租赁物，由新融资租赁公司依法购买并交付承租人三合公司使用；2. 案涉标的物已依法登记于中国人民银行征信中心系统中，动产物权已公示。

（三）裁判结果

《解释》第九条规定："承租人或者租赁物的实际使用人，未经出租人同意转让租赁物或者在租赁物上设立其他物权，第三人依据物权法第一百零六条的规定取得租赁物的所有权或者其他物权，出租人主张第三人物权权利不成立的，人民法院不予支持，但有下列情形之一的除外：（一）出租人已在租赁物的显著位置作出标识，第三人在与承租人交易时知道或者应当知道该物为租赁物的；（二）出租人授权承租人将租赁物抵押给出租人并在登记机关依法办理抵押权登记的；（三）第三人与承租人交易时，未按照法律、行政法规、行业或者地区主管部门的规定在相应机构进行融资租赁交易查询的；（四）出租人有证据证明第三人知道或者应当知道交易标的物为租赁物的其他情形。"本案中，新融资租赁公司在中国人民银行征信中心进行动产权属统一登记，进行了动产权属公示，而科技公司在与承租人三合公司交易时，并未按照法律、行政法规、行业或者地区主管部门的规定在相应机构进行融资租赁交易查询。因此根据上述规定，本案科技公司在与三合公司交易时应当知道涉案机器设备为租赁物，故涉案机器设备所有权属新融资租赁公司。综上所述，科技公司的异议理由不成立，其异议请求本院不予支持。

三、争议焦点

前述两个案例，异议人分别为出租人、受让人，异议均指向涉案机器设备的所有权归属，总结前述两个案例，笔者将案件的争议焦点明确如下：在机器设备融资租赁业务中，出租人已在中国人民银行征信中心建立的融资租赁登记公示系统办理了融资租赁登记，后承租人未经出租人同意转让了该机器设备，但受让人在与承租人交易前未登录融资租赁登记公示系统进行查询。人民法院在执行过程中查封了该机器设备，机器设备的受让人或出租人提出异议，主张机器设备的所有权，对此，该异议法院是否应当支持？

四、各方意见

（一）受让人主张善意取得抵押权或所有权

首先，在起重机案中，Z银行认为在办理抵押登记前审核了抵押人龙源公司购买机器设备的增值税发票，现场查验了机器设备，未发现任何相左的所有权申明标志，之后签订《最高额抵押合同》，并办理了抵押登记。其次，答辩人在龙源公司提供抵押担保的情况下向龙源公司发放贷款，支付了合理的对价。综上，Z银行主张已善意取得涉案争议起重机的抵押权。

在生产线案中，异议人科技公司称：异议人被法院查封的机器设备是异议人向三合公司购买的，被法院查封的机器设备已由异议人善意支付合理对价购买取得且已由原所有权人交付给异议人，这些机器设备已由异议人善意取得所有权，不应再作为被异议人三合公司的财产被查封，故法院查封异议人上述财产的行为是没有法律依据的，也损害了异议人的合法权益。

（二）出租人主张受让人不能善意取得抵押权或所有权

起重机案中出租人机械租赁公司称：机械租赁公司与扬中龙源公司签订《融资租赁合同》，融资租赁方式为售后回租，合同签订后机械租赁公司向扬中龙源公司支付转让价款3000万元，机械租赁公司已取得涉案争议起重机，且已在中国人民银行征信中心进行了登记，Z银行在交易前未尽到审慎义务进行查询，不能善意取得抵押权。综上，请求解除对涉案争议起重机的查封，中止对涉案争议起重机的执行。

生产线案中被异议人新融资租赁公司称：案涉标的物是融资租赁物，标的物已依法登记于中国人民银行征信中心系统中，动产物权已公示，异议人并不能依照善意取得制度获得标的物的所有权。

五、案例评析

由于目前国内的融资租赁业务处于多头监管的状态，根据监管主体的不同，我国融资租赁企业分为两类：一类是金融租赁公司，由银监会审批设立，属于非银行金融机构；另一类是融资租赁公司，由商务部审批设立。融资租赁公司又分为内资和外资融资租赁公司。因此除相关的法律法规、司法解释外，还要关注央行及商务部的规定。

（一）融资租赁物不适用善意取得的情形

为解决出租人物权保护的问题，最高院于2014年发布《最高人民法院关于审理融资租赁合同纠纷案件适用法律问题的解释》（以下简称《融资租赁合同解释》），其中第九条规定了四种第三人不能依据物权法第一百零六条的规定取得租赁物的所有权或者其他物权的情况，旨在通过司法解释来解决出租人物权保护的问题，一是出租人已在租赁物的显著位置作出标识，第三人与承租人交易时知道或者应当知道该物为租赁物的；二是出租人授权承租人将租赁物抵押给出租人并在登记机关办理抵押权登记的；三是第三人与承租人交易时未按照行业或地区主管部门的要求在相应机构进行融资租赁交易查询的；四是出租人有证据证明第三人知道或者应当知道交易标的物为租赁物的其他情形。该条规定从第三人取得租赁物的所有权或者他物权是否构成善意的事实认定角度，将实务中出租人广泛采用的并且符合现行法律规定的所有权保护措施予以认可①。

（二）第三人在办理资产抵押、受让等业务时，是否须在中国人民银行或商务部融资租赁登记公示系统进行查询？

在起重机案中，法院认为“没有现行的明确规定要求中国银行新北支行在进行抵押时需对融华公司的融资租赁情况进行机构查询”，而在生产线案中，法院认为“新融资租赁公司在中国人民银行征信中心进行动产权属统一登记，进行了动产权属公示，而科技公司在与承租人三合公司交易时，并未按照法律、行政法规、行业或者地区主管部门的规定在相应机构进行融资租赁交易查询。因此根据上述司法解释，本案科技公司在与三合公司交易时应当知道涉案机器设备为租赁物，故涉案机器设备所有权属新融资租赁公司”。在交易前是否须在中国人民银行或商务部融资

① 最高人民法院民二庭负责人就《最高人民法院关于审理融资租赁合同纠纷案件适用法律问题的解释》答记者问，http://www.court.gov.cn/shenpan-xiangqing-6147.html，发布时间：2014-03-02。

租赁登记公示系统进行查询，本案两个审理法院的看法是截然不同的，主要分歧在于是否有明确的规定要求第三人在交易前要在相关的公示系统进行查询，以尽到审慎义务。

对于上述问题，在最高人民法院发布《融资租赁合同解释》后，中国人民银行及商务部分别出台与《融资租赁合同解释》第九条对应的相关规定。其中，《中国人民银行关于使用融资租赁登记公示系统进行融资租赁交易查询的通知》规定，银行等机构作为资金融出方在办理资产抵押、质押和受让等业务时，应当对抵押物、质物的权属和价值以及实现抵押权、质权的可行性进行严格审查，并登录融资租赁登记公示系统查询相关标的物的权属状况，以避免抵押物、质物为承租人不具有所有权的租赁物而影响金融债权的实现；《商务部关于利用全国融资租赁企业管理信息系统进行租赁物登记查询等有关问题的公告》规定，其他企业、经济组织和社会公众在受让物权，办理抵押、质押或进行其他物权变动交易时，可以登录全国融资租赁企业管理信息系统查询已经登记的融资租赁企业名录和租赁物权属状态，防止租赁物恶意转卖，规避交易风险。

因此在本文的两个案例中，第三人与承租人交易时，需要登录两个系统进行查询，方可认定已尽到审慎注意义务[①]。

六、实务经验

融资租赁交易的一大特点就是所有权与使用权分离，在融资租赁关系中，承租人以所有权人的身份擅自处置租赁物，第三人在承租人持有并使用租赁物的外观下误以为承租人为租赁物的所有权人，从而作为受让人与承租人办理抵押、转让等业务，在发生纠纷时，第三人主张依据《物权法》第一百零六条的规定取得所有权或者其他物权[②]，从而可能使出租人失去租赁物的所有权。尤其是在大部分的售后回租模式中，租赁物登记于承租人名下的情形。2015 年实施的《最高人民法院关于人民法院办理执行异议和复议案件若干问题的规定》第二十五条第一款第二项规

① 傅松苗，丁灵敏：《民事执行实务难题梳理与解析》，人民法院出版社2017年版，第170-172页。

② 《民法典》第三百一十一条：无处分权人将不动产或者动产转让给受让人的，所有权人有权追回；除法律另有规定外，符合下列情形的，受让人取得该不动产或者动产的所有权：（一）受让人受让该不动产或者动产时是善意；（二）以合理的价格转让；（三）转让的不动产或者动产依照法律规定应当登记的已经登记，不需要登记的已经交付给受让人。受让人依据前款规定取得不动产或者动产的所有权的，原所有权人有权向无处分权人请求损害赔偿。当事人善意取得其他物权的，参照适用前两款规定。

定，已登记的机动车、船舶、航空器等特定动产，按照相关管理部门的登记判断；未登记的特定动产和其他动产，按照实际占有情况判断。如果租赁物登记客户名下，融资租赁公司的异议基本无望获得法院的支持，因此如何对外公示租赁物的所有权是开展融资租赁业务必须解决的问题。目前融资租赁业界对解决上述问题的思路基本可以总结如下：

（一）完善相关法律法规、司法解释等规定

为解决有关融资租赁物日益频繁的执行异议，最高人民法院在2014年出台了《融资租赁合同解释》，意在建立完善的融资租赁登记制度，保护融资租赁交易当事人和第三人的合法权益，防范和规避行业风险。中国人民银行和商务部在最高院出台《融资租赁合同解释》后也很快出台与之配套的规定，各自建立了融资租赁登记公示平台。但有关《融资租赁合同解释》第九条的授权承租人抵押、交易前在公示系统查询等问题，存在不同法院裁判观点不统一的情况。

（二）建立完善的、可执行的租赁物公示工作流程

不论是在直租还是售后回租业务中，都要将租赁物的公示落实到位，做好车辆的权属登记、抵押登记、租赁物的显著标识、融资租赁公示系统登记、安装GPS车辆定位装置等工作。

（三）定期查询、查看租赁物状况

融资租赁公司应当定期对租赁物的现状、登记状况做记录、查询及取证工作，避免在执行异议阶段陷入被动。例如，租赁物的显著标识，如果提交的有关证据制作时间晚于第三人与承租人交易的时间，则可能面临不会被法院认定在第三人与承租人交易之时，租赁物上有显著标识。因此对租赁物所有权的维护应当在业务开展之初开始，避免进入执行异议阶段时才去应对。

【点评】

融资租赁在20世纪80年代被引入我国，目前租赁业在国内规模虽然较小，租赁渗透率较低，但随着行业发展的规范、法律法规的完备及外部环境的改善，融资租赁业发展势头还是较为迅猛。《融资租赁合同解释》主要针对融资租赁经营实践和审判实务中反映突出、争议较多的法律问题作出了规定，其中融资租赁合同的认定及效力、合同的履行及租赁物的公示、合同的解除、违约责任等值得执业律师认真研究和学习。

点评人：广东南国德赛律师事务所律师　刘鹏

（二）抵押

抵押物产权变动为案外人导致执行终结之执行异议案例分析

王冰* 许蔚琳**

一、当事人、代理人及案由

（一）当事人、代理人

异议人（利害关系人）：某资产公司（以下简称甲公司）。

代理人：王冰、许蔚琳，均系广东法盛律师事务所律师。

申请执行人：招商银行股份有限公司广州××支行（以下简称招行××支行）。

代理人：郑某、蔡某，均是该行工作人员。

被执行人：广东××经济技术发展公司（以下简称A公司）。

利害关系人：广东××建筑工程有限公司。

代理人：陈某，为广东××律师事务所律师。

（二）案由

执行终结异议。

二、案情简介

招行××支行与A公司、广东××房地产公司（以下简称B公司）借款合同

---

* 王冰，广东法盛律师事务所律师。

** 许蔚琳，广东法盛律师事务所律师。

纠纷一案，广州市×××人民法院于1999年11月25日判决：A公司偿付人民币×××万元及相应罚息，B公司提供的抵押物，原告有权对B公司提供的抵押物广州市天河区体育东路羊城国际商贸中心大厦××××房号商铺在109万元及相应罚息范围内优先受偿A公司的债务①。招行××支行不服一审判决向广东省×××人民法院上诉，广东省×××人民法院于2001年4月3日判决：A公司偿付人民币×××万元及相应利息给招行××支行，招行××支行对B公司提供的抵押物广州市天河区体育东路羊城国际商贸中心大厦××××房号商铺享有优先受偿权，以清偿A公司在本案的债务②。

判决生效后招行××支行向广州市×××人民法院申请执行。后广州市×××人民法院执行局委托广州市××区人民法院（以下简称××区法院）处置变现案件相关房产。

2013年8月18日，××区法院作出民事裁定书。依据该民事裁定书，B公司名下位于广州市天河区体育东路羊城国际商贸中心大厦××××房号商铺系B公司与案外人C公司于1997年8月14日签订的编号为穗房预契字第×××××号《房地产预售契约》并经广州市房地产交易所鉴证，而转移到其名下。广州市×××人民法院已经发生法律效力的民事判决书认定穗房预契字第×××××号《房地产预售契约》并未实际履行，并判决予以解除③，因而，××区法院以“招商银行股份有限公司××××支行提供的被执行人B公司名下的广州市天河区体育东路羊城国际商贸中心大厦××××房号商铺已被生效法律文书认定非该被执行人所有；两被执行人均已注销、吊销企业法人营业执照，停止营业多年，无法查找到可供执行的财产，申请执行人亦未提供两被执行人有财产可供执行，本案不具备继续执行的条件”为由，终结本次执行。④

《民事诉讼法》第二百五十六条规定：“有下列情形之一的，人民法院应当裁定中止执行……中止的情形消失后，恢复执行。”最高院2016年11月8日发布的《关于严格规范终结本次执行程序的规定（试行）》第九条第一款规定：“终结本次执行程序后，申请执行人发现被执行人有可供执行财产的，可以向执行法院申请恢复执行。申请恢复执行不受申请执行时效期间的限制。执行法院核查属实的，应当恢复执行。”但在强制执行实务中，笔者发现，多数法院（包括本案涉及的执行法

① （1999）穗××法经初字第×××号。
② （2000）粤法经一终字第×××号。
③ （2001）穗中法房初字第××××号。
④ （2012）穗××法执字第××××号。

院）对恢复执行申请进行审查时，如果裁定书裁定终结本次执行的情形未消失，未出现其他可供执行的财产，即无新的恢复执行的情形，则法院多数难以通过恢复执行的审核。因而，笔者认为极有必要就上述（2012）穗××法执字第××××号民事裁定书终结本次执行的执行行为向人民法院提出执行异议。

依据《民事诉讼法》第二百二十五条的规定："当事人、利害关系人认为执行行为违反法律规定的，可以向负责执行的人民法院提出书面异议……"及《最高人民法院关于对人民法院终结执行行为提出执行异议期限问题的批复》（以下简称《执行异议期限批复》）的规定："当事人、利害关系人依照民事诉讼法第二百二十五条规定对终结执行行为提出异议的……批复发布前终结执行的，自批复发布之日起六十日内提出……"笔者接受甲公司本案委托时间为2016年4月13日，依据上述规定笔者应于《执行异议期限批复》发布之日（2016年2月14日）起六十日内即2016年4月14日前针对上述（2012）穗××法执字第××××号民事裁定书终结本次执行的执行行为向人民法院提出执行异议。

具体执行异议理由及相关当事人答辩情况详见下文。

三、争议焦点

抵押物的产权变更后，抵押权人是否有权继续就该抵押物申请强制执行实现抵押权。

四、各方意见

（一）异议人意见

1. 本案抵押权已依法登记设立，具有物权公示公信的效力，非依法定程序不得撤销。1997年8月14日，B公司与C公司签订《房地产预售契约》并经广州市房地产交易所鉴证，将广州市天河区体育东路羊城国际商贸中心大厦××××房号商铺所有权转移到B公司名下，1997年8月22日，招行××支行与B公司签订《抵押合同》并于1997年8月27日向广州市房地产管理局办理抵押登记。签订抵押合同时，《广州市商品房预售许可证》显示B公司为上述房产的产权人，且双方在广州市房地产管理局办理抵押登记，招行××支行于1997年8月27日合法取得上述房产的抵押权。

2. 抵押权人招行××支行对上述房产的优先受偿权经（2000）粤法经一终字

第×××号生效《民事判决书》判决确认，必经法定的审判监督程序或撤销之诉方能对上述调解书予以撤销，否则该调解书已具备司法强制力。该判决书确认："招行××支行对B公司提供的抵押物享有优先受偿权，以清偿A公司在本案的债务。"为此，抵押权人招行××支行对广州市天河区体育东路羊城国际商贸中心大厦××××房号商铺在A公司在（2000）粤法经一终字第×××号案的债务范围内享有优先受偿权。

3.（2001）穗中法房初字第××××号判决书仅认定B公司与C公司签订的《房地产预售契约》未实际履行，并判决予以解除，但并未认定招行××支行对上述房产的抵押权无效。因而，该判决书的效力不能对抗已经生效判决书确认的抵押权优先受偿权。

4. 本案抵押权登记设立及（2000）粤法经一终字第×××号《民事判决书》确认优先受偿在先，（2001）穗中法房初字第××××号判决解除合同行为在后，因此（2001）穗中法房初字第××××号判决的确权行为不能对抗上述房产的优先受偿权，抵押权人招行××支行仍可就上述抵押物追及行使抵押权。

本案件所涉抵押合同系各方根据其真实意思表示合法设立，并依法进行抵押登记，抵押行为无瑕疵，抵押权人无过错，应认定为善意抵押权人，参照《最高人民法院关于适用〈中华人民共和国担保法〉若干问题的解释》第六十七条关于"抵押权存续期间，抵押人转让抵押物未通知的抵押权人或未告知受让人的，如果抵押物已经登记的，抵押权人仍可以行使抵押权……"之规定，由于抵押权登记设立及广东省×××人民法院（2000）粤法经一终字第×××号判决确认优先受偿在先，广州市×××人民法院（2001）穗中法房初字第××××号判决解除合同行为在后，即使B公司与C公司签订的《房地产预售契约》被判决予以解除，抵押权人招行××支行仍可就该抵押物追及行使抵押权，故（2001）穗中法房初字第××××号民事判决书确认抵押房产权属的情节并不能影响招行××支行对上述房产的抵押权。

5. 异议人合法受让本案主债权及抵押权，有权行使债权人的各项权利，包含抵押权。2014年××月××日，异议人甲公司与招商银行股份有限公司××分行签订《单户资产转让协议》（编号为：信×－A－2014－×××－×），约定将本案债权资产转让给异议人，异议人有权行使债权人的各项权利。协议签订后，招行××分行与异议人于2015年1月7日在《南方日报》刊登《招行××分行资产转让通知与受让方债权催收联合公告》，向债务人通知了上述债权转让事实债权转让合法有效，异议人对广州市天河区体育东路羊城国际商贸中心大厦××××房号商铺享有抵押权。

综上所述，异议人依据（2000）粤法经一终字第×××号生效判决对广州市天河区体育东路羊城国际商贸中心大厦××××房号商铺享有优先受偿权，以清偿A公司在（2000）粤法经一终字第×××号案确认的债务。因此，异议人认为，贵院（2012）穗××法执字第×××号民事裁定书裁定终结本次执行的行为不符合法律规定，损害了异议人的合法权益，依法应当撤销。

（二）C公司意见

C公司与招行××支行和甲公司之间不存在任何抵押及其他债权债务关系，招行××支行及债权承继者甲公司无权执行C公司房产，本案甲公司的执行异议不成立。涉案房产物权归属C公司无可争议。涉案房产系C公司开发建设，该房产所有权自始至终归属C公司，没有发生过任何转移、变动。B公司虽与C公司签过《房地产预售契约》，并经房地产交易公司鉴证，但不能因此认定B公司是涉案执行标的物的权属人，签署并鉴证充其量也只是体现B公司与C公司之间曾经存在合同上的债权债务关系。鉴证本身并非确权行为，该行为的意义在于公示买卖双方的交易行为，防止一房多卖，保证交易更顺畅。在仅签订《房地产预售契约》的情况下，房屋产权变更登记前，房屋仍属C公司所有，B公司只享有契约债权。《物权法》第十七条规定："不动产权属证书是权利人享有该不动产物权的证明……。"支付对价是B公司成为权属人的前提条件，B公司从未支付过分文房价款，C公司也没有交付房产，双方之间从未真正履行合同。故，C公司诉请判决解除合同，法院判决C公司与B公司于1997年8月14日签订的《房地产预售契约》予以解除，交易鉴证自然无效。涉案房产权属始终在C公司名下，从未发生转移、变动。

招行××支行在本案中设立抵押权是附条件的，不能对抗C公司物权。B公司对招行××支行与A公司借款所做的抵押是以《房地产预售契约》的签订为基础，并以契约的最终履行来保障抵押权的实现。该抵押是债权性质的抵押，B公司的抵押权是否可以转化成涉案房屋的物权抵押权有赖于C公司与B公司对《房地产预售契约》的全面履行，支付对价是履行的核心内容，但B公司没有支付合同对价履行合同，其设立的抵押权仅能视作《房地产预售契约》的债权抵押权，债权抵押权作为相对权不能对抗所有权人对房屋的物权所有权即绝对权。故B公司设立的抵押权为债权抵押权，招行××支行对B公司设立的抵押权所享有的优先权不能对抗C公司对涉案房屋的所有权。

综上，甲公司申请实现优先权的标的物系C公司名下房产，其不能向贵院申请恢复执行C公司名下不动产。

（三）法院意见

原债权人招行××支行的债权转让行为已经履行了债权转让的法定手续，合法有效，应受法律保护。因此，甲公司取代原申请执行人招行××支行，成为本案的合法债权人。原债权人招行××支行与B公司、A公司因银行承兑汇票垫款纠纷案，广州市×××人民法院作出的一审（1999）中法经初字第×××号民事判决及广东省×××人民法院作出的二审（2000）粤法经一终字第×××号民事判决书均认定，B公司自愿为A公司《承兑协议》项下的款项及相关费用提供抵押担保，并向房管部门办理抵押登记，故其与招行××支行签订的抵押合同依法成立有效，对B公司具有法律约束力。二审终审判决认定，A公司偿付人民币×××万元及相应利息给招行××支行，招行××支行对B公司的抵押物涉案商铺享有优先受偿权。B公司名下有可供执行的财产，但其在清算后原债权债务转由股东陈某、王某承接再行注销，已履行相关手续。（2001）穗中法房初字第××号民事判决书只认定B公司与C公司之间的《房地产预售契约》并未实际履行，并判决予以解除，该判决的效力并未及于（2000）粤法经一终字第×××号民事判决书，即（2000）粤法经一终字第×××号民事判决书中关于招行××支行对涉案商铺的优先受偿权仍有约束力，招行××支行系善意抵押权人，其仍可就上述抵押物追及行使抵押权。异议人合法受让本案主债权及抵押权，有权行使原债权人的各项权利，并就抵押物拍卖、变卖款优先受偿。甲公司异议理由成立，本院予以支持。综上所述，依照《民事诉讼法》第二百二十五条和《最高人民法院关于适用〈中华人民共和国民事诉讼法〉执行程序若干问题的解释》第五条，《合同法》第七十七条、第八十条、第八十一条的规定，裁定：第一，异议人甲公司的异议成立；第二，撤销（2012）穗××法执字第××××号裁定。

五、执行现状

本案法院撤销（2012）穗××法执字第××××号执行终结裁定之后，涉案抵押物处于恢复执行过程中。

六、案例评析

本案抵押权已依法登记设立，具有物权公示公信的效力，非依法定程序不得撤销。抵押权人招行××支行对上述房产的优先受偿权经（2000）粤法经一终字第×××号生效《民事判决书》判决确认，必经法定的审判监督程序或撤销之诉方能对上述调解书予以撤销，否则该调解书已具备司法强制力。(2001) 穗中法房初字第××××号判决书仅就B公司与C公司之间签订的《房地产预售契约》的履行情况进行认定，并判决解除该合同，但并未判决认定招行××支行对上述房产的抵押权无效。本案抵押权登记设立及 (2000) 粤法经一终字第×××号《民事判决书》确认优先受偿在先，(2001) 穗中法房初字第××××号判决解除合同行为在后，因此 (2001) 穗中法房初字第××××号判决的确权行为不能对抗对上述房产的优先受偿权，抵押权人招行××支行仍可就上述抵押物追及行使抵押权。申请人合法受让本案主债权及抵押权，有权行使债权人的各项权利，包含抵押权。为此，依法应撤销 (2012) 穗××法执字第××××号执行终结裁定，对涉案抵押物恢复执行。

【点评】

法律的生命力体现于被人们遵守和认同而不是法律自身的逻辑化、精密化。因此，司法权威性对社会主义法治体系的重要性也就不言而喻。正如杰弗逊所言："执行法，比制定法更重要。"有效解决"民事执行难"问题对建立、巩固我国司法权威有着十分重要的作用。作为一线法律服务工作者，律师有着天然的使命，从每一个执行案件入手，为民事执行事业奉献自己的努力。

点评人：广东法盛律师事务所律师　王冰

启动撤销之诉排除恶意抵押权对执行的影响

陈永生*

一、当事人、代理人及案由

（一）当事人、代理人

原告：A 公司。

代理人：郦莉、陈永生，均系广东瀛杜律师事务所律师。

被告：杨某、谢某。

第三人：某银行。

（二）案由

撤销权纠纷。

二、案情简介

2013 年 10 月 28 日，某银行与 B 公司（另案被告）签订《进口开证额度合同》，约定某银行向 B 公司提供开立信用证额度人民币 1.5 亿元，用于开发即期以及 90 天内远期信用证，使用期限为 2013 年 10 月 28 日至 2014 年 10 月 27 日。同日，某银行与杨某等人签订《最高额保证合同》，约定由杨某等人为以上债权提供连带保证责任，担保债权最高余额折合人民币 2.06 亿元。

依据上述合同约定，B 公司在某银行处合计开立了 7 笔不可撤销跟单信用证，金额总计 2.08 亿美元。上述信用证到期后，B 公司未按约定支付款项，截至 2014 年 8 月 10 日，尚欠债权金额为 1.78 亿美元。

后由于 B 公司生产经营和财务状况严重恶化，某银行于 2014 年 1 月 28 日向广

* 陈永生，广东瀛杜律师事务所律师。

州市L区人民法院申请诉前财产保全，广州市L区人民法院依法查封了B公司、杨某等人在内的房产①，其中查封了杨某名下位于广州市天河区的某复式单元（以下简称涉案房产）。某银行在申请查封时发现，涉案房产已经办理了抵押登记，抵押权人为谢某，抵押债权金额为600万元，抵押登记时间为2014年1月15日，即在财产保全不久之前。

为确保债权的实现，某银行对该涉案房产抵押情况进行调查，发现杨某与谢某存在恶意抵押房产的情形，遂向广州市T区人民法院提起撤销权之诉，要求撤销杨某将涉案房产抵押给谢某的抵押行为，并由两被告承担本案诉讼费。

2014年9月23日，某银行与A公司签订《债权转让协议》，约定某银行将其对B公司的涉案债权转让给A公司。主债权之从属权利，包括但不限于与该主债权对应的保证、抵押、质押等一切从权利，随主债权一同转让给A公司。上述协议签订后，A公司与某银行共同发布了《某银行资产转让通知暨与A公司债权催收联合公告》。A公司取得涉案债权后，向T区人民法院申请将本案原告变更为A公司，将某银行变更为第三人。T区人民法院根据A公司的申请进行变更后予以审理。

三、争议焦点

1. 涉案房屋是否存在恶意抵押的情形？

2. A公司是否有权提出撤销权之诉？

四、双方观点

（一）原告A公司观点

1. 关于涉案房屋是否存在恶意抵押的情形

（1）杨某与B公司法定代表人郭某某为夫妻关系，均为B公司的实际控制人，谢某是B公司员工，且谢某是杨某姐姐的女婿，双方存在特殊利害关系。作为B公司普通员工，谢某缺乏向杨某提供巨额借款的实际能力。

（2）杨某在A公司及其他金融机构处均存在巨额贷款的情况下，与谢某恶意串通，于2014年1月3日签订《借款合同》和《抵押合同》，约定杨某向谢某借款人民币600万元，并提供杨某名下的涉案房产作为抵押物并办理抵押登记。《借款

① （2014）穗L法立保字第N号。

合同》内容极为简易，只是简单规定借款金额、借款期限，对借款利率、违约责任等重要条款均无约定，明显不符合商业惯例。

（3）杨某与谢某通过虚构借贷关系来逃避债务，双方签订的借款合同及抵押合同应被认定为无效合同，抵押、借贷关系应被认定为自始无效，抵押行为应当予以撤销。

2. 关于A公司是否有权提起撤销权之诉的问题

（1）本案属于撤销抵押之诉，是派生之诉，本诉是某银行和B公司之间的金融借贷纠纷，某银行已经于2014年2月17日向广州市L区人民法院提起诉讼，并且将主债权及其从债权包括对杨某的担保债权都转让给A公司，A公司依法取得债权人资格，有权对恶意抵押损害A公司债权的行为提起诉讼。

（2）杨某在未结清巨额债务的情况下，与谢某恶意串通，将其所有的涉案房产抵押给谢某，该过程中相关行为人主观恶意明显，旨在恶意逃避债务，严重损害了A公司的合法权益。

（二）被告谢某答辩观点（被告杨某缺席）

1. 关于涉案房屋是否存在恶意抵押的情形

（1）谢某已分多次向杨某发放现金借款600万元且有借据证明，双方已经将涉案房屋办理抵押登记，该抵押登记合法有效。A公司无证据证明杨某、谢某存在主观恶意。

（2）涉案房屋抵押担保债权金额为600万元，与涉案房屋市场价值相当，不存在低价抵押的情形。

2. 关于A公司是否有权提起撤销权之诉的问题

目前某银行与B公司之间金融借款纠纷仍在审理当中，某银行的债权及A公司取得的债权合法性尚未得到司法确认，就以保证人杨某将涉案房屋抵押给谢某行为将损害其债权权益为由提起撤销权之诉，不符合《合同法》和《担保法》关于提起撤销权之诉的条件，应当予以驳回。

五、裁判结果

2015年10月19日，广州市L区人民法院根据《合同法》第八条、第一百零七条，《担保法》第六条、第十八条、第二十一条、第二十二条，《民事诉讼法》第六十四条第一款、第九十二条、第一百四十四条，《最高人民法院关于适用〈中华人民共和国担保法〉若干问题的解释》（以下简称《担保法解释》）第六十九条，

《最高人民法院关于民事诉讼证据的若干规定》第二条的规定，判决撤销杨某将其所有的位于广州市天河区天河北路某复式单元抵押给谢某的行为，案件受理费53800元由杨某、谢某负担。

六、裁决理由

首先，某银行通过与A公司签订《债权转让协议》并公告的形式，向A公司转让了涉案《进口开证额度合同》中对债务人B公司的债权符合法律规定，合法有效。因此，在杨某未与某银行事先约定仅对特定的债权人承担保证责任或者禁止债权转让的前提下，杨某作为保证人应在原保证范围内对A公司承担保证责任。

其次，《最高额保证合同》中已经明确约定，作为保证人的杨某为第三人债务提供担保或者以其资产为自身或者第三人债务设定抵押、质押担保，可能影响其履行本合同项下保证责任，杨某须提前十五日书面通知债权人并征得债权人书面同意。现在主合同债务未得到清偿的情况下，杨某将其涉案房产向谢某提供抵押，且未依约通知原债权人某银行并征得某银行同意的行为，显然不符合保证合同约定，其主观上存在过错。

最后，结合本案现有证据来看，杨某与谢某于2014年1月3日发生的借款金额为600万元，虽然谢某提交了多张借据拟证明已经发放600万元贷款，但未提供相应的银行转账凭证或者其他证据对借款事实予以证明，两被告之间的借贷行为明显不符合常理，仅凭借据无法证明谢某已向杨某实际交付600万元款项。而且，谢某作为杨某借款合同的债权人及抵押权人，未提交相应证据证明债权人A公司现时不具备撤销其抵押权的情形。

综上，两被告在短时间内发生巨额借贷及抵押行为，且未通知作为原债权人的某银行，亦未有相应证据证明借款事实的实际发生。故法院对A公司诉称两被告存在恶意抵押行为，损害A公司债权权益的主张予以采信。现原告要求撤销被告杨某将其所有的涉案房产抵押给谢某的行为有理，法院予以支持。

七、执行现状

根据广州市L区人民法院上述判决，A公司向L区人民法院申请强制执行，L区人民法院依法向广州市M不动产登记中心发出协助执行通知书，广州市M不动产登记中心已依照协助执行通知书涂销谢某他项权登记。

八、案例评析

在不少金融借款纠纷案件中，金融机构在保全债务人财产时会发现，债务人名下的财产已被抵押给第三人，且抵押担保金额往往超过抵押物本身价值。如果第三人享有的抵押权真实，将直接降低金融机构债权将来的可清偿程度。更甚者，恶意抵押权人会启动诉讼保全程序，作为首封债权人拖延其他合法债权人对抵押房产的诉讼及处置。因此，金融机构对债务人已经办理抵押登记的财产，有必要进一步审查是否存在恶意抵押的情形。

（一）恶意抵押登记的特征

通过上述案例，笔者发现，恶意抵押登记行为具有以下特征：

1. 抵押权人通常为自然人，出借大额借款能力较弱，且该自然人与债务人存在某种特殊关系

本案中，根据A公司客户经理反映，抵押权人谢某与债务人杨某存在亲属关系，且杨某是另案主债务人B公司的法定代表人的配偶，谢某则是B公司的职员，还是杨某姐姐的女婿。该等特殊关系，引起A公司对杨某与谢某借款关系及抵押行为真实性的质疑，进而对抵押登记进行进一步调查。

2. 借款合同及抵押担保合同约定的条款过于简单

本案中，A公司通过向房地产部门申请调取杨某与谢某的借款合同及抵押合同，发现两份合同的条款过于简单，其中借款合同只是简单规定借款金额、借款期限，对借款利率、违约责任等重要条款均无约定，明显不符合商业惯例。

3. 抵押登记时间发生在借款逾期前后至被起诉前债务人采取转移资产行为集中发生期间内，且不通知并征得债权人的同意

债务人通过房产过户、房产抵押、汇款转账等方式恶意转移资产，通常会集中发生在正常债务到期后至财产保全前这一时间内。本案中，涉案房产的抵押登记时间为2014年1月15日，A公司申请诉前保全时间为2014年1月28日，时间相隔13天。可以推测债务人已经发现A公司正在准备对其债务提起诉讼，便迅速采取恶意抵押的方式，欲达到保障资产变现价值，以及今后处置资产的主动权。另外，本案中之所以判断其存在主观恶意的重要原因，是该抵押登记行为并未告知债权人并征得债权人同意，已经影响到债权人将来债权的实现程度。

（二）L法院对恶意抵押登记行为的审查

司法机关对于恶意抵押行为的认定，一般保持较为谨慎的态度，毕竟抵押登记意在保护另一债权。因此，L区法院在本案中充分发挥举证责任原则，对恶意抵押

登记行为及背后主债权的真实性进行全面的审查，具体如下：

1. 法院首先列举了A公司提供的《最高额保证担保合同》条款，该条款证明杨某对债权人承诺，现在或者将来将其房产作价抵押给第三人的情况出现时，应当在一定期限内书面通知债权人。该条款确立了债务人的善意告知义务。A公司作为债权人，已经就杨某负有善意通知义务的事实进行举证。如果杨某、谢某没有证据证明已履行通知义务，则杨某即有违诚信原则，其抵押行为存在主观恶意。

2. 法院对抵押物权所依附的主债权进行审查，包括借款金额、借款支付方式是否符合商业惯例。本案中，在借款金额高达600万元的情形下，杨某与谢某以现金支付方式进行交易，在没有其他证据证明借款已经发放的情况下，法院引用《最高人民法院关于民事诉讼证据的若干规定》（2008年）第二条的规定即谁主张谁举证原则，认定该证据不足以证明600万元借款已经发放。

3. 在法律适用方面，L区人民法院撤销抵押行为的直接法律依据是《担保法解释》第六十九条规定的“债务人有多个普通债权人的，在清偿债务时，债务人与其中一个债权人恶意串通，将其全部或者部分财产抵押给该债权人，因此丧失了履行其他债务的能力，损害了其他债权人的合法权益，受损害的其他债权人可以请求人民法院撤销该抵押行为”。与《合同法》第七十四条第一款规定的“因债务人放弃其到期债权或者无偿转让财产，对债权人造成损害的，债权人可以请求人民法院撤销债务人的行为。债务人以明显不合理的低价转让财产，对债权人造成损害，并且受让人知道该情形的，债权人也可以请求人民法院撤销债务人的行为”[①] 相比，《担保法解释》第六十九条更适用于本案中恶意抵押的情形，也为今后在处理债务人恶意抵押财产的行为拓宽了思路。

（三）关于A公司是否有权作为债权人请求撤销抵押登记的问题

笔者认为，根据《合同法》第八十条第一款规定的“债权人转让权利的，应当通知债务人。未经通知，该转让对债务人不发生效力”[②] 以及第八十一条规定的“债权人转让权利的，受让人取得与债权有关的从权利，但该从权利专属于债权人自身的除外”[③]，债权转让的生效要件是债权转让通知到达债务人，一经通知到达，

---

① 《民法典》第五百三十八条：债务人以放弃其债权、放弃债权担保、无偿转让财产等方式无偿处分财产权益，或者恶意延长其到期债权的履行期限，影响债权人的债权实现的，债权人可以请求人民法院撤销债务人的行为。

② 《民法典》第五百四十六条第一款：债权人转让债权，未通知债务人的，该转让对债务人不发生效力。

③ 《民法典》第五百四十七条第一款：债权人转让债权的，受让人取得与债权有关的从权利，但是该从权利专属于债权人自身的除外。

债权受让人即取得原债权人的全部权利，包括本案涉及的撤销权。

由于本案涉及金融资产管理公司受让国有金融机构债权，根据《最高人民法院关于审理涉及金融资产管理公司收购、管理、处置国有银行不良贷款形成的资产的案件适用法律若干问题的规定》第六条第一款“金融资产管理公司受让国有银行债权后，原债权银行在全国或者省级有影响的报纸上发布债权转让公告或通知的，人民法院可以认定债权人履行了《中华人民共和国合同法》第八十条第一款规定的通知义务”的规定，某银行与A公司联合发布了《某银行资产转让通知暨与A公司债权催收联合公告》。此时，产生的法律效果包括债务人须受到债权转让通知约束，A公司取得一切与主债权相关的从权利。虽然在某银行与主债务人杨某的金融借款纠纷诉讼案件中，A公司债权主体资格尚未得到该案法院生效裁定确认，但本案审理结果不必根据主债权诉讼生效判决确认（主债权诉讼请求未包括确认债权主体资格），也不影响A公司在另一法律关系诉讼中申请变更债权主体及主张债权权利。

抵押权制度是保护债权人合法债权得以有效受偿的重要制度，但也因为该制度具有优先受偿的特殊物权属性，使得部分债务人为躲避合法债务利用该制度对自有资产设置“防火墙”保护，即使合法债权人处置该资产，也无法有效受偿债权，以合法的形式掩盖损害债权人利益的非法目的。撤销权制度是债权人的一把“利剑”，可以有效破解债务人恶意抵押或者通过恶意虚构债务等各类减持自有资产，保障今后债权得以有效实现。因此，笔者认为，银行金融机构在贷款期间，应当对债务人财产进行有效梳理和查询，及时发现和掌握有关抵押、租赁及出售房产等信息，为今后不良债权出现后的执行工作提前清除障碍。

九、实务经验

虽然撤销权是债权人实现自我保护的重要权利，但由于其所撤销的对象为另一法律关系，涉及第三方实体权利，法院审查自然更为严格，提起撤销权之诉稍有不慎，很容易因证据不足而败诉。因此，笔者非常注重并且严格按照撤销权制度的必备要件准备诉讼策略。

（一）法律依据

本案A公司主张的法律依据为《合同法》第七十四条和第七十五条的规定，即“因债务人放弃其到期债权或者无偿转让财产，对债权人造成损害的，债权人可以请求人民法院撤销债务人的行为。债务人以明显不合理的低价转让财产，对债权人造成损害，并且受让人知道该情形的，债权人也可以请求人民法院撤销债务人的行为。撤销权的行使范围以债权人的债权为限。债权人行使撤销权的必要费用，由债务人负担”。“撤销权自债权人知道或者应当知道撤销事由之日起一年内行使。自债务人的行为发生之日起五年内没有行使撤销权的，该撤销权消灭”。①

（二）了解案情

在本案经办过程中，我们先通过原债权人某银行客户经理及现债权人 A 公司充分了解本案涉案房产的详细情况，包括房产购买时间、租赁情况、抵押情况以及租赁人、抵押人与主债务人之间的利害关系。然后又根据某银行提供的查册信息，并以金融借款纠纷案件已查封涉案房产，某银行为涉案房产抵押权登记的利害关系人为由，向广州市 M 房管局申请查询他项权登记内档，包括借款合同、抵押合同及付款凭证信息等，为接下来的诉讼主张奠定证据基础。

（三）与当事人充分沟通

起诉前，经办律师严格按照律师执业准则及广州市律师协会规定，与当事人充分沟通，及时全面告知由于撤销权之诉的判决结果将对第三方实质权益产生影响，法院审查十分严格，可能出现的败诉风险以及败诉后果。在当事人确认诉讼风险的前提下，由当事人决定是否提起诉讼。

【点评】

本案是撤销恶意抵押恢复债务人资产清偿价值的典型案例，就如作者所言，如果该抵押行为继续存续，且恶意抵押权人与债务人通过虚假诉讼和保全封堵合法债权人处置债务人的资产，将严重影响合法债权人今后债权的实现程度。本案中，法院从抵押行为的主观恶意、抵押担保债权的真实性进行双重考证，并且适用《担保法解释》第六十九条的规定，对恶意抵押行为予以撤销，为今后合法债权人在防止债务人资产减值时提供解决思路。但是，此类案件往往争议性较大，且受理费不是按件收取，而是采用按争议标的价值计取，从而增加了合法维权的支出、降低了债权人的积极性。法院对撤销权案件的受理费用是否可以作出特殊设计，在保障合法抵押权人的利益的同时，避免合法债权人因诉讼费用过高而放弃撤销恶意抵押诉讼的机会。

点评人：广东瀛杜律师事务所律师　里曼

---

① 《民法典》第五百四十一条：撤销权自债权人知道或者应当知道撤销事由之日起一年内行使。自债务人的行为发生之日起五年内没有行使撤销权的，该撤销权消灭。

（三）案外人异议

案外人 A 集团执行异议之诉纠纷

胡正方*

一、当事人、代理人及案由

（一）当事人、代理人

原告：A 集团。

被告：刘某、B 公司、吉某、C 公司。

代理人：胡正方，广东佰德律师事务所律师。

第三人：D 公司。

第三人：张某。

（二）案由

案外人执行异议之诉纠纷。

二、案情简介

1997 年 9 月 16 日原告 A 集团与被告 C 公司签订《房地产预售契约》，约定由 C 公司向 A 集团出售白云区机场路的银通花园 A 栋 a、b 座和 B 栋房地产，并约定 C 公司无偿赠送住宅楼地下停车场附图标示的两个标准停车位给原告永久使用，办理产权手续的费用由 C 公司负责。该契约于 1997 年 9 月 18 日经广州市公证处公

---

* 胡正方，广东佰德律师事务所律师。

证。A集团已全额支付购房款并已办理住宅过户登记。C公司在1998年就已将上述两个车位交付A集团，由A集团占有并使用至今。但因C公司未就广州市白云区乐嘉路2－14号地下室办理土地有偿使用手续，故A集团一直无法办理该两个车位的产权过户手续。其间，A集团也就此与被告C公司交涉，要求其办理有关土地有偿使用手续，C公司因各种原因未予办理，相关车位产权过户手续一直拖延至今。

刘某与C公司之间存在借款纠纷，广州市中级人民法院于2007年8月22日对该纠纷作出（2006）穗中法民二初字第189号民事判决，判决C公司向刘某偿还借款1000万元，利息、逾期还款违约金、评估费共计10000元，被告张某对前述债务承担连带清偿责任。该判决经广东省高级人民法院以（2007）粤高法民一终字第393号民事判决予以维持，判决于2008年4月21日发生法律效力。之后，刘某向广州市中级人民法院申请执行，广州市中级人民法院以（2008）穗中法执字第2382号立案执行，并于2012年12月14日指定广州市越秀区人民法院执行该案，广州市越秀区人民法院以（2013）穗越法执字第489号立案执行。经查，越秀区人民法院于2013年8月8日查封了C公司名下的广州市白云区乐嘉路2－14号地下车库，并续封至2015年8月7日。因该地下车位为另一案（2007）越法执字第4741号所涉之抵押物，经征得（2013）穗越法执字第489号案申请执行人刘某同意，由（2007）越法执字第4741号案对车位进行拍卖。

中国信达资产管理公司广州办事处（以下简称信达公司广州办事处）与D公司、C公司产生欠款纠纷，该纠纷由广州市越秀区人民法院于2007年1月4日作出（2006）越法民二初字第2109号民事判决，判决D公司向信达公司广州办事处清偿债务本金580万元及利息；D公司不履行上述判决时，信达公司广州办事处有权从拍卖或变卖位于广州市白云区乐嘉路2－14号地下室的房产所得价款中优先受偿；C公司对D公司的上述债务承担连带清偿责任。D公司、C公司向广东省广州市中级人民法院提起上诉，市中院于2007年6月13日作出（2007）穗中法民二终字第566号民事判决，判决驳回上诉，维持原判。判决生效后，信达公司广州办事处向广州市越秀区人民法院申请执行，越秀区人民法院以（2007）越法执字第4741号立案执行。经两次终结本次执行及恢复执行，目前执行案号为（2007）越法执字第4741号恢字2号。在执行过程中，越秀法院于2013年6月3日作出（2007）越法执字第4741号恢字2－1号执行裁定，裁定变更B公司、吉某为本案的申请执行人，原申请执行人信达公司广东省分公司（即原信达公司广州办事处）在本案中的权利义务由B公司、吉某继受。越秀区人民法院于2013年8月14日作出（2007）越法执字第4741号恢字2号执行裁定，裁定轮候查封C公司名下的广州市白云5

司区乐嘉路 2－14 号地下车库，于 2013 年 9 月 22 日作出（2007）越法执字第 4741 号恢字 2－2 号执行裁定，裁定拍卖、变卖 C 公司名下的广州市白云区乐嘉路 2－14 号地下车库以清偿债务。

案外人 A 集团对上述两案共同的执行标的向广州市越秀区人民法院提出了书面异议，越秀区人民法院经审查于 2015 年 7 月 2 日作出（2013）穗越法执外异字第 489－2 号、（2007）越法执外异字第 4741 号恢字 2－2 号执行裁定，裁定驳回案外人 A 集团对广州市白云区乐嘉路 2－14 号地下停车场中的 2、3 号车位提出的异议。随后，A 集团对该裁定不服，向越秀区人民法院提起执行异议之诉，请求判令：1. 位于广州市白云区乐嘉路 2－14 号地下车库 2、3 号车位归原告所有，停止对广州市白云区乐嘉路 2－14 号地下室停车库中属原告的 2、3 号车位的执行，解除查封，被告 C 公司协助原告办理前述车位的分割和过户登记手续；2. 撤销（2013）穗越法执外异字第 489－2 号、（2007）越法执外异字第 4741 号恢字 2－2 号执行裁定书。越秀区人民法院于 2015 年 12 月 17 日作出（2015）穗越法民三初字第 1968 号民事裁定书，裁定驳回原告 A 集团的起诉。A 集团对（2015）穗越法民三初字第 1968 号民事裁定书不服，向广州市中级人民法院提起上诉，请求撤销一审裁定，广州市中级人民法院于 2016 年 7 月 22 日作出（2016）粤 01 民终 9393 号民事裁定书，裁定驳回上诉，维持原裁定。

三、争议焦点

1. A 集团作为位于广州市白云区乐嘉路 2－14 号地下车库 2、3 号车位的合法占有人但未办理产权过户手续是否能对抗享有抵押权的债权人申请法院对其进行的查封（以下简称争议焦点一）。

2. 多份生效法律文书确定金钱给付内容的多个债权人分别对同一被执行人申请执行，如何界定首先申请执行法院采取执行措施的债权人与基于抵押权而享有的债权人之间的受偿顺序（以下简称争议焦点二）。

3. A 集团能否对案涉标的提出执行异议之诉（以下简称争议焦点三）。

四、各方意见

（一）（2015）穗越法民三初字第 1968 号执行异议之诉中原告的意见

首先，《最高人民法院关于审理建筑物区分所有权纠纷案件具体应用法律若干问题的解释》第一条第二款规定："基于与建设单位之间的商品房买卖民事法律行为，已经合法占有建筑物专有部分，但尚未依法办理所有权登记的人，可以认定为物权法第六章所称的业主。"据此，原告虽然并未就涉案车位办理所有权登记，但是原告已与被告C公司完成房地产买卖法律行为，并合法占有两个涉案车位，原告依法已是该两个车位的业主，具有足以排除强制执行的实体权利。其次，《最高人民法院关于人民法院民事执行中查封、扣押、冻结财产的规定》（以下简称《民事执行中查封、扣押、冻结的财产规定》）第十七条规定："被执行人将其所有的需要办理过户登记的财产出卖给第三人，第三人已经支付部分或者全部价款并实际占有该财产，但尚未办理产权过户登记手续的，人民法院可以查封、扣押、冻结；第三人已经支付全部价款并实际占有，但未办理过户登记手续的，如果第三人对此没有过错，人民法院不得查封、扣押、冻结。"由此可知，原告已对涉案车位支付全部价款并实际占有，且原告一直要求被告C公司协助办理涉案车位的分割和过户登记手续，但因被告C公司的原因导致原告未能办理过户登记手续。原告就未办理过户登记手续的事宜没有过错，法院不应查封涉案车位。现法院将原告的财产予以执行，明显错误。

（二）（2016）粤01民终9393号二审中上诉人（原审原告）的意见

第一，一审法院认定案件主要事实不清。A集团对（2013）穗越法执外异字第489-2号、（2007）越法执外异字第4741号恢字2-2号执行裁定书不服，故提起诉讼，其中诉求包括请求法院判令撤销（2013）穗越法执外异字第489-2号、（2007）越法执外异字第4741号恢字2-2号执行裁定书。而该执行裁定书是一审法院针对A集团对（2013）穗越法执外异字第489号以及（2007）越法执外异字第4741号恢字2号两个执行案提出的异议作出的。因此，本案中法院执行所依据的生效判决有两个，其中（2013）穗越法执外异字第489号执行案依据的生效判决书为（2007）粤高法民一终字第393号民事判决书，（2007）越法执外异字第4741号恢字2号执行案依据的生效判决书为（2007）穗中法民二终字第566号民事判决书。但根据一审法院作出的《民事裁定书》可知，一审法院只对（2007）越法执外异字第4741号恢字2号执行案依据的生效判决书（2007）穗中法民二终字第566号民事判决书作出认定，对（2013）穗越法执外异字第489号执行案依据的生效判决书（2007）粤高法民一终字第393号民事判决书并无任何解释说明和认定。因此，一审法院在没有查明（2013）穗越法执外异字第489号执行案以及其依据的生效判决（2007）粤高法民一终字第393号案的情况下裁定驳回A集团的全部起诉属于案件主要事实认定不清。在一审法院没有查明的（2013）穗越法执外异字第489

号执行案以及其作为依据的（2007）粤高法民一终字第393号案中，A集团作为案外人提出的执行异议与原生效判决并不相悖，其依法提起的案外人执行异议之诉应被立案受理。首先，（2013）穗越法执外异字第489号执行案的执行依据为（2007）粤高法民一终字第393号民事判决书，该案的诉讼标的为刘某与C公司之间的借款合同法律关系，而A集团与C公司之间为房屋买卖合同关系，标的物为买卖合同中约定的房屋以及车位。故A集团对（2007）粤高法民一终字第393号案中的诉讼标的没有独立请求权，其与该案件的处理结果也不存在法律上的利害关系。因此，A集团在（2007）粤高法民一终字第393号案中为案外人，并非第三人。其次，一审法院作出的（2013）穗越法执外异字第489-2号、（2007）越法执外异字第4741号恢字2-2号执行裁定书中写明“案外人：A集团”，因此一审法院已认定A集团为案外人。最后，（2007）粤高法民一终字第393号民事判决书并未涉及A集团的任何利益，A集团对此并无异议，仅仅是对以该生效判决书为依据的（2013）穗越法执外异字第489号执行案有异议，据此提出执行异议之诉，符合《民事诉讼法》关于执行异议之诉的规定。

第二，一审裁定适用法律错误。首先，一审法院已认定A集团为案外人，而一审法院适用的《民事诉讼法》第五十六条第三款是关于第三人撤销之诉的条款，是适用法律错误。其次，《民事诉讼法》第二百二十七条并无规定案外人可向人民法院提起撤销之诉。而且，根据《最高人民法院关于适用〈中华人民共和国民事诉讼法〉的解释》（以下简称《民诉法解释》）第三百零三条第二款规定的“案外人对人民法院驳回其执行异议裁定不服，认为原判决、裁定、调解书内容错误损害其合法权益的，应当根据民事诉讼法第二百二十七条规定申请再审，提起第三人撤销之诉的，人民法院不予受理”可知，案外人无法提起第三人撤销之诉。因此一审法院适用《民事诉讼法》第五十六条第三款以及引用认为原判决、裁定损害其作为案外人的合法权益的，可以向人民法院提起撤销之诉的法律条文无法律依据。

五、裁判结果

一审广州市越秀区人民法院依照《民事诉讼法》第一百五十四条第一款第三项、第二百二十七条规定，以及《民诉法解释》第二百零八条第三款的规定，裁定如下：驳回原告A集团的起诉。①

---

① （2015）穗越法民三初字第1968号。

二审广州市中级人民法院依照《民事诉讼法》第一百七十条第一款、第一百七十一条规定，裁定如下：驳回上诉，维持原裁定。①

六、裁决理由

（一）关于争议焦点一

一审法院认为，房屋是不动产，不动产物权的设立、变更、转让和消灭，经依法登记发生效力；未经登记，不发生效力。广州市白云区乐嘉路2－14号地下车库登记在被执行人C公司名下，且执行依据（2006）越法民二初字第2109号民事判决已判令权利人有权从拍卖或变卖位于广州市白云区乐嘉路2－14号地下室的房产所得价款中优先受偿，本院查封、拍卖上述房产合法。案外人A集团主张其对于乐嘉路2－14号地下室中的2、3号车位基于购买银通花园A栋a、b座和B栋房产而获得无偿赠与，对该2个车位享有永久使用权。案外人A集团于被执行人C公司签约购买银通花园A栋a、b座和B栋，据其陈述已经办理了上述房屋产权证，但其一直未要求办理2、3号车位产权登记，双方签约距今已近18年，但案外人A集团一直怠于行使权利，存在明显过错，不符合《民事执行中查封、扣押、冻结的财产规定》第十七条规定的“对未办理过户登记手续不存在过错”的解封条件。而且乐嘉路2－14号地下室的抵押权并未涂销，在抵押权涂销之前，被执行人C公司未经抵押权人同意亦不得转让其中的2、3号车位，该转让不能对抗债权人。

根据《民事诉讼法》第五十六条第三款和第二百二十七条的规定，案外人、当事人对执行异议裁定不服，认为原判决、裁定错误的，依照审判监督程序办理；认为原判决、裁定损害其作为案外人的合法权益的，可以向人民法院提起撤销之诉；与原判决、裁定无关的，可以自裁定送达之日起十五日内向人民法院提起诉讼。本案中，法院执行所依据的生效的（2007）穗中法民二终字第566号民事判决，已明确判令权利人有权从拍卖或变卖位于广州市白云区乐嘉路2－14号地下室的房产所得价款中优先受偿。原告作为案外人提出的执行异议与生效判决相悖，故其对执行异议裁定不服，应依照审判监督程序办理，或提起撤销之诉救济，而非提起执行异议之诉。

（二）关于争议焦点二

本案中涉案执行标的是先由越秀区人民法院于2013年8月8日以（2013）穗

① （2016）粤01民终9393号。

越法执字第489号案查封了C公司名下的广州市白云区乐嘉路2－14号地下车库，并续封至2015年8月7日。后在另案中由越秀区人民法院于2013年8月14日作出（2007）越法执字第4741号恢字2号执行裁定，裁定轮侯查封C公司名下的广州市白云5司区乐嘉路2－14号地下车库。根据《最高人民法院关于人民法院执行工作若干问题的规定》（以下简称《执行规定》）第八十八条第一款的规定："多份生效法律文书确定金钱给付内容的多个债权人分别对同一被执行人申请执行，各债权人对执行标的物均无担保物权的，按照执行法院采取执行措施的先后顺序受偿。"本案本可由（2013）穗越法执字第489号案的申请执行人优先查封，但该地下车位又为上述（2007）越法执字第4741号案所涉之抵押物，且《执行规定》第八十八条第二款也规定，"多个债权人的债权种类不同的，基于所有权和担保物权而享有的债权，优先于金钱债权受偿。有多个担保物权的，按照各担保物权成立的先后顺序清偿"。越秀区人民法院作为上述两案的共同执行法院采取的做法是，经征得（2013）穗越法执字第489号案申请执行人刘某同意，由（2007）越法执字第4741号案对车位进行拍卖，即由享有担保物权的债权人优先实现债权。

（三）关于争议焦点三

二审法院认为，根据《民诉法解释》第三百二十三条"第二审人民法院应当围绕当事人的上诉请求进行审理。当事人没有提出请求的，不予审理，但一审判决违反法律禁止性规定，或者损害国家利益、社会公共利益、他人合法权益的除外"的规定，第二审案件的审理应当围绕当事人上诉请求的范围进行，因此本院针对A集团能否对案涉标的提出的执行异议之诉的问题评析如下：

首先，A集团提起本案诉讼，是对（2013）穗越法执外异字第489－2号、（2007）越法执外异字第4741号恢字2－2号两份执行裁定不服故提起诉讼，其中（2013）穗越法执外异字第489－2号是一审法院针对A集团对（2013）穗越法执外异字第489号执行案提出的异议作出的，而该裁定法院执行所依据的生效判决为（2007）粤高法民一终字第393号民事判决书，A集团对案涉标的主张的实体权利与该判决并不相悖。

其次，A集团对（2007）越法执外异字第4741号恢字2－2号执行裁定书亦提出异议，而该裁定所依据的生效的（2007）穗中法民二终字第566号民事判决已明确判令权利人有权从拍卖或变卖位于广州市白云区乐嘉路2－14号地下室的房产所得价款中优先受偿。原审法院认定"A集团作为案外人提出的执行异议与生效判决相悖，故其对执行异议裁定不服，应依照审判监督程序办理"并无不当。

最后，从原审法院查明的事实来看，原审法院于2013年8月8日以（2013）

穗越法执字第489号案查封了C公司名下的广州市白云区乐嘉路2－14号地下车库后，因该地下车位为（2007）越法执字第4741号案所涉之抵押物，故经征得（2013）穗越法执字第489号案申请执行人刘某同意，由（2007）越法执字第4741号案对车位进行拍卖。由上可见，原审法院是基于（2007）越法执字第4741号案对车位进行拍卖，故原审法院以A集团主张的实体权利与（2007）越法执外异字第4741号恢字2－2号执行裁定书指向的生效法律文书的判项相悖为由驳回A集团的起诉，并无不当。

七、实务经验

虽然抵押物被先行查封不会对抵押权的效力造成不利影响，但从实践看，先行查封将不利于抵押权人顺利实现抵押权，主要表现在以下几方面。

（一）抵押物被先行查封后，抵押权人与抵押人不能再通过协议方式处置抵押物

根据《物权法》第一百九十五条的规定，抵押权人实现抵押权的方式有两种，即与抵押人协议处置（折价或拍卖、变卖）或通过申请法院处置（拍卖或变卖）①。在抵押人配合的情况下，通过协议处置比通过法院处置的效率要高，而且处置成本相对较低。如果抵押物被其他债权人申请法院查封后，依据查封的法律效力，抵押权人通过与抵押人协议处置抵押物的行为无效，只能通过法院处置途径才能实现抵押权。

（二）抵押物被先行查封后，抵押权人对抵押物的优先处置权充满了不确定性

先行查封法院在程序上取得了优先处理查封财产的权利，抵押权人通过法院处置途径实现抵押权时，只能通过首先采取查封等措施的法院进行，且受制于首先申请法院查封的债权人的处置进程及处置态度，从而使抵押权人丧失了对抵押物的优先处置权，使抵押权的实现过程充满了诸多的不确定性。从不良资产处置的实践看，这些不确定性主要有以下几点。

1. 抵押权的实现受制于首先查封法院对债权人债权的诉讼、判决及执行进程。

《执行规定》明确对人民法院查封、扣押或冻结的财产有优先权、担保物权的

① 《民法典》第四百一十条：债务人不履行到期债务或者发生当事人约定的实现抵押权的情形，抵押权人可以与抵押人协议以抵押财产折价或者以拍卖、变卖该抵押财产所得的价款优先受偿。协议损害其他债权人利益的，其他债权人可以请求人民法院撤销该协议。抵押权人与抵押人未就抵押权实现方式达成协议的，抵押权人可以请求人民法院拍卖、变卖抵押财产。抵押财产折价或者变卖的，应当参照市场价格。

债权人，可以申请参加参与分配程序，主张优先受偿权。同时又规定，“对参与被执行人财产的具体分配，应当由首先查封、扣押或冻结的法院主持进行。首先查封、扣押、冻结的法院所采取的执行措施如系为执行财产保全裁定，具体分配应当在该院案件审理终结后执行”。因此，在首先采取查封等措施的法院对相应的债权纠纷未经审理、判决并进入执行程序的，抵押权人的抵押权难以实现，而此进程抵押权人无法控制。

2. 因抵押权人主张抵押权需要向首先采取查封措施的法院申请，在首先查封的法院为异地法院的情况下，抵押权人与法院的协调成本会增加，尤其是在个别地方保护主义严重的地区，有时抵押权人的合法权益将难以得到充分的保护。

3. 在抵押物的价值有限，特别是在抵押物的预计变现价值仅能满足或部分满足抵押权人的优先受偿权的情况下，由于首先申请法院采取查封措施的债权人预计变现后自己难以受偿，申请首封的债权人往往会向抵押权人提出给予其适当清偿份额作为处置抵押物的条件，否则就怠于处分，使得优先受偿权人的优先受偿权难以及时充分的实现。

【点评】

本案中存在多个不同种类的债权人对同一执行标的先后申请执行，且作为案外人的原告对执行标的也享有合法占有使用的权利，在这种情况下，执行法院必然面临以谁的权利为先、案外人的合法权利是不是必然能阻碍对执行标的的执行等问题。由上可知，执行法院的解决思路为：1. 确定产权归属。本案的执行标的为不动产，不动产物权的设立、变更、转让和消灭，经依法登记发生效力；未经登记，不发生效力。虽然原告合法占有执行标的，且进行了公证，但没有进行过户登记手续，无法对抗债权人。2. 区分债权种类。本案存在两类债权，另一类是刘某享有的普通金钱债权，另一类是B公司、吉某基于抵押权而享有的债权。3. 征得刘某的同意，由另案进行执行拍卖。这样既保证了抵押权人的优先受偿权，也避免了普通债权人产生矛盾纠纷。

点评人：广东粤广律师事务所律师　解刚

案外人如何证明其对执行标的享有物权期待权

李丽莉[*] 张曦[**]

一、当事人及案由

（一）当事人

申请执行人：A工程公司。

被执行人：B房产公司。

案外人：曾某文、曾某武。

（二）案由

建设工程施工合同纠纷。

二、案情简介

2007年2月1日，G市Y区人民法院（以下简称Y区法院）判决B房产公司向A工程公司支付工程款2200万元①。判决后各方未上诉，判决书已发生法律效力。2008年1月，经A工程公司申请，Y区法院对该案予以立案②执行，因B房产公司名下暂无财产可供执行，曾终结本次执行。后B房产公司的在建工程办理了验收和确权手续，Y区法院于2015年查封了登记在B房产公司名下的位于G市Y区W路45－50号之一、之二H大厦全栋（已回迁、已预售登记的除外），实际查封的房产包括501房。另查，H大厦第5层除501房外均已办理预售登记至预购人名下。

---

* 李丽莉，广东金桥百信律师事务所律师。

** 张曦，广东金桥百信律师事务所律师。

① （2006）Y法民三初字第339号。

② （2008）Y法执字第250号。

基于B房产公司名下有财产可供执行，案件遂恢复执行，对已查封房产是否有回迁户、是否已出售等情况进行查询、甄别，拟对未出售、未安排回迁户的房屋进行评估、拍卖。Y区法院在H大厦张贴查封公告后，案外人曾某文、曾某武于2017年1月向Y区法院提出案外人异议。

三、各方意见

（一）案外人曾某文、曾某武的意见

H大厦501房系G市图书中心、B房产公司于1988年拆迁我们的父亲曾某阳所有的G市中山路12号房屋后补偿给父亲的，父亲及两名案外人于2003年回迁安置至501房后，一直居住至今，居住时间超过13年。父亲2010年去世后，遗产由两名案外人共同继承。故，H大厦501房应属两名案外人所有，请求法院停止对501房的执行，并解除查封。

两名案外人为证明其主张提供了以下证据：1. G市中山路12号房屋的房产证复印件；2. 被拆迁人为曾某阳的《G市城市房屋拆迁补偿协议书》（以下简称《拆迁补偿协议》），其上已加盖房管部门的“已备案”章，该协议约定回迁地址为“新建大厦第H栋第5层西南角100平方米”；3. 被拆迁人为曾某阳的《房屋拆迁安置协议》，经G市D区公证处于1995年7月公证；4. G省G市中级人民法院（1998）S法民字第1339号《民事调解书》载明曾某阳和G市图书中心、B房产公司达成协议如下：“一、《拆迁补偿协议》有效；二、B房产公司应按协议将曾某阳户临迁安置至K村某房屋临迁居住，并按月支付临迁补偿费400元至回迁之日止；三、B房产公司应于2000年12月前安排曾某阳户回迁至‘新建大厦第H栋第5层西南角100平方米’”；5. 落款为“B房产公司回迁安置办公室”于2003年1月27日出具的《入住通知书》，入住房号为“自编5E房”；6. 曾某文、曾某武于2016年3月在Y区法院起诉要求对H大厦501房进行确权被驳回起诉的《民事裁定书》，驳回起诉的理由为案涉房屋已被查封，不能进行确权。7. H大厦501房的水电费发票、管理费发票、有线电视费发票等票据。

（二）A工程公司的意见

1. 房屋产权以登记为准；2. H大厦501房面积为89平方米、位于正南向，与《拆迁补偿协议》约定的西南角、100平方米不相符，且未能证明“自编5E房”为现门牌501房。故认为H大厦501房应认定为B房产公司的财产并予执行。

（三）B房产公司意见

由于拆迁事实发生在20世纪90年代，且H大厦在新建过程中经历了设计变更、施工烂尾、复建等一系列问题，于2003年将异地临迁安置的被拆迁户通知回迁至H大厦时，大厦尚未完全通过验收，当时并不具备办理大确权、小确权的条件。直至2015年才办理了整栋大厦的大确权，之后亦办理了分户小确权。但由于被拆迁人众多，回迁时有部分《拆迁补偿协议》未能完全执行，纠纷不断，至今仍有多套房屋未能过户至被拆迁人名下，但已实际安排了被拆迁人入住，包括501房。因一同负责拆迁的G市图书中心已注销，该企业已不存在，由其保存的部分材料已遗失，B房产公司也无法确定501房是否应属两名案外人所有。B房产公司提供了《拆迁户情况表》复印件。

四、争议焦点

1.《拆迁补偿协议》《民事调解书》上约定的“新建大厦第H栋第5层西南角100平方米”、《入住通知书》的“自编5E房”与H大厦501房是否为同一房屋（以下简称争议焦点一）。

2. 执行异议程序中，在证据尚不能充分确认产权的情况下，案外人对该执行标的的物权期待权能否排除执行（以下简称争议焦点二）。

五、执行现状

Y区法院认为，根据两名案外人提供的《拆迁补偿协议》《民事调解书》《入住通知书》足以证明H大厦第5层西南角房屋为拆除两名案外人父亲曾某阳的G市中山路12号房屋后补偿给其的，两名案外人作为曾某阳的继承人，其承继的权益应得到保障。两名案外人提供的水电费发票、管理费发票等证明其实际入住的房号为501房，由此可确认H大厦501房已实际安置回迁户，该房屋不应继续作为执行标的予以执行。至于“新建大厦第H栋第5层西南角100平方米”与H大厦501房是否为同一房屋，能否确权至两名案外人名下，可待房屋解除查封后，经诉讼程序实体审理后予以确定。依照《民事诉讼法》第二百二十七条之规定，裁定如下：中止对G市Y区W路45－50号之一、之二H大厦501房的执行。

裁定作出后，各方未提起案外人异议之诉，执行异议裁定生效，Y区法院对H大厦501房解除查封。此后，曾某文、曾某武另案提起对H大厦501房确权、办理过户的民事诉讼。

六、案例评析

依照法律规定，人民法院只能执行被执行人的责任财产，如果被执行人的财产不属于被执行人，或者案外人在被执行人的财产之上拥有足以排除执行的实体权利，则人民法院应当停止对该财产的执行。本案系案外人曾某文、曾某武对法院查封的登记在B房产公司名下的房屋主张所有权引起的纠纷，法院对本案审查重点会放在两名案外人对于其所主张权利的房屋是否享有所有权或者足以排除执行的物权期待权。比对争议焦点，分析如下：

（一）关于争议焦点一

根据案外人提供的证据，足以证明的事实有：1. 两名案外人的父亲曾某阳是原地块被拆迁户，对B公司在拆迁地块上新建的住宅有回迁权利；2.《拆迁补偿协议》和《民事调解书》均明确约定，被拆迁人曾某阳的回迁房位于H大厦、回迁面积是100平方米、位于第5层、朝向为西南。回迁状况与拆迁时存在的差异有：1. 整栋大楼更改了原设计；2. 被拆迁人曾某阳一户实际回迁到了89平方米的正南向房屋，楼层为第5层；3. 回迁时《入住通知》使用了自编的ABCDEF的门牌编号方式，与后来房管局确权登记的123456编号方式存在区别。以上回迁状况与拆迁时签订的《拆迁补偿协议》及拆迁后达成的民事调解，有一定程度的出入，故而在执行异议程序中，未经诉讼程序实体审查，确实难以直接认定为同一房屋，即不能直接认定回迁入住的501房为《民事调解书》中约定的拆迁补偿房产。

（二）关于争议焦点二

两名案外人的权利来源系拆除其父亲曾某阳名下房产后补偿所得，早于讼争房屋的查封，更远早于讼争房屋H大厦501房的建成，拆迁补偿所取得的实际是“以物换物”而产生“物权期待权”，拆迁补偿权利具有物权属性，在产生权利冲突时，理应高于、优于其他权利。《最高人民法院关于审理商品房买卖合同纠纷案件适用法律若干问题的解释》第七条第一款规定：“拆迁人与被拆迁人按照所有权调换形式订立拆迁补偿安置协议，明确约定拆迁人以位置、用途特定的房屋对被拆迁人予以补偿安置，如果拆迁人将该补偿安置房屋另行出卖给第三人，被拆迁人请求优先取得补偿安置房屋的，应予支持。”由该规定可窥见法律在权利优先问题上的考量，认为被拆迁人的权益优于一般房屋购买者。而上述司法解释中关于一般房屋购买者的权利的规定，系高于其他权利人。

而且，根据两名案外人实际回迁居住情况，其确实入住了 H 大厦第 5 层的 501 房，并未入住第 5 层的其他房屋，且该房屋面积未超过拆迁补偿和调解时约定的 100 平方米，虽然朝向有西南角和正南的区别，但无论是西南角的 100 平方米还是正南向 89 平方米的 501 房，被拆迁户的回迁权利均应优先得到保障。在保护 A 建筑公司的债权和保护被拆迁户的物权期待权问题上，结合证据和实际回迁情况，两名案外人已实际回迁的 501 房确实不应再继续作为 B 房产公司的财产予以执行。因《民事调解书》作出时囿于新建大厦并未落成、更未办理小确权，仅能对被拆迁人曾某阳的权利作出大致而非完全精准的约定。至于被拆迁人曾某阳一户与 B 房产公司在履行《民事调解书》的过程中，是否存在因客观情况导致部分履行不能而进行了适当的调整，能否按照调整后的房屋过户至被拆迁人的继承人名下的问题，可在中止对该标的物的执行并解除查封后另案处理。

【点评】

案外人执行异议的审查重点在于执行财产上的物权期待权能否排除执行，与普通物权诉讼的确权审查有一定的区别，前者更侧重考虑权利冲突时以何权利为重、以何为先，进而得出是否能够排除执行的结论。而后者，即普通诉讼中的能否确权、能否办理过户手续，则更侧重考虑与物权形成直接关联的合同履行情况，审查合同的履行是否已达到确认某个物权归属、变动的结果。

（一）对法院的审查标准的理解和把握

《最高人民法院关于人民法院民事执行中查封、扣押、冻结财产的规定》（以下简称《查封规定》）第十七条规定："被执行人将其所有的需要办理过户登记的财产出卖给第三人，第三人已经支付部分或者全部价款并实际占有该财产，但尚未办理产权过户登记手续的，人民法院可以查封、扣押、冻结；第三人已经支付全部价款并实际占有，但未办理过户登记手续的，如果第三人对此没有过错，人民法院不得查封、扣押、冻结。"该规定为早于执行异议之诉制度建立以前已经设置的案外人权利能否排除执行的标准，即付全款、实占有、无过错三个条件缺一不可。之后，2015 年 5 月 5 日正式施行了《最高人民法院关于人民法院办理执行异议和复议案件若干问题的规定》（以下简称《执行异议复议规定》），其中第二十八条规定："金钱债权执行中，买受人对登记在被执行人名下的不动产提出异议，符合下列情形且其权利能够排除执行的，人民法院应予支持：（一）在人民法院查封之前已签订合法有效的书面买卖合同；（二）在人民法院查封之前已合法占有该不动产；（三）已支付全部价款，或者已按照合同约定支付部分价款且将剩余价款按照人民法院的要求交付执行；（四）非因买受人自身原因未办理过户登记。”该条规定基本沿用了《查封规定》的标准，但作了细微调整，即把“第三人对未办理过户登记手续无过错”调整为“非因买受人自身原因未办理过户登记”，把“付全款”调整为“付全款或按合同支付部分并将剩余价款交付执行”。从《查封规定》第十七条到《执行异议复议规定》第二十八条、第二十九条，在不动产执行标的排除执行问题的审查上，实务中的审查重点很明确：1. 对物权期待权建立的时点审查，查封前与查封后的结果明显不同；2. 对付款情况的审查；3. 对交付情况的审查；4. 对未过户原因的审查。作为案外人的代理人，应当围绕审查重点提供证据和陈述事实，以维护案外人的合法权益。作为申请执行人的代理人，则可比相应的标准作出合理合法的答辩，并提供可以反驳对方主张的证据。

（二）恰当使用他案裁判文书

《最高人民法院关于执行权合理配置和科学运行的若干意见》第二十六条规定：“审判机构在审理确权诉讼时，应当查询所要确权的财产权属状况，发现已经被执行局查封、扣押、冻结的，应当中止审理；当事人诉请确权的财产被执行局处置的，应当撤销确权案件；在执行局查封、扣押、冻结后确权的，应当撤销确权判决或者调解书。”由此可见，对于规避执行异议程序而形成的仲裁裁决书或者隐瞒不动产被查封情况而取得的判决书、调解书，法律是持否定态度的。为此，在不动产被查封的情况下，案外人主张权益应当且仅能通过案外人异议程序。

在案外人异议案件中，有两类法律文书值得案外人注意收集和作为重要证据予以提供：1. 该法律文书系就案外人与被执行人之间的权属纠纷以及租赁、借用、保管等不以转移财产权属为目的的合同纠纷，判决、裁决执行标的归属于案外人或者向其返还执行标的且其权利能够排除执行的；2. 该法律文书系案外人受让执行标的的拍卖、变卖成交裁定或者以物抵债裁定且其权利能够排除执行的。在本案中，G省G市中级人民法院（1998）S法民字第1339号民事调解书为案外人曾某文、曾某武提供了较有力的证据支持，虽然该法律文书对于标的物的约定与执行标的H大厦501房未达到一一对应的程度，但也足以证明被执行人有100平方米物权需作为回迁房产交付给案外人，故而得出裁定中止对标的物501房执行的结论。

但有一类法律文书在执行异议程序中是不被采纳的，即该法律文书系就案外人与被执行人之间除权属纠纷、租赁、借用、保管合同外的债权纠纷，判决、裁决执行标的归属于案外人或者向其交付、返还执行标的的。也就是说，案外人与被执行人之间如因一般债权债务关系而判决、裁决将物归属于案外人的，此类法律文书难以直接在案外人异议程序或者异议之诉中被采纳，即对以物抵债予以否定，因为考虑到未经执行程序的以物抵债可能会对被执行人的其他债权人权益造成侵害。

案外人执行异议中，案外人应侧重证明其享有可排除执行的物权期待权或者其他物上权利，并围绕此搜集证据和陈述观点意见，恰当使用另案法律文书有助于达到排除执行的目的。

点评人：广东金桥百信律师事务所律师　李丽莉

未办理过户登记的房屋买受人能否阻却强制执行

戚辉*

一、当事人、代理人及案由

（一）当事人、代理人

申请执行人：G 银行。

代理人：郦×，广东××律师事务所。

被执行人：J 房产公司、S 物管公司。

执行异议人：刘某。

（二）案由

执行异议、执行异议之诉。

二、案情简介

2004 年 2 月 6 日，G 银行以抵押权人身份向 J 房产公司出具《商品房销售授权书》，授权 J 房产公司销售位于广州市天河区石牌村东侧、暨南大学西侧的房地产项目“YG 都会广场”，销售所收取款项必须汇入 G 银行指定的监控账户。2007 年 9 月 18 日，刘某与 J 房产公司签订《买卖协议》，约定刘某向 J 房产公司购买中国广州 YG 都会广场（天河区）某大街 1 号 1506 房（以下简称涉案房屋），实测建筑面积 76.2004 平方米，总房款 75 万元。刘某了解该物业为银行（抵押权人）授权出卖方销售的抵押物的事实，收房费用由刘某在收房时同物业管理公司办理，双方

* 戚辉，广东瀛杜律师事务所律师。

还约定了刘某逾期付款的违约责任。上述合同签订后，刘某向J房产公司支付房款75万元，J房产公司向刘某出具落款日期为2007年10月15日的收款收据，显示金额合计为75万元，J房产公司在2007年10月15日将1506房交付刘某使用至今，但未将房款支付给G银行。

G银行与J房产公司、S物管公司存在借款合同纠纷，该纠纷由广州市××区人民法院审理并作出民事调解书[①]，调解书发生法律效力后，因义务人J房产公司、S物管公司未履行法律义务，广州市××区人民法院依据权利人G银行的申请立案执行，在执行的过程中，广州市××区人民法院于2008年10月15日裁定查封J房产公司名下位于广州市某大街的房产一批，同月18日裁定查封J房产公司名下的YG都会广场（自编A－E栋）（预售证号030222）。在上述房产执行过程中，刘某主张其对涉案房产已经向J房产公司支付全部房款75万元，并于2007年10月15日收房并使用至今，但J房产公司并未按照约定为其办理所购房屋的产权证和抵押涂销手续，故刘某向广州市××区人民法院提出执行异议请求解除对涉案房屋的查封，2011年5月30日，广州市××区人民法院作出裁定[②]，驳回刘某的异议申请。随后刘某于2011年6月20日，向广州市××区人民法院提起执行异议之诉，要求解除对涉案房屋的查封，停止对涉案房屋的执行。经广州市××区人民法院作出判决[③]后，刘某上诉至广州市××人民法院，该案被广州市××人民法院裁定发回重审。广州市××区人民法院重审后，于2015年9月10日作出判决，解除对涉案房屋的查封，不得执行上述房屋[④]。G银行不服该判决，向广州市××人民法院提起上诉，广州市××人民法院于2016年4月1日判决驳回上诉，维持原判[⑤]。

三、争议焦点

1. 刘某作为案外人对涉案房屋已经支付全部价款并实际占有但未办理过户登记能否阻止执行法院的执行程序？

2. 刘某是否存在过错？

---

① （2007）×法民二初字第×号。

② （2010）×法执裁字第×号。

③ （2011）穗×法民四初字第×号。

④ （2014）穗×法民四重字第×号。

⑤ （2016）粤01民终×号民事判决书。

四、各方意见

（一）（2010）×法执裁字第×号执行异议案中各方的意见

1. 异议人刘某的意见

2007 年 9 月 18 日，其与 J 房产公司签订了《买卖协议》，购买了 J 房产公司开发的涉案房屋，并支付了房款 75 万元，收房后一直在占有使用。2009 年 6 月 8 日，J 房产公司承诺在同年 9 月办理抵押登记涂销手续，但 J 房产公司随后并未按照约定为其办理所购房屋的产权证和抵押涂销手续至今。根据《最高人民法院关于人民法院民事执行中查封、扣押、冻结财产的规定》（以下简称《查封、扣押、冻结规定》）第七条的规定，要求解除对涉案房屋的查封。

2. 申请执行人 G 银行的意见

G 银行是抵押权人，于 2003 年在房管部门对涉案房屋办理了抵押登记备案。2007 年 11 月 16 日，G 银行提起诉讼，要求 J 房产公司、S 物管公司归借款，后申请强制执行。G 银行是同意 J 房产公司将抵押房屋出售，但出售条件是必须将抵押房屋的房款打到 G 银行的监控账户上，房款入账就视为通知 G 银行，G 银行收到房款会协助 J 房产公司办理抵押涂销，但涉案房屋的房款并没有打到 G 银行的监控账户上，G 银行不清楚异议人是否支付了房款。由于异议人与 J 房产公司签订买卖协议时并未事先告知 G 银行，故对异议人提供的证据不发表质证意见。涉案房屋已办理了抵押登记，G 银行要求继续对 J 房产公司名下的财产进行查封，不同意异议人的异议请求，请求驳回。

3. 被执行人 J 房产公司的意见

J 房产公司与异议人刘某于 2007 年 9 月 18 日签订了《买卖协议》，将涉案房屋出售给异议人，异议人已支付全部房款，J 房产公司亦将所购房屋交付给异议人。按照房管部门的要求，本应是买卖后的 30 日内到房管部门登记备案，但因当时 J 房产公司刚领取了权属证明书，故由开发商与业主及抵押登记的银行一同到房管部门涂销抵押登记，便可以直接递件办理房产证。涉案房屋所在楼盘是 2005 年年底竣工，根据广州市的有关规定，已竣工项目的房款不需要放入监控账户，只需要在涂销抵押时，将对应涂房款还给银行即可。由于 J 房产公司收到异议人的房款后，没有及时还款给银行，且银行只同意整体涂销抵押登记，故导致异议人无法办证，同意异议人的异议请求。

4. 被执行人 S 物管公司的意见

2007 年 10 月 15 日，异议人在 S 物管公司办理了入住手续，签订了物业管理协议，至此异议人一直在涉案房屋居住至今，同意J房产公司的答辩意见。

（二）（2016）粤01民终×号执行异议之诉中各方的意见

1. 上诉人G银行的意见

第一，G银行抵押权设立在涉案抵押物买卖之前，且G银行的债权已经被司法确认，且在《商品房销售授权书》中明确授权J房产公司销售涉案抵押物、明确指示销售收取的款项必须汇入G银行指定账户。G银行作为合法善意的抵押权人，其抵押权应受法律保护。第二，刘某作为涉案抵押物购买人，在其诉状中明确表示其明知涉案抵押物已经抵押给G银行，是由G银行授权J房产公司出售抵押物，并且其也明知G银行出具《商品房销售授权书》中“销售收取的款项必须汇入G银行指定账户”的约定目的是使得J房产公司销售款项能够偿还借款，却还将购房款交付给J房产公司，存在过错。第三，依据我国《物权法》及《最高人民法院关于适用〈中华人民共和国担保法〉若干问题的解释》（以下简称《担保法解释》）的规定，转让抵押物所得的价款应向抵押权人提前清偿债务或者提存，或者受让抵押物的购房人可以代替债务人清偿其全部债务，在保障抵押债权偿清的前提下，才能够转移抵押物。[①] G银行至今并未依约受偿，依据以上法律规定，抵押物不得转移。一审法院没有适用《物权法》及《担保法解释》的规定，法律适用错误。第四，《查封、扣押、冻结规定》中规定，购房者已经支付全部价款并实际占有，但未办理过户登记手续的，如果购房者对此有过错，人民法院可以继续执行。本案中，购房人明知要将购房款汇入G银行指定账户但其未尽注意义务直接交付购房款给J房产公司，存在过错，本案应当继续执行。第五，一审法院适用《最高人民法院关于建设工程价款优先受偿权问题的批复》法律适用错误，本案不是建设工程价款纠纷，不应适用该批复。综上所述，请求法院撤销原审判决，驳回刘某的诉讼请求。

2. 被上诉人刘某的意见

一审法院认定事实清楚，适用法律正确，一审判决是合法有效的，应当予以维持。第一，G银行作为涉案房屋的抵押权人，已授权J房产公司销售涉案房屋，G银行未明示告知刘某需承担直接向其指定的监控账户支付购房款的义务，刘某直接向J房产公司支付购房款没有过错。G银行出具的《商品房销售授权书》，授权J房产公司将销售商铺、住宅所收款项汇入其指定的监控账户的义务，该义务的承担

---

① 《民法典》第四百零六条：抵押期间，抵押人可以转让抵押财产。当事人另有约定的，按照其约定。抵押财产转让的，抵押权不受影响。抵押人转让抵押财产的，应当及时通知抵押权人。抵押权人能够证明抵押财产转让可能损害抵押权的，可以请求抵押人将转让所得的价款向抵押权人提前清偿债务或者提存。转让的价款超过债权数额的部分归抵押人所有，不足部分由债务人清偿。

主体不包括商铺、住宅购买人，而且涉案房屋所在目的广州市商品房预售许可证查询情况显示“已竣工，不设监控账号”、涉案房屋“已抵押给银行，现经抵押权人G银行同意该项目由广州建图房产发展有限公司销售”。刘某不清楚G银行与J房产公司双方关于收取涉案房屋购房款、涂销抵押有无特别的约定，G银行与J房产公司间债权的纷争不影响刘某对涉案房屋的合法权益。刘某举证提供的《房地产登记簿查册表》也显示，G银行在刘某购买涉案房屋之前和之后都有办理所在项目个别物业的涂销抵押手续，刘某有足够的理由相信只要他向J房产公司支付购房款，J房产公司就会向G银行清偿相应的借款进而就能办理涂销抵押手续、办理涉案房屋的过户登记手续。事实上，J房产公司在2009年6月8日还向刘某出具书面承诺书，承诺将于2009年9月办理涉案房屋的涂销抵押手续。第二，虽然涉案房屋在出售前已经抵押给G银行，但G银行已同意J房产公司销售房屋，刘某与J房产公司就涉案房屋签订的《买卖协议》合法有效，刘某已支付全部购房款并从2007年10月15日起实际占有和使用涉案房屋至今，刘某对涉案房屋享有的所有者权益应当得到保护。G银行以本案不是建设工程价款纠纷而不应适用有关司法解释的说法没有任何的法律依据。刘某实际使用涉案房屋至今，G银行对该房屋享有的抵押权不能对抗刘某享有的合法权益。G银行未能有效监督J房产公司将购房款汇入其指定的监控账户，导致G银行的债权未能得到清偿，G银行和J房产公司对此承担完全的过错责任，不影响刘某对涉案房屋所享有的合法权益。因此，请求二审驳回上诉，维持原判。

3. 被上诉人J房产公司的意见

G银行的上诉理由与请求不能成立，请求二审法院驳回。

4. 被上诉人S物管公司的意见

G银行的上诉理由与请求不能成立，请求二审法院驳回。

五、裁判结果

执行法院广州市××区人民法院依照《物权法》第六条、第九条，《民事诉讼法》（2007年）第一百四十条第一款第十一项、第二百零四条，《查封、扣押、冻结规定》第十七条的规定，裁定驳回异议申请人刘某的异议请求。

执行异议之诉的终审法院广州市××人民法院依照《民事诉讼法》第一百七十条第一款第一项的规定，判决驳回上诉，维持原判。

六、裁决理由

（一）一审法院

在执行异议的程序审理中，广州市××区人民法院认为，异议人刘某虽然已向J房产公司购买了涉案房屋，但并未办理产权过户登记手续或预售鉴证登记手续，根据我国《物权法》第六条、第九条关于“不动产物权的设立、变更、转让和消灭，应当依照法律规定登记”“不动产物权的设立、变更、转让和消灭，经依法登记，发生效力；未经登记，不发生效力……”① 之规定，房屋作为不动产以登记为权属标志，由于涉案房屋并未依法进行备案登记，导致所购房屋仍登记在J房产公司的名下。因此，本院查封J房产公司名下的房产并无不当。刘某虽已支付房款和实际居住涉案房屋，但刘某明知涉案房屋已被J房产公司抵押给G银行，并办理了房屋抵押登记，刘某却没有按G银行与J房产公司的约定，将购买涉案房屋的购房款项汇入G银行监控账户，致使G银行至今未收到该购房款，而拒绝对涉案房屋进行涂销抵押。因此，刘某对涉案房屋未能办理房产鉴证和过户登记存在过错，根据《查封、扣押、冻结规定》第十七条关于“被执行人将其所有的需要办理过户登记的财产出卖给第三人，第三人已经支付部分或者全部价款并实际占有该财产，但尚未办理产权过户登记手续的，人民法院可以查封、扣押、冻结；第三人已经支付全部价款并实际占有，但未办理过户登记手续的，如果第三人对此没有过错，人民法院不得查封、扣押、冻结”的规定，刘某的异议请求不符合法律规定，不予以支持。

（二）终审法院

在执行异议之诉的程序审理中，终审法院广州市××人民法院认为，G银行向J房产公司出具《商品房销售授权书》，授权J房产公司销售涉案房屋。因此，刘某是在经抵押权人同意的情况下才与J房产公司签订《买卖协议》，故该买卖协议合法有效。G银行主张刘某未将购房款汇入其监管账户而存在过错，根据《商品房销售授权书》的内容，G银行要求J房产公司将销售款项汇入指定的监控账户，并没有要求购房人将购房款汇入指定账户，G银行认为刘某存在过错依据不足，本院不

---

① 《民法典》第二百零八条：不动产物权的设立、变更、转让和消灭，应当依照法律规定登记。……

第二百零九条第一款：不动产物权的设立、变更、转让和消灭，经依法登记，发生效力；未经登记，不发生效力，但是法律另有规定的除外。

予认定。刘某已经付清涉案房屋的购房款，亦已收房使用多年，根据《查封、扣押、冻结规定》第十七条“被执行人将其所有的需要办理过户登记的财产出卖给第三人，第三人已经支付部分或者全部价款并实际占有该财产，但尚未办理产权过户登记手续的，人民法院可以查封、扣押、冻结；第三人已经支付全部价款并实际占有，但未办理过户登记手续的，如果第三人对此没有过错，人民法院不得查封、扣押、冻结”的规定，刘某要求停止执行涉案房屋具有依据，原审法院处理并无不当，上诉人 G 银行的上诉理由依据不足，不予以支持。

七、案例评析

关于已支付价款并基于有效买卖合同而取得房屋占有却未办理过户登记的房屋买受人，在与第三人就房屋权益问题产生纠纷时，能否阻却法院强制执行的问题，理论界存在一定争议，实务界的做法也不尽相同。笔者将通过下文尝试对这一问题发表相关看法。

（一）特定条件下买受人对未过户的房产享有的权利

我国不动产变动以登记公示为原则，但并不否认和排斥买受人在特定条件下对未过户的房产享有一定权利。

房屋区别于普通商品，属于不动产，而我国主要采用的是登记生效要件，除了通过继承、征收等非法律行为取得的物权以外，依据我国《物权法》第六条、第九条的规定，不动产物权的设立、变更、转让和消灭，经依法登记，发生效力；未经登记，不发生效力。故涉案房屋需办理过户登记后才发生物权变动的效力，即使刘某与 J 房产公司签订了《买卖协议》，房屋也实际交付并由刘某实际占有使用，但并不说明房屋所有权已经完成转移。

由于我国房屋所有权登记时限较长、出卖人不配合等，导致买受人取得法律意义上的所有权总会滞后于合同债权很长一段时间，严格依据前述物权变动原则执行，客观上可能会存在对无过错的买受人保护不利的情况。在此期间，买卖的不动产仍属于出卖人所有，如果将买受人当作普通债权人，买受人将面临其他金钱债权人请求导致不动产另行变价的不利风险。因此，《查封、扣押、冻结规定》第十七条、《最高人民法院关于人民法院办理执行异议和复议案件若干问题的规定》（以下简称《异议复议规定》）第二十八条确立了无过错的不动产买受人的物权期待权，在特定条件下，对执行程序中不动产受让人进行优先保护，借以解决无过错买受人与其他权利人之间的利益冲突，进一步平衡申请执行人的强制执行权利与买受人的物权期待权。

（二）从严理解和适用《查封、扣押、冻结规定》第十七条的规定

对J房产公司已经出售给刘某的未过户房屋能否执行，本案在执行异议、执行异议之诉中之所以产生截然不同的裁判结果，关键在于人民法院对于刘某未办理过户手续有无过错等事实的认定上，也即对上述《查封、扣押、冻结规定》第十七条的理解与适用不同。该条规定："被执行人将其所有的需要办理过户登记的财产出卖给第三人，第三人已经支付部分或者全部价款并实际占有该财产，但尚未办理产权过户登记手续的，人民法院可以查封、扣押、冻结；第三人已经支付全部价款并实际占有，但未办理过户登记手续的，如果第三人对此没有过错，人民法院不得查封、扣押、冻结。"该条分为前后两个层次，前一层次规定可以查封、扣押、冻结的情形，后一层次则明确了不得查封、扣押、冻结的条件。买受人（案外人）在符合"已经支付全部价款、实际占有财产，未办理过户登记且买受人无过错"三个构成要件的情况下，人民法院不得查封、扣押、冻结，已经查封的，应当解封，反之，有任意一个以上条件未满足，则人民法院可以查封、扣押、冻结。需要指出的是，该规定只是一个规范执行法院查封、扣押、冻结行为的司法解释，并不涉及财产权属认定的问题，更未规定无过错买受人对已购房产享有的是物权。

然而，《查封、扣押、冻结规定》第十七条规定的"已经支付全部价款、实际占有财产，未办理过户登记且买受人无过错"的判断标准在实践中较难为交易之外的第三方（申请执行人）所知悉，容易为买受人和被执行人规避执行提供方便。为避免该条在实践中被别有用心的当事人所滥用，笔者认为对于该条的理解，应坚持从严把握的原则。

如果涉案房产为一手商品房，买受人在支付全部价款，并符合前述规定的另外两个条件的前提下，应该确认其物权期待权，即不得查封、扣押、冻结，在执行阶段则不得予以执行。在此情况下，若合同项下的不动产因出卖人的其他债务被查封执行，买受人利益将无法得到保障，对买受人也不公平；而涉案房产如为二手商品房时，即使买受人符合《查封、扣押、冻结规定》第十七条的三个构成要件，也应对买受人的物权期待权慎重确认。实践中，经常存在出卖人与买受人串通，以倒签合同、倒签收据等方式制造虚假证据和事实，利用《查封、扣押、冻结规定》中第十七条的规定，将被查封的房屋等不动产转移藏匿，从而逃避执行，不仅造成银行等申请执行人的国有或金融资产流失，还会因银行等申请执行人拒绝配合办理抵押登记的涂销手续，造成买受人无法办理产权登记手续，形成"双输"的不利僵局。因而在适用《查封、扣押、冻结规定》第十七条时，要正确理解本规定与物权法不

动产物权登记生效原则的关系，准确把握本规定的适用范围，对价款支付、占有情况、第三人对未办理产权过户有无过错的证据进行综合审查，确认是否形成完整的证据链条，预防滥用本规定逃避执行，维护当事人的合法利益。

【点评】

实践中，此类执行案件涉及标的额较大，多数情况下被执行人无另外的财产可供执行，卖房款也因转移而执行困难，作为申请执行人的银行可能面对抵押权落空的风险，笔者认为抵押权人可从以下两个角度维护自身利益。

（一）注重对抵押财产状况的调查，注意设计和约定提前到期条款

在办理抵押登记前后，均应注重对抵押财产状态的审查，可及时发现抵押财产状态的变动情况，以便采取下一步措施。此外，在发现债务人有擅自就抵押财产签订买卖合同等行为的，即可宣布债权提前到期，然后及时提起诉讼和申请查封，争取尽早进入执行程序，提高处置效率。

（二）注意把握时间节点，争取阻却案外人提起执行异议

根据《异议复议规定》的相关规定，案外人应当在异议指向的执行标的执行终结之前提出。实践中，采取拍卖作为执行标的的处置方式的，执行终结的标志应当是执行法院作出拍卖成交裁定并送达给买受人。因此，申请执行人在执行过程中，应注意执行进展，拍卖后尽早要求法院出具成交裁定书并送达，在程序上使案件及时进入终结状态，降低案外人提起执行异议的概率。

点评人：广东瀛杜律师事务所律师　里曼

论案外人执行异议的立案及审查标准

吴楠*

案外人执行异议制度，在执行实务中一直是争议不断。有判例认为："生效裁判确认申请执行人对执行标的有优先受偿权，案外人对该标的提出异议，实质是认为生效裁判有错误，应裁定不予执行。在其异议被驳回后，依法不享有提起执行异议之诉的权利，法院可在裁定书送达后即对执行标的进行处分。""所谓优先受偿权，又称优先权……可以对抗包括所有权、债权在内的其他权利。在本案中，执行依据已确认申请执行人对涉案房屋有抵押权，并判令申请执行人对房屋以折价或以拍卖、变卖所得的价款享有优先受偿权。法院拍卖涉案房屋以清偿债务，实际是执行生效判决中关于申请执行人对涉案房屋的优先权本身。……能够阻却法院对房屋执行的事由，唯有关于优先权的判项被依法撤销。因此，案外人就该涉案房屋提出的异议，实质是对上述生效判决提出的异议。"

笔者认为，上述观点是不能成立的，原因如下：

一、从法律上讲，"优先受偿权"并不具备上述判例中所谓的"对抗包括所有权、债权在内的其他权利"的效力

《最高人民法院关于人民法院办理执行异议和复议案件若干问题的规定》（以下简称《执行异议和复议规定》）第二十七条规定，申请执行人对执行标的依法享有对抗案外人的担保物权等优先受偿权，人民法院对案外人提出的排除执行异议不予支持，但法律、司法解释另有规定的除外。其中的优先受偿权，根据有关规定，不得对抗以下权利：

（一）善意买受人的物权期待权

1.《执行异议和复议规定》第二十八条规定，金钱债权执行中，买受人对登记

---

* 吴楠，广东国智律师事务所律师。

在被执行人名下的不动产提出异议，符合下列情形且其权利能够排除执行的，人民法院应予支持：（一）在人民法院查封之前已签订合法有效的书面买卖合同；（二）在人民法院查封之前已合法占有该不动产；（三）已支付全部价款，或者已按照合同约定支付部分价款且将剩余价款按照人民法院的要求交付执行；（四）非因买受人自身原因未办理过户登记。

2.《执行异议和复议规定》第二十九条规定，金钱债权执行中，买受人对登记在被执行的房地产开发企业名下的商品房提出异议，符合下列情形且其权利能够排除执行的，人民法院应予支持：（一）在人民法院查封之前已签订合法有效的书面买卖合同；（二）所购商品房系用于居住且买受人名下无其他用于居住的房屋；（三）已支付的价款超过合同约定总价款的百分之五十。《最高人民法院关于建设工程价款优先受偿权问题的批复》第二条规定，消费者交付购买商品房的全部或者大部分款项后，承包人就该商品房享有的工程价款优先受偿权不得对抗买受人。

3.《执行异议和复议规定》第三十条规定，金钱债权执行中，对被查封的办理了受让物权预告登记的不动产，受让人提出停止处分异议的，人民法院应予支持；符合物权登记条件，受让人提出排除执行异议的，应予支持。

（二）被拆迁人对补偿安置房屋的物权期待权

根据《最高人民法院关于审理商品房买卖合同纠纷案件适用法律若干问题的解释》第七条第一款的规定，拆迁人与被拆迁人按照所有权调换形式订立拆迁补偿安置协议，明确约定拆迁人以位置、用途特定的房屋对被拆迁人予以补偿安置，如果拆迁人将该补偿安置房屋另行出卖给第三人，被拆迁人请求优先取得补偿安置房屋的，应予支持。据此，实践中一般认为，被拆迁人根据上述规定所享有的拆迁安置优先权，实质上是对其已被拆迁房屋所有权保护的一种延伸。被拆迁人据此享有的所有权要优先于银行享有的担保物权。① 由此可见，题述判例将优先受偿权的效力过于绝对化，与以上司法解释的规定相冲突。

二、上述判例混淆了案外人异议制度中不同阶段的审查标准，因此在作出裁定时，混淆“裁定驳回申请”跟“裁定驳回异议”的不同适用情形

上述判例认为案外人的异议不属于执行异议审查的范围，却“依法裁定驳回案

① 参见甘肃省高级人民法院（2015）甘民二终字第74号民事判决书。

外人异议并如期拍卖了涉案房屋”，实属张冠李戴。

《执行异议和复议规定》参照了民事诉讼立案登记制度，完善了执行异议的立案和审查程序，并且区分不同的裁定类型，以及当事人相应的救济方式。详见下表：

<table>
<tr><th>阶段</th><th>审查标准</th><th>处理方式</th><th>救济途径</th></tr>
<tr><td rowspan="2">立案阶段</td><td rowspan="2">“是否对特定的执行标的主张足以排除执行的实体权利”</td><td>立案</td><td rowspan="2">向上一级人民法院申请复议</td></tr>
<tr><td>不予受理或裁定驳回申请</td></tr>
<tr><td rowspan="2">审查阶段</td><td rowspan="2">是否享有足以排除强制执行的权益</td><td>裁定中止执行</td><td>认为原判决、裁定错误的，依照审判监督程序办理</td></tr>
<tr><td>裁定驳回异议</td><td>与原判决、裁定无关的，可以自裁定送达之日起十五日内向人民法院提起诉讼（执行异议之诉）。驳回案外人执行异议裁定送达案外人之日起十五日内，人民法院不得对执行标的进行处分</td></tr>
</table>

（一）执行异议立案阶段

《执行异议和复议规定》第二条第一款和第三款规定，执行异议符合民事诉讼法第二百二十五条或者第二百二十七条规定条件的，人民法院应当在三日内立案，并在立案后三日内通知异议人和相关当事人。不符合受理条件的，裁定不予受理；立案后发现不符合受理条件的，裁定驳回申请。异议人对不予受理或者驳回申请裁定不服的，可以自裁定送达之日起十日内向上一级人民法院申请复议。上一级人民法院审查后认为符合受理条件的，应当裁定撤销原裁定，指令执行法院立案或者对执行异议进行审查。另，《最高人民法院关于适用〈中华人民共和国民事诉讼法〉执行程序若干问题的解释》第十五条规定，案外人对执行标的主张所有权或者有其他足以阻止执行标的转让、交付的实体权利的，可以依照民事诉讼法第二百零四条（已改为第二百二十七条）的规定，向执行法院提出异议。

综上，只要案外人对特定的执行标的主张有足以排除执行的实体权利，则人民法院应予受理并进行审查，否则应驳回异议申请或者不予受理。题述判例中案外人主张对执行标的的所有权，并未针对作为执行依据的生效裁判，因此属于执行异议的审查范围。至于其异议主张是否成立，应由法院组成合议庭予以审查，并根据

《民事诉讼法》(以下简称《民诉法》)第二百二十七条的规定作出中止执行或者驳回异议的裁定。

(二)执行异议审查阶段

《执行异议和复议规定》第二十四条规定，对案外人提出的排除执行异议，人民法院应当审查下列内容:(一)案外人是否系权利人;(二)该权利的合法性与真实性;(三)该权利能否排除执行。

《执行异议和复议规定》第二十五条至第三十一条则对“足以排除执行的实体权利”的外延进行列举。主要包括:

1. 物权、股权及其他财产权利

对于物权、股权，根据法律规定的各自登记方式进行判断;无登记的，按其实际占有情况进行判断。其他财产和权利，有登记的，按照登记机构的登记判断;无登记的，按照合同等证明财产权属或者权利人的证据判断。

申请执行人对执行标的依法享有对抗案外人的担保物权等优先受偿权，人民法院对案外人提出的排除执行异议不予支持，但法律、司法解释另有规定的除外。

2. 在先法律文书所确认的权利

该法律文书系就案外人与被执行人之间的权属纠纷以及租赁、借用、保管等不以转移财产权属为目的的合同纠纷，判决、裁决执行标的归属于案外人或者向其返还执行标的的，人民法院应予支持。

另外，如果该法律文书系案外人受让执行标的的拍卖、变卖成交裁定或者以物抵债裁定，人民法院应予支持。

3. 善意买受人的物权期待权

《执行异议复议规定》第二十八条至第三十条作了相应规定，对此前文已引用，此处不予赘述。

4. 善意承租人的承租权

在法院查封前已签书面租赁合同并实际占有使用该不动产的承租人，在租赁期内请求阻止移交被执行标的的，人民法院应予支持。但如能证明承租人系与被执行人恶意串通，阻止移交占有的，人民法院不应支持其异议请求。

经过以上审查之后，人民法院应根据《民诉法》第二百二十七条、《最高人民法院关于适用〈中华人民共和国民事诉讼法〉的解释》(以下简称《民诉法解释》)第四百六十五条的规定，作不同的处理:案外人对执行标的不享有足以排除强制执行的权益的，裁定驳回其异议;案外人对执行标的享有足以排除强制执行的权益的，裁定中止执行。

前文已述，案外人并未针对作为执行依据的生效裁判提出异议，而是主张对执行标的的所有权，因此属于执行异议的审查范围，法院应当予以受理；即使经过审查后，案外人的异议不能成立，人民法院应作出驳回异议的裁定。

三、从逻辑上讲，上述判例错误地将对优先受偿权的执行标的的异议等同于对生效裁判的异议

上述判例中如此论述："生效裁判确认申请执行人对执行标的有优先受偿权，案外人对该标的提出异议，实质是认为生效裁判有错误，应裁定不予支持。……能够阻却法院对房屋执行的事由，唯有关于优先权的判项被依法撤销。因此，案外人就该涉案房屋提出的异议，实质是对上述生效判决提出的异议。"

如果上述观点成立，换句话说，在生效裁判确认申请执行人对执行标的有优先受偿权的情况下，执行异议制度将被排除适用；如有异议，全部都需通过审判监督程序提出。这显然与《民诉法》《民诉法解释》以及《执行异议和复议规定》中逐步建立和完善的执行异议制度的立法初衷相背离。

【点评】

诚然，案外人执行异议制度，必定会影响执行的效率；而恶意的"案外人执行异议"以及"执行异议之诉"，更是对申请执行人的不公。但在"效率"之上，还有更高位阶的司法价值——"公正"。《民诉法解释》（如第三百一十五条第一款、第四百六十五条第二款）以及《执行异议和复议决定》也体现了同样的司法价值取向。优先受偿权当然应予以特殊保护，但如果为了防止案外人对于执行程序的恶意干扰，而排除适用案外人执行异议制度，实属因噎废食。

点评人：广东粤广律师事务所律师　解刚

关于陈某与江某、李某执行异议案的案例分析

何宇*

一、当事人及案由

（一）当事人

陈某、李某。

（二）案由

离婚财产纠纷。

二、案情简介

陈某与李某原系夫妻关系，因感情不和，双方于2014年8月12日协议离婚，约定婚内购买的坐落于佛山市顺德区龙江镇东华路××保利上城×栋2303房（以下简称2303房）归陈某所有，陈某向李某给付50万元补偿款。离婚后，陈某向李某分次给付补偿款，金额超过50万元；2303房由陈某及其子共同居住，房屋按揭款、水电费、物业管理费等费用均由陈某缴纳。陈某和李某一直并未办理2303房的权属变更登记手续，2303房仍然登记在陈某和李某名下，为双方共同共有。2017年，李某与江某发生借贷往来，后因民间借贷纠纷，江某将李某诉至法院，并申请法院查封了2303房。法院依据双方调解协议作出民事调解书，确认李某尚欠江某借款130万元及利息3万元。后因李某未能履行调解书义务，江某向法院申请执行。执行期间，案外人陈某对执行标的，即2303房，提出书面异议，请求法院停止对2303房的强制执行。在法院裁定停止执行诉争房产后，执行申请人江某向法院提起执行异议。

* 何宇，广东君厚律师事务所律师。

2017年10月12日，佛山市禅城区人民法院出具（2017）粤0604执异256号执行裁定书，认为异议人陈某请求停止对2303房执行的理由成立，裁定停止2303房的强制执行。2017年10月23日，江某不服前述执行裁定向禅城区人民法院提起执行异议之诉，请求确认2303房归李某所有，准许执行2303房。2017年11月28日，佛山市禅城区人民法院对江某诉陈某、李某执行异议之诉，作出（2017）粤0604民初15121号民事判决，驳回江某的诉讼请求。案件当事人收到法院判决书后，均未在上诉期内提起上诉，故目前执行异议之诉的一审判决已经生效。

三、争议焦点

江某提供的证据是否能够证明其享有足以排除李某申请强制执行陈某财产的民事权益?

四、各方意见

（一）执行异议

在执行异议中，异议人陈某诉称：异议人与李某于2014年8月12日协议离婚，双方签订离婚协议，约定将家庭财产折现后，女方分得50万元现金，在婚姻期间购买的2303房则归异议人所有，之后异议人向李某支付离婚款，截至2016年4月5日，异议人向李某支付的离婚款共计55.05万元。自双方离婚至今，2303房一直由异议人占有居住，该房的银行按揭贷款、物业水电费等费用也由异议人单独支付，异议人多次要求李某协助办理过户手续，均未果。综上，依据《最高人民法院关于人民法院办理执行异议和复议按揭若干问题的规定》第二十八条，请求法院停止对2303房的强制执行。被异议人江某辩称：异议人与李某签订的《离婚协议》只对其二人有法律效力，不能对抗第三人。而且现有证据无法证明异议人已按照《离婚协议》的约定金额支付离婚款，按照协议的约定诉争房屋归李某所有，该借款纠纷已经进入执行程序，在李某未按生效判决清偿债务，李某为房屋所有权人的情况下，原审法院可以在执行程序中查封、拍卖涉案房屋，并以拍卖房屋所得款项清偿李某的个人债务。退一步来说，假设异议人按照执行履行了付款义务，按照规定房屋应归异议人所有，异议人可以按照离婚协议向李某追偿损失。

经审理，法院查明，原告江某诉被告李某民间借贷纠纷一案，2017年6月2日，法院查封了李某名下2303房。2017年6月16日，本院出具民事调解书，被告李某承诺于 2017 年 6 月 30 日一次性向原告江某偿还 133 万元及案件受理费。调解书生效后，因被告未能履行法律文书确认的义务，原告向法院申请执行。另查明，2303 房登记在陈某和李某名下，该房屋于 2014 年 11 月 26 日设立了抵押，抵押权人为农行佛山祖庙支行。再查明，陈某与李某原为夫妻关系，双方于 2014 年 8 月 12 日协议离婚。根据离婚协议约定，由陈某补偿李某 50 万元后，涉案 2303 房归异议人陈某所有。2014 年、2015 年期间，陈某已将 50 万元补偿款支付给李某。李某与江某的债权债务发生于 2017 年 5 月 10 日，即李某与陈某离婚之后。

法院认为，本案债务发生在被执行人李某与异议人陈某离婚之后，为李某个人债务。该债务发生前，涉案的 2303 房已依据离婚协议约定分割给了陈某所有，而离婚协议是两人自愿达成，内容没有违反法律、行政法规的强制性规定，且已在婚姻登记机关登记备案，合法有效。离婚协议签订后，陈某已依照离婚协议约定向李某支付了财产分割补偿款，涉案房屋应归属异议人个人所有。只是因被执行人李某的原因，涉案房屋现登记在异议人与被执行人李某名下。由于本案债务及法院对 2303 房的查封均发生在李某离婚之后，现有证据不能证明陈某与李某之间存在恶意串通逃避债务的主观故意，异议人陈某对上述房屋享有权利足以排除对 2303 房的执行，异议人请求本院停止对 2303 房执行理由充分，本院予以支持。据此，依照《民事诉讼法》第一百五十四条第一款第十一项，第二百二十七条的规定，裁定停止对 2303 房的执行。

（二）执行异议之诉

在诉讼中，原告江某认为：第一，陈某与李某的离婚协议只是内部协议，效力不及于第三人，基于该协议停止 2303 房执行理由不足；第二，李某出具的总数为 44.4 万元的收据中，在 2015 年 2 月 20 日才付了 27 万元，有违离婚协议关于 2015 年春节前付清 50 万元离婚款的约定，陈某未按时付清离婚款，2303 房应归属李某所有。原告有权依据生效法律文书请求执行。第三，陈某和李某虽然协议离婚并办理了离婚证，但二人离婚后仍然居住在一起，李某大部分时间在照顾孩子，陈某处理生意。原告不知二人已经离婚。

陈某辩称：第一，陈某与李某解除婚姻关系及有关财产约定的意思表示真实，且发生在李某与江某借款之前，现有证据不能证明陈某与李某存在恶意串通逃避债务的主观故意。第二，陈某已经依据离婚协议付清全部款项，李某从未以陈某违约而主张 2303 房归其所有为由拒收款项，2303 房的银行按揭贷款、物业水电费等费用均由陈某单独支付，2303 房应归陈某所有。第三，陈某多次要求李某协助办理 2303 房过户手续，李某以各种理由推脱，陈某对 2303 房未能办理变更手续不存在过错。综上，陈某对2303房享有的请求权从成立时间、债的内容、性质及发生根源来看与江某的债权存在不同，具有排除执行的效力。

被告李某称：第一，本案不是物权确认纠纷，原告第一项诉讼请求没有事实和法律依据，且诉讼主体也不适格，应当予以驳回。第二，李某与陈某的离婚协议合法有效，2303房归陈某所有，只是因为李某的原因及银行按揭等问题，才未能将2303房办理至陈某个人名下。第三，李某与陈某已于2014年8月12日办理协议离婚并办理离婚登记手续，江某的债权产生于此后，为李某的个人债务，与陈某无关。

经审理，法院查明事实如下：江某与李某于2017年发生借贷往来，后因发生纠纷，江某将李某诉至本院，后本院依据双方调解协议于2017年6月16日作出民事调解书，确定李某对江某负有于2017年6月30日前付清欠款本息133万元的义务。该案审理过程中，本院依江某财产保全申请于2017年5月31日查封了2303房。后因李某未自觉履行义务，本院依江某申请立案强制执行。案件执行过程中，案外人陈某以对2303房享有实体权益提出异议，本院作出（2017）粤0604执异256号执行裁定书，裁定停止对2303房的执行。该执行裁定于2017年10月16日送达江某，因不服该裁定，江某在法定期限内提起本案诉讼。另查明，李某、陈某原为夫妻关系，二人于2014年8月12日协议离婚，离婚协议主要约定：孩子归陈某直接抚养，如陈某有损害子女身心健康行为的，2303房归李某所有；家庭财产折现后，李某分得50万元，该款陈某给付22万元之后，双方办理离婚手续并领取离婚证，2015年春节前陈某给付28万元，如不按时付清，2303房归李某所有；2303房归陈某所有，陈某按时付完剩余款项后，李某应在2015年5月底之前配合陈某办妥产权变更登记手续和贷款变更手续。同日，双方领取了离婚证，李某当天向陈某出具借贷，确认收到22万元，并于2014年12月8日、2015年2月24日、2015年3月13日、2015年7月6日向陈某出具收条，分别确认收到5万元、4万元、9万元、4.4万元。离婚后，陈某不定期从其名下账户转账不等金额至李某名下账户。李某确认陈某已支付完毕离婚补偿款。涉案2303房的水电费、物业管理费、银行按揭款均由陈某名下账户支付。再查明，2303房于2014年11月26日登记为李某、陈某二人共同共有，设立抵押登记，登记抵押权人为中国农业银行佛山祖庙支行。

五、裁判理由

法院认为，依照《最高人民法院关于适用〈中华人民共和国民事诉讼法〉的解释》第三百一十一条之规定，案外人应当就其对执行标的享有足以排除强制执行的民事权益承担举证证明责任。虽 2303 房仍登记为陈某与李某的共同共有房产，但陈某与李某已登记离婚。案件经审理，法院认为陈某基于离婚协议对李某享有关于 2303 房变更登记的请求权，具有排除执行效力，理由如下：

首先，陈某的请求权成立时间早于江某的债权，江某与李某发生借贷往来的时间是 2017 年，而陈某基于离婚协议对李某享有的 2303 房变更登记请求权在 2014 年产生，成立在后的江某债权不具有优先性。

其次，陈某的请求权系针对 2303 房变更登记，而江某的债权为金钱债权，并未指向特定的财产，江某不为物权法所规定的善意第三人。

再次，江某对李某的金钱债权系发生于陈某与李某的婚姻关系解除后，本案并无证据证实陈某与李某存在恶意串通逃避债务的情形，且江某亦无证据证实陈某与李某有共同举债的合意，故李某对江某所涉债务为其个人债务。江某债权发生之时，2303 房实质上已因陈某与李某之间的约定而不再成为李某的责任财产，即便不予执行 2303 房亦非对江某债权构成侵害。

最后，依据离婚协议所载，陈某与李某离婚时将 2303 房分割予陈某，系为保障陈某及婚生子共同生活居住所需，在伦理上较江某金钱债权具有一定的优先性。

对于陈某与李某在离婚协议中关于离婚补偿款支付时间的约定，虽证据显示陈某未依照离婚协议约定在 2015 年春节前支付余款，但离婚协议所约定李某相应请求权系带有人身属性的民事权利，且李某在案件中已确认陈某已付清离婚补偿款且对 2303 房归陈某所有并无异议。同时，申请执行人在执行异议之诉中，仅就是否对执行标的继续执行有诉讼权益，只能提出对执行标的继续执行的诉讼请求，对申请执行人提出的确权等其他诉讼请求，不为申请执行人异议之诉的审查范围。综上所述，依照《民事诉讼法》第二百二十七条，《最高人民法院关于适用〈中华人民共和国民事诉讼法〉的解释》第九十条、第三百一十一条、第三百一十三条第二项的规定，判决驳回原告江某的诉讼请求。

六、案例评析

本案核心案情有二：一是案外人与被执行人在执行债权发生之前以及诉争房产查封之前已经离婚；二是离婚协议虽约定诉争房产归案外人所有，但是未办理执行标的的权属变更登记手续，诉争房产仍然在被执行人名下。由前述核心案情引申出案件的核心争议是，就执行标的而言，案外人与执行申请人之间的权利孰先孰后，这是判断案外人权利能否排除执行的关键。对此，《最高人民法院关于人民法院办理执行异议和复议案件若干问题的规定》没有明文规定，这就需要从法理上界定权利的优先性。

首先是判断案外人是否存在恶意串通逃避债务的可能。法院也是首先审查执行异议人与被执行人是否存在恶意串通逃避债务的主观故意，因执行申请人的债权以及诉争房产的查封均远远晚于执行异议人与被执行人离婚的时间，且执行申请人没有证据证明异议人于被执行人存在共同举债的情形，法院认定执行异议人与被执行人不存在恶意串通逃避债务的情形。

在排除了恶意串通逃避债务情形后，需要进一步讨论的问题是，执行异议人享有何种权利，这种权利是否优先于执行申请人的债权，从而足以阻却对讼争房产的执行。

案外人对诉争房产所享有的是何种实体权利，是物权还是（物权或债权）请求权。由于诉讼房产还登记在被执行人名下，案外人未办理权属变更登记手续，然而根据《物权法》的相关规定，只有办理了房产权属登记才能成为房产权属人[①]，故案外人对诉争房产不享有所有权（物权），而是享有将讼争房产的所有权变更登记至其名下的请求权。案外人享有将讼争房产的所有权变更登记至其名下的请求权与执行申请人对诉争房产处置清偿债务的请求权，何者请求权享有优先性呢?

对此，最高人民法院刊登的公报案例《钟永玉与王光、林荣达案外人执行异议纠纷案》[②] 中明确指出基于执行异议人与执行申请人各自债权产生的时间、内容、性质以及根源等方面来看，诉争房产办理过户登记之前，案外人享有的将讼争房产的所有权变更登记至其名下的请求权应当能够阻却对本案讼争房产的执行，具体而言：

第一，从成立时间上看，执行异议人的请求权要远远早于执行人与被执行人所形成的金钱债权。债权的成立时间尽管并不影响债权的平等性，但是在若干情形下对于该债权能否继续履行以及继续履行的顺序产生影响。例如，《最高人民法院关于审理买卖合同纠纷案件适用法律问题的解释》第十条针对出卖人就特殊动产订立多重买卖合同的继续履行问题明确规定，在均未受领交付且未办理所有权转移登记手续的情况下，依法成立在先合同的买受人的继续履行请求权就优先于其他买受人。以此类推，在本案情形，至少不能得出执行申请人成立在后的债权具有优先于执行异议人成立在前的债权的结论。

第二，从内容上看，执行异议人的请求权系针对诉争房屋的请求权，而执行人

---

① 《民法典》第二百一十七条：不动产权属证书是权利人享有该不动产物权的证明。不动产权属证书记载的事项，应当与不动产登记簿一致；记载不一致的，除有证据证明不动产登记簿确有错误外，以不动产登记簿为准。

② （2015）民一终字第150号。

的债权为金钱债权，并未指向特定的财产，诉争房屋只是作为被执行人的责任财产成为债权的一般担保。参考《最高人民法院关于审理买卖合同纠纷案件适用法律问题的解释》第十条规定的精神可知，执行异议人要求将讼争房产的所有权变更登记至其名下的请求权，也应当优于执行申请人的金钱债权。

第三，从性质上看，执行人与被执行人之间的金钱债权，系执行异议人与被执行人的婚姻关系解除后发生的，属于被执行人的个人债务。在该债权债务发生之时，诉争房屋实质上已经因执行异议人与被执行人之间的约定而不再成为被执行人的责任财产。因此，在执行申请人与被执行人交易时以及最终形成金钱债权的过程中，诉争房产都未影响到被执行人的责任财产。在此意义上，执行异议人的请求权即使排除执行申请人债权的执行，也并未对被执行人债权的实现形成不利影响。

第四，从发生的根源上看，讼争房产系执行异议人与被执行人婚姻关系存续期间产生的夫妻共同财产，在双方婚姻关系解除之时约定讼争房产归执行异议人及其所生子女所有。

第五，从功能上看，该房产具有为执行异议人及其所生子女提供生活保障的功能。与执行申请人的金钱债权相比，执行异议人及其子女享有的请求权在伦理上具有一定的优先性。

最高院的公报案例是从不同请求权的区别来分析请求权之间的优先性，而且在法律没有直接规定的情况下，类推适用相似法律法规，这一分析方法不仅直接指导了本案的法律分析，而且对我们日后法律适用也提出了有益参考和借鉴。

【点评】

在诉讼过程中，本律师参考最高院前述公报案例的观点，积极准备代理意见，据理力争，与法院进行积极沟通交流，最后法院在执行阶段即采纳了本律师的意见，支持了异议人的执行异议，这在执行阶段实为少见。在执行异议之诉中，一审法院经审理驳回了执行申请人的起诉，执行申请人未提起上诉，该案已生效。

从这个案件的办理过程中，笔者也得到诸多启示：对于法律、司法解释没有明文规定的情形，需要从法理上来论述，一方面考验代理律师的专业技术，另一方面在目前的司法实践中，上级法院通过案例演绎的裁判规则极为重要。因此，在案件代理中，应注重裁判规则的整理归纳工作，通过检索最高院的指导案例、公报案例或者其他权威法院的司法判例，制作案例检索报告，整理出有法理依据的普遍裁判规则，应成为诉讼律师的普遍技能。

点评人：广东粤广律师事务所律师　解刚

夫妻一方担保债务能否作为夫妻共同债务执行异议之诉

肖潇* 张永峰**

一、当事人、代理人及案由

(一) 当事人、代理人

申请执行人：A 银行、D 公司。

被执行人：B 公司、C 公司、郭某、余某。

异议人：余某。

案外人：E 公司。

代理人：异议之诉复议及申诉阶段：肖潇，上海市方达（广州）律师事务所律师；恢复执行异议及申诉阶段：张永峰，广东法制盛邦律师事务所律师。

(二) 案由

借款合同执行纠纷。

二、案情简介

2002 年 6 月 8 日，A 银行与 B 公司签订了编号为某总营贷字 2002060012 的《贷款合同》，约定：A 银行某营业部贷款 1500 万元给 B 公司，期限九个月，利率为年息 5.841%，该贷款用于同一笔贷款的第三次借新还旧，为此，郭某与 A 银行签订了《贷款保证担保合同》，约定：郭某为 B 公司借款人民币 1500 万元本金、利息、罚息提供连带责任担保。郭某在出具给 A 银行某营业部的《个人保证担保声

* 肖潇，上海市方达（广州）律师事务所律师。

** 张永峰，广东法制盛邦律师事务所律师。

明书》上，确认以其持有 C 公司 60% 的股权作为担保，但各方并未就此签订担保合同，亦未办理股权质押登记。2005 年 9 月 5 日，××法院作出（2005）深中法民二初字第 73 号民事判决，判决郭某对 B 公司债务 1500 万元及相应利息向 A 银行承担连带清偿责任。A 银行根据该生效判决，向××法院申请强制执行，案号为（2006）深中法执字第 501 号。之后，××法院将本案指定××法院执行，执行案号为（2008）汕市区法执字第 448 号。2008 年 6 月 27 日，××法院作出（2008）汕市区法执字第 448 号民事裁定书，裁定变更 D 公司为本案申请执行人。2010 年 6 月 21 日，××法院以（2010）粤高法执指字第 9995 号《指定执行决定书》将本案重新指定回××法院执行。××法院于 2010 年 10 月 29 日再次受理，执行案号为（2011）深中法执字第 193 号。其间，申请执行人 D 公司申请追加余某为本案被执行人。××法院另行组成合议庭进行审查，于 2011 年 8 月 4 日作出（2011）深中法执追字第 18 号民事裁定书，裁定追加余某为被执行人。余某不服，向××法院提出异议，××法院于 2013 年 8 月 15 日作出（2012）深中法商初字第 9 号民事裁定书，裁定驳回余某的异议请求。余某不服，于 2014 年 1 月向××法院申请复议。2014 年 4 月 28 日，××法院经审判委员会讨论后作出（2014）粤高法民二执复字第 3 号执行裁定书，裁定驳回余某的复议申请，维持××法院（2012）深中法商初字第 9 号民事裁定。余某不服，向××法院申诉，××法院于 2014 年 12 月 17 日作出（2014）执申字第 245 号《驳回申诉通知书》，通知驳回余某的申诉。2017 年 5 月 31 日，××法院恢复强制执行，执行案号为（2017）粤 03 执恢第 141 号。现本案尚处于强制执行阶段。

另外，2008 年，案外人 E 公司在××法院起诉 D 公司等债权转让合同纠纷，该院于 2008 年 8 月 22 日作出（2008）月民二字第 482 号民事调解，由 D 公司对应支付给 E 公司的 200 万元承担连带责任。之后，该院作出（2008）月执字第 193 号执行裁定，认定郭某对 B 公司所欠 D 公司借款所承担的责任，因该笔债权已经转让给了 E 公司，裁定追加余某作为该案的被执行人。余某不服提出异议，该院作出（2008）月执字第 193－4 号执行裁定，认定郭某为 B 公司借款担保所产生的债务系个人债务，并非夫妻共同债务，故撤销了追加余某作为被执行人的（2008）月执字第 193 号执行裁定。后因 E 公司向该院出具承诺书，自愿免除 D 公司的连带清偿责任，该院于 2010 年 9 月 6 日作出（2008）月执字第 202－5 号民事裁定，终结（2008）月民二字第 482 号民事调解书中确定的 D 公司承担债务的执行。

三、争议焦点

1. 夫妻一方对外担保债务是否当然属于夫妻共同债务？
2. 担保责任范围。

四、各方意见

（一）（2005）深中法民二初字第73号案

因B公司未能支付到期债务，双方对主合同的债权债务关系并无异议。对于担保责任范围，郭某认为应限于C公司60%的股权。理由是其出具给A银行的《个人保证担保声明书》上，已明确告知是以其持有C公司60%的股权作为担保，《个人保证担保声明书》作为双方合同文件不可缺少的一部分，已对担保责任范围作出明确约定，且A银行对此并无异议，已安排贷款。

而A银行则认为，根据郭某和A银行签署的《贷款保证担保合同》，郭某系以个人财产为主债权提供担保，其《个人保证担保声明书》系单方意思表示，与《贷款保证担保合同》约定内容不符，且未经A银行同意，故不属于合同约定范畴。根据《最高人民法院关于贯彻执行〈民法通则〉若干问题的意见（试行）》第66条的规定，不作为的默示只有在法律有规定或者当事人双方有约定的情况下，才可以视为意思表示，因此，A银行对郭某《个人保证担保声明书》未作意思表示，不构成默示。

××法院经审查后认为，虽然郭某在出具给A银行的《个人保证担保声明书》上确认以其持有C公司60%的股权作为担保，但双方并未就此签订担保合同，亦未办理质押登记，故担保责任范围应根据郭某和A银行签署的《贷款保证担保合同》来确定，遂判决郭某对B公司债务1500万元及相应利息向A银行承担连带清偿责任。

（二）（2012）深中法商初字第9号案

因（2011）深中法执追字第18号民事裁定书裁定追加余某为被执行人，余某不服，遂首次提出异议。其异议的主要理由有：1. 本案所涉担保债务是郭某的个人债务，并非用于家庭生活，不属于夫妻共同债务；2. 郭某约定的担保责任范围应限于其持有C公司60%的股权；3. ××法院作出的（2008）月执字第193－4号执行裁定已认定郭某债务为个人债务。

此前，D 公司已通过××法院（2008）汕市区法执字第 448 号民事裁定成为本案申请执行人。D 公司认为：根据郭某和 A 银行签署的《贷款保证担保合同》，郭某系以个人财产为主债权提供担保，而非余某所称的仅以特定股权作为担保。××法院的判决不能作为本案的依据，且该判决已因案外人 E 公司放弃对 D 公司的债权而终止了执行。郭某担任 B 公司和 C 公司股东和管理人员的收益用于家庭生活，夫妻关系存续期间的债务也应由夫妻两人共同承担。因该笔借款担保发生在郭某与余某婚姻关系存续期间，根据《最高人民法院关于适用〈中华人民共和国婚姻法〉若干问题的解释（二）》（以下简称《婚姻法司法解释二》）第二十四条第一款"债权人就婚姻关系存续期间夫妻一方以个人名义所负债务主张权利的，应当按夫妻共同债务处理。但夫妻一方能够证明债权人与债务人明确约定为个人债务，或者能够证明属于《婚姻法》第十九条第三款规定情形的除外"以及第二十五条第一款"当事人的离婚协议或者人民法院的判决书、裁定书、调解书已经对夫妻财产分割问题作出处理的，债权人仍有权就夫妻共同债务向男女双方主张权利"的规定，现余某不能证明本案债务已约定为个人债务，也不能证明本案债务属于婚姻法第十九条第三款规定的除外情形，因此，应按照夫妻共同债务处理。

××法院经审查后认为，《贷款保证担保合同》已约定郭某为 B 公司借款 1500 万元本金、利息、罚息提供连带责任担保，遂依据上述约定，作出（2005）深中法民二初字第 73 号民事判决，认定被执行人郭某对 B 公司债务 1500 万元及相应利息承担连带清偿责任。因该笔借款担保发生在郭某与余某婚姻关系存续期间，郭某在夫妻关系存续期间所负债务应当按照夫妻共同债务处理，故裁定追加余某为本案被执行人并无不妥。余某关于本案所涉担保债务为郭某个人债务，缺乏事实依据，不予采信。××法院作出的（2008）月执字第 193－4 号执行裁定认定的郭某债务为个人债务，并不影响本院根据事实依法作出结论。综上所述，异议人余某提出的异议理由不成立，不予支持。依据 2008 年《最高人民法院关于民事诉讼证据的若干规定》第九条第一款第四项和第二款、《中华人民共和国民事诉讼法》第二百二十五条之规定，裁定如下：驳回异议人余某提出的异议请求。

（三）（2014）粤高法民二执复字第 3 号案

余某不服上述裁定，向××法院申诉，主要理由有：1.（2005）深中法民二初字第 73 号民事判决是错误判决，不应作为执行依据；2. 郭某仅以特定股权提供担保，并非以个人财产提供担保；3. 关于涉案债务是否为夫妻共同债务，××法院已作出裁定，认定为个人债务。

D 公司答辩理由基本同前。

××法院经审查后认为：根据申请人余某提出复议的请求和理由，本案争议的焦点是应否追加余某为（2006）深中法执字第501号执行案的被执行人。郭某以个人名义为B公司提供担保的事实发生于其与余某婚姻关系存续期间，余某未能举证证明郭某在提供担保时与债权人A银行明确约定该担保债务为郭某个人债务，也没有提供证据证明其与郭某约定婚姻关系存续期间所得财产归各自所有且A银行知道该约定。因此，本案不属于法律规定的夫妻共同债务的例外情形，故本案债务应认定为郭某和余某的夫妻共同债务，××法院裁定追加余某为被执行人，并无不当，应予维持。余某提出异议认为涉案债务为郭某个人债务，证据不足，不应支持。××法院（2008）月执字第193－4号执行裁定，不影响本院在查明相关事实后作出认定。至于余某对郭某担保责任范围提出的异议，不属本案审理范围。因此，××法院裁定驳回余某的异议请求，处理正确。依照《民事诉讼法》第二百二十五条、第一百五十四条第一款第十一项之规定，经本院审判委员会讨论决定，裁定如下：驳回余某的复议申请，维持××法院（2012）深中法商初字第9号民事裁定。

（四）（2014）执申字第245号案

余某不服××法院裁定，向××法院申诉，双方对事实和理由均无补充，××法院以（2014）执申字第245号《驳回申诉通知书》，通知余某其申诉请求不能成立，予以驳回。

（五）（2017）粤03执恢第141号

申请执行人D公司以被执行人余某不履行生效裁定为由向××法院申请恢复强制执行，××法院已裁定恢复强制执行。

五、执行现状

登记在余某名下的多处房产现已进入司法拍卖程序。余某不服，向××检察院申请民事监督，××法院遂中止执行。

六、案例评析

通说认为，夫妻一方因日常事务对外实施的民事行为可视为夫妻共同意思表示，并共同对外承担责任。与此相对应，如果夫妻一方行为明显超出日常事务范畴，在没有得到配偶一方同意的情况下，不宜当然认定为夫妻共同债务。该理论既有利于维护交易安全，又有利于提高民事行为效率，是认定夫妻共同债务的基础理论之一。但法律需平衡利益冲突，如何公平、合理、有据地平衡债权人与非举债配偶一方之间的利益冲突，是司法实践中的难点，目前来看，尚难以做到“一锤定音”。主要表现在以下几个方面：

（一）法律规定

《婚姻法司法解释二》第二十四条第一款规定：“债权人就婚姻关系存续期间夫妻一方以个人名义所负债务主张权利的，应当按夫妻共同债务处理。但夫妻一方能够证明债权人与债务人明确约定为个人债务，或者能够证明属于婚姻法第十九条第三款规定情形的除外。”

《中华人民共和国婚姻法》（以下简称《婚姻法》）第十九条第三款规定：“夫妻对婚姻关系存续期间所得的财产约定归各自所有的，夫或妻一方对外所负的债务，第三人知道该约定的，以夫或妻一方所有的财产清偿。”

根据以上规定，夫妻一方在婚姻关系存续期间所负担债务，原则上均为共同债务。这样的规定有助于防止举债一方恶意逃避债务，进一步保护债权人的合法权益。但《婚姻法司法解释二》出台于2003年，随着经济发展，夫妻关系及共同利益日益复杂，前述法律规定已不足以全面、客观、公平地平衡债权人和非举债配偶一方的利益冲突，为此，《婚姻法》第四十一条规定的“离婚时，原为夫妻共同生活所负的债务，应当共同偿还”已日益引起重视，该规定为夫妻共同债务的认定设立了“为共同生活”的目的性要件。

《最高人民法院关于依法制裁规避执行行为的若干意见》第二十条规定：“依法变更追加被执行主体或者告知申请执行人另行起诉。有充分证据证明被执行人通过离婚析产、不依法清算、改制重组、关联交易、财产混同等方式恶意转移财产规避执行的，执行法院可以通过依法变更追加被执行人或者告知申请执行人通过诉讼程序追回被转移的财产。”从该规定来看，若符合法定条件，人民法院可以依法变更、追加被执行人，但对于究竟依据何法及如何依法则未提出相应的法律依据。而《最高人民法院关于民事执行中变更、追加当事人若干问题的规定》对如何追加非举债的配偶一方为被执行人没有规定，《最高人民法院关于依法妥善审理涉及夫妻债务案件有关问题的通知》第二条“保障未具名举债夫妻一方的诉讼权利”中明确规定“未经审判程序，不得要求未举债的夫妻一方承担民事责任”。据此来看，追加未举债的夫妻一方为被执行人应通过审判程序进行判决，而不宜在执行程序中直接裁定追加。

（二）最高院的指导性意见

《2015年全国民事审判工作会议纪要》中关于夫妻共同债务认定的问题主张按

两种情形分别处理：1. 在不涉及他人的离婚案件中，由以个人名义举债的配偶一方负责举证证明所借债务用于夫妻共同生活，如证据不足，则其配偶一方不承担偿还责任；2. 在债权人以夫妻一方为被告起诉的债务纠纷案件中，对于案涉债务是否属于夫妻共同债务，应当按照《最高人民法院关于适用〈中华人民共和国婚姻法〉若干问题解释（二）》第二十四条规定认定，如果举债人的配偶举证证明所借债务并非用于夫妻共同生活，则其不承担偿还责任。

《最高人民法院民一庭关于婚姻关系存续期间夫妻一方以个人名义所负债务性质如何认定的答复》指出：在不涉及他人的离婚案件中，由以个人名义举债的配偶一方负责举证证明所借债务用于夫妻共同生活，如证据不足，则其配偶一方不承担偿还责任。在债权人以夫妻一方为被告起诉的债务纠纷中，对于案涉债务是否属于夫妻共同债务，应当按照《最高人民法院关于适用〈中华人民共和国婚姻法〉若干问题的解释（二）》第二十四条规定认定。如果举债人的配偶举证证明所借债务并非用于夫妻共同生活，则其不承担偿还责任。

从指导性意见来看，夫妻一方对外担保所形成债务，应采取内外二分法来确定是否属于夫妻共同债务，即 1. 在夫妻离婚案件中，由对外举债的一方负责证明该担保债务系为共同生活所负担，举证不能的，应认定为该方个人债务，以保护非举债方的利益，防止恶意增设债务；2. 如果债权人按夫妻共同债务主张权利，非举债配偶一方负责证明该债务非为夫妻共同生活所负担，举证不能的，应认定为夫妻共同债务，以保护债权人的利益，防止恶意逃避债务。这与《婚姻法》及《婚姻法司法解释二》一脉相承。

前期网络上流传一份复函，即“《最高人民法院民一庭关于夫妻一方对外担保之债能否认定为夫妻共同债务的复函》”，其内容为“福建省高级人民法院：你院（2014）闽民申字第 1715 号《关于再审申请人宋某、叶某与被申请人叶某某及一审被告陈某、李某民间借贷纠纷一案的请示》收悉。经研究答复如下：同意你院审判委员会多数意见，即夫妻一方对外担保之债不应当适用《最高人民法院关于适用〈中华人民共和国婚姻法〉若干问题的解释（二）》第二十四条的规定认定为夫妻共同债务。”该复函似乎对担保债务的性质作出了明确的认定。但是，该复函仅偶见于“中国法院网”的案件评析栏目中，尚未发现刊载在最高法院的网站、公报或文件中，各主流媒体也未见报道，至今也未见权力机关出面否认，其真实性及指导意义存疑。

但不难看出，对于如何证明及由谁证明夫妻一方所负担保之债用于夫妻共同生活，现行法律法规及规范性文件尚缺乏明确的指引，这在司法实践中产生了诸多争议。

（三）最高院判例分析

最高人民法院在（2011）民申字第928号案中认为，虽然石某没有证据证明其与××支行之间约定了担保之债为个人债务，亦没有证据证明存在《婚姻法》第十九条第三款规定的情形，但夫妻一方非因家庭生活的重大举债行为仍不应认定为夫妻共同债务。石某虽然为其关联公司提供担保并因此负债，但该债务是为相关公司的经营活动而设定，并非因家庭共同生活所负。因此，××支行关于石某所负之债应为夫妻共同债务的主张缺乏事实和法律依据，不予支持。遂裁定驳回××支行的再审申请。从该判例来看，《婚姻法司法解释二》第二十四条的适用并不绝对，即便债务形成于夫妻关系存在期间，但也必须限缩在"家庭生活"的范围之内，才可认定为共同债务。而夫妻一方为经营关联公司重大举债，则不属于因家庭共同生活所负之情形。

而在（2014）执监字第106号案中，最高院认为：夫妻一方为被执行人的案件，债务发生在夫妻关系存续期间，但执行依据未明确债务为夫妻双方共同债务还是一方个人债务的，目前法律和司法解释并未明确规定可以在执行程序中直接审查认定该债务属于夫妻共同债务，并进而对执行依据确定的债务人的配偶财产予以执行。实践中，对属于共同债务的事实比较清楚，证据比较确凿，配偶另一方争议不大的，为及时有效保护债权人权益，避免程序过于复杂，有在执行程序中直接推定为夫妻共同债务，并执行夫妻共同财产、配偶的个人财产的做法。但对于事实比较复杂，配偶另一方争议较大，难以对债务性质作出简单推定的，应通过审判程序审查确定。这类案件中执行法院对配偶所提异议进行审查并作出裁定的，鉴于仅通过执行异议、复议程序进行审查，对异议人的程序权利保障不够充分，故以不通过复议程序对是否属于夫妻共同债务作出最终判断为宜，而应当参照《民事诉讼法》第二百二十七条的规定，由配偶另一方提起诉讼进行救济。遂依据《民事诉讼法》第一百七十条第一款第二项、《最高人民法院关于人民法院执行工作若干问题的规定（试行）》第一百二十九条之规定，裁定如下：撤销××法院（2012）云高执复字第17号执行裁定。李某对××法院（2010）昆民执字第145-3号执行裁定不服，可以参照《民事诉讼法》第二百二十七条的规定，向人民法院提起诉讼。从该案的分析意见来看，对于实体争议，倾向于通过审判程序来审查，而不宜仅通过执行异议、复议程序进行认定，以充分保障异议人的合法权利。该案件的审判思维，在2015年5月5日起施行的《最高人民法院关于人民法院办理执行异议和复议案件若干问题的规定》中已得到体现。

在（2015）民申字第1892号案中，最高人民法院详细阐述了乔某知晓并认可了其配偶裴某对外提供担保的事实，然后才根据《婚姻法司法解释二》第二十四条的规定，认定裴某的担保债务应属于裴某与乔某的夫妻共同债务，其本意应在于强调非举债配偶的知情同意是认定夫妻共同债务的基础之一，否则没有必要详细阐述乔某知晓并认可配偶裴某对外提供担保的事实。

而在（2015）民申字第368号案中，最高院一方面认为在案涉两保证人的配偶何某、李某并未提出再审申请的情况下，申请人施某和某公司无权就何某、李某是否应承担连带责任提出再审申请，另一方面直接根据《婚姻法司法解释二》第二十四条的规定，判令两保证人配偶就案涉主债务承担连带清偿责任。

最高人民法院在（2015）民申字第752号裁定书中有如下论述："谢某是某公司大股东及法定代表人，在没有相反证据证明的情况下，应推定某公司盈利用于夫妻共同生活。也就是说，某公司经营状况直接影响大股东谢某个人获利的多少，也会与谢某与王某婚姻关系存续期间夫妻共同财产的多少有直接关系，谢某为某公司提供担保是为了公司的经营，也是为了个人利益。从这个角度讲，将谢某因担保涉案借款形成的个人债务，认定为夫妻共同债务是合理的。"可见，在该案中，最高人民法院更加鲜明地表明了态度，即担保债务虽然发生在夫妻关系存续期间，但要"为夫妻共同生活"，而股东为公司担保，获得的利益可以合理地推定为用于夫妻共同生活。

七、实务经验

人民法院审查夫妻一方的担保之债是否属于夫妻共同债务的思路包括：担保债务是否发生在婚姻关系存续期间、担保债务是否约定为个人债务、债权人是否知道担保人已约定夫妻关系存续期间财产归各自所有、未担保一方是否知情并同意担保、担保债务是否因家庭共同生活所负。其中的难点在于如何认定担保债务因家庭共同生活所负，而判断担保债务是否用于共同生产经营活动则更是难上加难，各地各级法院判决也不尽相同，实务中应注意收集担保贷款流向、担保人与被担保主体之间利益关联程度、非担保配偶一方工作性质、收入状况及既往共同参与生产经营活动的情况等方面的证据，在执行异议、异议之诉、申诉及民事监督等程序中依法维权。

【点评】

夫妻一方对外担保之债，在符合《婚姻法司法解释二》第二十四条规定的基础上，还应满足"非举债一方同意"或"因家庭共同生活所负"两者之一，才构成夫妻共同债务。由于目前相关法律规定尚不够明细，对于如何认定债务“为夫妻共同生活所负”，只能根据个案的具体情况来定。对于争议较大的执行案，不宜仅通过执行异议及复议程序认定夫妻一方担保之债是否属于夫妻共同债务，不宜通过执行程序直接追加未举债一方为被执行人，而宜通过异议之诉程序进行实体审查，争取合法合理平衡债权人、举债方、非举债配偶方三个主体之间的利益冲突。由于证明夫妻一方对外大额举债（尤其是担保之债）是否用于夫妻共同生活存在较大困难，举债一方及债权人一方应及时取得非举债配偶一方的知情同意，以避免不必要的纷争。

点评人：北京市炜衡（广州）律师事务所律师　张泽吾

（四）执行行为异议

财产保全异议中案外人实体权利及程序的确定

马钊雄*

一、当事人、代理人及案由

（一）当事人、代理人

申请执行人：张某。

被执行人：陈某、胡某、黄某。

黄某代理人：郦莉，广东瀛杜律师事务所律师。

（二）案由

查封异议、查封异议之诉。

二、案情简介及诉讼策略

（一）案情简介

陈某与张某签订借款协议，陈某向张某借款300万元，胡某就陈某向张某的该笔借款提供连带清偿责任的保证，并将其名下的未上市股份有限公司股票向张某提供质押，但并未办理质押登记，亦未记载于公司股东名册。陈某逾期未向张某还款，张某提起诉讼要求陈某归还到期借款本金、利息、违约金及实现债权费用，并要求胡某就上述逾期借款承担连带清偿责任。张某提起诉讼时，胡某已死亡。张某

* 马钊雄，广东瀛杜律师事务所实习律师。

以陈某和胡某之妻黄某为共同被告，主张权利，提出上述诉请。张某申请了财产保全，查封了胡某名下未上市公司的股票。

（二）诉讼策略

在本案具体处理中，对于债务承担的范围十分重要，张某以黄某为胡某之妻为由将其列为共同被告，目的就是希望将胡某和黄某的共同财产作为本案的担保财产进行处置，扩大其通过质押物实现债权的财产范围。针对张某的诉讼主张及财产保全行为，我们认为本案应该首先对债务性质进行确定，即担保之债是属于胡某的个人债务还是胡某与黄某的共同债务。债务性质的确定，直接影响了本案后续债务人清偿债务的财产范围，以及决定了后续对于涉案财产是否属于夫妻共同财产的实际意义。有鉴于此，在诉讼策略中，将债务定性为胡某的个人债务至关重要。在一审、二审中，依据《婚姻法》的相关规定，对涉案股票的性质进行了事实和法理上的认定，确定了胡某对张某的债务属于个人债务，不属于胡某和黄某的夫妻共同债务。把用于清偿连带责任的财产范围仅仅确定在胡某的个人财产，即其遗产范围之内。重点是由黄某提出对债权人张某诉讼保全查封行为的异议。然后通过查封异议之诉来确定黄某作为胡某之妻，享有胡某名下的夫妻共同财产中一半股票份额所有权。这个查封异议之诉为确认之诉，确认了黄某对争议财产标的的所有权，进一步为黄某提出涉案股票的查封异议提供了实体权利基础。

三、争议焦点

1. 胡某为陈某提供的保证债务是否属于夫妻共同债务？
2. 登记在胡某名下的股票是否属于夫妻共同财产，应否确定为执行财产？

四、各方意见

（一）黄某的意见

1. 执行程序方面

张某为了尽可能地主张自己的债权，扩大了质押物的范围，将胡某向其提供担保承担的个人债务认定为胡某和黄某的夫妻共同之债，对登记在胡某名下的涉案股票查封，而实际上该保全财产的一半属于黄某所有，不应该成为胡某向其提供担保的财产。胡某的担保行为，明显属于个人债务，胡某及其妻子黄某都没有从中受益，而且黄某对于胡某的对外担保情况并不知情。张某的保全行为严重侵害了黄某的合法权益，将胡某与黄某夫妻共同财产中黄某的份额在没有任何事实和法律依据的情况下，进行了查封。张某提起的诉讼及保全行为导致了本该属于黄某的股权无法通过正常程序变更登记到其名下，黄某的合法权益受到了严重损害。

2. 实体权利方面

《婚姻法》第十七条规定："夫妻在婚姻关系存续期间所得的下列财产，归夫妻共同所有：（一）工资、奖金；（二）生产、经营的收益；（三）知识产权的收益；（四）继承或赠与所得的财产，但本法第十八条第三项规定的除外；（五）其他应当归共同所有的财产。夫妻对共同所有的财产，有平等的处理权。"① 胡某名下的涉案股票是其在夫妻关系存续期间，工作收入的一部分，属于上述规定的"工资、奖金"的范畴，当然属于胡某与黄某的夫妻共同财产，黄某作为夫妻一方当然享有该股权一半的份额。因此即使胡某基于陈某债务向张某提供了担保，对该案件承担连带保证责任，其遗产也应由原告先继承分配再予以执行，并在被申请人财产范围内提出执行申请。现张某对于可供执行的质押物财产并未作为法律和事实上的分割，无故申请查封了原告所享有的股权份额，缺乏法律依据。

（二）张某的意见

1. 执行程序方面

张某认为，本案的实质是诉讼保全，而并非已经进入执行程序，因此不适用执行异议程序。本案诉讼保全基于一宗民间借贷诉讼，诉讼尚未终结，更未进入执行程序。实体权利尚未明确，如果经诉讼审判，依法确定担保责任不存在，则本案将进入复杂的遗产分割和债务清偿当中。关于本案基于民间借贷的担保责任以及质押财产的确定都需要诉讼审判程序作出实体判决。有关问题应当待二审判决生效作出后再处理，本案依法应当中止审理，而不是过早地依据执行异议的相关程序对未审判确定的实体权利进行抗辩，以执行程序依据对抗实体权利纠纷，这一做法缺乏法律依据。

2. 实体权利方面

股票应该是胡某的个人财产，不应该作为夫妻共同财产分割。即便继承发生之后，将夫妻财产进行分割，之后再确定遗产范围发生继承，也应该是被继承人财产

---

① 《婚姻法》第一千零六十二条：夫妻在婚姻关系存续期间所得的下列财产，为夫妻的共同财产，归夫妻共同所有：（一）工资、奖金、劳务报酬；（二）生产、经营、投资的收益；（三）知识产权的收益；（四）继承或者受赠的财产，但是本法第一千零六十三条第三项规定的除外；（五）其他应当归共同所有的财产。夫妻对共同财产，有平等的处理权。

总额的份额分割，即应该确定被继承人胡某个人财产的总价值，在总价值范围内，根据各自继承人应该继承的份额，在价值上进行分割，而非将每一项遗产进行简单的物理分割，这样不仅不易于财产价值的存续，也不利于被继承人的债权人实现债权。黄某在此之前，已经处置了其与胡某的其他共同财产（已经处置的这部分共同财产价值甚至高于涉案已查封的股票价值），有鉴于此，应该视为其对夫妻共同财产部分已经作出了明确的分割。涉案股票当然应该视为黄某处置胡某夫妻共同财产份额之后胡某作为被继承人的遗产，本案债权人就此可以对其诉讼保全乃至强制执行，该部分财产针对本案虽然没有办理具体的质押登记，但具有特定的指向性，债权人对此通过诉讼程序提出权利主张于法有据，也符合胡某当时对于涉案股票处置的明确意思表示。

五、裁判结果

1. 涉案债务是债务人胡某的个人债务，不属于胡某与黄某的共同债务；

2. 判定涉案股票中的一半份额为胡某与黄某的夫妻共同财产，应当归于胡某之妻黄某所有；

3. 黄某名下股票不属于承担连带清偿责任的财产范围，应予以解封。

六、裁判理由

1. 陈某向张某借款 300 万元，胡某承担保证责任。担保责任作为从债务不同于陈某的主债务，胡某在本案中没有任何受益，胡某妻子黄某对其向张某提供担保并承担保证债务的事实并不知情。张某以夫妻共同债务为由，将黄某列为共同被告，并希望以胡某和黄某的夫妻共同财产作为其债权的担保财产，张某应对此项诉讼请求提供有力的证据支持，但本案查明的事实及相应的证据并不能支持张某的主张，按照“谁主张谁举证”的原则，对此张某应当承担举证不能的责任。因此胡某承担的债务仅仅是其基于担保行为而产生的个人债务。涉案债务 300 万元，胡某本人并未受益，胡某之妻黄某事前甚至并不知晓。况且 300 万元明显超过了正常家庭的日常生活所需，若在张某对其主张不能提供有力证明的前提下，仍认定为夫妻共同债务，与常理不符。据此认定胡某因陈某向张某借款而提供的保证属于胡某的个人债务，不属于夫妻共同债务。胡某去世之后，债务应该用胡某的个人财产清偿，而不能以夫妻共同财产清偿。

2. 张某提起的诉讼财产保全，查封了登记在胡某名下的某公司股票，错误地将案外人财产混同为债务人财产进行了保全，侵害了案外人黄某的合法权益。查封的涉案股票属于胡某与其妻黄某的共同财产，而胡某所负债务为其个人债务，法院查封胡某名下所有股票的行为不妥，查封的财产应该仅限于债务人个人财产部分，应将查封股票的一半解封并登记在黄某名下。因此黄某提出的异议于法有据，应当得到支持。

七、案例评析

（一）实体方面

1. 涉案债务不属于胡某和黄某的夫妻共同债务，不能以夫妻共同财产清偿。理论界和司法实践界对夫妻共同债务的认定，争议非常大，包括共同债务除借款外是否还包括诸如本案保证等其他债务；在夫妻共同债务的认定上，除“用于夫妻共同生活”的标准外，是否要考虑增加“为了家庭共同利益”的标准；在举债人配偶一方举证证明举债人所借债务明显超出日常生活及生产经营所需，或者举债人具有赌博、吸毒等不良嗜好的，举证证明责任能否转移等问题。这些问题目前还在研究中。

总结各地司法实践和最高人民法院出台的司法解释，可以认为处理这类纠纷一定要兼顾债权人信赖利益的保护和配偶方以及继承方权益的维护两个方面。就婚姻关系存续期间夫妻一方以个人名义所负债务性质的考量，应区分规制不同的法律关系，分别适用《婚姻法》第四十一条和《最高人民法院关于适用〈中华人民共和国婚姻法〉若干问题的解释（二）》（以下简称《婚姻法司法解释二》）第二十四条予以解决。在涉及夫妻债务的内部法律关系时，应按照《婚姻法》第四十一条的规定进行认定，即在夫妻离婚时，由债务人举证证明所借债务是否基于夫妻双方合意或者是否用于夫妻共同生活，如举证不足，配偶一方不承担偿还责任；在涉及夫妻债务的外部法律关系时，应按照《婚姻法司法解释二》第二十四条的规定进行认定。但可以考虑增加一种情形，即如果配偶一方举证证明所借债务没有用于夫妻共同生活的，配偶一方不承担偿还责任。

该规定为对夫妻共同财产的认定提供了基本认定原则和价值导向，因此该条款虽和本案不完全吻合，但在认定夫妻共同债务上还是有很多可以借鉴的地方：夫妻一方举债而成为夫妻共同债务的前提有两个，其一是夫妻双方对举债合意，其二是举债用于夫妻双方。本案中，胡某为陈某担当保证人，承担了无限连带责任，在债权人张某提供的借款合同中，保证人仅为胡某，并无黄某的签字或盖章。黄某对此事亦不知情。胡某所负连带债务，既未用于其个人，也未用于夫妻双方及日常家庭生活所需。本案涉案金额全部用于陈某的个人需求。本案看似是对查封程序提出了异议，但涉及的是权利实体问题。有鉴于此，本案中胡某所负债务应该认定为个人债务，并非夫妻共同债务。

本案裁判中，法官对相关《婚姻法》的理解和适用体现了很高的审判水平，法理结合，根据本案证据证明的实际情况，作出了既维护立法本意又根据案件实情，让人信服的裁决，维护了法律的尊严，保护了当事人的合法权益。

2. 胡某名下股票属于夫妻共同财产，其中一半的份额属于黄某，不能作为胡某的遗产用于本案的诉讼保全及强制执行的标的财产为陈某的借款债务承担连带清偿。关于夫妻共同财产能否偿还夫妻一方债务而对其进行诉讼保全，继而强制执行，前提是要搞清楚夫妻一方所负债务是否为夫妻共同债务。在这个层面上，可以说《婚姻法》第四十一条和《婚姻法司法解释二》第二十四条是《最高人民法院关于人民法院民事执行中查封、扣押、冻结财产的规定》（以下简称《查封、扣押、冻结财产规定》）第十四条实际操作的法理基础。《查封、扣押、冻结财产规定》第十四条规定："对被执行人与其他人共有的财产，人民法院可以查封、扣押、冻结，并及时通知共有人。共有人协议分割共有财产，并经债权人认可的，人民法院可以认定有效。查封、扣押、冻结的效力及于协议分割后被执行人享有份额内的财产；对其他共有人享有份额内的财产的查封、扣押、冻结，人民法院应当裁定予以解除。共有人提起析产诉讼或者申请执行人代位提起析产诉讼的，人民法院应当准许。诉讼期间中止对该财产的执行。"

胡某向张某质押股票之后，并未将质押股份记载于股东名册。《最高人民法院关于适用〈中华人民共和国担保法〉若干问题的解释》第一百零三条第三款规定："以非上市公司的股份出质的，质押合同自股份出质记载于股东名册之日起生效。"胡某本次股票出质，并未记载于股东名册，因此认定质押无效。鉴于此，涉案股票应该作为一般财产对债务承担清偿责任，而非质押财产对债务承担清偿。

同时，本案中胡某名下被查封的股票，是发起人股票，在陈某和黄某婚姻关系存续期间，以二人生活中的共有积蓄认购了该部分股票，属于夫妻二人的共同财产。该笔债务属于胡某个人债务，故而在胡某去世之后应该将胡某名下的夫妻共有财产先行分割，然后确定胡某作为被继承人的遗产范围，再由继承人在胡某遗产范围内承担连带清偿责任。因此，在承担连带清偿的保证责任时，本案中胡某名下的股票作为夫妻共同财产，其中一半应为黄某的个人财产，不应该纳入诉讼保全和执行的财产范围。法院判决将胡某名下一半股票解封并作为夫妻共同财产登记在黄某名下并无不妥。

就《担保法》及其相关规定来看，立法本意是将司法实践中的担保行为予以规范和约束，起到更好地引导民间资金流转以及更加全面地保护债权人、债务人以及案外人的合法权益。就保护公民私有财产的本意来看，《担保法》以及《婚姻法》的相关规定都是有明确的要件规范的。若非如此，势必将导致婚姻关系中人人自危，家庭财产时刻面临巨大的债务风险，对于维护社会稳定也起到了负面作用，明显有悖于立法本意。

（二）程序方面

1. 本案之所以能依法维护黄某权利，是因为在查封阶段就及时启动了异议程序，并延伸了查封异议之诉，通过查封异议之诉确认了黄某对于查封股票的实体权利。在本诉立案之初，黄某就参照执行异议，对于本诉的查封提起了查封异议。在查封异议期间，又对涉及的实体权利问题，及时提起了查封异议之诉，实质也就是涉案股票的确认之诉。以实体判决支持了查封异议，明确了涉案股票的一半份额应该属于黄某，确认了黄某的实体权利，继而为查封异议提供了行权基础。

2. 异议程序本来就是在司法实践中通过具体的措施对实体权利的救济，因此异议程序不应该仅仅限定在执行阶段。从节约司法资源，高效解决纠纷的立意出发，只要申请异议人有充足的事实、理由和证据支持自己对被保全财产的合法权益，就可以针对查封、冻结等保全行为提出异议，尽可能及时地通过法律赋予的权利保护自己的合法财产。若本案局限于在执行阶段提出对执行标的的异议，势必将会引起执行异议的一审、二审程序，不仅会使案件本身久拖不决，对于涉案公司的股权流通也将起到负面作用。

【点评】

本案在上述诉讼策略下，在查封异议之诉中法院以“夫妻关系存续期间所得的共同所有的财产，除有约定的外，如果分割遗产，应当先将共同所有的财产的一半分出为配偶所有，其余的为被继承人的遗产”为由，确认了黄某作为胡某的配偶，对其名下一半的股票享有所有权。这一判决是掌控本案的核心，是黄某作为债务人胡某的妻子主张对自己份额内股票解除查封的权利基础。结合《婚姻法》《担保法》及相关规定，通过诉讼中分阶段的权利主张，先将债务定性为胡某的个人债务，再将夫妻共同财产进行分割，有效地保护了案外人黄某的合法权益。最终，本案通过实体权利诉讼和程序权利双重救济，尤其是巧妙地运用了案外人对财产保全的异议之诉，最大可能地保护了权利人的合法权益。《婚姻法》和《担保法》的结合也是本案中法理应用的巧妙之处。虽然涉案标的不大，案情本身也并不复杂，但从程序权利对实体权利保护的角度看，是一个值得推广的案件。

点评人：广东瀛杜律师事务所律师　里曼

案外人错汇资金，执行异议被驳回

——兼评案外人阻却执行

高艳岚[*] 周小龙[**]

一、当事人、代理人及案由

（一）当事人及代理人

申请执行人：田某某。

代理人：周小龙、高艳岚，均系广东明思律师事务所律师。

被执行人：方某某、康某某、××市××能源有限公司（以下简称××能源公司）。

案外人：广州××物流有限公司（以下简称××物流公司）。

（二）案由

民间借款合同纠纷执行异议。

二、案情简介

仲裁阶段胜诉后，委托人田某某继续委托广东明思律师事务所周小龙、高艳岚律师代理其与被执行人方某某、康某某、××能源公司案件的执行，其中，××能源公司的账户已依委托人申请被××市××区人民法院查封。

申请执行人于2016年7月18日向××市中级人民法院申请对被执行人××能源公司采取强制执行措施。同日，案外人××物流公司汇付173400元至××能源公司的被查封账户。随后，××物流公司通过仲裁裁决确认××能源公司接收的

* 高艳岚，广东明思律师事务所律师。

** 周小龙，广东明思律师事务所律师。

173400 元款项为不当得利，应当返还，于是向××市中级人民法院申请强制执行后提起执行异议，申请解除对××能源公司名下账号中 173400 元款项的冻结。××市中级人民法院于 2016 年 12 月 20 日作出裁定，驳回××物流公司的执行异议，××物流公司在执行异议之诉的起诉期内（执行裁定书送达之日起十五日内）未提起执行异议之诉。××市中级人民法院于 2017 年 4 月 11 日将××能源公司被查封账户中的 173400 元划付至申请执行人的指定账户。具体司法进程如下：

1. 2016 年 4 月 8 日，申请执行人田某某因与被执行人方某某、康某某、××能源公司、珠海××建材有限公司、肇庆市高要区××加油站之间的民间借贷纠纷，于 2016 年 4 月 8 日向××仲裁委员会提出仲裁申请并向××市××区人民法院申请了诉讼保全，请求查封、扣押五名被执行人价值 1440 万元的财产。

2. ××市××区人民法院依法冻结了被执行人××能源公司在光大银行股份有限公司珠海分行的存款，冻结金额以人民币 1440 万元为限，冻结期限自 2016 年 5 月 5 日起至 2017 年 5 月 4 日止①。

3. 2016 年 6 月 20 日，××仲裁委员会对申请执行人与被执行人方某某、××能源公司等民间借贷纠纷一案作出裁决，裁决被执行人方某某、××能源公司等应履行对申请执行人的债务，具体包括本金 12255968 元、利息（以本金为基数，按年利率 24% 的标准，从 2015 年 10 月 17 日起计至清偿之日止）、律师费 35 万元、财产保全费 5000 元、仲裁费 111808 元②。裁决书于 2016 年 7 月 4 日送达被执行人××能源公司并于该日生效。

4. 2016 年 7 月 18 日，案外人××物流公司向被执行人××能源公司在中国光大银行股份有限公司珠海分行的账户汇款 173400 元。

5. 申请执行人于 2016 年 7 月 18 日申请对被执行人方某某、康某某、××能源公司等采取强制执行措施，执行标的暂合计 14956323.96 元（最终以实际清偿之日为准），××市中级人民法院于同日受理③。

6. ××仲裁委员会于 2016 年 8 月 4 日受理了案外人××物流公司与被执行人××能源公司之间不当得利纠纷一案，并于 2016 年 9 月 14 日裁决被执行人××能源公司向案外人××物流公司返还 173400 元④，该裁决于 2016 年 10 月 10 日生效。

7. ××物流公司于 2016 年 10 月 18 日向××市中级人民法院申请强制执行××

---

① （2016）粤 0402 财保 21 号。

② 〔2016〕穗仲案字第 3139 号。

③ （2016）粤 04 执 180 号。

④ （2016）穗仲案字第 7192 号。

能源公司。随后，××物流公司因汇入款项的账户已被在先查封，向××市中级人民法院提出执行异议。

8. ××市中级人民法院于2016年11月13日举行了听证，并于2016年12月20日裁定驳回××物流公司的执行异议①，在起诉期内，××物流公司未提起执行异议之诉。

9. ××市中级人民法院于2017年4月11日将××能源公司被查封账户中的173400元划付至申请执行人的指定账户。

三、争议焦点

1. 金钱债权执行中，案外人依据执行标的被查封、扣押、冻结后作出的另案生效法律文书提出排除执行异议的，能否被支持？

2. 错汇资金如能特定化，案外人能否对该资金主张所有权，并据此阻却执行？

四、各方意见

（一）××物流公司的意见

法院在办理（2016）粤04执180号执行案件的过程中，冻结了被执行人××能源公司名下账号为：3862××××××7310的账户内的所有财产，该账户中有一笔173400元的款项是2016年7月18日由××物流公司错误汇入的，依法属于××物流公司所有，相关事实已经（2016）穗仲案字第7192号仲裁案查明，同年，10月18日××物流公司已依据上述仲裁决定书向法院申请执行，因账号已被法院冻结，特申请法院解除对××能源公司名下账户中173400元款项的冻结。同时，案外人××物流公司向法院提交了仲裁裁决书及其向××能源公司的转账业务回单等证据。

（二）申请执行人田某某的意见

本案执行标的不存在权属争议，××物流公司不是执行标的的权利人，不能排除执行。1. 本案的执行标的是银行存款，其登记账户名为××能源公司，××物流公司对××能源公司的银行存款不享有所有权。2.（2016）穗仲案字第7192号仲裁裁决书并没有认定执行标的的权利人，仲裁裁决内容为：××能源公司返还××物流公司173400元。金钱属于不特定物，一旦交付即发生所有权转移。因此，

① （2016）粤04执异150号。

本案不构成《最高人民法院关于人民法院办理执行异议和复议案件若干问题的规定》（以下称简《执行异议和复议规定》）第二十五条第二款规定的“案外人依据另案生效法律文书提出排除执行异议，该法律文书认定的执行标的权利人与依照前款规定得出的判决不一致的，依照本规定第二十六条规定处理”。3. 即使本案适用上述第二十六条的规定，法院依法亦不应支持。××能源公司的银行账户存款于2016年5月5日冻结，冻结金额以1440万元为限，××物流公司的转款在冻结期间，其依据的生效法律文书于2016年9月14日作出、同年10月10日生效，在执行标的被冻结之后，不能排除原执行案件的执行。4. ××物流公司在执行标的根本不存在权属争议的情况下提出案外人执行异议，明显是为了避开参与分配程序，以牟取远高于其通过合法分配取得的债权数额……

五、执行现状

××市中级人民法院认为，本案是在执行程序中案外人提起的执行异议案件。基于执行程序的特点，××市中级人民法院对案外人所述的事实及提出的证据仅进行了形式审查。从××物流公司提交的仲裁裁决、业务回单等证据显示，在××市××区人民法院作出财产保全裁定之后，××物流公司向××能源公司支付了173400元的油款。××物流公司主张错付的证据为××仲裁委员会作出的生效仲裁裁决。该仲裁裁决是在人民法院作出冻结裁定之后作出的。根据《执行异议和复议规定》第二十六条第二款的规定，金钱债权执行中，案外人依据执行标的被查封、扣押、冻结后作出的另案生效法律文书提出排除执行异议的，人民法院不予支持。因此，案外人××物流公司的主张不符合最高人民法院上述司法解释规定的能够排除执行的法定条件，××市中级人民法院予以驳回。

××市中级人民法院于2017年4月11日将××能源公司被查封账户中的173400元划付至申请执行人的指定账户，后因被申请执行人无可供执行的财产，该执行案件已终结本次执行。同时，其他被申请执行人的执行案件也全部因无可供执行的财产先后终结本次执行。除该173400元外，申请执行人至今未能执行到其他债务人的财产。

六、案例评析

《人民法院报》于2018年1月11日刊登了一则类似案例，即山东××市中级人民法院判决惠×小额公司诉三×小额公司案外人执行异议之诉纠纷的执行案例①，裁判要旨为："错误付款至法院查封账户时，付款人自始欠缺权属变动的意思表示，收款人无实现占有支配权益的客观可能，作为案外人的付款人对错付资金提起阻却执行的异议之诉成立。"

上述观点值得商榷，在笔者经办的上述（2016）粤04执异150号案中，笔者认为账户被查封后以汇付资金系错误付款为由不能阻却执行，且该观点在执行异议程序中得到了执行法院××市中级人民法院的支持。

事实上，针对该类案件，司法实践中形成了两种处理意见：

（一）错汇资金如能特定化，案外人可对该资金主张所有权，且可据此阻却执行

《人民法院报》于2018年1月11日刊登的惠×小额公司诉三×小额公司案外人执行异议之诉纠纷一案与笔者经办的上述案件情况基本一致，但山东××市中级人民法院的案件在执行异议被驳回之后，案外人另行提起了执行异议之诉，而笔者经办的案件中执行异议被裁定驳回后，案外人并未再提起执行异议之诉。

山东××市中级人民法院在审理执行异议之诉时，认为："《执行异议和复议规定》是针对执行程序中当事人提出异议时的处理规定，执行异议之诉需对执行标的权利作出综合判断和实体审查，不能直接适用《执行异议和复议规定》。在错误汇款至法院查封账户的特殊情形下，因汇款人自始欠缺权属变动的意思表示，且存款人无实现占有支配权益的客观可能，涉案账户除该笔50万元存款外并无其他款项进入，故该笔款项未与其他款项混合，具有很强的可识别性，故应认定汇款人对汇款款项享有阻却执行的民事权益。"

从法律适用上而言，山东××市中级人民法院在执行异议之诉中未适用《执行异议和复议规定》第二十五条、第二十六条规定是正确的，因上述规定为执行异议程序之适用规定，且作为对执行异议程序的救济程序，执行异议之诉应同时关注实体审查，但认为货币能特定化的情况下具有阻却执行的民事权益的观点值得商榷，且判决结果不妥，理由如下：

第一，付款人虽无权属变动的意思表示，但查封账户的法律效果为资金只能汇入不能汇出，当资金汇入后，申请执行人可依法向法院申请执行该被查封账户内的资金，表明该查封账户资金实际上处于法院的支配状态下，被执行人在公权力的介入下只能接受资金的汇入，但已失去对被查封账户内资金的处分权能，且无论汇款

① （2017）鲁16民终1233号。

人是否具备权属变动的意思表示，错误汇款后，汇款人即丧失对资金的占有，不再对该笔资金享受所有权。

第二，在错误汇款的情况下，汇款人无论通过仲裁还是诉讼与被执行人确认了不当得利之债，都只是金钱债务上的不当得利，而不是特定物的不当得利，因该账户并非专款专用的专门账户，认为作为种类物及一般等价物的货币能特定化，与民法的基本理论相悖，且认为其具备阻却执行的实体权利，同时导致不当得利之债排除了其他普通债权对错汇资金的受偿，赋予了不当得利之债相当于优先债权的法律效力。因此，从处理结果上而言，不符合民法的基本理论。

（二）货币为种类物，不能特定化，货币丧失占有即丧失所有权，货币丧失占有后，不存在作为物上请求权的返还请求权，仅存在作为债权的不当得利返请求权，该权利不能阻却执行

在与山东××市中级人民法院处理的案件类似的另一案件中，××高级人民法院作出了截然相反的判决。

该法院认为，案外人主张权利的标的物通过查明的事实能确定为一笔特定的款项，但该款项的本质是货币，而货币是一般等价物，辗转流通是其重要功能。由于货币具有高度可代替性，同种同量的货币可以互相代替，因此货币的所有权和占有具有不可分离的特点。货币的占有，仅指现实占有，将货币的直接占有授予他人占有，在丧失货币占有的同时，也丧失货币的所有权。货币丧失占有后，不存在作为物上请求权的返还请求权，仅存在不当得利返还请求权，即权利人只能要求义务人返还同种同量的货币。由此可以看出，即使案外人与被申请执行人双方之间不存在真实的交易关系，案外人也仅能基于不当得利要求被申请执行人返还相同数额的款项，也不必然针对被申请执行人的特定的款项享有返还请求权，即不能必然产生被申请执行人要将案外人错汇至其账户内的款项返还给案外人的后果。因此，案外人就原审法院查封的被申请执行人涉案账户内的部分款项主张所有权及享有要求被申请执行人返还该笔特定款项的请求权的理由不成立，不予支持。①

《最高人民法院关于适用〈中华人民共和国民事诉讼法〉执行程序若干问题的解释》第十五条规定，案外人对执行标的主张所有权或者其他足以阻止执行标的转让、交付的实体权利的，可以依照民事诉讼法的相关规定，向执行法院提出异议。因此，作为案外人提出执行异议之诉，其目的在于排除对特定标的物的执行，所以也就要求案外人对执行标的物必须享有足以排除强制执行的权利。这种权利按上述

---

① （2013）鲁民一终字第369号。

司法解释的规定，应是就执行标的物有所有权或其他足以阻止物之交付或让与之权利，而所有权以外的权利应是包括典权、质权、留置权、抵押权、占有权、地上权等，这些权利也必须是实体权利。因案外人对法院查封的被申请执行人账户内的款项并不具有上述权利，因此，其要求停止对该款项的执行，无法律依据，不予支持。

笔者非常赞同××高级人民法院的观点，即无论在执行异议程序中还是执行异议之诉中，账户查封后以汇入资金系错误付款为由皆不能阻却执行，且汇款人主张的返还请求权应视为不当得利返还请求权，即普通的债权，不具备优先受偿的法律效力，也不能阻却法院对被申请执行人被查封账户内资金的执行。

在上述观点的基础上，笔者认为，货币为种类物，一般不能特定化，货币丧失占有即丧失所有权，货币丧失占有后，不存在作为物上请求权的返还请求权，仅存在作为债权的不当得利返还请求权，该权利不能阻却执行。在司法实践中通常认为金钱由“谁实际控制和使用”，即可认定为“占有”，但在法律法规、司法解释有明确规定的特殊情形下，资金可予以特定化，对应的债权人对该特定化的资金享有优先受偿权，因此如依据明确的规定能确定被查封账户中的资金的专用性质、担保性质，则该笔资金具备可阻却执行的法律效力。

《最高人民法院关于适用〈中华人民共和国担保法〉若干问题的解释》第八十五条规定：“债务人或者第三人将其金钱以特户、封金、保证金等形式特定化后，移交债权人占有作为债权的担保，债务人不履行债务时，债权人可以以该金钱优先受偿。”该条款将保证金质押规定为动产质押的一种，明确了保证金作为金钱质押担保的法律地位。依据该规定，符合金钱质押担保的要件必须具备三个条件：1. 签订书面质押合同；2. 金钱特定化；3. 移交债权人占有。

最高院关于与保证金相当的其他各类保证金，均规定为可以冻结，但不得扣划。《最高人民法院关于人民法院能否对信用证开证保证金采取冻结和扣划措施问题的规定》《最高人民法院、人民银行关于依法规范人民法院执行和金融机构协助执行的通知》及《最高院关于审理出口退税托管账户质押贷款案件有关问题的规定》，已分别将信用证开证保证金、银行承兑汇票保证金、出口退税账户内的款项明确规定为“人民法院可以采取冻结措施，但不得扣划”。

综上所述，案外人汇入法院在先查封账户的资金（无论是否属于错汇），只有在法律法规、司法解释有明确规定的情况下，该笔资金才可予以特定化或具备优先受偿的效力，法院在执行异议之诉中才能认定案外人对执行标的主张所有权或者其他足以阻止执行标的转让、交付的实体权利的，并可阻却执行。然而，本文中所提到的三个案例，皆不属于可阻却执行的特殊情形。

七、实务经验

笔者经办（2016）粤 04 执异 150 号案的过程中，明显感觉到案外人与被申请执行人存在真实有效的交易，该笔款项实际上并非错误汇入，但双方通过仲裁裁决的方式确认不当得利之债后，涉嫌通过执行异议程序阻止法院执行，目的在于绕开执行分配程序，直接优先受偿该笔资金。如在无明确规定的情况下，法院在执行异议程序中或执行异议之诉中对被查封账户汇入的资金予以特定化，支持案外人对该资金主张所有权，不仅不符合民法的基本原理，也不利于保障申请查封被申请执行人账户的债权人及其他真正的债权人的合法权益。

还应注意的是，案外人与被申请执行人通过判决、仲裁确定一个债权，并向执行法院提出执行异议和执行异议之诉，不排除案外人与被申请执行人之间存在恶意串通的情形。遇到该类案件，经办人可以重点关注被申请执行人与异议人或第三人之间的关系，即是否有正常交易往来，以判断是否存在不当得利关系，是否是关联方，以判断是否存在恶意串通的基础等。

【点评】

《人民法院报》刊登的山东××市中级人民法院的判例并未起到正面、积极的指引作用，反而会引导案外人与被申请执行人侥幸串通，滋生虚假诉讼或仲裁，尤其在以仲裁调解的形式确定债权债务的案例中，申请执行人更无有效的救济手段。

本文的案例极具参考意义，对案外人以错汇资金为由阻却执行，妨害申请执行人就特定标的实现债权的情形提供了应对策略及思路。

司法实践中，该类案件存在同案不同判的情形，比较大的原因在于法律法规、司法解释对该类案件既无明确规定，且最高人民法院也未发布公报案例。针对执行领域中错汇资金的执行异议、执行异议之诉，立法机关、司法机关应出台专门的裁决规则，以规范目前各地法院对该类案件的审理。

点评人：广东明思律师事务所律师　姜子婧

执行和解协议履行过程中因抵债土地面积减少而引发的执行异议复议案件

谢小毅*

一、当事人、代理人及案由

（一）当事人、代理人

申请复议人（异议人）：佛山市 Y 实业发展有限公司（以下简称 Y 实业公司）。

代理人：谢小毅，广东法制盛邦律师事务所律师。

申请执行人：广东 T 建筑工程有限公司（以下简称 T 建筑公司）。

被执行人：佛山市 J 物业发展有限公司（以下简称 J 物业公司）。

（二）案由

执行异议复议纠纷。

二、案情简介

1998 年 2 月 16 日，T 建筑公司诉 J 物业公司建筑工程承包合同纠纷一案，佛山市中级人民法院作出民事判决：判令 J 物业公司于判决发生法律效力之日起十日内向 T 建筑公司偿还工程款 3497327 元及违约金。该判决生效后，T 建筑公司于 1998 年 3 月 27 日向佛山市中级人民法院申请强制执行，执行标的为 4304300 元。

1998 年 7 月 22 日，顺德 H 建设集团有限公司（以下简称 H 建设公司）诉 Y 实业公司、J 物业公司拖欠工程款纠纷一案，佛山市中级人民法院作出民事判决：判决令 J 物业公司和 Y 实业公司于判决发生法律效力之日起十日内偿还所欠工程款

* 谢小毅，广东法制盛邦律师事务所律师。

2081121 元及违约金给 H 建设公司。该判决生效后，H 建设公司于 1998 年 10 月 12 日向佛山市中级人民法院申请强制执行，执行标的为 3253977 元。

在执行上述两案过程中，执行法院召集各方当事人进行协商，各方同意按执行法院评估价协议转让土地，1999 年 1 月 27 日，J 物业公司和 Y 实业公司作为甲方、T 建筑公司作为乙方、H 建设公司作为丙方签订《和解协议》，约定：一、乙方同意按 60% 比例代甲方向市政建设局偿还 2686698 元，丙方按 40% 比例代甲方向市政建设局偿还 1791132 元；二、截至 1998 年 12 月 31 日，甲方拖欠乙方款项为本金 3287333 元及利息，拖欠丙方款项为本金 2081121 元及利息；三、甲方同意在乙方、丙方代其清偿其欠市政建设局的债务后，甲方将被法院查封的 2 号、7 号地按评估价 3783.27 元/m^2 抵偿给乙方、丙方以清偿部分债务，甲方用上述土地抵偿后仍未还清部分继续承担清偿责任。

1996 年 6 月 16 日，执行法院根据 T 建筑公司和 H 建设公司的申请，作出民事裁定：一、解除 2 号地块、7 号地块的查封；二、将被执行人 J 物业公司所有的 2 号地块、7 号地块以评估价 3783.27 元/m^2 分别抵偿给 T 建筑公司和 H 建设公司。同日，执行法院还作出协助执行通知书，送达当地房地产交易所要求其协助解除查封。

1999 年 12 月 30 日，T 建筑公司（甲方）、H 建设公司（乙方）、J 物业公司、Y 实业公司（合称丙方）签订《执行和解协议》，约定："丙方尚欠甲乙方本金共 336 万元，丙方以其所有的 1－6 号铺，共计 463 平方米，抵偿甲乙双方的债务，其中甲方占 153 平方米，乙方占 310 平方米，同时，乙方另行补偿丙方 100 万元。" 2000 年 2 月 1 日执行法院根据 T 建筑公司和 H 建设公司的申请，作出民事裁定书及协助执行通知书送达房地产交易所，要求交易所协助办理商铺的过户手续。2000 年 1 月 26 日，T 建筑公司和 H 建设公司分别向执行法院出具《执行结案申请书》，请求执行法院终结本案的执行。

2001 年 5 月 14 日，T 建筑公司以抵债土地面积与国土局最后确认的面积不相符为由，向法院申请恢复执行，T 建筑公司称，J 物业公司以地抵债转让的 2 号地，原提供的土地面积为 787.25 平方米，和解协议按此面积以 3787.27 元/m^2 扣减债务，但国土局最后确认的面积只有 547.7 平方米，比原面积少了 239.55 平方米，多扣减了债务 906282.33 元。执行法院经研究决定对本案继续执行，并查封了 Y 实业公司的房产，Y 实业公司提出异议，但因当时法律规定的缺失，执行法院未作答复或相应的决定，但也一直未对 Y 实业公司的房产进行处理，2014 年 8 月 15 日，执行法院拟对已查封的 Y 实业公司的 138 号房产及 142 号房产进行处置，Y 实业公司收到通知后，遂向执行法院提出异议，请求法院停止拍卖程序，解除对 Y 实业公司财产的查封，本案做执行完毕结案处理。

三、争议焦点

1. 双方达成的执行和解协议是否已经履行完毕？

2. 双方同意以土地抵偿债务后，因土地规划变更导致土地面积减少的，损失由谁承担？

四、双方意见

（一）异议人 Y 实业公司

在执行过程中，依据 1999 年 12 月 30 日签订的执行和解协议，申请执行人应该得到的抵债土地和房产已经兑现，异议人（被执行人）已经履行了全部偿债义务。根据《最高人民法院关于适用〈中华人民共和国民事诉讼法〉若干问题的意见》（现已失效）第二百六十六条的规定："……和解协议已经履行完毕的，人民法院不予恢复执行。"在本案中，申请执行人与被执行人、异议人等签订和解协议书时，已经对地块现状及相关情况进行了解，且知道国土局出具的电脑规划图确认的土地面积与原房地产权证所示的面积可能会有差异，申请执行人在办妥过户手续前，向法院申请结案，足以证明申请执行人认可按现状进行抵债。申请执行人在申报缴纳契税时，填写的面积为 696.50 平方米，也就是说，申请执行人明知道国土局电脑图的面积比原房地产权证面积少，但仍同意按该面积进行纳税，且成交价就是双方和解协议所约定的抵债金额，并没有按照评估价进行折算，同样再次证明申请执行人明知是以整个地块抵债，而不是按面积折算。综上所述，执行和解协议约定的是以地块抵偿债务，并不是按面积计算，和解协议已经履行完毕，法院不应当再继续执行或者恢复执行，而应当做执行完毕结案处理。

（二）申请执行人

双方签订的和解协议，约定由 Y 实业公司（异议人）提供 2 号地块抵债，申请执行人办证时发现面积比和解协议所约定的面积少了 235.55 平方米，因为异议人没有提供真实的信息，导致申请执行遭受巨大损失，异议人应承担相应责任。

五、裁决理由及结果

（一）执行法院

佛山市中级人民法院审理后认为，T建筑公司在2001年6月办理2号地块的土地使用权证时，J物业公司在其办证四至位置上盖章确认，T建筑公司实际取得2号地面积为547.7平方米。根据T建筑公司与J物业公司达成的《和解协议》，J物业公司将2号地块按评估价3787.27元/m^2抵偿给T建筑公司以清偿部分债务，抵偿后仍未还清部分继续承担清偿责任。执行法院评估时，是对J物业公司所有的0100069号土地证下整幅土地进行评估，并无单独确定2号地块土地面积；而在T建筑公司名下的2号地块面积，仅有J物业公司提供的1996年《环市北路用地》对该地块面积有记载，记载的面积为787.45平方米。两相对比，T建筑公司取得的土地面积比J物业公司提供的土地面积少了239.75平方米。由于上述面积的差异，执行法院在对案件的执行中，实际上没有将当事人约定处理的债权债务全部执行到位；虽然T建筑公司之后又于1999年12月30日与Y实业公司、J物业公司达成《执行和解协议》，但因无法确定2号地块面积的原因，《执行和解协议》并无直接涉及抵债的2号地块的约定；虽然T建筑公司曾向执行法院提交《执行结案申请书》，但执行法院并未作出结案决定。因此，在T建筑公司向执行法院提出恢复执行申请后，执行法院直接对本案采取了继续执行的执行方式。同时，由于执行法院在民事判决中查明，Y实业公司与J物业公司实际上是同一经济实体，因此执行法院在执行过程中，查封了Y实业公司名下的138号房产、142号房产。执行法院在本案中的执行行为，并无不当之处。

因此，佛山市中级人民法院依照《民事诉讼法》第一百五十四条第一款第十一项、第二百二十五条的规定，裁定如下：驳回异议人Y实业公司的异议请求。

（二）复议法院

Y实业公司对执行法院的裁定不服，向广东省高级人民法院申请复议，广东省高级人民法院认为：1. 申请执行人在和解协议履行完毕后，提出2号地块面积与和解协议约定面积不符，请求继续执行或恢复执行，理由不能成立：首先，双方提交法院的执行和解协议、执行法院出具的执行裁定，均未确认2号地块的面积。其次，在执行法院出具2号地块抵债裁定并通知协助执行后订立的第二份和解协议，双方核对确认了债务数额、抵债商铺的面积及单价，亦对商铺面积过户后发生的面积增减作出了约定。但是，该和解协议既未确认2号地块的面积，亦未约定2号地块面积增减的补偿办法，而是约定商铺抵债后了结本案。由此可见，根据两份执行和解协议，被执行人履行执行和解的义务是将 2 号地块交付申请执行人抵债，并不是负有交付特定面积国有土地使用权的义务。2. 申请执行人于 2000 年 1 月 26 日书面向执行法院申请本案结案，再次确认被执行人已履行全部债务，请求终结本案执行，由此进一步证实本案执行和解协议已经履行完毕。3. 即使本案执行和解协议未履行完毕，亦不得执行 Y 实业公司的财产。根据《最高人民法院关于适用〈中华人民共和国民事诉讼法〉的解释》第四百六十七条规定，执行和解协议未履行，应当恢复执行原生效法律文书。从被执行人主体上看，Y 实业公司并非本案的当事人，其不负有履行原生效法律文书确定的债务，即使有其他生效裁判文书认定 J 物业公司和 Y 实业公司为同一经济实体，本案亦不得以此为据直接执行 Y 实业公司。4. 根据执行法院裁定及协助执行通知，2 号地块抵债给申请执行人后，如果 2 号地块证载的土地面积尚未全部过户至申请执行人 T 建筑公司名下，执行法院应当通知国土部门继续协助执行。如果因国土部门审核错误致使 2 号地块登记面积减少，应由 2 号地块的权利人即 T 建筑公司依法定途径向国土部门主张相应权利。但以 2 号地块面积减少，继续执行申请复议人 Y 实业公司的财产，则缺乏法律依据。综上，本案执行和解协议已全部履行完毕，本案执行应作结案处理。Y 实业公司复议请求理由成立，执行法院应当解除查封 Y 实业公司的财产。执行法院认定执行和解协议尚未履行完毕事实错误，适用法律不当，所作裁定应予撤销。

广东省高级人民法院依照《民事诉讼法》第二百二十五条，《最高人民法院关于适用〈中华人民共和国民事诉讼法〉的解释》第四百六十七条，《最高人民法院关于适用〈中华人民共和国民事诉讼法〉执行程序若干问题的解释》第八条、第九条的规定，裁定如下：一、撤销佛山市中级人民法院（2014）第 33 号执行裁定；二、佛山市中级人民法院解除本案执行中对 Y 实业公司名下财产的查封措施；三、佛山市中级人民法院执行的（1998）第 227 号案件作结案处理。

六、案例评析

根据法律规定，在执行中，双方当事人可以自愿达成和解协议，变更生效法律文书确定的履行义务主体、标的物及其数额、履行期限和履行方式，有的签订和解协议分期付款，有的约定以房或地抵债等。执行和解协议是当事人之间根据生效法律文书确定的权利义务自愿达成的相互妥协的协议，该协议虽在当事人之间具有法律约束力，但不具有强制执行力，不是人民法院据以强制执行的依据，因此，根据民事诉讼法及司法解释的规定，如果出现被执行人不按和解协议履行的情况，应当恢复执行原生效法律文书。如果和解协议合法有效并已履行完毕的，人民法院作执行结案处理。

《最高人民法院关于适用〈中华人民共和国民事诉讼法〉的解释》第四百六十七条规定："一方当事人不履行或者不完全履行在执行中双方自愿达成的和解协议，对方当事人申请执行原生效法律文书的，人民法院应当恢复执行，但和解协议已履行的部分应当扣除。和解协议已经履行完毕的，人民法院不予恢复执行。"《最高人民法院关于人民法院执行工作若干问题的规定（试行）》第八十七条规定："当事人之间达成的和解协议合法有效并已履行完毕的，人民法院作执行结案处理。"

在本案中，申请执行人与被执行人在执行过程中约定以其土地抵偿债务，双方仅约定地块的名称和位置而没有约定面积，在实际履行过程中，由于政府规划变更导致该地块的面积减少，出现误差，这种误差显然是不可归责于被执行人的，申请执行人在知道抵债的土地面积减少后，仍然选择办理过户，应当视为其接受面积的变化，在地块过户到申请执行人名下后，如果是政府原因导致土地面积减少而给其带来的损失，其有权向政府部门提出主张，而被执行人不再是该地块的权属人，自然也就无权主张了，因此，不能由被执行人去承担该后果。广东省高院查明事实后认定，本案执行和解协议已全部履行完毕，本案执行应作结案处理，这是完全符合法律以及司法解释的规定的。

七、实务经验

在司法实践过程中，执行双方当事人达成和解协议是最常见的，可以更大程度地提高执行效率，对各方都是很好的选择。但是，如前所述，执行和解不具有强制执行力，因此，如果出现被执行人不按和解协议履行的情况，应当恢复执行原生效法律文书。执行和解是执行过程中常见的处理方式，但双方达成和解协议后，又经常会出现新的争议，所以，本文最后列举执行和解协议中容易出现问题的两种情形，供大家参考。

（一）迟延履行

执行和解过程中经常遇到的，就是被执行人虽然按照和解协议的约定履行了义务，但是超过了和解协议所约定的期限迟延履行了，那么，能不能做执行结案处理？对此，应该根据具体情况进行分析：假如签订和解协议并终结本次执行，但被执行人未按约定期限履行和解协议中约定的义务，或者只履行了一部分，经过申请人的申请，法院恢复执行以后，被执行人才按照和解协议履行完毕，在这种情况下，该和解协议并不能产生阻却执行的法律效果，申请人仍可向法院申请执行原生效法律文书，申请人亦可主张被执行人在扣除和解协议期间计算迟延履行期间的债务利息，并要求债务人承担逾期支付责任。这种情况跟本文前面所列举的案例有着本质的区别，因此，在实务操作中还是要注意区别对待。

（二）执行和解协议应当形成书面材料附卷

根据法律规定，执行和解协议应当形成书面材料并附入执行案卷，这是形式要件。《民事诉讼法》第二百三十条规定："在执行中，双方当事人自行和解达成协议的，执行员应当将协议内容记入笔录，由双方当事人签名或者盖章。申请执行人因受欺诈、胁迫与被执行人达成和解协议，或者当事人不履行和解协议的，人民法院可以根据当事人的申请，恢复对原生效法律文书的执行。"《最高人民法院关于人民法院执行工作若干问题的规定（试行）》第八十六条第二款规定："和解协议一般应当采取书面形式。执行人员应将和解协议副本附卷。无书面协议的，执行人员应将和解协议的内容记入笔录，并由双方当事人签名或盖章。"根据上述法律及司法解释的规定，虽然法律赋予当事人双方执行和解的权利，尊重双方的意思自治，但是法院还是有义务对双方形成的和解协议进行合法性审查，包括双方意思表示是否真实、是否真实自愿、是否违反法律强制性规定、是否违背社会公共利益等。因此，执行和解协议应当形成书面材料附卷，否则，只是执行外的和解，不能真正起到执行和解的作用。

【点评】

本文案例是一件由执行和解协议引发的执行异议、复议案件，该案件在处理上有一定的难度，因此执行法院佛山市中级人民法院久拖不决，对 Y 实业公司的财产查封多年既不处理也不解封。2015 年 Y 实业公司向执行法院提出执行异议，被执行法院驳回，Y 实业公司根据法律规定向广东省高级人民法院申请复议，广东高院在查明事实的基础上，充分辨法析理，最终裁定撤销原异议裁定，解除查封措施，维护了申请复议人的合法权益。2016 年 10 月，最高人民法院办公厅通报了 2015 年度全国法院精品文书评选情况，本案荣获二等奖，成为全省法院唯一获奖的民事、行政类裁判文书。

点评人：广东粤广律师事务所律师　解刚

执行过程中案外人反复提出执行异议及复议申请执行人的应对策略

梁伟荣[*] 乔雷[**]

一、当事人、代理人及案由

（一）当事人、代理人

申请执行人：A 投资公司。

代理人：梁伟荣、乔雷，均系广东南国德赛律师事务所律师。

被执行人：B 公司（债务人）、C 公司（担保人）。

案外人：甲。

（二）案由

金融借款合同纠纷执行异议。

二、案情简介

（一）债权已经生效判决确认，法院依法对被执行人名下财产采取查封、执行措施

1996 年 B 公司与某银行签署贷款合同，约定借款 3500 万元，合同期为一年，C 公司与银行签署的保证合同，对 B 公司债务承担连带清偿责任。合同到期后，B 公司与 C 公司均未如期履行合约偿还银行欠款。1997 年，银行向法院提起诉讼，请求判决 B 公司、C 公司偿还本金、利息、罚息，并申请查封登记在 C 公司名下的财产（位于北京市某中心地段房屋一栋，房屋共 9 层，首两层为商铺，以上为住宅）。

---

* 梁伟荣，广东南国德赛律师事务所律师。

** 乔雷，广东南国德赛律师事务所律师。

G 法院受理银行保全申请，并于 1999 年 1 月作出民事裁定，查封 C 公司名下位于北京的房产（以下简称涉案房产）。同年 6 月 4 日，法院判决 B 公司应还银行本金 3500 万元，利息及罚息 250 万元（暂计至 1998 年 12 月 20 日），C 公司对上述债务承担连带清偿责任。

C 公司不服 G 法院判决，遂向上级法院提起上诉。2000 年，GZ 法院经过审理作出二审判决，驳回上诉，维持一审判决。判决生效后，因 B 公司及 C 公司均未履行判决确定义务，银行遂向法院申请强制执行。2000 年 10 月 18 日，G 法院立案强制执行。

2006 年，银行将上述债权转让给某资产管理公司。根据某资产管理公司的申请，G 法院变更申请执行人为某资产管理公司。

2007 年 2 月，某资产管理公司将该债权转让给 A 投资公司，经申请，G 法院作出变更申请执行人裁定。

（二）涉案房产的首两层及地下两层已被拍卖抵偿本债权

2003 年 1 月，G 法院裁定拍卖涉案房产的首两层及地下两层用于偿还本债权。在长达数年的拍卖执行过程中，无论被执行人还是案外人，均未提起执行异议。

执行法院顺利完成拍卖，并将拍卖款项偿还部分债务。但因拍卖款不足以偿还全部债务，G 法院裁定继续查封涉案房产同栋楼剩余未拍卖的房产（住宅部分）。

（三）被执行人、案外人反复申请执行异议

1. 案外第三人 D 公司提出执行异议

2008 年，案外人 D 公司（某境外公司，与 C 公司往来贸易密切），向法院提起案外人执行异议，主张 D 公司为涉案房屋的实际所有权人。

D 公司的理由是根据中国的政策规定，建房时限制了外商对中国不动产类资产的投资，不能直接以境外公司的名义持有或将涉案房屋登记在自己名下，故让符合持有资格的 C 公司作为代持人，代其持有涉案房屋。根据《最高人民法院关于人民法院办理执行异议和复议案件若干问题的规定》（以下简称《执行异议和复议规定》）第二十八条的规定，申请解除对涉案房屋的查封、执行。D 公司提出异议后，G 法院随即裁定中止执行。

A 投资公司收到执行裁定后，即向 G 法院提起执行异议之诉。诉讼中，G 法院经过审理查明，涉案当事人 C 公司、D 公司存在密切往来，且其公司的主要负责人、高管等重要岗位人员存在相互交叉任职的现象，并且重要文件签署也只有高管的个人签名而无公司盖章，且两家公司在人事、财务安排上并非完全独立。同时，D 公司提供的有关涉案房屋的购买资料不符合证据要求，无法证明涉案房产的实际权属人为D公司。涉案房产登记在C公司名下，房屋权属证书是权利人依法拥有房屋所有权并对房屋行使占有、使用、收益和处分权利的唯一合法凭证，依法登记的房屋权利受国家法律保护。D公司提供的证据不足以证实其为涉案房产的实际权利人，对执行标的不享有足以排除强制执行的民事权利。因此G法院判决撤销执行裁定中关于“中止执行查封物剩余房产执行”部分，许可原生效判决对查封物剩余房产继续执行。

D公司不服上述判决，向上一级法院提起上诉。2015年，上一级法院GZ法院维持原判。D公司不服二审判决，遂向最高人民法院申请再审。2016年，最高人民法院经审理查明D公司提出的代持无事实基础及法律依据，认为G法院有权查封并继续执行G公司的房产，遂裁定驳回其再审申请。

2. 被执行人提起执行异议

2016年被执行人向G法院提出异议。C公司异议称：涉案房产由D公司出资建造并使用维护，并非其公司财产，且该房产已出售给国有企业职工，请求撤销查封裁定并解除对涉案房产的查封、执行。

G法院经依法审理，认为C公司为被执行人，其以涉案标的为案外人所有提出执行异议，不符合法律规定，其诉讼主体不适格。如果涉案房产已出售给国有企业职工，该诉求应由案外人另行提出异议解决，裁定驳回被执行人的异议请求。

2016年C公司向GZ法院申请复议，GZ法院于2017年6月裁定驳回该执行异议复议申请。

3. 小业主甲提出案外人执行异议

2009年，涉案房产的住宅占有人甲向G法院提出案外人执行异议。甲主张其拥有房屋的所有权，其认为该栋房产的实际所有权人为D公司。甲的配偶牛先生（已去世）作为D公司的员工，在2000年参与D公司房改房政策，并与D公司签署《公有住房买卖合同》，且支付了对应价款。但因非己方原因，一直无法完成房改登记手续。根据《执行异议和复议规定》第二十八条的规定，请求G法院解除查封。

G法院经过审理查明，涉案房屋属于C公司所有，法院在查封涉案房屋时，无任何他项权利及“房改”等备案信息，法院查封合法有效。2009年，G法院经审理裁定驳回案外人甲的执行异议申请。后甲未提起诉讼或异议，该裁定依法生效。

4. 小业主甲再次提起案外人执行异议

2016年，甲针对该案一份新的继续查封裁定再次提起案外人执行异议。由于其是基于完全相同的事实和理由提起的执行异议申请，G法院受理后，经过审理裁定驳回该申请。

2017 年 1 月，甲又向上级法院提起执行异议复议申请，GZ 法院立案受理，并于 2017 年 6 月裁定驳回该申请。

三、争议焦点

1. 涉案房产是否属于 C 公司所有，案外人主张房改房的事实，是否可以对抗 G 法院的查封和执行？

2. 案外人异议主体适格问题，是否符合受理条件？

四、各方意见

（一）执行异议人

1. 涉案房产的实际权属人为 D 公司，C 公司仅为名义上的代为持有人。

2. 根据牛先生与 D 公司之间的协议（房改房），由于房屋是国家给予职工的福利设施，不属于用来偿还企业债务的财产，无论房产登记在哪个企业名下，房产是国有企业职工住宅的性质没有异议，法院不能将其认定为公司的财产，也不得作为公司财产予以查封执行。

甲提供的相应证据有：C 公司 1997 年经行政机关准予进行房改的批复、2000 年牛先生与 D 公司签署的《公有住房买卖合同》、D 公司出具的付款收据、入住房屋缴纳相关水电费等。

（二）申请执行人 A 投资公司

1. 涉案房产依法登记在被执行人 C 公司名下，执行异议人无任何证据能推翻该物权登记效力

涉案房产自建成之后，一直登记在 C 公司名下，属 C 公司所有。经各级法院乃至最高人民法院审理，均确认 C 公司为涉案房产的权属人，D 公司无权处分该房产。牛先生与 D 公司签署的房屋买卖合同与本案及涉案房产均无关，同时也证明其对涉案房产的占有属于无权占有，不能排除法院查封、执行。

2. 被执行人对查封物的处分或租赁行为不能对抗申请执行人

甲主张的房改房事实不充分，且发生在法院查封涉案房产之后，根据《最高人民法院关于人民法院民事执行中查封、扣押、冻结财产的规定》（以下简称《查封、扣押、冻结财产规定》）第二十六条“被执行人就已经查封、扣押、冻结的财

产所作的移转、设定权利负担或者其他有碍执行的行为，不得对抗申请执行人”的规定，发生在查封之后的处分行为，均不能对抗在先的申请执行人，更何况是无权处分。

3. 案外人重复提起异议，依法应不予受理

按照政策规定，符合购房条件的城镇职工，只有一次以家庭为单位购买房改房的机会。2009 年，甲提出的执行异议，虽以个人名义申请，但是代表家庭为单位，就“房改”情形主张权利，并经过法院审查驳回，2016 年再次提起属于重复异议。根据《执行异议和复议规定》第十五条第二款“案外人撤回异议或者被裁定驳回异议后，再次就同一执行标的提出异议的，人民法院不予受理”的规定，依法应不予受理。

（三）B 公司、C 公司

B 公司未发表任何意见，C 公司完全同意案外人的意见和诉求。

五、裁判结果及理由

G 法院裁定驳回案外人异议申请。依据《执行异议和复议规定》第十五条第二款规定：“案外人撤回异议或裁定驳回异议后，再次就同一执行标的提出异议的，人民法院不予受理。”故案外人再次对涉案房产的执行提出异议的，本院不予审查，因此裁定如下：驳回案外人异议申请。

GZ 法院认为，根据《执行异议和复议规定》第二条第一款规定，执行异议不符合受理条件的，裁定不予受理；立案后发现不符合受理条件的，裁定驳回申请。原审法院裁定事实清楚，适用法律正确，应予维持。

六、案例评析

（一）涉案房产的实际所有权人，是否为 D 公司，以及 C 公司是否为代持人的问题

G 法院认为，涉案房产登记在被执行人 C 公司名下，被执行人未履行生效民事判决确定的义务，本院查封该房产符合法律规定。异议人甲主张涉案房产进行了房改（回迁、公住房），其向本院提交的有关证据未能证明涉案房产于 1997 年进行了房改（回迁、公住房）。相反，根据北京市相关房产权属登记中心向本院的复函显示，未查到涉案房产的房改记录，故本院在 1999 年 1 月对涉案房产查封之前，该

涉案房产未办理相应的房改及其他的登记手续，无任何证据资料显示涉案房产的此类行为发生在本院的查封之前。综上所述，异议人向本院申请解除涉案房产的查封，于法无据，应予驳回。

（二）关于案外人的执行异议主体适格，是否符合受理条件的问题

GZ 法院认为，G 法院以案外人所提出的异议不符合受理条件为由，裁定驳回异议人的申请，异议人不服向本院申请复议，因此本案的主要争议焦点是异议人的异议是否符合受理条件。

G 法院执行 B 公司、C 公司一案，查封了被执行人名下涉案房产，案外人甲对其中涉及的“自住部分”提出执行异议，对该房产主张所有权（房改房），请求解除查封、排除执行，属于案外人异议。而针对同一标的物，甲于 2009 年 5 月向一审法院提出过异议，请求解除查封。G 法院作出裁定，驳回异议人请求，该裁定送达后异议人甲并没有提起诉讼或复议，该裁定已发生法律效力。现异议人甲针对同一执行标的，以完全一样的理由再次提出异议。根据《执行异议和复议规定》第十五条第二款关于“案外人撤回异议或者被裁定异议后，再次就同一执行标的提出异议的，人民法院不予受理”的规定。其异议不符合受理条件。根据《执行异议和复议规定》第二条第一款规定，执行异议不符合受理条件的，裁定不予受理，立案后发现不符合受理条件的，应裁定驳回申请。故 G 法院依法驳回异议人甲的申请，符合规定，裁定驳回案外人甲的复议申请，维持 G 法院执行裁定。

七、实务经验

（一）私自处分已查封冻结财产的效力认定

目前我国法律法规并未直接规定被执行人查封期间处分、租赁查封物的行为无效（被执行人与第三人之间的合同），而只是规定了该行为不对抗查封在先的申请执行人。

《最高人民法院关于人民法院执行工作若干问题的规定》第四十四条规定，被执行人或其他人擅自处分已被查封、扣押、冻结财产的，人民法院有权责令责任人限期追回财产或承担相应的赔偿责任。《查封、扣押、冻结财产规定》第二十六条规定，被执行人就已经查封、扣押、冻结的财产所作的移转、设定权利负担或者其他有碍执行的行为，不得对抗申请执行人。第三人未经人民法院准许占有查封、扣押、冻结的财产或者实施其他有碍执行的行为的，人民法院可以依据申请执行人的申请或者依职权解除其占有或者排除其妨害。人民法院的查封、扣押、冻结没有公示的，其效力不得对抗善意第三人。《民事诉讼法》第一百一十一条第三项规定，对于隐藏、转移、变卖、毁损已被查封、扣押的财产的行为，人民法院可以根据情节轻重予以罚款、拘留；构成犯罪的，依法追究刑事责任。

据此，对查封在先的财产，被执行人不得擅自处分，并且其处分行为不能对抗对在先的申请查封人或申请执行人，其处分行为将受到法院处罚或追究刑事责任，同时可能承担追回财产或对应赔偿的责任。

（二）关于当事人重复执行异议的问题

《执行异议和复议规定》第十五条规定，当事人、利害关系人对同一执行行为有多个异议事由，但未在异议审查过程中一并提出，撤回异议或者被裁定驳回异议后，再次就该执行行为提出异议的，人民法院不予受理。

案外人撤回异议或者被裁定驳回异议后，再次就同一执行标的提出异议的，人民法院不予受理。

《查封、扣押、冻结财产规定》第四条规定，诉讼前、诉讼中采取保全措施的，进入执行程序后，自动转化为执行中的查封、扣押、冻结措施。最高人民法院曾在中信银行股份有限公司某分行与保定某集团有限公司金融借款合同纠纷、申请承认与执行法院判决、仲裁裁决案件执行裁定书①一案中，指出：案外人于保全程序中向法院提出异议请求，经法院审理驳回，后因上级法院提审而变更了审理法院，案外人于生效裁判执行程序中再次向法院提出相同的执行异议的，执行法院不予受理立案。因此，跨保全程序与执行程序的重复异议，也同样适用此规定，应依法不予受理。

综上所述，除在执行程序中当事人针对同一对象反复提起异议外，在保全程序中已提异议又在执行程序中提起异议的也属重复异议，依法应不予受理。

【点评】

在诉讼执行案件中，被执行人、案外人以各种途径或毫无根据的理由，不断通过执行异议、执行异议复议、执行异议之诉等各种方式干扰司法执行的情况，无形中加大了“执行难”的程度。最高人民法院的司法判例及有关批复已对类似情形作出指引，以确保生效判决的依法执行，维护司法权威。

执行程序中，对于重复提起执行异议的，应根据不同案件的实际情况进行处理。尤其是在审查提起异议的主体资格时，不仅仅是审查其是否为同一人或同一对

① （2015）执复字第46号。

夫妻，也应审查是否存在主体为权利继受人的情况，如是否为受赠方、继承者、或同一家庭（房改以家庭为单位）的其他成员。如异议者权利来源于赠与方、被继承人（即原权利人）或基于同一家庭关系产生，而原权利人已提起了执行异议，并经法院驳回的，则对于后来权利承受人或同一家庭成员提起执行异议的，则应尽快依法驳回，以防止有关人员为阻碍司法执行，不断通过赠与或权利继受等类似方式对抗执行。

同时，为严厉打击该类行为，法院应予以严厉制止，可以将其认定为“妨碍执行”，对行为人采取惩戒措施，确保执行能快速高效进行，维护生效裁判的权威，加快解决“执行难”问题。

点评人：广东南国德赛律师事务所律师　梁伟荣

执行异议之诉及执行异议复议实践适用

阳艳[*]

一、当事人及案由

（一）当事人

申请执行人：Z 银行。

被执行人：B 公司、C 公司、D 公司。

异议申请人：A 公司。

（二）案由

执行异议纠纷。

二、案情简介

申请执行人 Z 银行与被执行人 B 公司、C 公司、D 公司金融借款合同纠纷一案，经法院审理作出（2015）××金民初字的第×号判决书，判决 B 公司于本判决发生法律效力之日起十日内向 Z 银行偿还借款本金 12910 万元及支付利息；在 B 公司不履行第一判项时，Z 银行对 B 公司名下位于广州市开发区×号 3 栋 401、501、601、701 的房产、C 公司名下位于广州市开发区×号 1 栋 101、201、301、401、501、601、负一层的房产、D 公司名下位于广州市开发区×号 3 栋 101、201、301 的房产享有抵押权，并有权就抵押物变现所得优先受偿。

因被执行人 B 公司、C 公司、D 公司未履行裁决义务，Z 银行依法向法院申请强制执行，执行法院依法提取抵押物的租金及拍卖涉案房产。A 公司提起执行异议申请，认为涉案房产在办理抵押登记（2014 年 10 月 17 日）前，B 公司于 2012 年

---

* 阳艳，广东瀛杜律师事务所律师。

12月10日将其名下的抵押物出租给A公司，并签署了《租赁合同》；C公司于2013年4月9日将名下的抵押物出租给A公司，D公司于2014年4月9日将名下的抵押物出租给A公司，租金单价为市场价的三分之一，租期为15年，2016年7月之前的租金及保证金于2016年7月后的某日分次支付给B公司、C公司及D公司，A公司据此向执行法院提出异议，认为法院协助执行提取的小租户租金为其所有，而法院提取租金的协助通知书不合法。

三、争议焦点

1. 适用《民事诉讼法》第二百二十五条还是第二百二十七条给予执行异议申请人救济？

2. 如何保障申请执行人的权利？

四、双方意见

（一）执行异议人

执行异议人未提出意见。

（二）申请执行人

申请执行人认为通过异议人与被执行人存在关联关系、提交的材料本身存在冲突、与备案的租赁合同矛盾、与物业管理公司提供的说明完全相反等方面可知，异议人提供的租赁合同明显为虚假，因确实涉及当事人的实体权利，应适用《民事诉讼法》第二百二十七条；但为了解决执行难问题，在租赁合同明显为虚假时，可参照《民事诉讼法》第二百二十五条，给予执行异议复议救济。

五、裁判结果

对于第一次执行异议申请，法院审理认为异议人提起的执行异议申请缺乏事实依据，不予采纳，依据《民事诉讼法》第二百二十五条、《最高人民法院关于人民法院办理执行异议和复议案件若干问题的规定》第十七条第一款第一项的规定，驳回A公司的异议请求，如不服本裁定，可以自本裁定书送达之日起十日内，通过执行法院向上一级法院申请复议，也可以直接向上一级法院申请复议。

A公司向上一级法院申请复议，上一级法院认为应当适用《民事诉讼法》第二百二十七条审查，以使对实体权利义务关系的争议最后能导入诉讼程序；故执行法院适用《民事诉讼法》第二百二十五条审查错误，A公司撤销异议审查裁定的请求符合法律规定，但对事实和理由是否成立不作审查，上一级法院遂裁定撤回原裁定，发回执行法院重新作出裁定。

六、裁判理由

执行法院认为，A公司异议称其已向被执行人B公司、C公司、D公司承租了涉案房产并对外招租，审查A公司提交的证据《租赁合同》15份，均约定A公司要向B公司、C公司、D公司缴纳租赁保证金并分期缴纳租金，但均无约定具体分期支付的时间，而且无约定十五年租赁期间的租金递增。《租赁合同》的补充协议及《补充协议二》无签署日期，虽约定分期缴纳押金，但无约定具体分期支付方式。《租赁合同》《补充协议》及《补充协议二》均无约定迟延缴纳租金及保证金的违约责任。上述情况不符合租赁合同双方当事人权利义务对等的双务合同特征。而且，上述15份合同落款时间为2012年12月10日、2013年4月10日、2014年4月10日，但A公司与汇款证据均集中发生在租赁合同签订后数年且属于本案查封后的2016年8月及2017年3月和4月，有违日常交易习惯，且A公司未作出充分合理的说明。此外，A公司至今无提交证据证实该公司与众场地使用人的租赁关系，也未举证证实该租赁关系在本院2015年11月18日查封涉案房产以前已经合法获利。综上分析，A公司以该公司承租、转租涉案房产为由提出异议，要求不得扣留、提取B公司、C公司、D公司在涉案房产的租金收入，缺乏事实依据，执行法院不予采纳。

上一级法院认为A公司不是以协助执行义务人的身份对协助执行的通知提出异议，不能适用《最高人民法院关于人民法院办理执行异议和复议案件若干问题的规定》第五条“有下列情形之一的，当事人以外的公民、法人和其他组织，可以作为利害关系人提出执行行为异议：……（四）认为人民法院要求协助执行的事项超出其协助范围或者违反法律规定的……”的规定将其认定为执行行为异议；A公司依据租赁经营权对执行法院执行涉案房产的租金提出异议，是基于实体权利请求排除对执行标的（租金）的强制执行，应当认定为案外人异议；A公司与申请执行人之间的争议实质上是实体权利义务关系争议，且不能依据表面证据通过形式审查径行驳回A公司的异议，故应当适用《民事诉讼法》第二百二十七条进行审查，以使对实体权利义务关系的争议最后能导入诉讼程序。故执行法院适用《民事诉讼法》

第二百二十五条审查错误，A 公司撤销异议审查裁定的请求符合法律规定，但对事实和理由是否成立不作审查，上一级法院遂裁定撤回原裁定，发回执行法院重新作出裁定。

七、案例评析

本案是对被执行人名下抵押物租金提取的过程中，案外人以租赁合同为由主张协助提取的租金为其所有，向执行法院提出异议申请；按照现行的法律条文规定，应适用《民事诉讼法》第二百二十七条的规定。现行司法实践中，对案外人的异议申请，也有按照执行复议处理的，如《最高人民法院关于刑事裁判涉财产部分执行的若干规定》第十四条第一款规定，执行过程中，当事人、利害关系人认为执行行为违反法律规定，或者案外人对执行标的主张足以阻止执行的实体权利，向执行法院提出书面异议的，执行法院应当依照民事诉讼法第二百二十五条的规定处理。对此，本文将通过介绍执行异议、执行异议复议与执行异议之诉的特点来分析本案应采取的救济程序。

（一）执行异议复议及执行异议之诉的前置程序——执行异议的审理时限及标准

执行异议包括当事人、利害关系人对执行行为提请的执行异议，也包括案外人基于实体权利提请的异议（以下简称案外人异议）。当事人及利害关系人提起的执行异议与案外人异议在审理程序及审判标准是一致的，两者程序简易，实行表面证据审查。《最高人民法院关于人民法院办理执行异议和复议案件若干问题的规定》第二条第一款规定：“执行异议符合民事诉讼法第二百二十五条或者第二百二十七条规定条件的，人民法院应当在三日内立案，并在立案后三日内通知异议人和相关当事人。不符合受理条件的，裁定不予受理；立案后发现不符合受理条件的，裁定驳回申请。”第三条规定：“执行法院收到执行异议后三日内既不立案又不作出不予受理裁定，或者受理后无正当理由超过法定期限不作出异议裁定的，异议人可以向上一级人民法院提出异议。上一级人民法院审查后认为理由成立的，应当指令执行法院在三日内立案或者在十五日内作出异议裁定。”第十二条规定：“人民法院对执行异议和复议案件实行书面审查。案情复杂、争议较大的，应当进行听证。”根据上述条款可知，执行异议程序须在三日内立案，十五日内作出裁定，一般书面审理，可知执行异议程序简易。另依据《最高人民法院关于人民法院办理执行异议和复议案件若干问题的规定》第二十五条第一款“对案外人的异议，人民法院应当按照下列标准判断其是否系权利人：（一）已登记的不动产，按照不动产登记簿判断；未登记的建筑物、构筑物及其附属设施，按照土地使用权登记簿、建设工程规划许可、施工许可等相关证据判断；（二）已登记的机动车、船舶、航空器等特定动产，按照相关管理部门的登记判断；未登记的特定动产和其他动产，按照实际占有情况判断；（三）银行存款和存管在金融机构的有价证券，按照金融机构和登记结算机构登记的账户名称判断；有价证券由具备合法经营资质的托管机构名义持有的，按照该机构登记的实际投资人账户名称判断；（四）股权按照工商行政管理机关的登记和企业信用信息公示系统公示的信息判断；（五）其他财产和权利，有登记的，按照登记机构的登记判断；无登记的，按照合同等证明财产权属或者权利人的证据判断”等规定，可以看出，异议审理采取的是表面证据审理，即不动产以登记为准，动产以占有为准，股权及账号资金以登记的户主名称为准，其他的权利以合同为准，采取的是表面证据审理。

（二）执行异议复议及执行异议之诉的审理标准

《最高人民法院关于人民法院办理执行异议和复议案件若干问题的规定》第七条第一款规定：“当事人、利害关系人认为执行过程中或者执行保全、先予执行裁定过程中的下列行为违法提出异议的，人民法院应当依照民事诉讼法第二百二十五条规定进行审查：（一）查封、扣押、冻结、拍卖、变卖、以物抵债、暂缓执行、中止执行、终结执行等执行措施；（二）执行的期间、顺序等应当遵守的法定程序；（三）人民法院作出的侵害当事人、利害关系人合法权益的其他行为。”据此可知，进入执行异议复议程序的事项不针对执行标的归属提起异议，当事人及利害关系人主张的权益通常为执行程序过程中限制高消费、纳入失信名单，启动拍卖、评估报告等程序性事项，法院对此给予启动复议救济程序的机会。《最高人民法院关于人民法院办理执行异议和复议案件若干问题的规定》第九条、第十条规定了复议的时限，分别为十五天及三十天，司法实践中，一般为三十天，如果案件复杂需要听证，另提起复议申请时不需要缴纳费用。

案外人对执行标的提出的异议，均将影响执行标的是否可继续执行，故为了保证实体的公平、公正，案外人对执行标的提出执行异议，法院出具裁定后，则启动的是案外人执行异议之诉或者是申请执行人异议之诉，适用的是普通诉讼程序，按照普通程序的审理期限、公开开庭等标准进行审理，同时当事人需要按照《民事诉讼法》的规定缴纳诉讼费。

执行异议之诉，根据提请主体的不同，可分为如下两种：

1. 案外人执行异议之诉，是指就执行标的案外人享有足以排除强制执行之权利，请求法院不许对该标的实施执行之诉讼，也称为“第三人异议之诉”。

2. 申请执行人执行异议之诉，是指申请执行人对人民法院中止对特定标的执行的裁定不服，认为案外人不享有足以排除强制之权利，请求人民法院继续对该执行标的进行执行的诉讼。与案外人提起诉讼目的正相反，申请执行人提起诉讼旨在恢复对异议标的的执行，因此其诉讼请求为“请求对执行标的的许可执行”，也可称为“许可执行之诉”。

（三）执行异议复议与执行异议之诉对执行程序的影响

依据《最高人民法院关于适用〈中华人民共和国民事诉讼法〉执行程序若干问题的解释》第十条的规定，执行异议审查和复议期间，不停止执行。被执行人、利害关系人提供充分、有效的担保请求停止相应处分措施的，人民法院可以准许；申请执行人提供充分、有效的担保请求继续执行的，应当继续执行。因此，执行异议审查和复议期间，原则上不停止执行。但如果在异议审查和复议期间，强制执行不停止，一旦执行完毕，某些违法行为将无法纠正，当事人、利害关系人也可能因此遭受无法弥补的损害，无法达到执行救济的目的。因此，此条又规定被执行人、利害关系人提供有效、充分的担保，执行法院可以停止执行行为。但如果申请执行人提供充分、有效的担保请求继续执行的，执行法院应当继续执行。《最高人民法院关于人民法院办理执行异议和复议案件若干问题的规定》第九条、第十条也规定异议期间不停止执行。

《最高人民法院关于适用〈中华人民共和国民事诉讼法〉的解释》第三百一十五条第一款规定：“案外人执行异议之诉审理期间，人民法院不得对执行标的进行处分。申请执行人请求人民法院继续执行并提供相应担保的，人民法院可以准许。”第三百一十六条规定：“人民法院对执行标的裁定中止执行后，申请执行人在法律规定的期间内未提起执行异议之诉的，人民法院应当自起诉期限届满之日起七日内解除对该执行标的采取的执行措施。”由此可知，执行异议之诉审理期间需要停止执行，申请执行人可以提供担保申请人民法院继续执行；如人民法院作出中止或终止执行时，申请执行人不提出执行异议之诉时，待异议之诉提请期限届满之后，再解除执行措施。

本案中，A 公司提供了签订于抵押权设立之前的租赁合同，按照《最高人民法院关于人民法院办理执行异议和复议案件若干问题的规定》第二十五条第一款第五项：“其他财产和权利，有登记的，按照登记机构的登记判断；无登记的，按照合同等证明财产权属或者权利人的证据判断”的规定，即 B 公司、C 公司、D 公司将抵押物整体出租给 A 公司，A 公司再转租给小租户，法院提取的租金确实应属于 A

公司所有，但A公司提供的15份长租合同没有备案登记；然而，Z银行在异议程序中提交的证据中有备案登记的租赁合同，该等备案租赁合同系B公司、C公司、D公司自2012年5月之后签署，而且有备案登记及物业管理公司出具的情况说明；如此，根据表面证据审查，在案外人提交的租赁合同与备案登记的合同不一致时，应以登记的为准，即以备案的租赁合同为准，据此法院驳回A公司的异议请求；当然，执行法院可以对A公司提交的15份长租合同从租金单价、租赁期限、租金交付等实体方面来查明涉案15份租赁合同为虚假；另执行法院适用《民事诉讼法》第二百二十五条导入执行异议复议程序，相对于上一级法院认为需要导入执行异议之诉程序而言，可以有效提高执行效率，遏制被执行人利用执行异议之诉拖延执行程序，打击被执行人企图长期占有抵押物租金的非法目的。

【点评】

在执行法院对明显为虚假租赁合同移交公安刑事立案的实践操作比较少的现状下，对于明显以虚假租赁合同案外人提请的异议之诉，执行法院若均适用《民事诉讼法》第二百二十七条，将会导致案外人滥用执行异议之诉，给予不诚信市场交易主体过度的保护，严重阻碍实体正义的实现。故对明显与备案登记的租赁合同不一致的虚假租赁，执行法院可以参照适用《民事诉讼法》第二百二十五条的规定，参考租赁权设立在抵押权之后的承租人提请执行异议的处理方式，将案外人异议申请导入复议程序，此举可有效提高执行效率，同时也有利于解决当前司法执行难的困境。

点评人：广东瀛杜律师事务所律师　里曼

三、综合应用

用人单位在职工发生工伤前缴纳职工工伤保险费，职工工伤保险待遇应由谁支付？

范永志*

一、当事人、代理人及案由

（一）当事人、代理人

原告（被上诉人）：简××。

代理人：范永志，北京市盈科（广州）律师事务所律师。

被告（上诉人）：××公司。

代理人：李飞从，广东百越律师事务所律师。

（二）案由

劳动争议纠纷。

二、案情简介

简××原是××公司的员工，于2010年3月入职。2014年2月19日下午14时30分左右，简××在××公司处工作时，不慎被机器绞伤右手，造成事故。随即，简××被送到当地人民医院住院治疗，于2014年3月31日出院，出院后需全休三个月，之后简××于2015年6月2日在当地人民医院进行第二次住院治疗，于2015年6月16日出院，出院后需休息一个月，住院期间和出院后休息期间需要一名陪护人员。

根据当地人力资源和社会保障局于2015年5月4日出具的《认定工伤决定

---

* 范永志，北京市盈科（广州）律师事务所律师。

书》，认定简××于2014年2月19日所受到的事故伤害为工伤。根据当地劳动能力鉴定委员会于2015年9月14日出具的《初次鉴定（确认）结论书》，简××被鉴定劳动功能障碍等级为九级。

简××于2015年10月13日向当地劳动人事争议仲裁委员会（以下简称劳动仲裁委）申请仲裁，因不服仲裁裁决，向法院起诉，请求：（一）××公司赔偿简××医疗费9538.8元、住院伙食补助费3780元、停工留薪期工资待遇20361.48元、停工留薪护理费27853.92元、鉴定费2109元、一次性伤残补助金31594.05元、一次性伤残就业补助金28083.6元、一次性工伤医疗补助金7020.9元、营养费2000元、交通费1000元，用人单位解除劳动合同经济补偿金21062.7元，合计154404.45元，扣除××公司已付费用6697元后，还应支付147707.45元。（二）××公司承担本案诉讼费用。

该案件经历了一审和二审，××公司二审上诉请求为：（一）依法撤销一审判决第一项，判决简××享有的一次性伤残补助金和工伤医疗补助金及医疗费用、住院伙食补助费、鉴定费和交通费项目，由社会保险基金部门支付。（二）驳回简××停工留薪期工资13225元的请求。（三）驳回简××一次性伤残就业补助金21160元的请求。（四）本案诉讼费用由简××承担。

三、争议焦点

被执行人（用人单位）缴费周期内（职工发生工伤前）缴纳职工工伤保险费，职工工伤保险待遇是否应由社会保险基金部门支付而不是由被执行人（用人单位）支付？

四、双方意见

（一）简××意见

简××于2014年2月19日下午14时30分左右，在××公司处工作时，不慎被机器绞伤右手，造成伤害事故。简××经送至当地人民医院医治诊断结论为：右肱前中段粉碎性骨折。当地人力资源和社会保障局于2015年5月4日根据《广东省工伤保险条例》（2011年）第九条第一项的规定，认定简××于2014年2月19日所受到的事故伤害为工伤。当地劳动能力鉴定委员会于2015年9月14日根据《劳动能力鉴定职工工伤与职业病致残等级》国家标准，鉴定简××劳动功能障碍等级为九级；根据《工伤保险条例》《广东省工伤保险条例》（2011年）和《广东省职工外伤、职业病医疗终结鉴定标准》，确认简××停工留薪期为2014年2月19日至2014年6月19日；2015年6月2日至2015年7月2日。上述《认定工伤决定书》和《初次鉴定（确认）结论书》已经发生法律效力。简××提供了病历、出院记录、诊断证明书、收费票据、《工伤认定决定书》《初次鉴定（确认）结论书》、劳动合同等证据材料证明工伤发生等情况。××公司在2014年2月19日前未为简××参保和缴纳工伤保险费，因此，简××发生工伤事故的所有工伤待遇应当由××公司承担并支付。

（二）××公司意见

1. 一审

（1）××公司已为简××参加了医疗、工伤等社会保险，其应享受相关的社保待遇，简××应向社保局申请一次性伤残补助金、一次性工伤医疗补助金、医疗费、住院伙食补助费、鉴定费、交通费等。依照《工伤保险条例》第三十条、第三十七条的规定，简××应从社会保险基金中享有相关待遇，××公司履行了社保投保职责，在此之前简××也未向××公司要求为其代办医疗、工伤保险等手续。按照双方合同，简××的工资为1375元，××公司按照2139元交付社保费高于简××工资，也高于统筹地区职工平均工资，××公司无须补交差额部分。所以简××请求的伤残补助金、医疗补助金、医疗费等费用应按照2139元作为基数计算相关社保待遇，超出部分法院应不予支持。

（2）简××遭受工伤后，××公司尊重简××的意愿，为其安排了工作，因简××无故离开公司，未依法提出解除劳动合同，其不应享有一次性伤残就业补助金。

××公司安排了简××工作，多次通知其本人及通过其弟弟通知其本人来上班，简××也不来上班。××公司把情况反映到劳动局，劳动局的工作人员说试图通知其上班，也不见简××来上班。同时××公司至今仍全额为简××投保，负担了简××个人支付的部分。发工资时要求其回来上班，简××签名领取工资后也不来上班。其无故不来上班，简××也未曾向××公司提出解除合同，依照《广东省工伤保险条例》（2011年）第三十四条第二款的规定，简××只有依法提出解除劳动合同才享有一次性伤残就业补助金的权利，但简××未依法提出解除劳动合同，其依法不享有一次性伤残就业补助金，况且一次性伤残就业补助金的工资基数应为1375元，劳动仲裁委认定的2645元，是把××公司的商业保密费、竞业限制补偿费计算在内，实属错误，应不予支持，请法院依法驳回简××的请求。

（3）简××不应享有停工留薪工资待遇和停工留薪护理费，也不享有解除劳动合同经济补偿金。劳动局确认简××医疗期为2014年2月19日至2014年6月19日；2015年6月2日至2015年7月2日，共五个月，××公司支付了简××停工留薪期间的工资，无须再支付停工留薪工资待遇。简××工伤等级为九级，生活自理障碍等级不入级，无须停工留薪护理费，其也未在劳动仲裁时提出该请求。××公司安排简××来上班，简××请求解除劳动合同经济补偿金没有事实和法律依据。

综上，简××与××公司签订了劳动合同，参保了医疗工伤等保险，简××享有相关社保待遇，工资应为1375元，××公司为简××安排工作，其无故不来上班，擅自离开××公司，简××的请求不应支持，应予以驳回。

2. 二审

（1）××公司为简××参加了工伤保险，简××应享有工伤保险待遇，劳动仲裁委也裁决简××享有社会保险待遇。当地社保局于2015年10月28日出具了简××《个人参加社会保险证明表》，证明简××的工伤保险参保时间段为2014年2月至2015年10月，累计缴费年限21个月，也即简××参保时间从2014年2月1日起算，属正常参保，其应依法享有有关工伤保险待遇，一审法院对此视而不见，简单地认为简××不享有工伤保险待遇，在事实上是错误的。××公司为简××及全公司员工开立了社会保险缴费账户，在2月20日前，包括简××在内的全部公司员工的缴费已缴存在账户内，至于社保局何时划款到账与××公司有无给简××参保无关，正如劳动仲裁委所认定的那样，简××依法享有工伤保险待遇。同时，复函不是工伤保险的参保证明，参保证明才是唯一合法的证据。据上，简××的医疗费、伙食补助费、交通费等应享受基本医疗保险待遇。

（2）简××在仲裁时并未提出停工留薪期工资的请求，不享有停工留薪期工资13225元，当地劳动仲裁委作出的《仲裁裁决书》也未裁决××公司支付简××停工留薪期工资待遇。××公司已全额支付了简××2014年2月至2015年6月包括停工留薪期在内的工资，并予以举证了工资条（表）、参加保险证明等证据予以证实；简××在劳动仲裁时也当庭承认领取了工资。故××公司不存在拖欠工资或未支付停工留薪期工资的情形。

（3）××公司安排了简××工作，多次通知其本人及通过其弟弟通知其本人来上班，简××也不来上班。××公司把情况反映到劳动局，劳动局的工作人员说试图通知其上班，也不见简××来上班。同时××公司至今仍全额为简××参保，负担了简××个人支付的部分。发工资时要求其回来上班，简××签名领取工资后也不来上班。其无故不来上班，简××也未曾向××公司提出解除合同，依照《广东省工伤保险条例》（2011年）第三十四条第二款，简××依法提出解除劳动合同的享有一次性伤残就业补助金的权利，但简××未依法提出解除劳动合同，其依法不享有一次性伤残就业补助金。

五、裁判结果

（一）一审

依照《劳动合同法》第三十八条、第四十六条、第四十七条，《工伤保险条例》第三十条、第三十三条、第三十七条，《广东省工伤保险条例》（2011 年）第二十五条、第二十六条、第三十四条、第五十八条、第六十六条，《最高人民法院关于审理劳动争议案件适用法律若干问题的解释》第六条，《最高人民法院关于民事诉讼证据的若干规定》（2008 年）第二条的规定，判决如下：1. ××公司应自本判决书生效之日起十日内一次性支付给简××医疗费 9538.8 元、伙食补助费 980 元、交通费 300 元、一次性伤残补助金 23805 元、一次性工伤医疗补助金 5290 元、一次性伤残就业补助金 21160 元、停工留薪期工资 13225 元、鉴定费 300 元，合计 74598.8 元；扣减××公司已支付的 6697 元，××公司尚应支付 67901.8 元给简××。2. 驳回简××其他诉讼请求。[①]

（二）二审

依照《民事诉讼法》第一百七十条第一款第二项的规定，判决如下：1. 撤销一审法院（2015）肇四法大民初字第 506 号民事判决第二项；2. 变更一审法院（2015）肇四法大民初字第 506 号民事判决第一项为：××公司应自本判决书生效之日起一次性支付给简××2014 年 2 月 19 日、20 日的医疗费 2374.11 元、伙食补助费 200 元、交通费 100 元、鉴定费 300 元；及一次性伤残就业补助金 21160 元、停工留薪期工资 1322.5 元，工伤医疗补助金的差额 5566 元，合计 31022.61 元；扣减××公司已支付的 6697 元，××公司尚应支付 24325.61 元给简××。3. 驳回简××其他诉讼请求。[②]

六、裁判理由

（一）一审

1. 关于工资标准问题。简××提供的证据证明平均工资为每月 2645 元，未能

---

① （2015）肇四法大民初字第 506 号。

② （2016）粤 12 民终 1082 号。

提供证据证明其受伤前工资每月为3510.45元，故采纳简××工伤前12个月的平均工资为2645元。

2. 关于工伤保险待遇问题。根据《广东省工伤保险条例》（2011年）第二十五条、第二十六条的规定和查明的事实，核定简××的医疗费为9538.8元、伙食补助费为980元、交通费以300元较为适宜。根据《广东省工伤保险条例》（2011年）第三十四条的规定，简××工伤保险待遇的一次性伤残补助金为2645元/月×9个月=23805元、一次性工伤医疗补助金2645元/月×2个月=5290元、一次性伤残就业补助金2645元/月×8个月=21160元。停工留薪期工资2645元/月×4.5个月=11902.5元，××公司未举证已经发放该工资，应予以支付。简××到当地劳动能力鉴定委员会鉴定的300元鉴定费应当由××公司支付，简××未证明到司法鉴定所鉴定的1890元的必要性，不予支持。简××未提供证据证明在停工留薪期间生活不能自理需要护理，故不予支持停工留薪期护理费。对简××第二次住院期间的护理费予以支持，按100元每天计算，14天为1400元。营养费没有法律依据，不予支持。简××主张用人单位解除劳动合同经济补偿金，因是简××向用人单位提出解除劳动关系，之后主张一次性伤残补助金、一次性工伤医疗补助金、一次性伤残就业补助金的，不符合《劳动合同法》第三十八条的规定，不予支持。××公司已支付简××6697元的工伤补贴应在简××的工伤保险待遇中予以扣减。

3. 因××公司是在简××发生工伤当月为简××等员工参投社会工伤保险，简××认为社会保险基金不会承担有关保险待遇的支付责任，认为应由××公司承担。法院向当地社会保障基金管理局核查简××参投工伤保险的情况，并询问简××于2014年2月19的工伤是否符合由该局依法发放工伤保险待遇的条件，当地社会保障基金管理局复函称“经与地税局沟通核查，××公司于2014年2月20日为简××缴纳工伤保险费，2014年2月21日到账”，简××是2014年2月19日发生工伤，表明用人单位是在工伤后才为简××参保的。根据《广东省工伤保险条例》（2011年）第四十三条规定，简××的工伤保险待遇全部数额由××公司承担。

（二）二审

1. 关于简××享有的一次性伤残补助金和工伤医疗补助金及医疗费用、住院伙食费、鉴定费和交通费等工伤保险待遇项目，应否由××公司承担的问题。经查明，简××2014年2月19日发生工伤事故，××公司于2014年2月20日为简××办理工伤参保手续，2014年2月21日缴纳保险费用。据当地社会保险基金管理局出具的《证明》证实简××的参保时间从2014年2月起，故可确定××公司是在当地社会保险基金管理局规定的缴费周期内缴纳工伤保险费。根据《工伤保险条例》

第六十二条第三款和《人力资源社会保障部关于执行〈工伤保险条例〉若干问题的意见（二）》第三条第一款、《广东省工伤保险条例》（2011 年）第六十七条的规定，简××从 2014 年 2 月 21 日起可以享受工伤保险待遇，即简××2014 年 2 月 20 日前发生的工伤医疗费、工伤康复费、住院伙食补助费、统筹地区以外就医交通食宿费、辅助器具配置费、生活护理费、一级至四级伤残职工津贴，以及参保后解除劳动合同时的一次性工伤医疗补助金由××公司支付；2014 年 2 月 21 日后发生的上述费用由社会保险基金部门支付。

2. 据上，法院确认应由××公司承担的工伤保险待遇为：简××2014 年 2 月 19 日、20 日的医疗费为 2374.11 元；伙食补助费按照 2 天计算为 200 元；交通费酌定为 100 元；鉴定费 300 元，合计 2974.11 元。因简××在仲裁期间没有主张护理费、营养费，故对其受伤后第一次住院的 2014 年 2 月 19 日、20 日的护理费和营养费，不予支持。至于该 19 日和 20 日的一次性伤残补助金、一次性工伤医疗补助金，因根据《广东省工伤保险条例》（2011 年）的规定是按月计算，故应由社保部门按照规定一并计算，即简××从 2014 年 2 月 21 日后发生的工伤保险待遇，由简××向社会保险基金部门申报，××公司应予以配合办理相关社保手续（含出具证明及派人协助）。

3. 关于简××主张的停工留薪期工资待遇及一次性伤残就业补助金应否支持的问题。经核查，简××治疗期为 2014 年 2 月 19 日至 2014 年 6 月 19 日；2015 年 6 月 2 日至 2015 年 7 月 2 日（共 5 个月）。因简××与××公司对于双方的劳动合同关系从 2015 年 6 月 17 日起解除没有异议，故法院予以确认。××公司举示的工资表显示，简××2014 年停工留薪期的工资已发放完毕。××公司举示的 2015 年 5 月、6 月的工资表上均有简××的签名，因双方的劳动合同约定是当月支付上月的工资，故法院确认××公司已支付了 2015 年 4 月、5 月的工资给简××。因双方同意劳动合同于 2015 年 6 月 17 日起解除，故从劳动合同解除后之日起简××不再享有停工留薪工资。故××公司应支付该 0.5 个月的工资共 1322.5 元（2645 元/月×0.5 个月）给简××。对一次性伤残就业补助金的认定，根据《广东省工伤保险条例》（2011 年）第三十四条第二款规定，简××因工伤劳动功能障碍经鉴定为九级，且其也已提出解除劳动关系，故依照上述规定，对简××主张的一次性伤残就业补助金 21160 元（2645 元/月×8 个月）予以维持。上述两项共计 22482.5 元，减除××公司已支付的 6697 元，××公司尚应支付 15785.5 元给简××。

4. 另简××工伤前 12 个月的平均工资为 2645 元/月，而××公司为简××参加工伤保险的当年缴费工资是按 2139 元/月，之间存在差额 506 元。按照《广东省工伤保险条例》（2011 年）第五十八条规定，存在差额部分的一次性伤残补助金 4554 元［（2645 - 2139）×9 个月］、工伤医疗补助金 1012 元［（2645 - 2139）×2 个月］，两项差额合计 5566 元，应由××公司向简××支付。

七、执行现状

上述民事判决发生法律效力之后，××公司未能履行相关内容，简××为此向法院申请强制执行，在强制执行过程中，××公司强烈表示其已经为简××购买了社会保险（包括工伤、生育、医疗、养老、失业），并且是在缴纳期限内缴纳了社会保险费用，简××的社会保险费用是与公司其他员工一起缴纳的，××公司已经将缴纳员工社会保险的费用足额存入了开立的社会保险缴费账户中，至于社保局及劳动局何时扣划社会保险款项则与××公司有无给简××参保并无关系。也就是说××公司无须承担简××的工伤赔偿，简××的工伤赔偿应当向社保局主张，并由社保局赔付，故××公司拒绝履行生效判决书的内容。简××也向当地社会保险基金管理局申请工伤待遇赔偿，当地社会保险基金管局却以不予受理告知书通知简××不予办理简××的工伤待遇，理由就是根据《广东省工伤保险条例》（2011 年）第四十三条、第五十七条等规定，认为××公司在简××发生工伤后才首次为简××参加工伤保险，属于未依法参保及缴纳工伤保险费的情形，简××的工伤保险待遇不属于工伤保险基金支付的范畴，应当由××公司承担。简××的工伤待遇赔偿问题，由于在强制执行中，因为××公司与社保局对《工伤保险条例》以及《广东省工伤条例》等关于购买和缴纳社会保险费用以及工伤待遇赔付的理解不同，××公司认为已经在缴费周期内为包括简××在内的所有员工缴纳了社会保险费用，简××的工伤赔偿应当由社保局承担，社保局认为××公司未能依法给简××缴纳社会保险费用，简××的工伤赔偿应当由××公司承担。申请执行人简××认为根据《工伤保险条例》第六十二条、《人力资源社会保障部关于执行〈工伤保险条例〉若干问题的意见（二）》（以下简称《工伤保险条例意见二》）第三条、《广东省工伤保险条例》第六十七条以及法院的认定，被执行人（用人单位）缴费周期内（职工发生工伤前）缴纳职工工伤保险费，职工工伤保险待遇应由社会保险基金部门支付。申请执行人简××在申请强制执行××公司履行生效判决的过程中，也已经多次按照法院的生效判决要求社保局向简××作出受理工伤保险待遇的决定并支付工伤保险待遇。但是申请强制执行之后到目前为止，简××的工伤待遇赔付问题并没有实际解决。

八、案例评析

《广东省工伤保险条例》（2011 年）第四十三条第一款规定："职工所在用人单位未依法缴纳工伤保险费，发生工伤事故的，由用人单位支付工伤保险待遇。"一般情况下，用人单位未依法缴纳工伤保险费的，职工发生工伤事故，职工的工伤待遇由用人单位支付。

经查，××公司于 2014 年 2 月 20 日为简××办理工伤参保手续，2014 年 2 月 21 日缴纳保险费用，当地社会保险基金管理局出具的《证明》也能证实简××的参保时间是从 2014 年 2 月起，故可确定××公司是在当地社会保险基金管理局规定的缴费周期内缴纳工伤保险费。《工伤保险条例》第六十二条第三款规定："用人单位参加工伤保险并补缴应当缴纳的工伤保险费、滞纳金后，由工伤保险基金和用人单位依照本条例的规定支付新发生的费用。"《工伤保险条例意见二》第三条第一项规定："《工伤保险条例》第六十二条规定的'新发生的费用'，是指用人单位参加工伤保险前发生工伤的职工，在参加工伤保险后新发生的费用。其中由工伤保险基金支付的费用，按不同情况予以处理：（一）因工受伤的，支付参保后新发生的工伤医疗费、工伤康复费、住院伙食补助费、统筹地区以外就医交通食宿费、辅助器具配置费、生活护理费、一级至四级伤残职工伤残津贴，以及参保后解除劳动合同时的一次性工伤医疗补助金。"《广东省工伤保险条例》（2011 年）第六十七条规定："用人单位为职工办理工伤保险参保手续次日起，在规定的缴费周期内缴纳工伤保险费的，该参保职工发生工伤，由工伤保险基金按照本条例规定的工伤保险待遇项目和标准支付费用。"根据上述规定，简××从 2014 年 2 月 21 日起可以享受工伤保险待遇，2014 年 2 月 21 日后发生的上述费用由社会保险基金部门支付。

二审审理过程中，简××请求二审法院在判决项目中增加简××2014 年 2 月 21 日之后的工伤待遇由社会保险基金部门支付，但是法院未能采纳此合理意见。而简××目前也已经向法院申请强制执行，但因为××公司和社保局的不同意见，导致该案目前并未妥善解决。

【点评】

本案由于用人单位是在职工发生工伤之后才参保和缴费，导致适用法律的不同。一审法院认定用人单位未为职工参保和缴纳工伤保险费，职工的全部工伤待遇应当由用人单位承担。二审法院认定用人单位在工伤缴费周期内为职工参保和缴纳了工伤保险，除用人单位应当承担的部分工伤待遇外，其他的工伤待遇均由社会保险基金部门承担和支付，二审法院也建议职工直接向社会保险基金部门申报工伤待遇。但是职工在向社会保险基金部门申报工伤时，社会保险基金部门又认定职工的工伤待遇不是由社会保险基金部门承担而应当由用人单位承担。上述不同部门的不同认定，导致职工在申请强制执行过程中无法得到及时有效的赔付，也加重了职工诉讼的成本。

点评人：广东佰德律师事务所律师　胡正方

强制执行七年未果，律师介入半年执行和解

蔡雪峰*

一、当事人、代理人及案由

（一）当事人、代理人

申请执行人：谢某某，女，交通事故中受害人配偶，下岗人员，中年丧偶，上有80多岁卧床老母亲，下有儿子在读书。

代理人：蔡雪峰，广东四时律师事务所律师。

被执行人：李某某，男，交通事故中肇事车辆所有人。

（二）案由

机动车交通事故责任纠纷执行。

二、案情简介

2005年8月5日，赵某某驾驶湘D825××号重型厢式货车沿京珠高速公路由南往北行驶，下午4时许在广韶路段与湘LA05××号重型厢式货车相撞，湘LA05××号驾驶人逃逸。事故造成赵某某和车上乘客梁某某、陆某某死亡，另有三名乘客受伤。事后梁某某配偶谢某某向法院起诉，请求李某某和保险公司赔偿。人民法院于2008年3月7日判决：湘LA05××号车辆的实际控制人李某某于判决生效后十日内赔偿原告谢某某丧葬费、死亡补偿费共计283109元，某财产保险股份有限公司对上述款项在第三者责任险限额50000元内承担连带赔偿责任①。

判决生效后，债务人没有主动清偿判决书确定的债务，谢某某向法院申请强制

---

* 蔡雪峰，广东四时律师事务所律师。

① （2007）佛法民初字第679号。

执行。因被申请执行人不在判决法院所在地，本案移送到被申请执行人所在地法院执行，受移送人民法院于2008年10月20日出具《执行案件受理通知书》。进入强制执行后，保险公司支付了50000元。但李某某没有履行债务，而且下落不明。执行法院裁定冻结、划拨被申请执行人李某某银行存款455000元或查封、扣押、拍卖、变卖其相应价值的财产①。谢某某每年都到法院询问案件的执行结果，但一直没联系上李某某。2014年11月初，《最高人民法院、最高人民检察院、公安部关于开展集中打击拒不执行判决、裁定等犯罪行为专项行动有关工作的通知》（以下简称《打击拒不执行判决、裁定等犯罪行为专项行动》）发布，主要针对人民法院在执行过程中发生的两类违法犯罪行为进行集中打击：一类是涉嫌构成拒不执行判决、裁定罪，妨害公务罪，非法处置查封、扣押、冻结财产罪等犯罪的被执行人或相关人员，将由公安机关立案侦查、人民检察院提起公诉、人民法院进行审判，最后依法定罪量刑；另一类是被执行人或相关人员的妨害执行行为虽不构成犯罪，但需要进行司法拘留惩戒的，由各地人民法院依法及时采取强制措施。其中行为人逃匿的，由公安机关协助查找、控制，送交拘留所进行拘留。谢某某对这次行动抱有很大希望，认为这次应该可以执行到位了。执行法院对被执行人李某某作出了拘留15天的决定，但由于李某某下落不明，实际并没有执行，执行程序再次陷入僵局。谢某某因丈夫去世，家庭无稳定收入，上有卧床老母，下有读书的小孩，靠低保和打零工度日，日复一日，心情愈加焦急。年年催执行，年年无进展，时至2015年1月，谢某某深感执行无望，但又不甘心，无奈之下，通过朋友碾转委托律师代理。

律师接受代理后，即向执行法院递交了代理手续，并向执行法院提出三点要求：1. 扣押、冻结、划拨、变价被执行人李某某的存款、债券、股票、基金份额等财产，扣留、提取被执行人李某某的收入，查封、扣押、拍卖、变卖被执行人李某某的房屋、车辆。2. 对被申请执行人李某某予以拘留，并以拒不执行判决罪追究其刑事责任。3. 将被申请执行人李某某纳入失信被执行人名单，依法对其进行信用惩戒，并向政府相关部门、金融监管机构、金融机构、承担行政职能的事业单位及行业协会等通报。执行法官热情接待了律师，并带律师到被执行人的住址查看，称被执行人长期在外躲债，下落不明，也没发现有可执行的财产，需要继续等通知。因路途遥远，代理律师后续又电话催促几次，但无实际进展。2016年春节期间，律师和当事人再次前往被执行人家中，仍然没有见到被执行人。律师到公安部

① （2008）宜委执立字第28号。

门查询，得到的回复是，公安机关只是协助查找被执行人，并未作为拒不执行判决案立案侦查。同时，律师查询了被执行人的车辆、房屋等财产信息，发现被执行人的房屋面积较大，有130多平方米，而且在执行期间多次抵押贷款，最近一次抵押贷款的时间为2010年7月13日，处于强制执行期间，并且已经于2013年6月解除抵押。据此，律师推断，被执行人是故意躲避，而且还在做生意，有一定履行能力。于是，当即与承办法官沟通，重点要求：1. 将被执行人李某某拒不执行判决的材料移送公安部门，以涉嫌拒不执行判决、裁定罪立案侦查。2. 申请追加被执行人配偶为被执行人并提取其收入。3. 将被执行人李某某的房屋评估拍卖，如流拍，申请人也同意由法院变卖或以房抵债。4. 将被执行人列入失信人名单。同时，向执行法院提交了房屋查询结果。承办法官不愿将案件移送至公安机关，同意委托评估机构评估房屋价值。时隔两个月，虽多次与承办法官沟通，最后仍然没有评估。律师据理力争，并向院领导反映情况，同时建议申请人与被执行人家属沟通，争取和解，申请人表示愿意和解，前提是被执行人要出面来谈。

三、争议焦点

1. 李某某是否涉嫌拒不执行判决、裁定罪？
2. 被执行人唯一住房是否可以执行？

四、各方意见

（一）关于李某某是否涉嫌拒不执行判决、裁定罪

公安机关认为，法院仅要求公安机关协助查找被执行人，未刑事立案，不能进入刑事程序。法院认为，被执行人没有可供执行财产，不构成拒不执行判决、裁定罪，不愿移送公安刑事立案。律师认为，被执行人在交通事故发生后三次向外抵押贷款并三次还清贷款解除抵押，其中有一次还发生在强制执行期间，被执行人完全属于有履行能力而拒不履行，应该以拒不执行判决裁定罪移送公安立案侦查。

（二）关于被执行人唯一住房是否可以执行

被执行人的配偶认为，他们自身经济困难，孩子读书每月需要1000－2000元，没有履行能力。只有一套房子，不能拍卖。承办法官表示，正在调查被执行人农村老家的房屋，该房屋没有办证，权属不明，言下之意是该房屋也属于唯一

住房，不能执行。申请执行人方认为，被执行人唯一住房在满足一定的条件下也可以执行。

五、执行现状

2015 年 6 月 24 日，在执行法官、代理律师的努力下，申请执行人与被执行人达成执行和解，被执行人当天向申请执行人支付了 175000 元，申请执行人自愿放弃其他赔偿和利息，执行费用由被执行人承担。至此，本案执行终结。

六、案例评析

（一）李某某是否涉嫌拒不执行判决、裁定罪

我国 2011 年《刑法》第三百一十三条规定，对人民法院的判决、裁定有能力执行而拒不执行，情节严重的，处三年以下有期徒刑、拘役或者罚金。根据《全国人民代表大会常务委员会关于〈中华人民共和国刑法〉第三百一十三条的解释》的规定，以下情形属于“有能力执行而拒不执行，情节严重”：1. 被执行人隐藏、转移、故意毁损财产或者无偿转让财产、以明显不合理的低价转让财产，致使判决、裁定无法执行的；2. 担保人或者被执行人隐藏、转移、故意毁损或者转让已向人民法院提供担保的财产，致使判决、裁定无法执行的；3. 协助执行义务人接到人民法院协助执行通知书后，拒不协助执行，致使判决、裁定无法执行的；4. 被执行人、担保人、协助执行义务人与国家机关工作人员通谋，利用国家机关工作人员的职权妨害执行，致使判决、裁定无法执行的；5. 其他有能力执行而拒不执行，情节严重的情形。

本案中李某某三次将唯一住房抵押贷款，并三次清偿抵押贷款债务，证明其有相当的履行能力，但其不但不履行判决所确定的义务，反而故意下落不明，规避执行，符合“其他有能力执行而拒不执行”的情形。至执行法院发出执行裁定时，涉案金额达 445000 元，涉案时间长达 7 年，属于情节严重，符合拒不执行判决、裁定罪的主、客观要件，具有刑事可罚性，应当予以刑事立案。同时，《打击拒不执行判决、裁定等犯罪行为专项行动》规定，各地人民法院应立即着手对相关执行案件情况进行排查，对涉嫌构成拒不执行判决、裁定罪，妨害公务罪，非法处置查封、扣押、冻结财产罪等犯罪的被执行人或相关人员进行甄别，将有关犯罪线索于 11 月底前向有管辖权的公安机关移送。只要是犯罪线索，就可以移送，是否构成

该罪，待公安侦查之后自会水落石出。本案被执行人李某某多次以房抵押贷款并已经清偿债务，有履行能力而不履行，就算他真的可能没有履行能力，根据上述专项行动的精神，也应该将犯罪线索移送给有管辖权的公安机关。

（二）本案唯一住房是否可以执行

《最高人民法院关于人民法院民事执行中查封、扣押、冻结财产的规定》（以下简称《查封、扣押、冻结财产规定》）第七条规定，对于超过被执行人及其所扶养家属生活所必需的房屋和生活用品，人民法院根据申请执行人的申请，在保障被执行人及其所扶养家属最低生活标准所必需的居住房屋和普通生活必需品后，可予以执行。何为“最低生活标准所必需的居住房屋”？《最高人民法院关于人民法院办理执行异议和复议案件若干问题的规定》（以下简称《执行异议和复议规定》）第二十条第一款规定：“金钱债权执行中，符合下列情形之一，被执行人以执行标的系本人及所扶养家属维持生活必需的居住房屋为由提出异议的，人民法院不予支持：（一）对被执行人有扶养义务的人名下有其他能够维持生活必需的居住房屋的；（二）执行依据生效后，被执行人为逃避债务转让其名下其他房屋的；（三）申请执行人按照当地廉租住房保障面积标准为被执行人及所扶养家属提供居住房屋，或者同意参照当地房屋租赁市场平均租金标准从该房屋的变价款中扣除五至八年租金的。”此处明确“最低生活标准所必需的居住房屋”面积为“当地廉租住房保障面积标准。”最高人民法院执行局副局长张根大在《执行异议和复议规定》的新闻发布会上明确表示，被执行人名下的唯一住房可以执行。按照《查封、扣押、冻结财产规定》第六条的规定，如果执行标的系被执行人本人及其所扶养家属维持生活必需的居住房屋，可以豁免执行。但是，并非被执行人只要仅有一套房屋，就一律停止执行。按照前述第七条的规定，如果被执行人名下的唯一住房，超出了被执行人及其所扶养家属生活所必需的范围，人民法院可以执行。

由网上查询得知，本案被执行人所在地区保障性住房申请条件是：申请人家庭人均住房建筑面积在10平方米以下，且家庭住房总建筑面积在50平方米以下。而本案被执行人一家有三口人，房屋面积是136.22平方米，远远超出人均10平方米和总面积50平方米的标准，大大超出了被执行人及其所扶养家属生活所必需的范围，因此该房屋完全可以被执行。同时，申请人同意参照当地房屋租赁市场平均租金标准从该房屋的变价款中扣除六年租金给被执行人。所以，无论是从面积还是从提供房屋租金的角度，本案唯一住房都可以被执行。

七、实务经验

（一）熟悉执行的相关法律法规，不只是民事诉讼法，还包括执行的所有的相关规定

我国执行的相关规定主要包括：《查封、扣押、冻结财产规定》《最高人民法院关于执行案件立案、结案若干问题的意见》《最高人民法院关于适用〈中华人民共和国民事诉讼法〉执行程序若干问题的解释》《最高人民法院关于限制被执行人高消费及有关消费的若干规定》《最高人民法院关于公布失信被执行人名单信息的若干规定》《执行异议和复议规定》《最高人民法院关于人民法院执行设定抵押的房屋的规定》等。同时，对最新公布的执行法律法规，要加以关注，以便及时运用到案件中。本案在执行中，适遇《执行异议和复议规定》出台，其中第二十条规定，申请执行人按照当地廉租住房保障面积标准为被执行人及所扶养家属提供居住房屋，或者同意参照当地房屋租赁市场平均租金标准从该房屋的变价款中扣除五年至八年租金的，只有一套房的也可以拍卖。律师根据该条款，立即向法院申请拍卖被执行人唯一住房，愿意为其保留6年租金的变价款，如此执行法院则不能以唯一住房为由不予执行。

（二）尽可能查询被执行人的财产

律师虽然不能查银行存款，但是可查房产、车辆、婚姻状况。有时，相关部门可能会人为设置一些律师查询的附加条件，律师有必要了解与查询相关的法律规定。

本案中，虽然法院已经查封了房屋，但律师经过再次查询，发现该房屋在执行期间有多次抵押记录，这就证明被执行人并非真的下落不明，也证明被执行人有一定的清偿能力，最终说服法官对其加大执行力度。笔者认为，当前新出的有关悬赏财产线索的规定是一个很好的举措，更有利于发现被执行人的财产线索。另外，请求专业调查公司调查，有时也不失为一个办法。

（三）要有责任心

本案律师为了验证被执行人是否真的“失踪”，春节期间与当事人一同赶赴被执行人家里，虽未见到其本人，但与被执行人配偶和亲属见了面，表达了和解意向，为以后的和解打下了基础。通过实地考察，发现被执行人家里还有一个保险柜，这也验证了被执行人有一定履行能力的猜想。不过，与被执行人见面，尤其是到外地见面，要注意安全。

（四）适当转换思路

执行是以取得财产为目的，如果被执行人执行能力有限，并非一定要求全额履行，适当让步，往往容易取得不错的效果。本案被执行人为逃避债务，长期躲躲藏藏，心理压力也比较大。同时，如要全额履行，被执行人没有相应的履行能力，就不愿意露面。后来，律师经与当事人沟通，请求法官联系被执行人的配偶到法院面谈，表达可以减少履行金额与和解的愿望，加上法律强制措施的威慑，最终被执行人配偶同意以 175000 元和解。戏剧性的是，达成意向后，被执行人本人马上就出现了。

（五）穷尽法律方法，不达目的不罢休

本案执行时间长，但一开始执行法官只是流于形式，缺乏执法力度。后来律师要求将被执行人列入失信人名单，移送公安机关以刑事犯罪立案侦查，评估拍卖被执行人房屋，被执行人才表示愿意执行和解。没有强制措施，单纯减少执行金额，不一定能达到目的。

【点评】

本案中，被执行人主观上有逃避债务的恶意，既不按期履行，也不申报财产，下落不明，躲避债务，规避法院执行。申请执行人是外地人，与被执行人相距较远，无法经常跟进执行进度。在代理律师和承办法官的努力下，采取反规避的强制措施，一是将被执行人列入失信人名单，让其行动受限；二是准备评估拍卖被执行人的房屋，打破被执行人“反正你找不到我的财产，能奈我何”的心理；三是发出拘留通知书，并将被执行人准备移送公安机关立案侦查，给被执行人施压；四是同时给被执行人一个可以解决的方案，表达和解意愿。最终，在法律的威慑下，被执行人不得不出面解决问题，也使一起长达 7 年的执行案画上了句号。

点评人：广东四时律师事务所律师　邓亚生

债务的履行不等于债权的实现

钟炜*

一、当事人、代理人及案由

（一）当事人、代理人

申请复议人（异议人、被执行人）：G 房地产开发有限公司（以下简称 G 公司）。

代理人：钟炜、徐婉雯，均为北京大成（广州）律师事务所律师。

申请执行人：X 投资顾问有限公司（以下简称 X 公司）。

（二）案由

执行异议复议。

二、案情简介

申请复议人 G 公司不服××省××市××区人民法院 2015 年 6 月 4 日作出的（2015）××法执异字第 53 号执行裁定，向××市中级人民法院申请复议。

原审法院查明：X 公司依据已经发生法律效力的（2009）××民二初字第 1213 号民事判决书、（2010）××法民二终字第 2348 号民事判决申请执行 G 公司股权转让纠纷的（2012）××法执字第 743 号一案，根据上述判决，G 公司应在判决生效之日起十日内支付补偿款 2262 万元及违约金等给 X 公司；若 G 公司未按判决指定的期间履行给付金钱义务，应当按照 2007 年《民事诉讼法》第二百二十九条的规定，加倍支付迟延履行期间的债务利息等。

原审法院于 2012 年 3 月 5 日作出（2012）××法执字第 743 号执行裁定书，

---

* 钟炜，北京大成（广州）律师事务所律师。

裁定划拨G公司应当履行生效法律文书确定义务部分的款项31678133元，实际将G公司在中国银行××支行开立的账户中的存款共31678133元扣划至原审法院代管款账户（其中于2012年3月8日扣划508971元、于3月9日扣划31169162元）。G公司于2012年3月13日对此提出异议，认为：1. 法院划扣其公司之商品房预收款专用账户，直接侵害购房人的权益。按照相关法律规定，房地产专用账户只能专款专用，不可作其他用途。法院判决其公司赔偿的是补偿款，属一般的债权债务，故不应划扣该专用账户，其公司同意提供房地产实物作担保。2. 原审判决主体“何小虹”是虚构的，本案执行依据存在重大瑕疵，其公司已向检察院申请抗诉，××市人民检察院已向××省人民检察院提请抗诉。3. 按照判决结果和申请执行的时间点计算，执行数额应是2870万元，而X公司却申请执行31070691.8元，法院明显是超标的划扣。要求法院把划扣的款项退还其公司。原审法院于2012年3月15日立案，并于2012年5月23日作出（2012）××法执异字第39号执行裁定书，驳回G公司的执行异议。

G公司不服提起复议，在复议审查期间，G公司又因不服（2010）××法民二终字第2348号民事判决，向××省人民检察院申诉，××省人民检察院向××省高级人民法院提出抗诉。××省高级人民法院于2012年6月18日作出（2012）×高法审监民抗字第292号民事裁定，裁定：（2010）××法民二终字第2348号案由该法院提审；再审期间，中止原判决执行。2013年12月23日，××省高级人民法院作出（2012）×高法审监民提字第298号民事判决，维持（2010）××法民二终字第2348号民事判决，该判决于2014年1月3日生效。2014年1月13日，××市中级人民法院作出（2012）×中法执复议字第59号执行裁定书，驳回G公司对（2012）××法执异字第39号案的复议申请，该裁定书查明：原审法院委托中国农业银行股份有限公司××支行对（2009）××民二初字第1213号的相关利息进行计算，经该行计算，截至2012年1月22日止违约金为9561008.34元，2012年1月22日至2012年3月6日止迟延履行期间的债务利息为479854.59元，加上债权本金2262万元，G公司应支付的款项共计32660862.93元。

经X公司申请恢复执行，2014年3月3日，原审法院在扣除了代管款账户31678133元中G公司应缴的99078元执行费后，向X公司发放了执行款项31579055元。经原审法院发函委托中国银行计算本案债务迟延履行利息，中国银行股份有限公司××支行于2015年2月6日出具了《执行案件计息明细表》，该表记载2012年1月22日至2012年6月7日、月利率为5.875‰；2012年6月7日至2012年7月5日、月利率为5.66666‰；2012年7月6日至2014年1月3日、月利率为5.45833%。根据该计算明细表，原审法院又于2015年3月19日向X公司和G公司发出（2012）××法执字第743号《通知书》，告知：原审法院认为因G公司原因启动再审程序，再审期间应当计算迟延履行债务利息，并责令G公司履行未履行完毕的本金及迟延履行利息，数额应为：第一部分，根据判决需履行的本金、违约金的迟延履行利息2012年1月22日至2014年1月3日，计算为8461008.53元；第二部分，根据判决尚未履行的本金、违约金为32181008.34－31579055.8＝601952.54元；第三部分，上述第二部分601952.54元从2014年1月4日暂计至2015年2月5日的迟延履行利息，计算为65365.33元。上述第一部分、第二部分、第三部分总额9128326.4元（暂计算至委托银行计算之日，第二部分601952.54元的迟延履行利息后续仍需计算，具体计算明细详见原审法院委托中国银行××支行计算的《执行案件计息明细表》）。

另G公司提交的中国人民银行《金融机构人民币贷款基准利率》中记载，五年以上贷款年利率，2011年7月7日起为7.05%；2012年6月8日起为6.80%；2012年7月6日起为6.55%等。

原审法院认为：本案争议焦点主要是：一、根据判决尚未履行的本金、违约金应否计算迟延履行期间的利息；二、债务本金、违约金的迟延履行利息计算的时段、利率。

关于争议焦点一，《民事诉讼法》第二百五十三条规定："被执行人未按判决、裁定和其他法律文书指定的期间履行给付金钱义务的，应当加倍支付迟延履行期间的债务利息。被执行人未按判决、裁定和其他法律文书指定的期间履行其他义务的，应当支付迟延履行金。"《最高人民法院关于执行程序中计算迟延履行期间的债务利息适用法律若干问题的解释》第三条规定："加倍部分债务利息计算至被执行人履行完毕之日……"G公司提出因无法确定全部履行金额、法院未全额划扣等理由不应计算尚未履行的本金、违约金迟延履行期间的利息的异议，没有法律依据，原审法院不予支持。

关于争议焦点二，根据《最高人民法院关于执行程序中计算迟延履行期间的债务利息适用法律若干问题的解释》第三条第二款和第三款："人民法院划拨、提取被执行人的存款、收入、股息、红利等财产的，相应部分的加倍部分债务利息计算至划拨、提取之日……非因被执行人的申请，对生效法律文书审查而中止或者暂缓执行的期间及再审中止执行的期间，不计算加倍部分债务利息"的规定，法院于2012年3月8日、9日扣划G公司的相应存款，但G公司于3月12日即提出执行异议，认为法院扣划其商品房预收款专用账户、明显超标的等，在复议的审查过程中又因G公司的申诉，于2012年6月18日由××省高级人民法院裁定提审并中止执行，再审最终维持原判决。在执行异议审查期间原审法院并未停止执行，但鉴于G公司提出异议的性质实际是要求阻却扣划款项的发放，已经涉及标的的处分，并非因法院的发款操作导致款项直至裁定中止执行之前未发放。而后又因G公司申诉对案件再审并中止执行，扣划款项一直未发放，故从款项划至原审法院账户后直至案件再审判决生效，均是因G公司的申请导致款项未发放，其应承担该段期间的迟延履行利息。原审法院（2012）××法执字第743号《通知书》认定该段期间应当计算迟延履行债务利息并无不当。关于利率标准问题，经核实，中国银行××支行出具的《执行案件计息明细表》在2014年7月31日前的利率系适用五年以上贷款利率计算，迟延履行期间开始的2012年1月22日至今确未满五年，但G公司主张以一年至三年期贷款利率计算亦不合理，应以迟延履行期间开始至G公司实际清偿的时间段确定2014年7月31日前的利率。

综上，（2012）××法执字第743号《通知书》对债务本金、违约金的迟延履行利息计息期间、对尚未履行的本金、违约金应计迟延履行利息的认定并不违反法律的规定。G公司的相关异议主张原审法院不予支持。但G公司对迟延履行利息的利率标准的异议部分成立，应重新委托银行计算。依照《民事诉讼法》第一百五十四条第一款第十一项、第二百二十五条、第二百五十三条，《最高人民法院关于执行程序中计算迟延履行期间的债务利息适用法律若干问题的解释》第三条、第七条之规定，裁定：一、变更（2012）××法执字第743号《通知书》中2014年7月31日前（含当日）的迟延履行利息的计算结果，以重新委托银行计算的结果为准（计算时，2012年1月22日至2014年1月3日，本金为32181008.34元；2014年1月4日至2014年7月31日，本金为601952.54元。以迟延履行期间开始至G公司实际清偿的时段确定利率标准）；二、驳回G公司提出的被扣划的31678133元自扣划之日至2014年1月3日不计算迟延履行利息的执行异议；三、驳回G公司提出的尚未履行的本金、违约金601952.54元不计算迟延履行利息的执行异议。

G公司不服原审裁定，向××市中级人民法院申请复议。

三、争议焦点

原审法院将G公司的相关款项扣划后是否仍然要计算迟延履行期间的债务利息？

四、各方意见

（一）申请复议人G公司

1. 自原审法院于2012年3月7日执行扣划G公司的银行存款31678133元之日起，至××省高级人民法院驳回G公司再审裁定生效之日（2014年1月3日）期间，不应当计算迟延履行利息。首先，根据《××省高级人民法院关于执行重点环节和关键节点风险防范的规定（试行）》第十九条规定：承办人应当及时办理执行款划付手续。执行款到达法院执行款专用账户后，无须经财产分配程序处分的，应当自执行款到账之日起1个月内办理划付。自原审法院于2012年3月7日划扣G公司账上31678133元之日起的一个月内（2012年4月6日），X公司没有领取到执行款的过错不在于G公司。因此，原审法院已划扣的31678133元在该段期间不应计算迟延履行利息。其次，虽然G公司曾经提出过执行异议，但是《最高人民法院关于适用〈中华人民共和国民事诉讼法〉执行程序若干问题的解释》第十条第一款规定：执行异议审查和复议期间，不停止执行。由此可见，G公司提出执行异议，并不能阻却执行法院对已扣划款项的发放，故X公司没有领取到执行款的过错不在G公司。因此，原审法院已划扣的31678133元在该段期间不应计算迟延履行利息。最后，在××省高级人民法院于2012年6月18日作出提审裁定，并依法裁定中止原判决执行，至2014年再审判决生效期间，X公司没有领取到执行款的原因在于××省高级人民法院裁定受理了××省人民检察院对该案的抗诉，而依法裁定中止对原生效判决的执行，该中止执行属法定执行阻却，G公司在该段期间更不存在迟延履行义务的行为。因此，被划扣的31678133元在该段期间内不应计算迟延履行利息。

2. 根据《最高人民法院关于执行程序中计算迟延履行期间的债务利息适用法律若干问题的解释》第三条的条文释义，本案“计算加倍部分债务利息期间”应截止到2012年3月7日划扣G公司账上31678133元为止。本案在2012年6月18日由××省高级人民法院裁定中止执行，是发生在加倍部分债务利息计算的截止日期之后，该裁定并不影响加倍部分债务利息计算。

3. 根据判决尚未履行的本金、违约金601952.54元不应当计算迟延履行期间的利息。首先，由于原审法院作出的（2009）××民二初字第1213号民事判决，并没有明确判决G公司应当支付违约金的具体金额，并且判决计算违约金的计算方法非常复杂，导致G公司也无法确定根据该生效判决需要支付违约金的具体金额。原审法院对该案立案执行后，原审法院的执行部门根据X公司的执行申请依法执行，在G公司的银行账户具有足额的银行存款余额的情况下，原审法院执行部门根据计算，认为G公司的全部应付款项总额为31678133元，并在G公司的银行账户足额扣划了31678133元。因此，G公司对于不足额支付生效判决所确定的债务不存在任何过错。

其次，在该案的再审裁定生效且G公司知道没有足额支付生效判决所确定的债务金额后，G公司向X公司及原审法院同意主动履行该余额，但由于X公司不同意G公司主动履行而未能完成。因此，G公司不应当支付该部分款项的迟延履行期间的利息。

综上所述，G公司请求撤销原审法院（2015）××法执异字第53号执行裁定，并裁定无须履行（2012）××法执字743号《通知书》第一部分和第三部分的迟延履行利息。

（二）申请执行人X公司意见

一方面，一审法院未能在扣款同时将案款发放给申请人完全是可归责于被申请人的原因造成的；另一方面，被申请人的款项被扣划后不能视为其履行了债务、更不能视为生效法律文书得到了有效履行。

《最高人民法院关于执行程序中计算延迟履行期间的债务利息适用法律若干问题的解释》（以下简称《解释》）第三条和《北京市高、中级法院执行局（庭）长座谈会（第四次会议）纪要——关于计付延迟履行利息、延迟履行金若干问题的意见（2014年）》（下称《第四次会议纪要》）均明确规定：法院划扣被执行人的款项后，因可归责于被执行人的原因而导致的暂缓执行或中止执行、暂缓执行或中止执行期间应当计算延迟履行利息。本案执行款在执行扣款到法院执行账户后之所以长期（近两年的时间）不能发放给申请人，直接的原因是被申请人随即提出执行异议，执行异议被驳回后又提起执行复议，直至2014年1月13日二审法院裁定驳回其复议申请，其间被申请人申请抗诉，省高院进行再审而中止案件的执行，直至2013年12月23日省高院再审判决维持原判，其再审请求未被支持。由此可见，本案执行款之所以自执行法院划扣之日（即2012年3月8日）起至再审判决生效之日止（2014年1月3日）一直未能发放，完全是由于可归责于被申请人的原因造成的，按上述司法解释的明确规定，被申请人应当支付此期间延迟履行的债务利息。

五、裁判结果

依照《民事诉讼法》第一百五十四条第一款第十一项、第二百二十五条、《最高人民法院关于执行程序中计算迟延履行期间的债务利息适用法律若干问题的解释》第三条的规定，裁定如下：一、撤销××省××市××区人民法院2015年6月4日作出的（2015）××法执异字第53号执行裁定和2015年3月19日作出的（2012）××法执字第743号通知；二、重新计算（2010）××法民二终字第2348号民事判决主文项下金钱债务的迟延履行期间的债务利息（其中508971元部分计算至2012年3月8日止；31169162元部分计算至2012年3月9日止。）

六、裁判理由

《最高人民法院关于执行程序中计算迟延履行期间的债务利息适用法律若干问题的解释》（以下简称《解释》）第三条是关于迟延履行期间的加倍部分债务利息计算的截止时间，以及不计算加倍部分债务利息期间的规定。债务的履行和债权的实现是两个不同的概念，履行债务并不等同于实现债权。法院的强制执行从本质上讲也是以国家的强制力强制被执行人履行债务，包括剥夺被执行人的财产权利并以其名义履行债务的行为。无论被执行人的主动行为或被强制执行，只要被执行人执行款被扣划即视为生效法律文书的内容得以有效履行，就应停止计息。债务履行完毕后，法院仍然面临执行款的分配与发放问题，申请执行人未能在法院扣款的同时领取执行款亦属正常，相应迟延履行期间的债务利息应计至履行之日止而不是到债权人实现其债权之日止。因此，依照该条第二款的规定，人民法院划拨、提取被执行人的存款的，相应部分的加倍部分债务利息计算至划拨、提取之日。

而该条第三款是针对的是执行依据的正确性受到合法质疑，被执行人应否履行义务并不确定的情形。适用该条文的前提是生效法律文书仍未得到履行，即迟延履行期间的债务利息计算仍然未截止。在此情形下，扣除非因被执行人的申请，对生效法律文书审查而中止或者暂缓执行的期间及再审中止执行的期间后，仍然要计算加倍部分债务利息。原审裁定将两者相混淆，属于对该法律条文的理解错误。其以此为基础计算的利息缺乏法律依据，应予纠正。

七、案例评析

本案的最大价值，也即本案的核心争议焦点，就是明确了法院将被执行人的款项划拨后是否仍要计算迟延履行期间债务利息的问题。

关于这一问题争议双方在案件的处理中都给出了自己的意见，主要的差异集中在对《解释》第三条规定的理解与适用上。

在《解释》第三条的第一款和第二款中有如下表述的规定，“加倍部分债务利息计算至被执行人履行完毕之日”“人民法院划拨、提取被执行人的存款、收入、股息、红利等财产的，相应部分的加倍部分债务利息计算至划拨、提取之日”。事实上，通过对这两款进行解读，并不难得出本案中法院将G公司账户中的款项划拨后就不应当再计算延迟履行期间的债务利息的结论。但申请执行人却认为对该条第三款应作反向解读，因此得出“如果因为被执行人的申请而对生效法律文书进行审查而中止或暂缓执行的期间以及因为被执行人的申请导致再审而中止执行的期间都应当计算迟延履行的债务利息”的理解。

申请执行人理解的错误之处在于，并未考量被执行人是否已经履行了债务这一前提。倘若被执行人还未履行债务，则因被执行人继续寻求权利救济的行为而导致了债权人实现权利的成本增加和损失的扩大，要求将这一段被延长的期间计入延迟履行的期间进而计算利息是合理的。但倘若被执行人已经履行了生效法律文书确定的给付义务，仍要继续承担申请执行人迟延收到款项的利息，显然就缺乏依据了。理由如下：

首先，正如复议法院在裁判理由中所述的观点，也是本案中最为关键和经典的一句话：履行债务并不等同于实现债权。如果是债务人直接向债权人履行债务，债务的履行与债权的实现通常是同步的。但如果债务人是通过法院执行程序或公证提存等程序履行债务时，债务的履行时间与债权的实现时间必然是不同步的，实现债权的时间是滞后于债务的履行时间的。债权人通过法院强制执行程序实现债权的过程中，债务人向法院主动交纳款项或法院依职权扣划债务人银行存款后，债务人即履行了债务；而法院收到执行案款后，法院还面临执行款的分配程序和发放手续的问题，因此债权人实际收到法院发放的执行案款必然滞后于债务人履行债务的时间。因此，债权人要求债务人支付滞后领取款项期间的债务利息缺乏依据。

其次，《解释》第三条第二款已经明确规定：“人民法院划拨、提取被执行人的存款、收入、股息、红利等财产的，相应部分的加倍部分债务利息计算至划拨、提取之日……”因此，本案申请执行人要求被执行人继续承担法院扣划款项之后的利息的请求，显然不符合前述规定。

因此，复议法院最终采纳了申请复议人代理律师的观点，复议法院不仅对法条的文面意思进行了解读，并结合《解释》的立法本意和司法执行实务进行综合考量，用精练的一句“履行债务并不等同于实现债权”，通俗易懂地诠释了司法执行实务中普遍存在的法理，这也充分体现了本案经办法官对法理的精准把握。同时案件最终胜诉的结果来之不易，与代理人对本案所涉法律精准分析、不懈坚持密不可分。正因如此，本案具有极高的学习价值。

【点评】

通常而言，债务的履行到债权的实现之间的时间差是比较短暂的，很少出现因为当事人继续行使救济权利而导致债的消灭过程停滞在中间的情况，因此对实务中绝大多数的案件而言，都不会发生此案中债务已经履行，但债权却未实现的状况。

本案中出现这一特殊情况的原因在于省高院收到检方的抗诉后依法作出了中止执行的裁定，属于法定的执行阻却事由，这种局面的造成并非由于申请执行人或被执行人抑或法院任何一方的过错，因此如何去适用法律是本案处理中的关键之处。《解释》第三条和《北京市高、中级法院执行局（庭）长座谈会（第四次会议）纪要——关于计付延迟履行利息、延迟履行金若干问题的意见（2014 年）》中的规定单纯按照字面意思去理解，是很难解决本案中的争议的，但代理律师和经办法官能够在对法条字面意思进行全面分析的基础上领悟立法本意，结合丰富的司法实务经验以及对公平原则的精准把握，总结凝练出“履行债务并不等同于实现债权”这样简短的一句话，使得整个案件争议的法律逻辑和情理逻辑均得到融通，实现对法律的正确适用。

回顾本案，代理律师总结两条办理此类案件的经验以饴读者：

1. 代理人在代理案件的过程中，应当独立形成对案件的专业判断。当已决结果与自身的判断有较大的出入时，代理人要与当事人积极沟通，力争穷尽所有的救济方式。在这个过程中就有可能能够找到案件的突破点，保障当事人的合法权益的同时实现自身的专业价值。

2. 不同案件的处理有不同的关键点，有的关键在事实（证据），有的关键在法律适用。但在面对以法律适用作为案件解决的关键点的时候，不仅要吃透法条，结合法条的立法沿革、立法原意、基本法理去解释法律，还要注重对事实进行精准把握。如果能够将关键事实凝结成具有法律意义的、能够融通逻辑的法律适用前提，对说服法官和解决案件同样有着画龙点睛的作用，也非常能够体现和考验律师的水平。

点评人：北京大成（广州）律师事务所律师　钟炜

巧抓时机破解个案执行难

——邓××诉李××民间借贷纠纷案

安艳宾*

一、当事人、代理人及案由

(一) 当事人、代理人

申请执行人：邓××。

申请执行人代理人：安艳宾，广东瀛杜律师事务所律师。

被执行人：李××（港籍）。

(二) 案由

民间借贷纠纷执行。

二、案情简介

这是笔者近期承办的一起民间借贷纠纷审判及执行案件。在该案执行阶段，我方巧抓被执行人愿提供18万元偿还部分债权以申请解封被查扣车辆的时机，同意其申请解封的要求并约定两个月后须偿还剩余全部债务。而后在被执行人不履行偿还剩余债务之义务的情况下，申请恢复强制执行，并告知其若不继续履行债务则面临前述车辆再次被查封、信用惩戒、拘留罚款、限制出境、承担刑事责任等风险，而若该车辆在此期间被转让给他人，则构成债务人转移财产，最终迫使被执行人履行义务。

(一) 审判阶段

原告邓××与被告李××于2014年10月7日签订《借款合同》，约定原告向

* 安艳宾，广东瀛杜律师事务所律师。

被告出借500000元人民币，借期三个月，每月利息3%，并以位于广州市天河区的一处房产提供抵押担保。后经查该房产并非登记在债务人李××名下，而是登记在其实际控制的一家公司名下，且未办理该房产的抵押登记。因被告未能偿还原告本金及部分利息，原告于2016年7月起诉要求被告支付借款本金480000元及至清偿之日的利息（暂计至2016年8月30日，利息为225000元）以及律师费20000元，共计725000元。

被告提交答辩状称，原告预先在本金中扣除利息15000元，且原告实际上只出借了485000元；被告于2014年11月8日和2014年12月6日各付利息15000元，由于原告预先在本金中扣除利息，因此，借期3个月实际多支付了1350元；被告于2015年2月3日、2015年4月27日、2016年5月6日分别还款15000元、30000元、20000元，且前两笔还款共计45000元的性质为借款本金。综上所述，被告提交答辩之日尚欠原告本金418650元。被告在庭审中还提出，原告另欠其20万元未还，应当予以抵销，并提供了一份在2014年7月12日被告向原告转账20万元的转账记录作为证据。

在庭审中，我方（代理原告方）向法院说明，被告所述20万元仅为原告代别人收转，并非向被告借款，并提供了实际收款人的证言及原告将该20万元在收到的第二天即行转给证人的转账记录。简单审查后，法庭告知被告，若主张该20万元的债权，需另行起诉。

本案最终经法院调解，双方达成如下协议：原告确认截至2016年10月20日，被告欠款本息共计51万元；被告须于2016年10月28日前向原告邓××还款8万元；于2016年11月28日、12月28日以及2017年1月28日、2月28日、3月28日前每期向原告邓××还款7万元；余款8万元于2017年4月28日前偿还；若未按期还款，原告有权要求被告偿还所欠款项及逾期还款利息，该利息以所欠本金（双方确定借款本金总额为42万元，所还款项为先还本金后还利息）为基数按每月2%的标准计算至还清之日止；协议签订后，双方于2014年10月7日所签借款合同项下的债务全部清结，按本协议履行还款。法院为此出具调解书①。

（二）执行阶段

调解书生效后，李××一再拖延后，也仅偿还了3万元，并且还另行就前述20万元转账对邓××提起了诉讼，仍妄图以此做文章，掣肘本案我方债权的追讨。见

① （2016）粤0111民初8939号。

对方如此顽固，我方遂申请强制执行。2017 年 1 月 3 日，××区人民法院立案执行[①]。我方配合法院查明李××名下有位于××区的一套房产（与 4 个案外人共有）以及一辆奥迪 Q5 汽车，除此之外并未发现其他可供执行的财产。法院查封了该套房产五分之一的份额，并对该车予以查封扣押。

后李××为解除被查扣的车辆，称愿一次性向邓××支付 18 万元，并答应在 2017 年 8 月底前清偿全部债务，同时要求解除该车辆的查封扣押措施，邓××同意，并在收到邓××偿还的 18 万元后，于 2017 年 6 月 30 日申请将车辆解封，法院于同日出具解封裁定书并于次月 10 日终结执行。后由于李××仍然未清偿任何款项，我方代理人邓××于 2017 年 9 月 7 日申请恢复执行，请求再次强制执行李××的奥迪 Q5 汽车，并将李××纳入失信被执行人名单予以惩戒。李××以等待前述 20 万元债权之诉的案件审理结果为由向法院申请暂缓执行，却被法院告知该案的审理结果与本案的执行无关。李××迫于压力，最终偿还了全部款项。

三、执行过程中遇到的问题及对策

（一）拒绝一再拖延履行调解书，及时启动强制执行程序

在本案诉讼阶段，我方了解到李××由于民间借贷纠纷被他人另案起诉，为了降低李××拖延诉讼而造成诉讼结案后难以全额受偿的风险，我方同意以调解方式结案以达到尽早受偿的目的。从调解结案后李××多次推脱且仅偿还少额债务的行为来看，李××拖延还款甚至逃避债务的意图明显，邓××的债权面临不能受偿的风险。为此，我方果断向法院申请了强制执行。

（二）债务人为避免被法院列入失信被执行人名单，主动申报了部分财产

我方趁机借力打力，申请法院查封、冻结了其申报的财产。据债权人透露，债务人并非没钱还债，只是近年部分生意不顺，别人欠其上千万元财产不能归还，他便不想归还所欠本案债权人的债务，但其实债务人的财产还有很多，由于很多财产并未在其名下，因而很难执行。而根据《最高人民法院关于公布失信被执行人名单信息的若干规定》第一条第一款第四项的规定，被执行人具有履行能力而不履行生效法律文书确定的义务，并具有“违反财产报告制度”之情形的，人民法院应当将其纳入失信被执行人名单，依法对其进行信用惩戒。债务人为了维持生意，又不想被列入失信被执行人名单，于是就提交了几项执行法院容易查出来的财产，作为其

---

① （2017）粤 0111 执 89 号。

主动进行财产报告的内容。债务人报告的财产包括其名下的一辆奥迪 Q5 汽车和一处与他人共有的房屋以及几个没有余额的银行账户，债权人依此申请法院采取了查封、扣押、冻结措施。

（三）执行陷入僵局，经过努力尝试查找财产，配合与法院良好沟通，终于查扣车辆，为执行工作的开展初次打开了通道

对于债务人和多名案外人共有的房产，难以进行拍卖；银行账户里没钱；小汽车也只是档案查封，汽车本身位置不固定，很难实际查扣；债务人做了财产申报，不能将其列入失信名单，导致执行陷入僵局。在未查到银行存款且尚不能处理查封的房产的情况下，唯有已做档案查封的汽车尚有希望。根据债权人掌握的线索，我们派人到债务人经营地周围去探看，去之前也先知会了执行法官。到那边转了一圈就惊喜地发现了目标车辆，于是迅速联系执行法官，现场扣车成功。在申请对查封扣押的汽车进行评估拍卖的过程中，李××提出愿意支付与被查封扣押汽车价值相近的 18 万元偿还债务，条件是我方须申请将该车解封。

（四）执行完车款后，再难找到其他可执行财产，执行即将再次陷入僵局。但经过悉心研究，我们看到债权进一步实现的希望

在双方就查扣车辆签订执行和解协议之后，债权人收到了 18 万元的执行款，申请车辆解封后，为进一步推进执行，经过仔细研究我们认为，被解封的汽车，还是在债务人的名下，我们仍可以查封该项财产，而债务人此时转让给他人，仍属为躲避债务转移被查封财产的行为，将会面临如下风险：

1. 信用惩戒

债务人李××能够提供 18 万元换取解封汽车的行为，已证明其具有履行能力，若其处分汽车后未能用于清偿我方债务，则符合前述《最高人民法院关于公布失信被执行人名单信息的若干规定》第一条第一款第三项的规定，属于“被执行人未履行生效法律文书确定的义务”，并具有以“转移财产等方法规避执行”之情形，“人民法院应当将其纳入失信被执行人名单，依法对其进行信用惩戒”，因此可申请将其纳入失信被执行人名单。届时李××将在生意场上甚至生活上面临处处碰壁的风险，包括申请银行贷款、坐高铁、乘飞机、旅游住店、买房等方面，都将受到严重影响。

2. 罚款、拘留

若李××将解封后的汽车隐藏、转移、变卖、毁损或者无偿转让，以明显不合理的价格交易，致使人民法院无法执行的，根据我国《民事诉讼法》第一百一十一条的规定，该行为属于拒不履行人民法院已经发生法律效力的判决、裁定的行为，执行法院可对其罚款、拘留。

3. 限制出境

李××属于我国香港地区居民，出入境是其日常工作、生活所需。若其对解封的汽车进行处分或者未于2017年8月底清偿全部债务，则根据《民事诉讼法》第二百五十五条的规定："被执行人不履行法律文书确定的义务的，人民法院可以对其采取或者通知有关单位协助采取限制出境，在征信系统记录、通过媒体公布不履行义务信息以及法律规定的其他措施"，我方可申请恢复强制执行并请求法院对李××采取限制出境措施。

4. 刑事处罚

由于目前李××无其他财产可供执行，共有房产也不能优先处置，因此该汽车是目前可供执行的唯一财产，但即使将该车拍卖、变卖也不足以清偿邓××的全部债权。汽车属于大额资产，因此李××将解封后的汽车隐藏、转移、变卖、毁损、无偿转让或者以明显不合理的价格交易，抑或未将转让所得价款用于偿还邓××的债权，那么邓××的债权将受到严重损害，该行为属于《刑法》第三百一十三条所规定的"有能力执行而拒不执行，情节严重的"，将构成拒不履行判决、裁定罪。

根据新签的和解协议，李××须于2017年8月底之前清偿全部剩余债务。然而时至2017年9月，李××仍未按约定清偿剩余的30万元债务，我方认为李××缺乏诚信，拖延甚至拒不履行债务的意图明显，遂于2017年9月7日申请恢复强制执行，请求法院再次对李××的车辆进行查封、将其列入失信黑名单、限制高消费以及限制出境，并且联系李××告知其我方已采取的上述措施，让其知晓其中利害。从申请将汽车解封到重新恢复强制执行该车辆共历时两个多月，也即李××只使用两个多月便面临着重新被查封、扣押、拍卖的压力，而其又不能自行处置该车辆。同时也感受到我们不达目的不罢休的工作态度，最终，李××迫于压力，逐渐清偿了本案的全部剩余债务。

四、执行现状

债务人清偿了全部债务，法院裁定执行终结。

五、案例评析

司法实践中，由于申请诉前财产保全需要自行提供被保全财产的信息，而原告在多数情况下又难以知晓被告具体的银行账户、车辆和房产信息，因此许多被执行人在诉讼阶段便开始转移其名下存款或者其他便于转移的财产，等到执行阶段，被执行人的财产已经被大部分转移。同时，法院查找被执行人财产的能力时至今日仍然有限，对于被执行人交由他人持有的财产，由于难以证明其真实权属而无法强制执行。

本案得以顺利执行的原因在于，虽然我方通过努力尝试，及时着手，实际扣押了债务人的重要车辆，迫使李××通过偿还18万元以换取解封汽车。而后我方及时、深入分析解封汽车对后续债权实现可能的影响、存在的利弊从而抓住机会制定后续的应对策略，使李××陷入进退两难的境地，迫使其继续偿还债务。从李××愿支付先期18万元并且同意限期履行全部债务的情况以及其共有房屋建筑面积较大（共六层，且有多间出租）来看，李××显然具有履行能力。但如果李××未申请解封汽车，我方又无法查明他的其他财产，最终的结果只能是受偿部分拍卖的车款，而后再申请拍卖其房屋。但要拍卖多人共有的房屋，因面临的执行难度大，愿意接手这类房屋部分份额的人很少，执行前景不容乐观，而且拍卖时还需应对可能派生出的执行异议之诉等，同时也考虑到李××可能还负有其他大额债务，如此便会增加当事人更多的时间、费用成本，同时还要面临其他债权人瓜分被执行人财产等不确定性风险。因此，我方认真研究，果断出击，并在计算利息时，取得当事人的理解与支持，做了退让，最终使案件得以顺利结案，债权人权益也得到了最大程度的实现。

【点评】

司法实践中打赢了官司却执行不到财产的案例比比皆是，而本案中，经办律师通过抓住被执行人的一项可执行财产，并根据被执行人的反应情况及其对被查封、扣押的财产提出的解封方案，及时分析应对措施的后续影响，利用法律武器，随机应变，最终实现被执行人主动履行完毕其全部债务，保障了当事人的债权利益。

点评人：广东瀛杜律师事务所律师　里曼

妙用政府信息公开，破解多年执行难题

王春平[*] 曾恺[**]

一、当事人、代理人及案由

（一）当事人、代理人

申请执行人：广州某投资顾问有限公司（以下简称投资公司）。

代理人：王春平、曾恺，均系广东广信君达律师事务所律师。

被执行人：广东省某供销公司（以下简称供销公司）、广东省某水泥厂（以下简称水泥厂）。

案外人：某市国土局、某市政府。

（二）案由

金融借款合同纠纷执行。

二、案情简介

投资公司为中国工商银行某市第一支行与供销公司、水泥厂借款合同纠纷一案的债权人和申请执行人，供销公司、水泥厂为债务人和被执行人。在执行过程中，投资公司通过查阅档案资料等途径了解到水泥厂名下有17块土地及100多处房屋，且广州市某区人民法院根据前手债权人的申请也已裁定查封了被执行人水泥厂名下的14处房屋产权。

但由于水泥厂所在市历史上存在的房产与土地分别登记、过往不动产管理不规范等方面的问题，无法将所查封房产与土地进行对应、匹配，致使对查封房产、土

* 王春平，广东广信君达律师事务所律师。

** 曾恺，广东广信君达律师事务所律师。

地的执行处置长期无法推进，投资公司的债权亦迟迟无法实现，为解决前述问题，推进案件的执行，从而早日实现债权，我们作为投资公司代理人前往某市国土局要求复印登记在水泥厂名下的 17 块土地及地上建筑的规划、报建、验收、登记等相关材料，欲通过这些资料明确 17 块土地上建筑物的坐落（室号、部位）、层数、结构、建筑面积、权属证书编号等有关登记情况，从而完成房产和土地的对应、匹配后进行执行处置。某市国土局当日收取了我们提交的申请材料后，隔日电话即答复称虽然其保存了前述相关材料，但不能提供给我们。后虽经我们据理力争，但某市国土局仍坚持拒绝提供前述材料。

因水泥厂所享有土地的权益属可被强制执行的财产权益，前述土地的相关政府信息材料对于案件执行的推进至关重要，直接影响着投资公司合法债权的实现。为此，投资公司于 2017 年 3 月 20 日向某市国土局寄送了十七份《政府信息公开申请书》，请求其依据《政府信息公开条例》第十三条等有关法律规定，向投资公司依法公开水泥厂名下前述 17 块土地及地上建筑的规划、报建、验收、登记等相关政府信息，包括：1. 建设用地规划许可证；2. 规划设计要点；3. 建设用地批准书；4. 建设工程规划许可证；5. 报建审核书；6. 建设工程规划验收合格证；7. 房地产权证；8. 相关附图。

2017 年 3 月 28 日，某市国土局向投资公司作出《答复》，根据《土地登记资料公开查询办法》（现已失效）第二条、第三条、第七条及《房屋权属登记信息查询暂行办法》（现已失效）第十一条的规定，以“已依法为投资公司查询了土地登记结果，投资公司申请公开其他事项不符合上述两个办法的规定，依法不予以查询”为由，拒绝向投资公司公开所请求的前述政府信息。

无奈之下，投资公司以某市国土局“依据档案查询的相关法律规定拒绝向申请人公开政府信息，显属不履行法定职责”为由向作为某市国土局的上级主管部门的某市政府申请了行政复议，要求撤销某市国土局的《答复》，并责令某市国土局公开前述政府信息。

2017 年 7 月 24 日，投资公司收到某市政府作出的《复议决定》，某市政府认为根据国务院办公厅政府信息与政务公开办公室复函国土资源部的国办公开办函〔2016〕206 号文中“不动产登记资料查询事项与《政府信息公开条例》所调整的政府信息公开行为存在根本性差别，当事人依据《政府信息公开条例》申请这类业务查询的，告知其依据相应的法律法规规定办理”的规定，投资公司申请公开水泥厂不动产登记资料，不可直接援引《政府信息公开条例》作为法律依据，必须依据相应的法律法规进行办理，并最终维持了某市国土局作出的《答复》。

2017 年 8 月 8 日，投资公司以“不动产信息属于政府信息，即便不动产登记信息只能通过档案查询途径，某市国土局也应加以区分后针对不同情况分别作出答复”“某市国土局不履行政府信息公开法定职责”为由起诉到某区法院，要求撤销某市国土局的《答复》及某市政府的《复议决定》，并责令某市国土局限期履行公开水泥厂名下 17 块国有土地及地上建筑的规划、报建、验收、登记等相关政府信息。

2017 年 12 月 18 日，某区法院作出行政判决书，以某市国土局所作出的《答复》“只说明了已查询的土地登记结果及根据《土地登记资料公开查询办法》《房屋权属登记信息查询暂行办法》不予查询的事项，对于不同的情况并没有分别作出答复，对于不是其制作的信息内容应当答复告知其获取这些信息的途径”为由，认定《答复》违反法律规定，《复议决定》没有纠正被告某市国土局的违法答复内容从而认定事实不清，适用法律错误，最终判决撤销了某市国土局《答复》及某市政府的《复议决定》，要求某市国土局重新作出答复。

三、争议焦点

1. 土地及地上建筑的规划、报建、验收、登记等资料是否属于政府信息？

2. 土地及地上建筑的规划、报建、验收、登记等资料是否均为不动产登记资料？

3. 土地及地上建筑的规划、报建、验收、登记等资料是否可以通过政府信息公开途径获取？

四、各方意见

（一）某市国土局

1. 依据国务院办公厅政府信息与政务公开办公室复函国土资源部的国办公开办函〔2016〕206 号文件中“不动产登记资料查询事项与《政府信息公开条例》所调整的政府信息公开行为存在根本性差别，当事人依据《政府信息公开条例》申请这类业务查询的，告知其依据相应的法律法规规定办理”的规定，投资公司申请公开的上述不动产登记资料，必须依据相应的法律法规进行办理。

2.《土地登记资料公开查询办法》第二条规定：“本办法所称土地登记资料，是指：（一）土地登记结果，包括土地登记卡和宗地图；（二）原始登记资料，包括土地权属来源文件、土地登记申请书、地籍调查表和地籍图。对前款第（一）项规定的土地登记结果，任何单位和个人都可以依照本办法的规定查询。”第三条规定：“本办法第二条第一款第（二）项规定的原始登记资料，依照下列规定查询：（一）土地权利人、取得土地权利人同意的单位和个人有权查询其土地权利范围内的原始登记资料；（二）土地登记代理机构有权查询与其代理业务直接相关的原始登记资料；（三）国家安全机关、公安机关、检察机关、审判机关和纪检检察部门有权查询与调查、处理案件有关的原始登记资料。”《房屋权属登记信息查询暂行办法》第十一条第一款规定：“查询房屋权属登记信息，应填写《房屋权属登记信息查询申请表》，明确房屋坐落（室号、部位）或权属证书编号，以及需要查询的事项，并出具查询人的身份证明或单位法人资格证明。”《不动产登记暂行条例实施细则》第九十七条第一款、第四款和第五款规定：“国家实行不动产登记资料依法查询制度。”“因不动产交易、继承、诉讼等涉及的利害关系人可以查询、复制不动产自然状况、权利人及其不动产查封、抵押、预告登记、异议登记等状况。”“人民法院、人民检察院、国家安全机关、监察机关等可以依法查询、复制与调查和处理事项有关的不动产登记资料。”根据上述规定，我局已向投资公司查询了土地登记结果，至于投资公司申请公开的上述信息中的规划、报建、验收等信息不符合上述规定，也不是我局制作的资料，同时投资公司也未能提供明确的房屋坐落（室号、部位）或权属证书编号，故我局决定对该部分信息不予公开。

3. 投资公司对相关法律条文理解有误。国办公开办函〔2016〕206 号文已明确了“不动产登记资料查询差别”。因此，应“依据相应的法律法规规定办理”。而根据上述《土地登记资料公开查询办法》《房屋权属登记信息查询暂行办法》及《不动产登记暂行条例实施细则》的规定，投资公司申请公开的上述信息中的规划、报建、验收等信息并没有规定应通过专门的档案查询途径进行查询，更没有规定通过档案查询途径无法查询时应通过政府信息公开途径来获取，而是直接规定属于不予公开的范围。因此，根据《不动产登记暂行条例实施细则》第九十九条第三项“申请查询的主体或者查询事项不符合规定的，不动产登记机构不予查询”的规定，我局依法对投资公司申请公开水泥厂的地上建筑物规划、报建、验收等相关政府信息材料不予查询和提供结果是正确的，符合法律规定。

（二）某市政府

根据国务院办公厅政府信息与政务公开办公室复函国土资源部的国办公开办函〔2016〕206 号文中“不动产登记资料查询事项与《政府信息公开条例》所调整的政府信息公开行为存在根本性差别，当事人依据《政府信息公开条例》申请这类业务查询的，告知其依据相应的法律法规规定办理”的规定，投资公司申请公开水泥厂不动产登记资料，不可直接援引《政府信息公开条例》作为法律依据，必须依据相应的法律法规进行办理。在此基础上，投资公司仅基于与供销公司、水泥厂之间存在债权债务担保关系，请求某市国土局依据《政府信息公开条例》向其公开有关水泥厂的 17 块土地及地上建筑的规划、报建、验收、登记等政府信息，某市国土局依据《土地登记资料公开查询办法》第二条、第三条、第七条以及《房屋权属登记信息查询暂行办法》第十一条的规定，基于自身职权作出的《答复》，认定事实清楚，证据确实充分，程序合法，适用法律正确。

（三）投资公司

1. 投资公司申请公开的水泥厂名下 17 块土地及地上建筑的规划、报建、验收、登记等相关信息应为某市国土局在履职过程中获取并以一定形式保存的政府信息。

根据我国《城乡规划法》《土地管理法》《城市房地产管理法》《建筑法》等相关法律法规的立法精神，土地及物上建筑的规划、报建、验收、登记等程序为一项行政管理制度，是土地、规划、住建行政管理部门为加强对城乡土地、规划管理而设置的行政许可。比如，根据某市机构编制委员会办公室编制的权责清单，包括国有建设用地使用权划拨审核、建设项目用地预审等行为都属于行政许可，审核预审等核发的资料都应属于政府信息范畴。又如，根据《某市委、市人民政府关于印发〈某市人民政府机构改革方案〉的通知》，《建设项目选址意见书》《中华人民共和国建设用地规划许可证》《建设工程规划许可证》等相关证书及附图也属于行政许可的政府信息范畴。

本案中，水泥厂名下 17 块土地及地上建筑在办理选址规划、用地报批、报建审核、验收登记过程中，必然要提交投资公司所申请公开的政府信息材料。虽然部分规划报建验收的信息并非直接某市国土局直接制作，但某市国土局必然在办理相关手续过程中获取并以一定形式保存了此类规划报建验收信息。根据 2007 年《政府信息公开条例》第二条“本条例所称政府信息，是指行政机关在履行行政管理职能过程中制作或者获取的，以一定形式记录、保存的信息”之规定，水泥厂名下 17 块土地及地上建筑的规划、报建、验收、登记等相关信息为在某市国土局保存的政府信息。

2. 投资公司所请求公开的是水泥厂名下 17 块土地及地上建筑的规划、报建、验收、登记等相关政府信息，其中既包括了不动产登记信息，还包括了不动产登记信息以外的其他不动产信息；无论从立法原意还是具体范围来看，投资公司所请求的水泥厂名下 17 块土地及地上建筑的规划、报建、验收、登记等政府信息都不等同于不动产登记资料，不动产信息不等于不动产登记信息。

（1）从立法实践来看，规划、报建、验收、登记等政府信息并不等同于不动产登记资料。

从立法原意来看，不动产登记作为一项物权制度，指经权利人或利害关系人申请，由国家专职部门将有关不动产物权及其变动事项记载于不动产登记簿的事实。作为物权公示手段，无论《土地登记资料公开查询办法》《房屋权属登记信息查询暂行办法》及国务院办公厅政府信息与政务公开办公室复函国土资源部的国办公开办函〔2016〕206号文，其规定不动产登记资料的查询方式的最终价值取向皆为平衡个人隐私与公众知情权，不动产登记本质上为产生司法效果的事实行为而非登记机关的行政管理行为，基于此，国家从法律、法规、规章等层面对不动产登记资料查询作出了专门规定，侧重于保护权利人通过个体行为而产生公示的司法效果。

与之相反，土地及物上建筑的规划、报建、验收、登记等程序则为一项行政管理制度，是土地、规划、住建行政管理部门为加强对城乡土地、规划管理而设置的行政许可。我国《城乡规划法》《土地管理法》等有关法律规定土地利用开发建设等行为需进行规划、报建、验收、登记等必经程序，其目的在于加强城乡规划管理、合理利用土地，促进社会经济的可持续发展，偏重于行政机关相应的行政管理行为。

因此，从立法原意来看，规划、报建、验收、登记等政府信息不等同于不动产登记资料，即便不动产登记资料查询与《政府信息公开条例》所调整的政府信息公开行为存在根本性差别，但规划、报建、验收、登记等政府信息中的规划、报建、验收等部分的查询仍应适用《政府信息公开条例》所调整的公开行为。

（2）从具体范围来看，规划、报建、验收、登记等政府信息包含但不限于不动产登记资料。

关于不动产登记资料的范围。根据《不动产登记暂行条例实施细则》第九十四条的规定，不动产登记资料有：不动产登记簿等不动产登记结果；不动产登记原始资料，包括不动产登记申请书、申请人身份材料、不动产权属来源、登记原因、不动产权籍调查成果等材料以及不动产登记机构审核材料（见下表）：

不动产登记原始资料		说　明
1	不动产登记申请书	
2	申请人身份材料	

续表

不动产登记原始资料		说　明
3	不动产权属来源	一般是指取得房屋的合法性证据：根据权利取得方式的不同，包括国有建设用地划拨决定书、国有建设用地使用权出让合同等批准文件。（《不动产登记暂行条例实施细则》第三十四条）
4	登记原因	不动产权利（或事项）首次登记、转移登记、变更登记、注销登记、更正登记等的具体原因，回答的是“权利从哪来”的问题。如因法院判决取得房屋申请转移登记的，登记原因为判决转移。
5	不动产权籍调查成果	（1）宗地信息。查清宗地的权利人、权利类型、权利性质、土地用途、四至、面积等土地状况。（2）房屋等构（建）筑物信息。查清房屋权利人、坐落、项目名称、房屋性质、建筑结构、建成年份、建筑面积等内容。（《不动产权籍调查技术方案》）
6	不动产登记机构审核材料	不动产登记机构审核的其他材料。

关于规划、报建、验收、登记等政府信息的范围。根据《城乡规划法》《土地管理法》《城市房地产管理法》《建筑法》等的规定，规划、报建、验收、登记等政府信息的范围如下表（包括但不限于）：

	说　明	负责部门
规划、报建、验收、登记等材料	建设项目用地预审通知、国有土地有偿使用合同、建设用地批准书、国有土地划拨决定书、国有土地使用权证等，以及办理上述事项所需的所有材料。（《土地管理法实施条例》）	国土部门
	建设项目选址意见书、建设用地规划许可证、建设工程规划许可证、建设工程规划验收合格证等，以及办理上述事项所需的所有材料。（《城乡规划法》）	规划部门
	建筑工程施工许可证、工程竣工验收备案等，以及办理上述事项所需的所有材料。（《建筑工程施工许可管理办法》）	住建部门
	国有建设用地使用权及房屋所有权首次、变更、转移登记等，以及办理上述事项所需的所有材料。（《不动产登记条例》）	不动产登记机构

综上二表可知，投资公司所申请公开的政府信息中，除了房地产权证属于不动产登记资料，建设工程规划验收合格证应当包含在不动产登记资料中之外，其他六项应当均不属于不动产登记资料，而应属于其他不动产信息。

3. 投资公司申请的信息依法可通过政府信息公开途径获取，某市国土局本应进行区分并向投资公司公开除不动产登记信息外的其他信息。

如前所述，即便不动产登记资料查询与《政府信息公开条例》所调整的政府信息公开行为存在根本性差别，但规划、报建、验收、登记等政府信息中的规划、报建、验收等部分的查询仍应适用《政府信息公开条例》所调整的公开行为。即使是不动产登记信息，根据一般的工作实践，只有已经登记确权的不动产，且在登记信息资料已经从各业务部门归档至档案管理部门的情况下，相关登记信息才能通过档案查询途径获取；对于尚未登记确权的不动产，或者虽已登记确权但尚未从各业务部门归档至档案管理部门的相关登记信息资料，则无法通过档案查询途径获取，依法应可通过政府信息公开途径获取。

本案中，投资公司所申请公开的政府信息包含除不动产登记信息外的其他信息，根据2007年《政府信息公开条例》第二十二条“申请公开的政府信息中含有不应当公开的内容，但是能够作区分处理的，行政机关应当向申请人提供可以公开的信息内容”的规定，在投资公司依法向某市国土局申请公开时，即便不动产登记信息应通过档案查询途径获取，但由于不动产信息为某市国土局制作或保管，散布在某市国土局内部不同的部门，某市国土局对不动产信息的制作、保管、流转、公开等制定了各种规章制度，经验、信息等不对称，对于哪些是不动产登记信息，哪些是不动产登记信息之外的其他不动产信息；哪些应通过档案查询途径获取，哪些应通过政府信息公开途径获取，某市国土局原本应在依法加以区分之后，将依法属于应通过档案查询途径获取的不动产登记信息告知投资公司通过查询档案获取，将依法属于可通过政府信息公开途径获取的不动产信息向投资公司进行公开。然而，某市国土局在未对投资公司所申请公开的政府信息作任何区分的情况下，就径行以《土地登记资料公开查询办法》《房屋权属登记信息查询暂行办法》等档案查询相关规定拒绝了投资公司所提出的全部申请，其此举显然是通过对不动产登记资料及其查询进行扩大化解释来规避政府信息的公开。

五、执行现状

1. 被执行人供销公司已无实际财产可供执行，而另一被执行人水泥厂名下大量的土地房产因无法匹配等原因无法处置，目前仍在等待某市国土局按判决依法公开我们所申请公开的相关材料，完成房与地的对应匹配后提交法院，从而推动对已查封水泥厂不动产的执行处置。

2. 通过到工商部门调取工商内档、申请政府信息公开等途径获悉水泥厂名下采矿权已依行政命令无偿转让给了上级主管部门，故现正依据该线索向法院申请追加被执行人过程中。

3. 为加快清收处置进程，在追加被执行人过程中，借上述判决、追加等行动对水泥厂及其主管部门所可能形成的影响和压力，正在以投资公司名义致函具有充分偿债能力的水泥厂主管部门，尝试与其协商并通过双方都能接受的方式力争早日实现债权。

六、案例评析

（一）土地及地上建筑的规划、报建、验收、登记等资料是否属于政府信息?

实践中，有时人们会误认为政府信息只能通过政府信息公开途径获取。实际上，政府信息的获取除了可通过政府信息公开途径之外，还可通过档案查询等其他途径，有些信息不能通过政府信息公开途径获取不代表它们不属于政府信息。

澄清这个误区后，具体回到这个问题来看，土地及地上建筑的规划、报建、验收、登记等资料是符合《政府信息公开条例》第二条关于政府信息的界定的。在办理选址规划、用地报批、报建审核、验收登记过程中，必然要提交相关的政府信息材料，这些材料明显属于“行政机关在履行职责过程中制作或者获取的，以一定形式记录、保存的信息”。

（二）土地及地上建筑的规划、报建、验收、登记等资料是否均为不动产登记资料?

司法实践中，无论是裁判者还是当事人，都很容易产生一个思维定式，即只要涉及不动产相关的资料，都属于不动产登记资料，似乎很少去特别注意两者的区分。所以如果去网上查阅相关判决的话，会发现一个与我们国家“三段论”这一典型的裁判方法背道而驰的现象：申请人所申请公开的不动产相关资料是否属于不动产登记资料这个在法律适用中需论证的特别重要的小前提基本被忽略了。

实际上，即便不考虑立法原意这个比较深入的层面，单纯从逻辑层面和法律层面就能明显区分两者的不同。从逻辑层面来看，可直观地看出规划、报建、验收、登记等资料的范围要远远大于不动产登记资料。从法律层面来看，根据《不动产登记暂行条例实施细则》对不动产登记资料范围的规定，除了登记结果以外，主要包括申请书、申请人身份材料、不动产权属来源、登记原因等申请资料、说明等；而从《城乡规划法》《土地管理法》《城市房地产管理法》《建筑法》中对规划、报建、验收、登记等资料的规定来看，规划、报建、验收、登记等资料包括了办理上述事项所需的所有材料，其范围就远远大于不动产登记资料。

（三）土地及地上建筑的规划、报建、验收、登记等资料是否可以通过政府信息公开途径获取？

首先需要明确：能否通过政府信息公开途径获取与所申请的行政机关能否提供相应政府信息是两个不同的问题。能否通过政府信息公开途径获取解决的是权利基础的问题，偏重于应然层面；所申请的行政机关能否提供相应政府信息则解决的是权利实现的问题，它倚重多种因素，侧重于实然层面。

从申请主体与行政机关的地位对比来看，申请主体处于政府信息资源的绝对弱势地位，当申请主体认为相关政府信息符合自身生产、生活、科研等特殊需要时，即可通过政府信息公开途径申请获取。

而申请人申请政府信息公开后，行政机关具体能否提供，则需行政机关进行进一步的审查。比如，不动产登记信息因涉及特定的权利人或利害关系人，为平衡个人隐私与公众知情权，国家从法律、法规、规章等层面对不动产登记信息查询作出了专门规定，包括《物权法》《不动产登记暂行条例》《不动产登记暂行条例实施细则》等。当申请人申请公开的政府信息既包含了应通过档案查询途径获取的不动产登记信息也包含了应通过政府信息公开途径获取的其他不动产信息时，行政机关就应该区分申请人的申请内容中哪些是属于应通过档案查询的不动产登记信息，哪些是属于其制作保存、依法应通过政府信息公开途径向申请人公开的其他不动产信息，并根据这些不同情况作出答复，向申请人公开由其制作保存的、依法应由其进行公开的政府信息，同时明确告知不动产登记信息获取的具体途径等。

七、实务经验

（一）微观层面

本案打破思维定式，对不动产登记信息与不动产信息进行了区分，从而巧妙地避开了国办公开办函〔2016〕206 号文对不动产登记资料不能通过政府信息公开程序获取的限制，对此后欲通过政府信息公开程序获取除不动产登记资料外的不动产信息的情况具有重要的指导意义。

（二）宏观层面

如果将审判程序中的法庭辩论谓之“务虚”，那么执行程序中的强制执行则谓之“务实”，只有执行好生效裁判，才能实现公平、正义的“最后一公里”。但在大多数案件中，这“最后一公里”却异常难走，归根结底无非是两个原因：第一，没有发现被执行人的财产；第二，虽发现被执行人的财产但执行难度较大。本案提供的思路不仅适用于没有发现被执行人财产的情况下通过政府信息公开的途径去获取被执行人的财产线索，也适用于发现被执行人财产后但较难执行情况下通过政府信息公开途径获取可以推进执行的相关信息。当强制执行遇到“瓶颈”时，通过政府信息公开等多种行政途径来破解执行难的局面，或许可以取得意想不到的效果。

【点评】

民事强制执行的目的是实现生效民事判决确定的权利，而政府信息公开则是行政机关主动公开或依申请公开其在履行职责过程中制作或者获取的信息，两者看似是没有关联的不同程序，但该案例则另辟捷径地向我们展示了在一个信息化社会里，信息就是这两种不同程序的关键连接点：政府信息作为最重要的信息资源，已涵盖了大部分的社会信息，当强制执行推进困难时，申请政府信息公开往往能起到拨开云雾见青天之作用，使强制执行的路径方法更多样、更全面。

点评人：广东广信君达律师事务所律师　邓传远

巧借行政复议，助推案件执行

王春平*

一、当事人、代理人及案由

（一）当事人、代理人

申请执行人：某市投资顾问有限公司（以下简称投资公司）。

代理人：王春平、谈国辉，均系广东广信君达律师事务所律师。

被执行人：某市石油企业集团（以下简称石油集团）、某市石油企业集团石油气公司（以下简称石油气公司，与石油集团并称两债务人）。

案外人：某区国土城建和水务局（以下简称区国土局）、某区人民政府（以下简称区政府）。

（二）案由

金融借款担保合同纠纷执行案。

二、案情简介

1997 年 3 月 17 日及 12 月 5 日，石油集团与 A 银行先后签订两份借款合同，双方合同中约定：A 银行向石油集团贷款 100 万美元及 29 万美元，石油气公司在签订借款合同当日即出具不可撤销的担保书，另外石油集团还以其房地证字 388 × × ×1 号房屋和房证字第 240 × × ×8、240 × × ×1、240 × × ×7、240 × × ×3、240 × × ×2 号房屋（以下并称案涉房屋）为上述债务提供抵押担保，并依法进行了抵押登记。合同签订后，A 银行向石油集团发放合计 129 万美元的贷款，借款合同到期后，经

---

* 王春平，广东广信君达律师事务所律师。

A 银行多次催收，两债务人均未履行还款义务。

2000 年 5 月 15 日及 19 日，A 银行与 C 公司签订债权转让协议，依法转让了前述债权，并将有关债权转让事宜通知两债务人，后 C 公司将两债务人起诉至法院，要求其履行还款义务。

2002 年 4 月 16 日，法院作出生效判决：（一）石油集团应于本判决生效之日起十日内向 C 公司清偿借款本金 129 万美元及利息（利息在借款合同约定的借款期限内按中国人民银行规定的外汇流动资金一年期固定利率计算，期外按中国人民银行规定的同期同类贷款利率上浮 20% 计算，未付利息可计算罚息），逾期履行则按中国人民银行规定的同期同类贷款利率加倍支付迟延履行期间的债务利息；（二）C 公司对石油集团提供的案涉房屋在本判决第一项确定的债务范围内享有优先受偿权；（三）对本判决第二项确定的抵押物不足以清偿本判决第一项确定的债务部分，石油气公司承担连带清偿责任。因石油集团、石油气公司未履行上述法律文书确定的义务，C 公司向法院申请执行，法院于 2002 年 5 月 22 日立案执行。

其间，案涉债权及相关从权利经层层转让，投资公司于 2017 年 1 月 24 日获得了前述全部权益，并于次日通知了两债务人。

2017 年 3 月 6 日，为进一步推进本案的执行，了解案涉房屋的现状，投资公司前往区国土局查询案涉房屋的不动产登记现状，发现案涉房屋已经被转移登记到某化工股份公司及招某名下。

2017 年 3 月 14 日，为进一步了解前述案涉房屋的转移登记是否侵害投资公司的权利，投资公司向区国土局提交了书面申请，请求区国土局安排查询、复制并提供案涉房屋转移变更登记的相关不动产登记档案，但区国土局 2017 年 3 月 22 日作出了《回复》，以投资公司不是案涉房屋所有权人，依法不能查询房屋所有权转移登记的资料为由拒绝了投资公司的申请。投资公司遂向区政府申请行政复议，要求区政府责令区国土局限期履行安排查询、复制并提供案涉房屋转移变更登记相关的不动产登记档案的法定职责。

三、争议焦点

投资公司是否有权查询、复制案涉房屋转移变更登记相关的不动产登记档案？

四、各方意见

（一）投资公司

1. 投资公司作为案涉房屋的抵押权人，有权申请查询、复制与行使案涉房屋抵押权有关的不动产登记信息。

根据《合同法》第八十一条“债权人转让权利的，受让人取得与债权有关的从权利，但该从权利专属于债权人自身的除外”①、《物权法》第一百九十二条“抵押权不得与债权分离而单独转让或者作为其他债权的担保。债权转让的，担保该债权的抵押权一并转让，但法律另有规定或者当事人另有约定的除外”②、《担保法》第五十条“抵押权不得与债权分离而单独转让或者作为其他债权的担保”等有关法律规定，因作为从权利的抵押权随债权一并转让，故投资公司在受让案涉债权的同时，成为案涉房屋的抵押权人。

根据《物权法》第十八条、《担保法》第四十五条、《不动产登记暂行条例》第二十七条、《不动产登记暂行条例实施细则》第九十七条、《建设部关于印发〈房屋权属登记信息查询暂行办法〉的通知》第八条第一项等有关法律规定，权利人依法申请查询、复制登记资料的，不动产登记机构应当提供③。而根据《物权法》第二条规定，权利人包括所有权人、用益物权人和担保物权人。因而，投资公司作为案涉房屋的抵押权人有权查询、复制有关不动产登记信息。

关于抵押权人有权查询、复制的不动产登记信息的内容和范围：

（1）《不动产登记暂行条例实施细则》第九十七条第三款规定：“权利人可以查询、复制其不动产登记资料。”

（2）《房屋权属登记信息查询暂行办法》第八条第一项规定：“房屋权利人或者委托人可以查询与该房屋权利有关的原始登记凭证。”

（3）原住房和建设部2012年发布的行业标准《房地产登记技术规程》第6.2.2.3条规定：“查询、复制其他登记材料应符合下列规定：……3. 抵押权人提

---

① 《民法典》第五百四十七条第一款：债权人转让债权的，受让人取得与债权有关的从权利，但是该从权利专属于债权人自身的除外。

② 《民法典》第四百零七条：抵押权不得与债权分离而单独转让或者作为其他债权的担保。债权转让的，担保该债权的抵押权一并转让，但是法律另有规定或者当事人另有约定的除外。

③ 《民法典》第二百一十八条：权利人、利害关系人可以申请查询、复制不动产登记资料，登记机构应当提供。

供身份证明、房屋他项权证或房地产他项权证，可查询、复制与该房地产抵押权相关的登记材料”。

（4）江苏省南通市中级人民法院在（2017）苏06行终105号《行政判决书》中认定：“根据《不动产登记暂行条例实施细则》第九十七条第三款、第四款规定，权利人可以查询、复制其不动产登记资料。因不动产交易、继承、诉讼等涉及的利害关系人可以查询、复制不动产自然状况、权利人及其不动产查封、抵押、预告登记、异议登记等状况。上述规定表明，不动产的权利人可以查询、复制不动产登记的全部资料，利害关系人仅可查询、复制不动产自然状况、权利人及其不动产查封、抵押、预告登记、异议登记等状况”。

根据上述法律规定和司法案例，抵押权人有权申请查询、复制的不动产登记信息应当是与其行使不动产抵押权有关的信息，投资公司作为案涉房屋的抵押权人，有权查询、复制与行使案涉房屋抵押权相关的不动产登记信息。

2. 投资公司申请查询、复制的案涉房屋登记信息与其行使抵押权和实现案涉债权密切相关，其依法有权查询、复制，区国土局依法应予办理和提供。

《物权法》第一百九十一条第二款规定：“抵押期间，抵押人未经抵押权人同意，不得转让抵押财产，但受让人代为清偿债务消灭抵押权的除外。”[①]《担保法》第四十九条第一款规定：“抵押期间，抵押人转让已办理登记的抵押物的，应当通知抵押权人并告知受让人转让物已经抵押的情况；抵押人未通知抵押权人或者未告知受让人的，转让行为无效。”《房屋登记办法》第三十四条规定：“抵押期间，抵押人转让抵押房屋的所有权，申请房屋所有权转移登记的，除提供本办法第三十三条规定材料外，还应当提交抵押权人的身份证明、抵押权人同意抵押房屋转让的书面文件、他项权利证书。”根据前述法律规定设有抵押权的房屋转让，须先征得抵押权人同意，办理抵押权注销登记，方可进行所有权转移登记。

而在本案中，设有抵押权的案涉房屋，很有可能是在未依法获得抵押权人同意且案涉房屋受让人未代为清偿债务消除抵押权等情况下即被非法转让或被司法拍卖：案涉房地证字388×××3号、240×××2号、240×××8号房地产被指定转让给受让人某化工股份公司；案涉房地证字240×××1号房地产的权利人变更为招某。如果事实的确如此，该等非法转让或司法拍卖就严重侵害了抵押权人的抵押

① 《民法典》第四百零六条：抵押期间，抵押人可以转让抵押财产。当事人另有约定的，按照其约定。抵押财产转让的，抵押权不受影响。抵押人转让抵押财产的，应当及时通知抵押权人。抵押权人能够证明抵押财产转让可能损害抵押权的，可以请求抵押人将转让所得的价款向抵押权人提前清偿债务或者提存。转让的价款超过债权数额的部分归抵押人所有，不足部分由债务人清偿。

权及其他合法权益。

由于本案中投资公司享有的债权和抵押权之前曾经过多手转让，案涉房屋所有权转让过程中可能存在诸多问题，情况可能异常复杂。比如，案涉房屋转让是否经过前手抵押权人同意，抵押担保的债权是否获得全部受偿，抵押登记是否已被依法注销，如未依法注销案涉房屋如何办理的产权转移登记、转让方和受让方都提供了哪些材料，等等。前述问题能否得到解决、案件相关事实情况能否查清，都将直接影响到投资公司该向谁主张权利、主张什么权利、能否通过法律途径获得救济、如何获得救济等。而只有通过查询、复制案涉房屋的所有权转移登记信息，前述问题才能得以解决，案件相关事实情况才能得以查清，投资公司才能进一步遵循相关法律途径维护自身的合法权益。

因而，投资公司本案中申请查询、复制的案涉房屋登记信息与其行使抵押权和实现案涉债权密切相关，其依法有权查询、复制，区国土局依法应予办理和提供。

（二）区国土局

不向投资公司提供查询的案涉房屋转移变更登记的不动产登记档案于法有据。

首先，《不动产登记暂行条例实施细则》第九十四条第一款规定："不动产登记资料包括：（一）不动产登记簿等不动产登记结果；（二）不动产登记原始资料，包括不动产登记申请书、申请人身份材料、不动产权属来源、登记原因、不动产权籍调查成果等材料以及不动产登记机构审核材料。"根据投资公司在涉案申请中的申请事项可知，投资公司申请查询的事项为涉案房产所有权转移登记的原始资料。其次，《不动产登记暂行条例》第二十六条规定："不动产登记机构、不动产登记信息共享单位及其工作人员应当对不动产登记信息保密……"《不动产登记暂行条例实施细则》第九十四条第二款规定："不动产登记机构应当建立不动产登记资料管理制度以及信息安全保密制度……"第九十七第三款规定："权利人可以查询、复制其不动产登记资料。"根据上述规定以及《建设部关于印发〈房屋权属登记信息查询暂行办法〉的通知》第八条第一项的规定可知，权利人可以查询的登记资料应为其权利对应的相关信息资料，不动产登记机构对相关不动产资料负有保密义务，亦需要建立保密制度。再次，从《不动产登记暂行条例实施细则》第九十七条第三款和第五款的规定可知，即使是权利人，也只能查询、复制"其"不动产登记资料；即使是上述国家机关，也只能查询、复制"和处理事项有关的"不动产登记资料，简言之，即使是有权查询不动产登记资料（包括登记结果和原始资料）的主体，其可以查询复制的不动产登记资料都是有所限制的。最后，《不动产登记暂行条例》及其实施细则出台后，对可查询不动产资料的主体和可提供的范围都进行了进一步限制：除公检法等机关单位外，只能是利害关系人或权利人对不动产进行查询，利害关系人不能查询全部不动产登记资料等。在此精神和大前提下，被投资公司作为不动产登记部门，不适宜贸然提供涉及其他主体权益的不动产登记资料的查询和复制。因此，对于上述规定的正确理解是，房屋所有权转移登记的原始材料只能由所有权人申请查询，抵押权人无权申请查询；抵押权人对抵押不动产的权利仅有抵押权，故其可查询、复制的也只能是其抵押权登记的不动产登记资料。本案中，投资公司主张其为抵押权人，只能申请查询、复制其抵押登记资料，不能申请查询所有权转移登记资料。

（三）区政府

《不动产登记暂行条例实施细则》第九十四条第一款规定："不动产登记资料包括：（一）不动产登记簿等不动产登记结果；（二）不动产登记原始资料，包括不动产登记申请书、申请人身份材料、不动产权属来源、登记原因、不动产权籍调查成果等材料以及不动产登记机构审核材料。"本案中，根据投资公司向区国土局提交的申请可知，其要求查询复制的为案涉房屋的转移登记原始资料。《不动产登记暂行条例》第二十七条第一款规定："权利人、利害关系人可以依法查询、复制不动产登记资料，不动产登记机构应当提供。"《不动产登记暂行条例实施细则》第九十七条第三款规定："权利人可以查询、复制其不动产登记资料"。根据上述规定，不动产权利人可以查询、复制与其权利相对应的不动产登记资料，即投资公司要求查询、复制房屋转移登记原始资料的，应当提交相关材料证明其为房屋所有权人。本案中，投资公司在向区国土局申请查询、复制不动产登记资料时提交了《民事判决书》《执行裁定书》《债权转让暨催收招商公告》《资产转让证明》《公证书》《债权转让确认书》《债权转让通知》《转让债权清单》等材料，但上述材料可证实其对石油集团、石油气公司享有债权，以及可能享有该债权对应的房屋抵押权，不能证实其对拟查询的房屋享有所有权，故区国土局不向投资公司提供案涉房屋不动产转移登记资料作出的《回复》合法有据，并据此驳回了投资公司的复议申请。

尽管出于多方面因素的综合考虑，区政府最终在《行政复议决定书》中作出前述认定，但在作出并送达复议决定前，区政府与双方进行了必要的沟通与协调，区国土局将投资公司所需要的《民事裁定书》《协助执行通知书》等材料提交给区政府，并由区政府提供给了投资公司。

五、执行现状

投资公司提起行政复议的目的在于了解案涉房屋转移变更登记的原因，而非一定要赢得复议，经过行政复议，投资公司已拿到了相关材料。结合所取得材料，投资公司排除了执行程序的疑点，全面掌握了案涉抵押物的现状，据此及时调整了执行策略，有效推进了执行程序的进程。由此，投资公司的问题已得到有效解决，达到了预期目的，这无疑是个双赢的结果和局面。

六、案例评析

（一）投资公司是否有权查询、复制案涉房屋转移变更登记相关的不动产登记档案?

1. 有权查询、复制不动产转移变更登记档案的主体

根据《物权法》第十八条、《担保法》第四十五条、《不动产登记暂行条例》第二十七条、《不动产登记暂行条例实施细则》第九十七条、《建设部关于印发〈房屋权属登记信息查询暂行办法〉的通知》第八条等有关规定，权利人依法申请查询、复制登记资料的，不动产登记机构应当提供。而根据《物权法》第二条规定，权利人包括所有权人、用益物权人和担保物权人。因而，根据前述法律的规定，有权查询、复制不动产转移变更登记档案的主体范围应当包括所有权人、用益物权人和担保物权人等。

但需要说明的是：在实践中，各地不动产登记机构关于查询、复制不动产登记档案的主体范围存在差异，如宁波市国土资源局明确可复制不动产登记原始资料的主体范围包括不动产权利人、利害关系人及法律、行政法规规定的可查询不动产登记资料的主体，而本案中的区国土局则认为有权查询、复制不动产登记档案的主体范围仅限于所有权人。

2. 投资公司是否属于有权查询、复制案涉房屋转移变更登记档案的主体范围?

根据《合同法》第八十条、第八十一条，《物权法》第一百九十二条，《担保法》第五十条等有关法律规定，债权转让经依法通知债务人即对债务人发生效力，而作为从权利的抵押权随债权一并转让，故投资公司在受让案涉债权的同时，已成为案涉房屋的抵押权人。而根据前述分析，投资公司作为案涉房屋的抵押权人，应当有权查询、复制案涉房屋的不动产登记档案。

综上，从法律层面来看，投资公司应当有权查询、复制案涉房屋转移变更登记相关的不动产登记档案，但从案涉区国土局与宁波市国土资源局的不同做法来看，直接反映了目前我国各地不动产登记机构的操作存在差异等现实问题，遇到此种情况，为了保障当事人的合法权利，代理律师需要学会借力，巧用其他法律手段，从而冲破各地行政机关操作差异的藩篱。

七、实务经验

从目前不良资产处置的现状来看，类似本案进入执行程序后又经多次转让的债权不在少数，其中难免会出现案件信息丢失的情况，而作为新债权人的申请执行人，由于信息不完整，在处置债权过程中往往容易陷入困境，甚至无从着手。案件执行中遇到类似情况的，新债权人不妨学习本案投资公司的做法，尝试借力行政复议、行政诉讼等行政手段，拨开执行中的层层云雾，弄清被执行人财产线索情况，从而尽早实现债权权益！

【点评】

在强制执行过程中，特别是在不良资产案件的执行过程中，信息的获取挖掘无疑是推进执行最关键的因素之一，无论是寻找执行突破口还是财产线索，本质都是信息的获取挖掘。该案例翔实细致地向我们展示了在传统的信息获取途径之外，还可以通过向政府部门查询等行政路径，并通过巧用行政复议等手段，达到推进执行的最终目的。

点评人：广东广信君达律师事务所律师　赵剑发

图书在版编目（CIP）数据

广州律师强制执行法律实务汇要 / 广州市律师协会编. —北京：中国法制出版社，2021.1
（广州律师业务研究丛书）
ISBN 978-7-5216-1279-0

Ⅰ.①广… Ⅱ.①广… Ⅲ.①强制执行-法规-案例-中国 Ⅳ.①D925.05

中国版本图书馆 CIP 数据核字（2020）第 176114 号

策划编辑：戴蕊（dora6322@sina.com）　　责任编辑：李宏伟、朱自文　　封面设计：杨泽江

广州律师强制执行法律实务汇要

GUANGZHOU LÜSHI QIANGZHI ZHIXING FALÜ SHIWU HUIYAO

编者/广州市律师协会
经销/新华书店
印刷/三河市紫恒印装有限公司
开本/710 毫米×1000 毫米　16 开　　印张/30.25　字数/407 千
版次/2021 年 1 月第 1 版　　2021 年 1 月第 1 次印刷

中国法制出版社出版
书号 ISBN 978-7-5216-1279-0　　定价：108.00 元

北京西单横二条 2 号
邮政编码 100031　　传真：010-66031119
网址：http：//www.zgfzs.com　　**编辑部电话：010-66066620**
市场营销部电话：010-66033393　　**邮购部电话：010-66033288**

（如有印装质量问题，请与本社印务部联系调换。电话：010-66032926）